青海省黄土地区公路建设理论与实践

徐安花　武小鹏　米维军　著
房建宏　楚华栋　主审

人民交通出版社
北　京

内 容 提 要

本书从青海黄土区的区域自然地理、地质构造及地层岩性等方面出发，通过既有资料分析、现场踏勘调研和室内外试验相结合的方式，对青海黄土分布分区、工程特性、湿陷性黄土区公路工程病害特征、湿陷性黄土区涵洞地基处理技术等研究内容进行了系统介绍。

本书既可供湿陷性黄土区道路工程管理、勘察、设计及施工人员参考，也可供岩土工程、道路工程学科研究生和土建类专业本科生学习使用。

图书在版编目(CIP)数据

青海省黄土地区公路建设理论与实践 / 徐安花，武小鹏，米维军著. — 北京 ：人民交通出版社股份有限公司，2025.9

ISBN 978-7-114-19454-2

Ⅰ.①青… Ⅱ.①徐…②武…③米… Ⅲ.①黄土区—道路工程—道路建设 Ⅳ.①U41

中国国家版本馆 CIP 数据核字(2024)第 059206 号

书　　名：青海省黄土地区公路建设理论与实践
著 作 者：徐安花　武小鹏　米维军
责任编辑：丁　遥　牛家鸣　刘　彤　师静圆
责任校对：龙　雪
责任印制：张　凯
出版发行：人民交通出版社
地　　址：(100011)北京市朝阳区安定门外外馆斜街 3 号
网　　址：http://www.ccpcl.com.cn
销售电话：(010)85285857
总 经 销：人民交通出版社发行部
经　　销：各地新华书店
印　　刷：北京建宏印刷有限公司
开　　本：787 × 1092　1/16
印　　张：14.25
字　　数：346 千
版　　次：2025 年 9 月　第 1 版
印　　次：2025 年 9 月　第 1 次印刷
书　　号：ISBN 978-7-114-19454-2
定　　价：80.00 元

PREFACE | 前言

青海黄土面积约10000km^2，主要分布在青海省东部地区，属于我国湿陷性黄土工程地质分区的Ⅰ区，具有颗粒粗、湿陷性强、厚度大、分布不连续、工程性质复杂等特点，对公路建设影响巨大。受其影响，公路工程易出现不均匀沉降、路面开裂、桥头跳车、滑坡、崩塌等多种病害，增加了施工难度，提高了工程造价，严重影响了公路工程的正常运营和使用寿命。

虽然我国对黄土工程性质和分布特征进行了大量研究，取得了十分丰硕的研究成果，但各地区研究程度并不相同。过去的研究重点基本集中在陕西、甘肃、河南、山西等黄土比较典型的地区，对青海湿陷性黄土分布规律、湿陷特征及其对工程的影响的研究相对较少，积累的资料也十分有限。

本书从青海黄土的区域自然地理、地质构造、地层岩性、工程特性及其对公路工程的影响几个方面出发，对区域工程地质环境与青海黄土分布分区进行了系统的研究，全面查清了青海黄土的分布范围与分布特征，在此基础上通过代表性工点的大型现场浸水试验，对不同地貌单元青海黄土的湿陷及渗透特性进行了研究。另外对分布于青海东部黄土区的宁大高速公路、平阿高速公路、机场高速公路、西兰高速公路等高等级公路的稳定状态进行了现场调查和病害特征分析，分类提出了湿陷性黄土区涵洞地基处理措施和对策。

本书共分8章：第1章为绪论；第2章对青海黄土区域工程地质环境进行了阐述；第3章主要论述了青海黄土分布分区特征；第4章基于现场浸水试验，对青海黄土湿陷及渗透特性进行了研究；第5章对青海黄土区既有高等级公路病害特征及成因进行了系统研究；第6章提出了青海湿陷性黄土区公路涵洞地基设计标准及设计参数；第7章通过青海湿陷性黄土区公路涵洞地基处理实体试验，对换填垫层法、挤密桩法等涵洞地基处理措施的效果进行了研究;第8章对青海湿陷性黄土区公路涵洞地基处理试验工程长期效果进行了分析及评价。

由于作者水平有限,对本书不足和不妥之处,恳请读者批评指正。

作　者
2025年2月

CONTENTS 目录

第1章

绪　　论

1.1 背景与意义

青海东部地处黄土高原的边缘，为黄土工程地质分区的Ⅰ区——陇西黄土区的边缘地带。该区域黄土层最大揭露厚度超过 20m，湿陷性黄土层厚度为 10 ~ 15m，湿陷系数为 0.05 ~ 0.07。总体来看，黄土具有颗粒粗、湿陷性强烈、厚度大、工程性质差异大等特点，工程建设中黄土湿陷性问题较为突出，湿陷性黄土对公路工程规划设计、工程质量和投资造价均有重要影响。

勘察资料表明，青海湿陷性黄土地区分布着多条高等级公路，公路沿线分布着大量的湿陷性黄土，其中部分路段的湿陷性土层厚度超过 20m，湿陷等级达到了Ⅳ级（很严重）。黄土特有的湿陷性造成诸多公路病害，如填方路基不均匀沉陷、塌陷，路堑段路基软化和翻浆，浸水后地基承载力下降。隧道渗水漏水、塌方冒顶、衬砌开裂、拱顶下沉、地表变形等方面的问题，严重影响行车安全、道路通行能力和公路建设的发展。

依托新建川大高速公路和民小一级公路开展青海东部湟水谷地湿陷性黄土区公路建设技术深化研究，主要基于以下三个方面的需要：

(1)优化现有公路设计规范的需要。

《公路路基设计规范》(JTG D30—2015)第 7.10.5 条在确定地基处理深度时仅考虑了地基湿陷等级、路堤高度和浸湿可能性，而对湿陷性黄土层上、下界面及厚度，场地湿陷类型等重要因素均未进行考虑，其合理性还有待进一步研究和优化。在湿陷性黄土区修建高等级公路，许多技术难题有待解决。

(2)优化湿陷性黄土地区公路地基处理原则和措施的需要。

湿陷性黄土地区地基处理是公路建设面临的主要技术难题之一，也是影响工程投资的关键因素之一。作为湿陷性黄土地区工程建设领域的主要规范，《湿陷性黄土地区建筑标准》(GB 50025—2018)第 1.0.3 条规定，在湿陷性黄土地区进行建设，应根据湿陷性黄土的特点和工程要求，因地制宜，采取以地基处理为主的综合措施，防止地基湿陷对建筑物产生危害。

《湿陷性黄土地区建筑标准》(GB 50025—2018)是结合工业民用建筑的荷载特点和使用要求制定的,公路、铁路作为一种带状工程,与工业民用建筑相比有其自身特点,荷载较小,不存在生活与工业污水等长期浸水的情况。而且黄土在天然状态下,本身具有高强度、低压缩性的特点,是比较好的天然地基。公路作为线性工程,如果仍然采用最大湿陷势为主的地基设计思想以及“地基处理为主、防排水等措施为辅”的基本原则,势必会造成不必要的浪费。因此,很有必要研究提出湿陷性黄土区公路地基处理原则优化建议及适合公路工程特点的地基处理新方法。

(3)进一步深化对青海黄土地区的认识,客观评价青海黄土地区高等级公路运营状态、系统总结工程经验的需要。

近年来,随着国家西部大开发战略的实施,青海省公路迎来了建设高潮,在黄土地区也修建了大量的高等级公路,如马平高速公路、西塔高速公路、宁互一级公路、宁大一级公路等,这些公路均处于湿陷性黄土地区,路基的运营状态及病害情况尚未进行过系统调查,其工程经验也未进行过系统总结。青海黄土地区公路建设往往参考或是借鉴其他黄土地区的工程建设经验,缺乏针对性。

1.2 国内外研究现状

1.2.1 黄土地质特征

1)黄土成因

黄土是一个复杂而巨大的地质系统。近代以来,随着地质科学的不断发展,中外学者先后提出了十多种不同成因的假说,最著名的有水成说、风成说、残积说、多种成因说和新风成说。

一般认为,典型的或原生的黄土主要是风成黄土,黄土状土或次生黄土多为其他成因的黄土(如冲积、洪积、坡积、湖泊沉积、冰水沉积、洪积-坡积、洪积-冲积、残积-坡积、冲积-坡积等)或经过其他引力改造过的风成黄土。以我国著名学者刘东生为代表的黄土风积说的根据是,黄土土粒自西北向东南方向有粗到细变化的趋势;西北部黄土的矿物、化学成分多,东南部少;同一地区的高处、低处都有黄土;迎风面处的黄土较厚;黄土覆盖随古地形而起伏,而矿物成分与下伏地形无关,且与下伏基岩为不整合接触。

截至目前,关于中国黄土地貌的分类体系尚未形成共识,但《铁路工程特殊岩土勘察规程》(TB 10038—2022)中关于黄土地貌的分类有一定的代表意义。

2)黄土地貌特征

众多研究资料表明,黄土地貌主要是承袭下伏古地形发育而形成。平坦黄土塬之下的古地形平缓,起伏黄土梁、峁丘陵之下的古地形也有起伏。在不同古地形基础上,可以形成“塬”“梁”“峁”“台塬”及“台地”等黄土堆积地形。黄土台塬是受断裂控制,承袭下伏洪积古地形、河湖堆积古地形或古剥蚀面而发育的阶梯状黄土堆积地形;黄土台地是承袭下伏河流阶地古地形发育，并沿现代河流分布的台阶状堆积地形。在黄土堆积过程中，水流的冲刷、切割也是黄土地貌形成的一个促进因素，遂形成现今千沟万壑的黄土地貌。

根据黄土的堆积条件、古地形的变化，以及成壤、地表冲蚀等条件，在黄土地区形成多种地貌形态，归纳起来如表 1-1 所示。

黄土地貌与基本特征 表 1-1

<table>
<tr><th colspan="2">地貌类型</th><th>亚类</th><th>基本特征</th></tr>
<tr><td rowspan="5">堆积地貌</td><td rowspan="3">黄土高原</td><td>黄土塬</td><td>黄土高原受现代沟谷切割后，保存下的顶面平坦宽阔，周边为沟谷环绕的黄土堆积高地</td></tr>
<tr><td>黄土梁</td><td>顶面平坦，两侧为深切冲沟，中部为长条状黄土低丘，长可达数百米至上万米，宽可达数十米至上百米</td></tr>
<tr><td>黄土峁</td><td>孤立黄土丘陵，顶面平坦或少有起伏，多呈圆穹状，大多是由黄土梁进一步切割而成，也有承袭古地貌而形成的</td></tr>
<tr><td colspan="2">黄土平原</td><td>各种新运动下降区，黄土堆积形成低平原，局部发育沟谷，无梁、峁地貌</td></tr>
<tr><td colspan="2">河谷阶地</td><td>沿河谷及大型沟谷两岸分布，上部为冲洪-洪积黄土等沉积物堆积的阶地</td></tr>
<tr><td rowspan="2">侵蚀地貌</td><td colspan="2">大型河谷</td><td>形成及发展与一般河谷相似，但形成过程中往往伴随有风积黄土堆积</td></tr>
<tr><td colspan="2">冲沟</td><td>在重力崩塌、潜蚀、冲刷作用下形成，发展快，特征是沟深、壁陡、向源侵蚀作用显著</td></tr>
<tr><td rowspan="5">潜蚀地貌</td><td colspan="2">黄土蝶形洼地</td><td>流水聚集，使黄土层内发生湿陷或潜蚀，引起地面下沉形成的凹地，直径可达数米至数十米，是陷穴和冲沟发育的初期标志</td></tr>
<tr><td colspan="2">黄土陷穴</td><td>地表水沿黄土孔隙、裂隙下渗潜蚀形成的黄土洞穴，若成串分布则称串珠状陷穴</td></tr>
<tr><td colspan="2">黄土井</td><td>陷穴向下发展，形成深度大于宽度若干倍的洞穴</td></tr>
<tr><td colspan="2">黄土桥</td><td>两个陷穴之间被水流串通，陷穴坍塌之后残存的土体呈桥状洞穴</td></tr>
<tr><td colspan="2">黄土柱</td><td>黄土沿垂直节理坍塌后残存的土柱</td></tr>
<tr><td rowspan="2">重力地貌</td><td colspan="2">崩塌堆积体</td><td>由于冲沟深切，岸坡高陡，土体突然迅速塌落，在坡脚形成的地貌形态</td></tr>
<tr><td colspan="2">黄土滑坡</td><td>黄土斜坡地段，在重力和地下水作用下产生的山坡变形的地貌</td></tr>
</table>

黄土地貌主要为堆积和侵蚀地貌。黄土塬面积从数平方公里，几十、几百平方公里到数千平方公里。古缓倾斜基岩平地上覆盖厚层黄土形成的塬，简称完整塬。这种类型著名的有陇东塬区，其中董志塬面积达 2260 余平方公里，跨越庆阳等 3 个县，13 条较大河沟呈辐射状向塬心伸入，分割塬面成多数碎块，一般沟壑深 150 ~ 200m；陕北塬区，其中最大的为洛川塬，为洛河中游残存的黄土塬；其他还有陇中的白草塬等。山前倾斜平地上发育的塬，简称靠山塬，它一面靠山，倾向河谷，被发源于山地的河流或沟谷割切，如秦岭山地中段北坡坡麓的张汴塬（在三门峡附近）。断陷盆地中发育的塬，又称台塬，如陕西关中平原北面渭北高原上的塬。河流高阶地形成的塬，如黄河龙门河段两侧的塬，这类塬已被后期发育的沟谷分割，称为破碎塬。古平坦分水岭以风积黄土为主形成的塬，如延河支流杏子河流域的杨台塬、茹河上游的孟塬，其面积多在数平方公里以内，零散分布在黄土丘陵区内部，称为零星塬。

黄土梁多分布在塬的外围，呈长条状，两边夹以深谷，岭高大致为同一高度，主要分布在陇东、陇中、陕北和晋南。公路通过时会出现很多的高填、深挖和桥梁、隧道工程。

黄土地区大型河谷和冲沟地貌也较重要，它与工程的关系密切，如黄河、渭河阶地便属于这一类型。中、高阶地上的黄土一般为冲洪积新黄土（Q_3），厚度大，如豫西灵宝地区黄河三级阶地新黄土厚度超过50m，形成典型的大厚度湿陷性黄土，给大型工程建设特别是高速公路的路基和桥梁基础（桩）工程建设带来许多新的问题。

3）黄土分类

目前，以黄土地质特征为基础的分类体系和以黄土湿陷特性为基础的分类体系都在广泛地应用，而以黄土颗粒组成特性为基础的分类体系也引起了研究者的重视。

（1）以黄土地质特征为基础的黄土分类体系。

以地质特征（地层、年代、成因）为基础的黄土分类体系，将黄土分为老黄土、新黄土和新近堆积黄土。不同的名称传达给人们不同的特性信息：形成时代越早，地层位置越深，黄土的密实度越高，工程性质越好。

①老黄土，一般没有湿陷性，土的承载力较高，其中早更新世黄土 Q_1（午城黄土）主要分布在陕甘高原，覆盖在第三纪红土层或基岩上；而中更新世黄土 Q_2（离石黄土）主要分布在甘肃、陕西、山西、河南西部等地，厚度大，形成黄土高原的主体。

②新黄土，广泛覆盖在老黄土之上，由晚更新世黄土 Q_3（马兰黄土）和全新世早期黄土 Q_4^1 构成，遍及黄土的主要分布地区，是建筑工程中遇到的主要湿陷性土。

③新近堆积黄土，分布在局部地区，仅数米厚，成岩作用很差，土质疏松，压缩性高，承载力较低，湿陷性差别较大，必须在工程设计上引起足够的重视。

（2）以黄土湿陷性为基础的分类体系。

以黄土湿陷性为基础的分类体系为我国湿陷性黄土地基规范所采用，能够提供关于黄土在侧限低压力压缩下饱和浸水时湿陷变形特性方面的重要信息。根据该分类体系，黄土分为非湿陷性黄土和湿陷性黄土（包括自重湿陷性黄土和非自重湿陷性黄土）。但由于它与通常在工程上遇到的非侧限（一般为有限侧胀）、非饱和（一般为不同增湿）和非低压（较大建筑物）的条件有较大出入，大大减弱了它的应用价值。

（3）以黄土颗粒组成特性为基础的分类体系。

按黄土的颗粒组成特性，将黄土分为砂黄土、粉黄土、黏黄土以及砂质粉黄土、黏质粉黄土、粉质黏黄土等。它体现了将黏粒含量视为土的粒径组成中影响土性最活跃的因素这一规律。既有研究表明，可以按塑性指数为4～6、6～17和大于17，将黄土划分为砂黄土、粉黄土和黏黄土。将粉黄土再划分为砂质粉黄土（塑性指数为6～9）、粉黄土（塑性指数为9～15）和黏质粉黄土（塑性指数为15～17）三个亚类；将黏黄土再分为粉质黏黄土（塑性指数为17～20）和黏黄土（塑性指数大于20）两个亚类。从黄土力学需求出发，这种分类体系具体划分的指标和界限值仍有待深入研究。

4）黄土地域分区

我国黄土的特性和区域变化明显，按其基本特征进行适当的地域分区将有利于研究不同区域黄土的基本工程特性。《湿陷性黄土地区建筑标准》（GB 50025—2018）根据我国黄土的特征，从工程地质角度出发，形成了中国湿陷性黄土工程地质分区略图和湿陷性黄土的物理力学性质指标表，将中国湿陷性黄土的分布划分为7个大区，即陇西地区、陇东-陕北-晋西地区、关中地区、山西-冀北地区、河南地区、冀鲁地区及边缘地区，并对每个分区黄土的主要特点和湿陷性黄土的物理力学性质指标进行了描述，具有重要的参考应用价值。

此外，铁路系统根据自身要求和经验将黄土地区分为东南带、西北带和北部边缘带，并根据静力触探比贯入阻力 p_s 和黄土地区由西北向东南砂性减弱的规律，提出并分区研究了新黄土地基的承载力。

1.2.2 黄土工程特性

我国黄土具有大片连续分布、地层齐全、厚度大等显著特点。所谓大片连续分布是指在其他地方黄土多为不连续的岛状分布，而我国的黄土尤其是黄河中游的黄土高原则基本上是连绵不断的。地层齐全是指我国的洛川坡头村黑木沟黄土剖面出露清楚，地层连续完整，古土壤层清晰，可作为标准黄土地层剖面与黄土高原上的黄土地层进行对比，被公认为第四纪黄土地层最齐全的典型剖面。该剖面从沟底见到第三纪红土，往上是早更新世黄土、中更新世黄土与晚更新世黄土，沉积连续。其他如三门峡、武功、庆阳等地也都有典型的黄土剖面。世界其他地区黄土厚度一般都在100m以下，而我国陇东、陕北、晋西黄土层厚度为100～200m，最厚在兰州，达300m以上。1984年在兰州市南4km黄土塬上的西津村，勘探钻孔揭露的黄土地层厚度为409.93m，是目前世界上钻探证实的最厚黄土地层。黄土的这些特点对工程的影响很大，可构成黄土高边坡、厚层黄土地基、隧道围岩等。20世纪50年代以来，学者们主要从以下几方面对黄土工程特性进行了研究。

(1)黄土湿陷性研究。

黄土的湿陷性是指黄土在天然低湿度下往往具有明显的高强度和低压缩性，但遇水浸湿后会发生变形大幅度突增和强度也随之迅速降低的现象。对黄土湿陷性的研究，主要侧重于湿陷机理、影响因素、指标选择、评价方法以及工程应用等方面。近年来，黄土工程性质的研究出现了由侧限压缩到三轴压缩，由常规三轴应力路径到多种复杂应力路径，由浸水湿陷量到湿陷敏感性，由狭义的浸水(饱和)湿陷到广义的增湿湿陷，由单调的增湿变形到增、减湿和间歇性的湿陷变形，由增(减)湿路径到增(减)湿路径与加(卸)荷路径的耦合，由湿陷性到湿剪性以及由宏观特性分析到宏、微观结合的力学特性分析等诸多方面的发展，丰富了对黄土湿陷性的认识。

(2)黄土湿陷敏感性研究。

有关学者研究发现，湿陷类型和湿陷等级不能完全表征湿陷性黄土的全部工程性质，对于自重湿陷性黄土还应研究湿陷敏感性。根据敏感性指标可将自重湿陷性黄土分为三类：很敏感、不很敏感、不敏感，对湿陷量(等级)相同但敏感性不同的自重湿陷性黄土应区别对待。有关自重湿陷性黄土的湿陷敏感性问题尚在初步研究探索阶段。

(3)湿陷性黄土增湿与减湿特性研究。

由于黄土地区地下水位的大幅度下降，大气的蒸发，入渗(非稳定渗流)时薄膜水的转移，以及渠道的间歇性过水等的不同影响，黄土中遇到的水分变化可以是单调的增湿，也可以是减湿和增减湿的交替，反映出不同的增(减)湿路径。张苏民、谢定义等学者对湿陷性黄土在增湿和减湿时的变形和强度性质进行了深入研究，得出以下结论：

①增湿变形特性。

增湿变形是指黄土在压力作用下变形达稳定后因含水率增加产生的附加变形。通常所说的湿陷变形是其饱和浸水的特例。湿陷性黄土的变形 ε 可以表示为应力水平 σ 和含水率 w 的函数，即 $\varepsilon=f(\sigma,w)$。把力与水的作用及相应的变形发展过程用空间曲线来描述，这种曲线称为应力增湿路径。力和水作用次序的各种不同组合，可得出不同的应力增湿路径，它们在 σ-ε-w 空间中组成了一个集合曲面，称为应力增湿变形曲面。从中可以得出湿陷性黄土变形势和湿陷势的概念，从而更加全面地认识湿陷起始压力、湿陷起始含水率以及增湿起始压力的理论意义和工程意义。增湿变形特性（即变形的非线性和遇水软化性）可以用增湿变形模型（ZSM 体）描述，通过试验可得出其增湿软化非线性本构关系。

②增湿时的强度特性。

不同含水率的三轴试验结果表明，湿陷性黄土的极限强度是围压和含水率的二元函数，可用 $(\sigma_1-\sigma_3)$-σ_3-w 三维空间中的一个曲面（强度曲面）表示。强度指标 c、φ 可表达为含水率 w 的函数，随含水率增加到某值，强度降低而达极限平衡，此含水率称为湿陷性黄土的临界含水率，它与强度曲面上的应力水平是一一对应的。研究表明，增湿剪切的抗剪强度低于天然湿度下的强度，但增湿抗剪强度仍具有库仑定律的形式。

③增湿和减湿时黄土的湿陷性。

天然含水率的黄土经不同程度的增湿和减湿得到一组湿陷系数 δ_s 与压力 p 曲线，结果表明不同压力下的 δ_s-p 曲线有一峰值，相应有峰值湿陷系数和峰值湿陷压力，它们均随增湿而降低，随减湿而增大。湿陷性黄土除有湿陷起始压力外，还有湿陷终止压力，只有当压力超过湿陷起始压力而又不大于湿陷终止压力时饱和浸水才能产生显著的湿陷变形，此压力区间段称为湿陷压力区间。当初始含水率超过湿陷极限含水率时，不论在多大压力下饱和浸水都不可能产生 $\delta_s\geq0.015$ 的湿陷变形。

（4）黄土结构性研究。

黄土结构性研究的目的在于揭示结构性及其变化引起的不同力学效果，即揭示结构性对土力学行为的影响及内在联系。土结构性研究有三条基本途径：细观形态学途径、固体力学途径和土力学途径。王永焱、雷祥义、高国瑞等先后采用电子显微技术、压汞法测试技术研究了我国各地区黄土的微观结构特征、孔隙结构特征，认为骨架颗粒形态（矿物颗粒接触）、连接形式（胶结程度）、排列方式（孔隙特征）是决定黄土工程性质的主要结构特征。将这三种主要结构特征相互组合，对黄土的微观结构进一步分类，得出了微观结构类型、孔隙结构特征与黄土湿陷性等工程性质的内在关系。这些研究成果把黄土的宏观工程性质与微观结构特征有机结合起来，为研究黄土工程性质的本质特征开辟了新的途径。

（5）黄土应力-应变关系研究。

刘祖典、陈正汉等提出了 6 种不同情况下黄土的应力-应变关系曲线；分析了原状黄土（Q_2、Q_3）随沉积年代及侧压力 σ_3 不同而表现出的不同类型和形式；分别得到了黄土的非线性弹性模型及弹塑性模型的本构方程，并应用在黄土边坡稳定性分析以及考虑上部结构与地基共同作用的饱和黄土地基变形-强度分析中。

（6）黄土动力特性研究。

黄土动力特性的研究要面对黄土的特殊性，即结构性、欠压密性、非饱和性以及由此而表现出的各向异性和对水作用的特殊敏感性。近年来,对于等幅往返荷载下黄土的动三轴试验已做出了较系统的探索(从试验方法,强度标准,基本特性规律,水、力荷载路径,动静强度关系,震陷,湿陷与震陷的联系等方面);对于不规则动应力过程和随机不规则动荷载过程条件下黄土动三轴试验的方法也做了较系统的探索。在黄土动力特性研究方面主要围绕两条主线开展研究工作。第一条主线,是根据场地地震动小区划的需要,开展对黄土弹性模量、阻尼比、本构模型、剪切波速和地面脉动的研究。采用振动三轴仪对黄土在等幅正弦循环荷载作用下的应力应变关系、强度、弹性模量和阻尼比做了大量的研究。通过室内模拟强夯试验研究了黄土在动力荷载作用下强度的变化规律等。第二条主线,是针对黄土地震滑坡、震陷和液化等地震岩土灾害开展工作。研究了黄土场地的地震工程问题并提出了相应的评估方法,研究了原状黄土增湿和浸水时的震陷特性等。

(7)黄土非饱和土力学和测试技术。

近些年来,国内外学者开始用现代非饱和土力学的理论和方法对黄土力学特性进行研究,如国外学者提出的考虑轻微湿陷性土特性的本构模型,国内学者提出的黄土非线性损伤力学模型、非饱和黄土的有效应力和抗剪强度规律、黄土在水和力作用下的状态方程等。杨代泉等在双应力变量理论的基础上,通过深入研究建立了非饱和土广义非线性本构理论。该理论能够描述非饱和土的5个最基本的特性,即非线性、剪胀剪缩性、湿陷湿胀性、流变性和温度效应,在此基础上,把饱和土的比奥固结理论外推于非饱和土,建立了非饱和土的广义固结理论。陈正汉等根据理论力学、物理学及土力学的有关原理建立了非饱和土的土骨架变形与有效应力间的本构关系,水、气受到扩散阻力与水、气相对于固相的渗透速度间的本构关系以及饱和度-密度-吸力间的本构关系,并以现代连续系统混合物理论为基础建立了非饱和土固结的混合物理论,即把非饱和土看作固体颗粒、孔隙水和孔隙气三种物质所组成的一种混合物的特例。

非饱和土理论研究能有所突破,测试技术起了重要作用。国内研发的采用双源双能式γ射线透射技术的非饱和土三轴仪和土工三轴仪相结合,可以同时测定出试样在压力和浸水后沿着试样高度在不同时刻的含水率、干重度、孔隙水压力、孔隙气压力以及试样的轴向变形、侧向变形和体积变形,为从各个侧面揭示和综合研究黄土的力学特性提供了良好的手段。

1.2.3 我国黄土的分布

我国黄土覆盖了西北、华北以及东北松辽平原等地,西起新疆,东至山东,北起吉林、内蒙古,南至安徽,是我国工程建设最常遇到的特殊土类之一。其中黄河中游地区,地表几乎为黄土所覆盖,连续分布面积达约44万km^2。该地域黄土最具典型性,主要表现在:①覆盖广(平原、丘陵、高原、山地均有黄土覆盖);②厚度大(低阶地5~10m,高阶地20~200m);③地层全(具有第四纪连续的整套地层);④大面积连续分布;⑤性质特殊(具有强烈到轻微的湿陷性)。

1.2.4 青海黄土的工程特性

通过大量查阅国内外文献资料发现,过去针对青海黄土湿陷性做的专门研究较少,成果相对缺乏，公开发表的成果更是十分有限。有关青海黄土湿陷特性方面的既有研究成果主要有：

《湿陷性黄土地区建筑标准》（GB 50025—2018）：该标准是我国黄土研究成果的集中体现，是指导我国黄土地区工程建设的国家标准。但标准中有关青海黄土的描述十分有限，对青海黄土的分布范围、地质分区、工程特性没有进行详细的说明，显然达不到指导公路工程建设的要求。

曲淑艳研究了青海省湿陷性黄土的物理力学性质、影响黄土湿陷性的主要因素及黄土微观结构与湿陷性的相关关系，认为青海湿陷性黄土的湿陷性主要由其物理化学性质和孔隙微观结构特征决定，黄土结构强度丧失或减小对湿陷性起决定性的作用。

刘红玫、钟秀梅认为非饱和黄土的强度随着含水率的增大而降低。对青海某场地黄土进行的三轴试验研究表明含水率对土体的强度影响显著，但加载速率对土体静强度的影响甚微。

李颜生通过对青海省湿陷性黄土地基采用强夯施工工艺的研究，认为在处理湿陷性黄土地基之前应根据当地土质实际情况做好试验段工作，分析影响因素，制定切实可行的施工方案，从而达到质量要求。

陈伟、张吾渝、马艳霞等为了研究黄土的抗剪强度指标与含水率和压实系数的关系，对不同含水率和不同压实系数下的重塑黄土进行了室内三轴剪切试验，分析了重塑黄土力学特性影响因素，可为青海黄土地区工程的设计、施工提供指导。试验结果表明：压实程度不同的重塑黄土黏聚力均随含水率呈抛物线形变化，可用二次多项式表示；内摩擦角随含水率增大呈线性减小；不论含水率大小，重塑黄土黏聚力均随着压实系数的增大而增大，可用二次多项式表示。

王克锦通过研究青海民和下川口主干道路的设计，分别从地形、地质、道路使用功能、道路设计方案上进行研究，在青海首次采用 50m 高的填方路堤。通过对项目的设计，对青海省黄土区有了全新的认识。

任忠分析了青海省西宁地区的黄土成因，认为西宁地区黄土的地质、地理环境，黄土的成因与国内其他地区的黄土有共性也有特性，显示了西宁地区黄土成因的多样性。

宋积有、宋积明研究了青海高原地区湿陷性黄土基础的处理措施，结合施工实践，总结了一些黄土地基处理的方法，取得了良好的效果。如用预浸水方法处理湿陷性黄土地基，或将湿陷性部分地基换成灰土垫层，或采用各种桩基础穿越湿陷性土层等，这些方法在建筑地基处理中均已起到了有益的作用。

贾君研究了青海省东部黄土集中分布区，分析了该地区山洪灾害成因和基本特点，提出了防治措施。

巩志远、李毅、李文忠等着重研究了青海省湿陷性黄土的一些特点和特性，对影响黄土湿陷性的因素以及在微观结构下的湿陷性进行了分析，并附有一些常见的黄土湿陷性地基的处理方案及评价。

1.3 存在的问题

从上述研究现状可看出，有关青海省湿陷性黄土地区公路建设技术的研究还存在以下

问题:

(1)虽然我国对黄土工程性质和分布特征进行了大量研究,取得了十分丰硕的研究成果,但各地区研究程度并不相同,过去的研究重点基本集中在陕西、甘肃、河南、山西等比较典型的黄土地区,对青海湿陷性黄土分布规律与湿陷特征的研究相对较少,积累的资料也十分有限。

(2)关于湿陷性黄土现场试坑浸水试验研究,国内虽已有较多的文献报道,但试验场地大多集中在关中和甘肃等比较典型的黄土地区,针对青海黄土地基的大型现场浸水试验研究还寥寥无几。以往进行的现场试坑浸水试验,主要着眼于黄土地基在连续充分浸水条件下黄土地基总自重湿陷变形规律及其湿陷性评价,对自重湿陷土层下限深度、分层湿陷量等参数研究较少。非饱和黄土的渗透性由于其理论的复杂性和测试手段的滞后,至今研究很少,对浸水工况下试坑内实际应力场和渗流场相互作用及其对黄土地基变形的影响方面的研究更是鲜有文献报道。

第2章

青海工程地质环境

2.1 自然地理概况

2.1.1 地形地貌

青海省地貌以山地为主,兼有平地和丘陵。全省地势总体呈西高东低、南北高中部低的态势,西部海拔高峻,向东倾斜,呈梯形下降。各大山脉构成青海全省地貌的基本骨架。东北部由阿尔金山、祁连山数列平行山脉和谷地组成,平均海拔 4000m 以上,蕴藏着丰富的冰雪资源。东部地区为青藏高原向黄土高原过渡地带,地形复杂,地貌多样。其中位于达坂山和拉脊山之间的湟水谷地,海拔在 2300m 左右,地表为深厚的黄土层,是青海省主要的农业区。西北部的柴达木盆地,是一个被阿尔金山、祁连山和昆仑山环绕的巨大盆地,盆地南部多为湖泊、沼泽,并以盐湖为主。南部是以昆仑山为主体的青南高原,平均海拔 4500m 以上。由于特殊的地理位置和构造成因,青海黄土堆积地貌以黄土梁、峁和河流阶地为主,几乎没有黄土塬。

2.1.2 气候特征

青海省属于典型的高原大陆性气候,四季不分明,昼夜温差大,低温多变,冬长夏短,干燥多风,降雨少而集中,蒸发量大,低压贫氧,日照时间长、辐射强。青海省气象灾害较多,主要为干旱、冰雹、霜冻、雪灾和大风。

2.2 地质构造及地层岩性

2.2.1 地质构造

青海东部地处祁连山支脉达坂山南麓和昆仑山系余脉日月山东坡,属于黄土高原向青藏高原过渡镶嵌地带，境内山峦起伏，沟壑纵横。该区域是青海省的城镇、人口密集区，主要城镇有西宁、大通、湟中、湟源、平安、乐都、民和、互助等。在大地构造位置上青海东部地区地处祁连加里东褶皱系，主要跨拉脊山优地槽和中祁连中间隆起带两个构造单元。决定现代地貌景观形态与格局的构造主压应力来自北东、南西两个方向，在主压应力作用下形成了一系列北西西向和北北西向展布的以断裂构造为主的构造形迹，这些断裂构造的活动，特别是山前主断裂的活动，基本控制了青海东部的地层分布和地貌格架，形成了一系列形式相似的盆地。西宁—民和盆地是其中最大的，包括西宁、乐都、互助、民和等地，南以拉脊山为屏障，北以达坂山为界，西部超覆于湟源北山之上，东延入甘肃境内。盆地南缘受控于拉脊山北缘断裂，北缘被达坂山断裂制约，呈现地块边缘隆起和中心断陷或坳陷。这一特征在进入燕山期以后更加明显，喜山期以后则更加强烈。在北东及南西两个方向应力的挤压作用下，拉脊山北缘及达坂山断裂活动进一步加剧，差异升降运动突显，沿大断裂山体大幅逆冲上升，断裂南北两侧断陷下降，形成了西宁—民和盆地。同理，在同一时期的相同应力作用下，由于山前大断裂的活动，在青海东部形成了一系列呈北西—南东方向斜列式相间分布的断陷盆地。青海黄土主要分布于这些盆地区。

2.2.2 地层岩性

青海省地层从下元古界到第四系皆有发育，仅缺上志留统。多数地层单位相变显著。志留纪前为海相沉积，白垩纪后为陆相沉积，泥盆纪到侏罗纪海相与陆相并存。碎屑岩层系占有主导地位，碳酸盐岩、火山岩和膏岩层也很发育。

按照地层和空间展布特点，将青海省划分为 5 个地层区，其中青海东部湟水流域属于祁连山地层区，该区主要地层岩性如下：

(1)元古界。

本区元古界出露在青海湖以东，北自大通山至达坂山东段，南到化隆盆地，下元古界较发育，中元古界次之。根据原岩类型和变质作用特征，划分为 3 个群：①下元古界湟源群：由片麻岩、角闪岩、大理岩、片岩及石英岩、千枚岩组成的变质岩系，主要分布于大通山、达坂山东段、日月山、湟源及乐都北山地区。②长城系湟中群：由石英岩、石英砂岩、粉砂岩、板岩和千枚岩组成的石英岩-砂泥质岩层系，属低绿片岩相。③蓟县系花石山群：由白云岩、硅质条带白云岩夹少量板岩或千枚岩及灰岩组成的碳酸盐岩层系，属低绿片岩相。下与长城系湟中群呈平行不整合接触。分布于刚察赞宝化久山、马老得山，湟中花石山，北支在大通老爷山及互助南门峡、松多山呈东西向带状展布，东端进入甘肃永登。

(2)泥盆系。

泥盆系分布在青海、甘肃交界的走廊南山及冷龙岭北坡，为陆相碎屑岩层系，主要为紫红色砾岩、砂岩，夹砂质页岩及少量火山岩，属祁连加里东地槽回返后的唐拉石层系。

(3)侏罗系。

侏罗系主要分布于中祁连山，沿黑河流域、大通河流域及湟水流域分布。以中统为主，下统与上统零星分布。下侏罗统仅在湟水流域零星分布，民和盆地周边者称“大西沟组”，西宁盆地周边者称“日月山组”。①大西沟组：为棕褐 ~ 棕紫色砂岩、泥岩，偶夹泥灰岩，厚 98 ~ 198m。②日月山组：为一套煤系地层，主要为灰 ~ 灰白色砂岩、砂砾岩、砾岩、粉砂岩、炭质页岩等。③木里组:自下而上分为砾岩段、含煤段与砂泥岩段。④佐士图组:出露于大通县佐士图、香山及小煤洞井下等地。⑤窑街组:仅相当于甘肃窑街之窑街组的含煤段,为黄绿、灰白~灰黑色砂岩,页岩夹炭质页岩及煤层,见于大通、东沟二地,厚100~145m。⑥小峡组:见于石湾、小峡、张家寨、雄先、官亭、黑营沟等地。下部为灰白~灰绿色砂岩夹黑色泥岩;上部为灰~灰黑色粉砂岩、页岩、油页岩,局部夹可采煤层。各处下部均有紫红或紫灰色砂岩夹层,有时具底砾岩,厚60~160m。⑦享堂组:为杂色碎屑岩系,下部为白色砾岩,厚204~477m。⑧上侏罗统:分布于民和县大通河口,湟水沿岸为暗红色砂岩、泥岩,灰绿色条带状砂岩等。

(4)第四系。

①下更新统玉门组:本组仅在大通河上游、黑河、大哈尔腾河流域有零星出露,以木里盆地北部唐姆尔河、托来山北坡萨拉河上游和祁连县酸刺沟口发育最好,其中以唐姆尔河为代表。②中更新统:本区中更新统在西宁—民和盆地称北山寺组,其余地区称酒泉组。北山寺组分布在西宁北山和拉脊山北麓,下部冰碛层为灰绿色泥砾,厚3~50m;中部砂砾层为灰黄~青灰色冲积、冲洪积,其上覆有灰绿色砂或土状堆积;上部黄土在西北地泛称离石黄土,具有黑色斑点和红色条带,厚约50m,个别地段可达106m。③上更新统乐都组:本组下部冰碛为黄灰色砂砾层,厚10~30m。乐都附近见其覆于距河床高约100m的Ⅶ级阶地上,与下伏地层角度不整合接触;中部冲洪积在民和盆地发育于Ⅵ级阶地上,在西宁盆地发育于Ⅳ级阶地上,其下部为黄灰色砂砾,中部为黄~砖红色砂层,上部为黄色砂质黏土层。④全新统:本区全新统的冲积物组成,在黑河、宝库河的Ⅰ、Ⅱ级阶地以及湟水流域Ⅰ~Ⅳ级阶地等,多为青灰~灰黄色黏土或砂砾,其上覆有黄土状土,厚度大于20m,黄土地层不完整,层位不清晰,古土壤层不发育。

第3章

青海黄土分布分区特征

3.1 青海黄土分布范围的初步确定

20 世纪 90 年代初，李珍对青海东北部的黄土分布规律、分布特征和黄土地层进行了初步研究。研究表明青海黄土地区在长期内外力地质作用的基础上发育形成了山脉与河谷相间分布的地貌格局。黄土分布受此地貌格局的控制，从北向南主要分布于大通河流域、湟水流域和黄河流域。利用青海省基础地理信息中心 1∶50000 高精度青海电子地形图作为主要参考资料，详细查看青海省黄土分布范围、地貌单元特征、地貌单元分区界线等，并将此电子地形图作为现场地质调查的依据和绘制青海东部主要工程走廊黄土分布与工程地质分区图的底图。

青海省黄土范围的划分主要遵循以下 3 个原则：

(1) 黄土的分布受地形地貌影响较大，黄土以披盖式产出，覆于山顶、山坡、山谷、河流阶地，因此这些地形地貌的边界常常决定了黄土分布的边界。

(2) 青海黄土地区，除河流阶地外，气候干旱少雨，黄土黏粒少、孔隙多，不适合雨水的存蓄，黄土地区普遍植被稀疏，这在卫星云图上是黄土界线的明显标志。

(3) 黄土地区独特的地形地貌是判断黄土界线的另外一个显著标志。黄土在堆积过程中受到强烈的风力作用和水流侵蚀，形成了“千沟万壑”的地形，这在卫星地图上也可以清晰地显示出来。

通过分析区域地质资料、卫星地图等方法，对青海省黄土地貌类型、地貌单元界线、与工程关系密切的主要不良地质现象进行初步判定。

地质灾害中的滑坡、崩塌、泥石流等灾害个体以及它们组合形成的灾害群体，在卫星图像上呈现的形态、色调、影纹结构等均与周围背景存在一定区别。因此崩塌、滑坡、泥石流等地质灾害的规模、形态特征及孕育特征，均能从卫星影像上直接判读圈定。

3.2 青海黄土现场地质调查

在初步勾勒的青海黄土分布范围基础上，为了进一步准确确定青海黄土的分布范围、分布边界、地貌单元界线以及工程地质特征，笔者开展了大量的野外工程地质调查。调查历时150多天，累计行程5万多公里，调查范围覆盖海东、海北、黄南、西宁等青海黄土分布区域，调查点达300多个，取得各类试验数据近3000个，拍摄调查照片600多张。现场地质调查照片见图3-1。

图3-1　现场地质调查

3.2.1 青海黄土分布范围调查

1）对黄土边界范围的调查和确认

整体上从以下几方面确认：①黄土的分布受地形地貌的影响较大，黄土的边界往往是各种大型地貌单元的边界，如阶地和山岭的过渡区；②青海黄土地区普遍植被稀疏，植被较好地区降雨较多，黄土的形成条件不足，黄土退化严重或基本上不存在黄土；③黄土分布受海拔影响较大，一般来说海拔高于3000m，黄土很难堆积，无法形成大范围的黄土分布区域；④黄土的形成受古地貌的影响较大，一般来说，古地貌较为陡峻，水流或者风力侵蚀较为严重的区域也无黄土堆积。

2）对黄土地层剖面的调查

对于某一地点黄土或黄土状土的野外调查，需要描述的项目包括成因、年代、名称、颜色、状态、密度、湿度、包含物及百分含量等。除此之外，在其他性质栏内，还应记录以下黄土特征：①根据大孔隙直径和分布密度，描述大孔隙发育程度；②黄土中垂直节理发育程度，节理面上是否充填及充填物成分；③钙质结核、菌丝状白色条纹等钙质成分及含量，对钙质结核，应描述一般粒径和最大粒径。

3）野外黄土、黄土状土、新近堆积黄土的划分

对于野外黄土、黄土状土、新近堆积黄土的划分，采取以下标准：

具有以下野外特征的土，可定名为黄土：①色多呈黄色或褐黄色，有时为灰黄色；②颗粒成分以粉粒为主，含量一般超过60%，几乎没有粒径大于0.25mm的颗粒；③具有可直接观察到的大孔隙；④含有较多的碳酸盐类成分及其胶结物；⑤水平层理不明显，但垂直节理发育。仅具有部分以上特征的黄土，可定名为黄土状土，并按土体颗粒大小及含量，进一步划分为黄土状粉土或黄土状粉质黏土。

对含有砖、瓦、陶瓷碎片等人类活动的遗迹，且结构杂乱的黄土，可定名为新近堆积黄土状土。现场鉴定新近堆积黄土，应符合下列要求：①堆积环境：黄土塬、梁、峁的坡脚和斜坡后缘，冲沟两侧及沟口处的洪积扇和山前坡积地带，河道拐弯处的内侧，河漫滩及低阶地，山间或黄土梁、峁之间凹地的表部，平原上被淹没的池沼洼地。②颜色：灰黄、黄褐、棕褐，常相杂或相间。③结构：土质不均、松散、大孔排列杂乱，常混有岩性不一的土块，多虫孔和植物根孔，铣挖容易。④包含物：常含有机质、斑状或条状氧化铁，有的混有砂砾或岩石碎屑，有的混有砖瓦陶瓷碎片或朽木片等人类活动的遗物，在大孔壁上常有白色钙质粉末。在深色土中，白色物呈菌丝状或条纹状分布；在浅色土中，白色物呈星点状分布，有时混钙质结核，呈零星分布。

3.2.2　青海黄土地质特征调查

在确定青海黄土分布范围的基础上，受大的地形地貌影响，如拉脊山、达坂山、日月山等山脉和湟水、大通河、黄河等河流的天然隔断，将青海黄土划分为5个片区。根据青海黄土对公路工程的影响，依据各片区内青海黄土分布及工程性质由低处到高处的变化规律，将青海黄土进行了阶地区黄土（包括河漫滩、低阶地和高阶地地区）和低山丘陵区黄土的划分。黄土地层时代划分和野外特征见表3-1。

黄土地层时代划分和野外特征　　表3-1

地层及时代				颜色	特征及包含物	古土壤	开挖情况
全更新世 Q_4	近近期 Q_4^2	黄土状土	具湿陷性	浅褐~深褐色，或黄~黄褐色	土质疏松，多大孔、虫孔，孔壁附有白色碳酸盐粉末状结晶，呈菌丝状或条纹状，含钙质结核，有时可见到砖瓦陶瓷碎片等人类活动遗迹	无	锹挖非常容易，进度很快
	早晚期 Q_4^1			褐黄~黄褐色	具有大孔、虫孔，含少量小的钙质结核，偶见人类活动遗迹，土质较均匀	无	锹挖容易，但进度稍慢

续上表

地层及时代			颜色	特征及包含物	古土壤	开挖情况
晚更新世 Q_3	马兰黄土	具湿陷性	浅黄、灰黄色及黄褐色	土质均匀,大孔较发育,具垂直节理,有虫孔及植物根孔,含少量钙质结核	一般无古土壤,局部山区浅部有薄层古土壤	锹、镐开挖不困难
中更新世 Q_2	离石黄土	不具湿陷性	深黄、棕黄及微红色	有少量大孔,土质紧密,具柱状节理,土质较均匀,古土壤下钙质结核粒径 5 ~ 20mm,成层分布,局部形成胶结层	有多层古土壤,厚 1.0m 左右,间距 2m 左右	锹、镐开挖困难
早更新世 Q_1	午城黄土		微红 ~ 棕红色	无大孔,土质紧密坚硬,柱状节理发育,钙质结核含量较少且粒径较小,有时可见砂或砾石薄夹层	古土壤层不多,呈棕红 ~ 褐红色	锹、镐开挖很困难

河流阶地区黄土是指河流下切侵蚀,使原先的河谷底部(河漫滩或河床)超出一般洪水位,呈阶梯状分布在河谷谷坡的地形。阶地由阶地面、阶地陡坎、阶地的前缘和后缘组成。阶地按上下层次分级,级数自下而上按顺序确定,愈向高处年代愈老。阶地物质下部为砂砾石,上部为粉砂、黄土。

低山丘陵区黄土是我国黄土高原上的主要黄土地貌形态。它是由于黄土质地疏松,地表植被和生态系统遭到严重破坏,加之黄土高原地区雨季降水强度较大,被地表流水冲刷而形成的。黄土丘陵按其形态可以分为两种:长条形的称为"梁",椭圆形或圆形的称为"峁"。梁和峁的顶部面积都不大,但斜坡所占的面积却很大,坡度一般为 10° ~ 35°。黄土梁、峁地区地面非常破碎,沟谷密度很大。

低山丘陵区和河流阶地区的界线划分主要是根据河流的大小找到最高级阶地,最高级阶地以上为低山丘陵区,以下为河流阶地区。一般河谷中常形成一级或几级阶地,每一级阶地都由阶地面和阶地坎组成。阶地面比较平坦,微向河流倾斜。阶地面以下为阶地陡坎,坡度较大。由于不同高度河流阶地区的工程性质变化较大,又将阶地区黄土分为低阶地区黄土和高阶地区黄土,其中低阶地区黄土包括河漫滩、Ⅰ级阶地和Ⅱ级阶地黄土,高阶地区黄土指Ⅱ级阶地以上的阶地黄土。

3.2.3 青海黄土地质灾害调查

青海寒冻风化、干燥剥蚀和雨洪侵蚀强烈,冻土、盐渍土和黄土等特殊类土发育,新构造运动活跃,斜坡岩土体结构稳定性差。与地质构造、岩土性质、地形地貌、气象水文密切相关的崩塌、滑坡、泥石流、地面塌陷及冻胀沉陷、沙漠风蚀、黄土湿陷和水土流失等自然地质灾害分布广、危害大。

根据前期对青海省高清晰地形地貌卫星云图的分析,结合收集的青海省黄土地区地质灾害资料,针对青海省黄土地区地质灾害中的滑坡、崩塌、泥石流等灾害个体以及它们组合形成的灾害群体,对已经发生的崩塌、滑坡、泥石流等地质灾害及地质灾害隐患点的规模、形态特征及孕育特征进行系统全面的调查,查明各种地质灾害的分布、发生规模、形成原因、发育特点、发展趋势以及危害性和影响因素。

青海黄土地区地质灾害调查主要集中在西宁、平安、乐都、民和、大通、互助、湟源、黄忠、循化、化隆等地区，以青海省已建、在建和规划建设的高等级公路、国省干线公路区域为重点，以黄土滑坡、不稳定斜坡及黄土陷穴等为调查对象。

3.3 青海黄土的分布范围及特征

3.3.1 青海黄土的分布范围

经过现场调查、资料分析研究可知，青海黄土广泛分布，属于中国湿陷性黄土工程地质分区的Ⅰ区。经过半年多的现场调查，对青海黄土的分布范围进行了更精确的界定。

青海黄土主要连续分布于日月山以东、达坂山以南、拉脊山以北、省界以东的湟水区域，黄河流域和大通河流域黄土小片零星分布，受拉脊山、达坂山、湟水、黄河和大通河等地形地貌影响，分为湟水流域-Ⅰ、黄河流域、隆务河流域、湟水流域-Ⅱ和大通河流域5个片区。

由于黄土成因和地貌类型不同，黄土的工程性质也存在明显差别，因此对每个片区又按照地貌类型分为低山丘陵区和河流阶地区。青海黄土总面积约9300km^2，约占我国黄土总面积的1.5%，其中湟水流域-Ⅰ黄土分布面积7672.49km^2，黄河流域黄土分布面积1251.61km^2，隆务河流域黄土分布面积166.79km^2，湟水流域-Ⅱ黄土分布面积135.15km^2，大通河流域黄土分布面积112.47km^2。青海黄土分布统计见表3-2。

青海黄土分布统计表　　表3-2

指标	湟水流域-Ⅰ	黄河流域	隆务河流域	湟水流域-Ⅱ	大通河流域	总面积(km^2)
面积(km^2)	7672.49	1251.61	166.79	135.15	112.47	9338.51
占比(%)	82.16	13.40	1.79	1.45	1.20	

3.3.2 青海黄土的分布特征

青海东部属祁连山地槽褶皱系，在长期内外力作用的基础上发育形成了山脉与河谷相间分布的地貌格局。黄土分布受此地貌格局的控制，从北向南主要分布于大通河流域、湟水流域和黄河流域。各流域内黄土以披盖式产出，覆盖于山顶、山坡、山谷、河流阶地等不同高度的各种地形之上。

湟水流域为青海黄土分布的主要区域，湟水各级阶地是黄土沉积的主要地貌部位，湟水各级阶地砾石层与冲积层之上覆盖着不同厚度的风成黄土，沉积了厚度由1m到260m不等的风成黄土，占全部黄土区域的82%以上。黄土地貌类型主要为河流阶地，阶地受高山峡谷阻隔间断明显。区域内黄土以坡洪积为主，由河谷漫滩至两侧高阶地、低山区黄土层逐渐变厚，再至两侧分水岭黄土分布渐少、尖灭。西宁大墩岭黄土剖面(图3-2)位于西宁段湟水北岸的最高阶地即第六级阶地的砾石层之上，黄土厚261.3m，顶部海拔275m，是本区厚度最大、地层最全、出露良好的典型剖面。

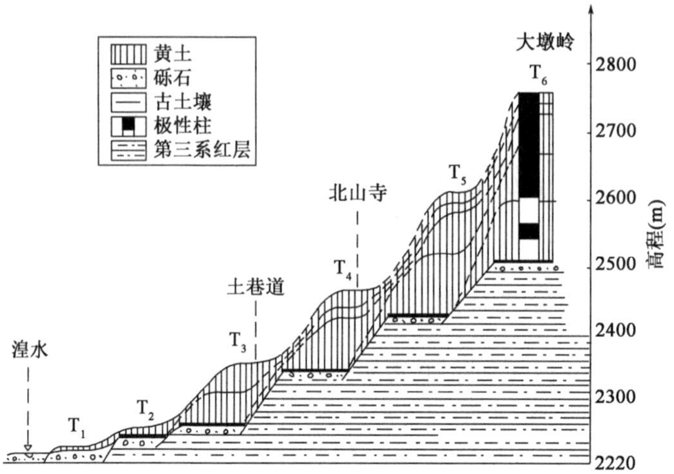

图 3-2　西宁大墩岭黄土剖面

青海湟源盆地低山区黄土主要分布在盆地东部，与西宁地区黄土被拉脊山北部东峡所分割，黄土由盆地东部至西部逐渐变薄、尖灭。黄土厚度最大为 40m 左右。

同仁低山丘陵区黄土分布在同仁县南部隆务河河谷地带，河流由南向北流入黄河，此处地势较为平缓开阔，水流落差在此地段较小，利于黄土的沉积。此处黄土由河谷中部(同仁县城)至南北两个方向逐渐变薄，止于南部山脉和北部峡谷地带，最厚处达 50m。

黄河沿岸坎布拉—群科盆地阶地黄土分布与湟水流域类似，黄土厚度由河漫滩到阶地再到两岸低山区逐渐变厚(最厚达 40m)。而黄河尖扎下游因古地貌陡峻，外力侵蚀强烈，无明显阶地，黄土地貌类型为低山丘陵，黄土成因以风积坡积为主，河谷两侧低山处黄土逐渐出现，再随之变薄、尖灭，黄土厚度一般为 10m 左右。黄河尖扎下游段两侧(左)与湟水两侧(右)地貌比较如图 3-3 所示。

图 3-3　黄河尖扎下游段两侧(左)与湟水两侧(右)地貌比较

大通河流域黄土主要分布在浩门镇以东地区，此区域处在祁连山和达坂山之间，黄土主要为风积坡积，厚度为 10m 内的薄层黄土披覆在洪积、冰碛或冰水沉积的砾石或泥砾之上，从河谷中心高阶地至两侧山麓逐渐变薄、消失。

青海东部气候干燥，黄土堆积颗粒较粗、结构松散。由于新构造活动强烈等因素，黄土地貌受侵蚀作用而支离破碎，没有平坦广阔的黄土塬，以河流阶地、山麓斜坡、梁、峁为主，次生黄土披覆较厚。青海黄土以披盖式产出，覆于低山山顶，山麓斜坡，山谷，黄土梁、峁，河流阶地等不同高度的各种地形之上，海拔2800m以上区域很难见到黄土。黄土成因主要为坡洪积型和风积型，工程中接触到的主要为晚更新世(Q_3)黄土，低山山顶覆盖全新世(Q_4)黄土薄层，部分低山丘陵区底部(如西宁大墩岭)覆盖中更新世(Q_2)黄土。从总体分布区域上，可将青海黄土地貌单元分为河流阶地区和低山丘陵区两种。其中河流地貌区(含河流漫滩与阶地)黄土，高阶地(Ⅲ级及以上阶地)黄土主要为全新统风积、洪积黄土，呈浅黄色，大孔隙构造，质地均匀，无层理，黄土层相对较厚；低阶地(河流漫滩、Ⅰ级阶地、Ⅱ级阶地)主要为上更新统冲、洪积黄土，局部夹杂圆砾和砂砾，黄土层相对较薄，厚度一般为0～15m，均匀性较差，具层理。

低山丘陵区(含低山，山麓斜坡，黄土梁、峁)，低山区古地貌陡峭、受侵蚀强烈处有薄层黄土分布，山麓斜坡和梁顶台地有连续的厚层黄土分布，厚度超过20m，为上更新统风积黄土，黄色或灰黄色，大孔隙构造，富含结晶状碳酸盐，质地均匀，无垂直节理发育。

青海东部各时代黄土分布范围、厚度变化差异性较大。早更新世午城黄土分布范围狭小，主要分布在西宁—民和盆地湟水干流及其支流的最高阶地面上，厚度较薄，仅有十几米至几十米。

中更新世离石黄土分布广泛，厚度大。在门源盆地东部、大通盆地南部、湟源盆地东部、西宁—民和盆地、保安盆地和群科—循化盆地的大部均有分布。各盆地中，离石黄土主要沉积于河谷Ⅲ、Ⅳ、Ⅴ级阶地的河流冲积砾石、砂黏土之上或超覆于午城黄土之上。门源、大通盆地最大厚度仅50m，保安盆地最大厚度80m，西宁—民和盆地厚度一般为70～220m，发育的古土壤最多达十几层。

晚更新世马兰黄土和全新世黄土分布最为广泛，上述黄土分布区均有马兰黄土和全新世黄土分布。主要沉积于河谷Ⅰ、Ⅱ级阶地的河流冲积砾石、砂黏土之上或超覆于离石黄土之上。湟水Ⅲ级阶地河流冲积砂黏土之上普遍发育有一层稳定的古土壤，该层古土壤之上为马兰黄土和全新世黄土，其中马兰黄土一般厚度为20～30m。马兰黄土之上发育厚1m左右的全新世黄土，全新世黄土中发育黑垆土。湟水Ⅱ级阶地马兰黄土地层不全，厚度小，一般只发育两层间冰段古土壤。湟水Ⅰ级阶地上只沉积有全新世黄土。

3.3.3 青海黄土工程特性

湿陷性是黄土特有的工程地质属性，黄土地基湿陷问题又是黄土地区普遍存在的工程地质问题。因此，黄土湿陷性调查是黄土地区工程地质调查的重要内容。采取资料收集、现场地质调查、原位测试、钻探、挖探和室内外试验相结合的方法，对青海黄土物理力学性质进行研究。具体来说，首先对青海省东部地区(主要集中在河流阶地区)13条高等级公路的地质勘察资料进行整理分析，然后在资料相对缺失的地区(主要为低山丘陵区)取样试验，最后对不同地貌类型的典型黄土段落进行重点勘察，对其物理力学指标进行统计整理和对比分析，并针对青海黄土特殊的工程性质提出相应的工程措施建议。

1)资料收集与分析

主要收集青海东部交通建设过程中积累的黄土厚度、湿陷类型、湿陷等级等黄土湿陷性方面的地质勘察资料和试验资料,对其进行系统的归纳与整理,作为湿陷性分区的基础资料。收集和整理的公路地勘资料线路名称详见表3-3。

收集和整理的公路地勘资料线路名称 表3-3

序号	线路名称	序号	线路名称
1	马场垣至平安高速公路	8	湟源至倒淌河一级公路
2	平安至阿岱高速公路	9	民和至小峡一级公路
3	西宁南绕城高速公路	10	西宁过境高速公路
4	川口至大河家高速公路	11	西宁至湟源一级公路
5	西宁至塔尔寺高速公路	12	峨堡至祁连一级公路
6	西宁至互助一级公路	13	扎麻隆至倒淌河高速公路
7	大通至西宁一级公路		

按照满足黄土工程性质研究的要求,对地勘资料的探孔密度、含水率、湿陷性系数、液塑限、压缩系数等一系列物理力学指标进行了统计分析,得出各地黄土物理力学性质的变化规律,并与我国典型黄土地区黄土物理力学性质进行了对比分析。在青海省黄土分布分区的基础上,对区内黄土物理力学指标间密切关系以及与黄土湿陷系数的相关性进行研究,选择最具代表性的黄土物理力学性质,研究黄土湿陷性与物理力学性质之间的关系。

2)地质勘察及室内外试验

采用规范统一的技术标准和工作方法,对青海湿陷性黄土区公路沿线地质资料缺失地区、黄土湿陷性典型段落进行现场调查、补充勘察。

研究所收集的公路、铁路等线性构造物的地勘资料多集中在河谷低阶地等人口较多、地势较为平缓的地段,低山丘陵区的黄土地勘资料相对较少,因此对于资料相对较少的阶地区典型黄土段落和低山丘陵区黄土开展挖探工作。先后在西宁、大通、互助、平安、乐都、民和、尖扎、循化等地区挖孔50多个,挖孔总深度1000余米,取样2000多个,取得试验数据15000余组。现场取样和试验照片见图3-4和图3-5。

图3-4 机械洛阳铲挖探

图3-5 钻探取样

不扰动土样的采取多采用在探井(槽)壁上或底部人工刻切块状或柱状土样。由于人工刻切对整体土样施加的外力相对较小,因此取土质量相对较高。

人工采取土样时,应首先注意尽量减小对土体原来状态的破坏,同时要尽量减少切削土样的时间并迅速将土样密封,防止太阳暴晒导致水分蒸发。土样密封多采用取土盒或土样外围缠绕纱布后蜡封。

勘察的重点是对沿线黄土的湿陷性进行评价,因此试验项目主要包括黄土的湿陷系数、自重湿陷系数等湿陷性指标以及含水率、天然密度、液塑限、压缩系数、压缩模量、颗粒组成、直剪试验指标等基本物理力学指标。湿陷系数、自重湿陷系数、湿陷起始压力三项指标是进行黄土湿陷性评价最为基础和重要的指标,但我们发现,由于对规范理解存在偏差等原因,在进行以上指标试验时,不同的试验室采用的试验压力不尽相同,这势必影响试验结果的准确性。为提高勘察质量和可靠性,便于试验结果的对比分析,特对黄土湿陷性试验的取样、试验方法和湿陷量以及自重湿陷量的计算方法作如下说明。

(1)原状样取样方法。

取样方法直接影响土样质量,土样质量好坏是决定试验结果是否准确的最主要因素。黄土湿陷性试验要求采取Ⅰ级不扰动土样,试样必须保持其天然的湿度、密度和结构。因此为了保证试样质量,在取土样过程中,应遵守下列规定:

①全部采取现场人工开挖探井取样的方法。

②土样取出后,应检查土样质量,发现土样有受压、扰动、碎裂和变形等情况时,应将其废弃并重新采取土样。

③对于冬季取样,现场气温较低,土样保存及运输过程中应采取防冻措施。

④探井土取出后应及时装入铁皮密封。

⑤土样在运输过程中应采取防止振动破坏措施。

(2)关于黄土湿陷性试验的要求。

黄土湿陷性试验应严格按照《公路土工试验规程》(JTG 3430—2020)中单线法要求的步骤进行操作。

①测定湿陷系数的压力选取。

a. 测定湿陷系数 δ_s 的试验压力,统一从天然地面算起。

b. 原地面 10m 以上采用 200kPa;10m 以下采用上覆土的饱和自重压力,当上覆土饱和自重压力大于 300kPa 时,仍用 300kPa。

c. 对压缩性较高的新近堆积黄土,基底下 5m 以内的土层宜用 100 ~ 150kPa 压力;5 ~ 10m 和 10m 以下,应分别用 200kPa 和上覆土的饱和自重压力,当上覆土饱和自重压力大于 300kPa 时,仍用 300kPa。

②测定自重湿陷系数的压力选取。

a. 测定自重湿陷系数 δ_{zs} 的试验压力,统一从天然地面算起。

b. 试验压力采用上覆土的饱和自重压力,当上覆土饱和自重压力大于 300kPa 时,仍用 300kPa。

(3)关于湿陷量、自重湿陷量计算的几点说明。

①黄土场地湿陷量的计算。

a. 湿陷量的计算值，统一从天然地面算起。在非自重湿陷性黄土场地，累计至原地面下10m（或地基压缩层）深度止；在自重湿陷性黄土场地，累计至非湿陷性黄土层的顶面止。其中湿陷系数值小于0.015的土层不累计。

b. 考虑基底下地基土的受水浸湿可能性和受力状态及地区等因素的修正系数，按下列规定取值：基底下0～5m深度内，取1.50；基底下5～10m深度内，取1.00；基底下10m以下，在自重湿陷性黄土场地，可取工程所在地区的值。

②黄土场地自重湿陷量的计算。

a. 自重湿陷量的计算值，统一从天然地面算起，其中自重湿陷系数值小于0.015的土层不累计。

b. 因地区土质而异的修正系数，因为项目所在区域属湿陷性黄土工程地质分区中的Ⅰ区，即陇西地区，所以统一取1.50。

3）黄土的颗粒组成分析

黄土的颗粒组成对黄土的工程性质有很大影响，青海地区黄土的粒度成分以粉土颗粒为主，其颗粒组成如表3-4所示。

各地区黄土颗粒组成（%） 表3-4

地区	粒径 d（mm）					
	>0.05		0.005～0.05		<0.005	
	常见值	平均值	常见值	平均值	常见值	平均值
青海阶地区	10.8～50.1	28.3	32.3～83.0	65.2	2.0～20.6	6.5
青海低山区	16.6～42.2	24.8	49.1～74.4	69.4	3.8～17.3	5.8
甘肃	3～45	20	42～89	66	3～44	14
陕西关中	1～45	14	47～86	63	3～45	23
山西	12～60	27	25～66	54	12～33	19

从表3-4可以看出：①总体上，青海阶地区和低山区黄土组成都以粉粒为主，$0.005\text{mm} \leq d < 0.05\text{mm}$ 的颗粒含量分别达到65.2%和69.4%，与我国典型黄土以粉粒为主的特征一致。②同我国其他地区黄土颗粒组成相比，青海黄土的颗粒较粗，尤其是 $d < 0.005\text{mm}$ 的颗粒含量分别只有6.5%和5.8%，明显小于其他地区颗粒含量。这可能与青海距黄土成土物质来源地相对较近，受青藏高原陡升的地势影响，较粗颗粒大量沉积有关。③相较于我国其他地区，青海黄土分布面积较小（约占我国黄土总面积的1.5%），但是不同取样点颗粒成分变化较大，尤其是阶地区黄土粉粒含量，$0.005\text{mm} \leq d < 0.05\text{mm}$ 的颗粒含量常见值为32.3%～83.0%，这可能与青海地处青藏高原边缘，地质构造运动强烈，黄土受侵蚀严重有关。④青海阶地区同低山区的黄土颗粒组成相比，各种粒径的黄土比例相似，基本上随低阶地向高阶地、洪积裙、低山丘陵区过渡，黄土的黏粒含量减小，粉粒和砂粒含量增大。

4）青海黄土的可溶盐含量分析

可溶盐的种类和含量与黄土的成岩作用有关，对黄土的工程性能尤其是湿陷性有很大的影响。黄土中的可溶盐按照溶解的难易程度,可分为难溶盐、中溶盐和易溶盐三种。难溶盐是指碳酸钙($CaCO_3$);中溶盐是指石膏($CaSO_4$);易溶盐是指钠、钾、镁和钙的氯化盐和硫酸盐($NaCl$、KCl、Na_2SO_4)。当黄土中的可溶盐是固态时,对土粒起胶结作用;当其溶解呈离子状态时,其中的阳离子和土粒表面吸附的阳离子发生置换。两种不同的作用对黄土的工程性质影响很大。笔者对青海阶地区和低山区各 6 个点、洛川 3 个点、临汾和兰州各 1 个点进行盐分分析试验,得出各地区易溶盐含量,如表 3-5 所示。

各地区黄土易溶盐含量 表 3-5

地区	易溶盐含量(%)		pH 值	
	常见值	平均值	常见值	平均值
青海阶地区	0.10~0.94	0.43	8.72~8.85	8.82
青海低山区	0.052~0.30	0.19	8.75~8.83	8.80
兰州	0.25	—	8.79	—
洛川	0.12~0.14	0.13	8.65~8.72	8.65
临汾	0.12	—	8.77	—

从表 3-5 可以看出:①同我国其他黄土地区相比,青海黄土易溶盐含量较高,这与我国黄土整体从北向南,从西向东,易溶盐含量逐渐减少的趋势一致。易溶盐含量过高与青海东部气候干燥,年降水量较少,年蒸发量数倍于降水量的气候环境有关。②青海阶地区和低山区黄土易溶盐含量比较来看,阶地区易溶盐含量明显高于低山区,平均值分别为 0.43% 和 0.19%,这说明青海黄土区易溶盐含量受地表含盐径流的影响较大。③青海阶地区黄土的 pH 值常见值为 8.72~8.85,属碱性介质土,均高于国内其他地区黄土,可能与区内黄土成土气候环境更为干旱有关。

5)青海黄土的基本物理力学指标分析

青海不同区域黄土受成因类型、地形地貌等因素的影响,其物理力学指标也有所不同。分不同区域、不同地貌单元对青海黄土的物理力学性质指标进行统计分析,结果见表 3-6,青海黄土与其他地区典型黄土物理力学性质对比分析见表 3-7。当地区工程经验较少时,可参照表 3-6 中不同工程地质分区的物理力学性质参数,结合勘探测试成果综合分析评价黄土工程地质条件。

青海黄土基本物理力性质一览表 表 3-6

地貌单元	黄土面积(km^2)	地貌	黄土层厚度(m)	湿陷性黄土层厚度(m)	主要物理力学性质指标							
					天然密度(g/cm^3)	干密度 ρ_d(g/cm^3)	含水率 w(%)	液限 w_L(%)	塑性指数 I_P	孔隙比 e	湿陷系数 δ_s	自重湿陷系数 δ_{zs}
湟水流域-Ⅰ	597.56	河流阶地	0~30	0~20	1.45~1.69	1.31~1.55	9.2~25.5	23.7~28.5	7.9~11.3	0.74~1.18	0.003~0.082	0~0.045
	7074.93	低山丘陵	5~80	0~26	1.24~1.65	1.29~1.64	7.4~18.4	22.6~26.2	6.2~9.6	0.88~1.23	0.005~0.170	0.005~0.049

续上表

地貌单元	黄土面积（km^2）	地貌	黄土层厚度（m）	湿陷性黄土层厚度（m）	主要物理力学性质指标							
					天然密度（g/cm^3）	干密度 ρ_d（g/cm^3）	含水率 w（%）	液限 w_L（%）	塑性指数 I_P	孔隙比 e	湿陷系数 δ_s	自重湿陷系数 δ_{zs}
湟水流域-Ⅱ	135.15	低山丘陵	3~40	2~20	1.29~1.9	1.2~1.47	6~17.2	21.0~29	8.2~10	0.9~1.23	0.006~0.089	0.003~0.041
黄河流域	1251.61	低山丘陵	0~40	0~12	1.44~1.7	1.23~1.46	10.7~16.8	20.6~25.2	9.4~10.0	0.86~1.15	0.010~0.049	0.002~0.035
大通河流域	28.39	河流阶地	2~8	0~5	1.4~1.7	1.25~1.52	8~17	21.5~27.9	8~11	0.82~1.2	0.012~0.032	0.002~0.029
	84.08	低山丘陵	5~18	0~10	1.4~1.8	1.23~1.55	4.7~14.9	23.1~29.0	8~10.2	0.74~1.21	0.021~0.069	0.002~0.050
隆务河流域	42.71	河流阶地	2~15	0~10	1.39~1.8	1.19~1.51	8~14.9	22~29.8	8.8~10.8	0.74~1.16	0.012~0.048	0.001~0.020
	124.08	低山丘陵	5~50	0~15	1.34~1.7	1.35~1.5	7.9~14.5	25~27.9	8~11	0.79~1.2	0.024~0.042	0.005~0.031

青海黄土与其他地区典型黄土物理力学性质对比 表 3-7

地区	天然重度 γ（$10kN/m^3$）		干重度 γ_d（$10kN/m^3$）		天然含水率 w（%）		孔隙比 e		饱和度 S_r（%）		塑限 w_P（%）		液限 w_L（%）		塑性指数 I_P
	范围	均值	范围	均值	范围	均值	范围	均值	范围	均值	范围	均值	范围	均值	范围
青海阶地区	1.45~1.69	1.6	1.31~1.55	1.5	9.33~25.5	15.6	0.74~1.21	0.91	16.26~59.89	37.8	15.9~16.8	16.3	23.7~26.5	25.1	7.9~10.1
青海低山区	1.24~1.65	1.42	1.19~1.44	1.31	4.7~12.4	8.1	0.88~1.26	1.10	12.29~33.61	22.8	14.1~17.2	16.3	23.6~26.2	24.9	6.2~9.6
甘肃	1.00~1.50	1.40	1.02~1.40	1.25	2.2~25.0	12.0	0.70~1.80	1.02	11~50	30	13~26	18	20~45	28	4~12
陕西关中	1.27~1.60	1.56	1.20~1.56	1.50	10.0~25.0	15.0	0.70~1.45	0.95	20~65	62	13~26	18	27~47	37	9~13
山西	1.30~1.58	1.49	1.20~1.40	1.34	3.7~19.0	11.6	0.60~1.10	1.00	30~50	43	18~21	19	25~30	28	10~13

从表 3-7 可以看出：①同我国其他地区典型黄土相比，青海地区黄土饱和度 S_r 相对较小，阶地区和低山区均值分别为 37.8% 和 22.8%，但和甘肃地区黄土比较接近，这与甘青两省气候相对干燥，水分蒸发量远大于降水量有关；塑性指数较我国其他地区黄土较低，这与青海黄土黏粒含量少，砂性颗粒较多相吻合；其他各项物理指标基本上同其他地区黄土接近。②青海

阶地区黄土同低山区黄土相比，天然重度、干重度、天然含水率、饱和度均较大，孔隙比相对较小，液限、塑限、塑性指数基本相当。这表明青海地区黄土在垂直方向上存在差异，自上而下颗粒逐渐变细，黏粒含量增加，孔隙变小，黄土湿度变大，与青海阶地区黄土多属坡洪积型，而低山区黄土多为风积型的成因有关。

6）青海黄土的湿陷特性研究

青海黄土的湿陷性同其所处的地貌单元密切相关，收集整理青海黄土区典型地貌区域的411个钻孔勘察试验数据，不同地貌单元场地湿陷等级统计如表3-8所示。

不同地貌单元场地湿陷等级统计表 表3-8

地貌类型	Ⅰ级（非）自重（个）	Ⅱ级自重（个）	Ⅲ级自重（个）	Ⅳ级自重（个）	总钻孔数目（个）
低阶地	183	96	14	2	295
高阶地	3	12	32	49	96
低山丘陵	6	2	3	9	20

注：1. 表中数据主要引用兰州至西宁高速公路、民和至小峡公路、丹东至拉萨国道西宁过境公路、平安至阿岱高速公路、西宁至互助公路地质勘察资料及本课题地质勘察数据。
2. Ⅰ级（非）自重包括Ⅰ级自重和Ⅰ级非自重。

从表3-8可以看出：①青海黄土湿陷强度受其所处地貌类型和成因的影响，一般低阶地（河漫滩、Ⅰ级阶地、Ⅱ级阶地）由于黄土土层较薄，且受地表径流影响较大，含水率较高，黄土湿陷性较弱，场地湿陷类型和地基湿陷等级无湿陷性或Ⅰ级非自重～Ⅱ级自重，局部厚层处可达Ⅲ级自重以上；②高阶地（Ⅲ级及以上阶地）黄土湿陷性较强，以中等和强湿陷为主，场地湿陷类型和地基湿陷等级一般为Ⅱ级自重～Ⅳ级自重；③青海低山丘陵区黄土湿陷性受古地貌影响较大，青海东部地处青藏高原边缘，地质构造活动强烈，低山区地势起伏较大，山麓斜坡较为陡峻，古地貌岩体较为破碎，不利于黄土的沉积和保存，因此黄土厚度差别很大，场地湿陷类型和地基湿陷等级从Ⅰ级到Ⅳ级不等。但总体上，低山区黄土属风积坡积黄土，黄土颗粒较粗，孔隙较大，湿陷性较强。

7）青海黄土湿陷性与物理指标的关系研究

黄土湿陷性评价是湿陷性黄土区工程勘察的主要任务之一。目前我国直接测定黄土湿陷性的方法主要有室内浸水压缩试验和现场试坑浸水试验两种。现场试坑浸水试验周期长、费用多，工程实践中多采用室内试验方法进行黄土湿陷性评价。但室内试验也存在取原状样费时费力、试验条件与现场实际不符、试样易受扰动、试验结果误差大等问题，因此很有必要探索一种能快速评价黄土湿陷性的新方法。研究表明影响黄土湿陷系数的因素主要有物理力学性质、应力状态和成因时代等，许多学者研究了黄土湿陷系数与基本物理力学指标之间的关系，并基于此进行黄土湿陷性的评价。具有代表性的研究成果有胡燕妮等研究了兰州地区大厚度黄土物理指标对湿陷系数的影响。秦建平应用数理统计方法，研究了西安地区黄土湿陷系数与物理指标关系的相关性。邵生俊等采用因子分析法，对西安地铁4号线黄土和宝兰高铁隧道黄土的湿陷系数与其含水率等物理指标的相关性进行了统计分析，得到了两个场地黄土的自重湿陷系数与含水率和孔隙比之间的关系。这些成果对研究黄土湿陷性起到了重要作用。

由于地质条件和岩土特征具有非常强的地域性，黄土的物理性质和湿陷性同样具有很明显的区域性规律。以青海东部典型马兰黄土为研究对象，基于大量的地勘试验资料和室内土工试验资料，采用统计方法研究青海地区马兰黄土的湿陷系数与物理力学指标之间的相关性，为该地区黄土的湿陷性评价和预测提供理论指导，也为黄土地区地基处理提供科学依据。

为了客观反映各试验场地的基本物理力学指标，对各场地的试验数据按照《岩土工程勘察规范》（GB 50021—2001）的相关要求进行了数据处理和分析，得到各试验场地含水率、天然密度、干密度、孔隙比、塑性指数、压缩系数、湿陷系数等基本物理力学指标，见表3-9。

湿陷性黄土物理力学指标统计表 表3-9

取样点	统计参数	含水率（%）	天然密度（g/cm^3）	干密度（g/cm^3）	孔隙比	塑性指数	压缩系数（MPa^{-1}）	湿陷系数
民和—乐都1号	范围	9.2~20.4	1.4~1.7	1.26~1.58	0.8~1.2	9.0~11.3	0.05~1.28	0~0.085
	标准值	13.9	1.56	1.37	1.03	9.8	0.31	0.042
民和—乐都2号	范围	8.0~12.1	1.44~1.59	1.3~1.48	0.85~1.07	17.4~18.5	—	0.012~0.046
	标准值	10.1	1.5	1.4	0.94	10.4	—	0.021
互助—大通1号	范围	7.4~16.9	1.33~1.80	1.22~1.55	0.74~1.21	9.3~10.2	0.08~0.59	0.005~0.040
	标准值	10.2	1.51	1.37	0.98	9.7	0.24	0.025
互助—大通2号	范围	6.5~14.4	1.29~1.68	1.2~1.55	0.81~1.11	8.0~10.1	0.09~0.85	0.01~0.082
	标准值	8.8	1.47	1.35	1.00	9.4	0.29	0.033
乐都—化隆1号	范围	10.7~16.8	1.44~1.7	1.23~1.46	0.86~1.15	9.4~10.0	0.13~1.32	0.01~0.069
	标准值	13.2	1.49	1.31	1.07	9.8	0.59	0.033
平安—阿岱1号	范围	10.0~16.0	1.34~1.77	1.25~1.55	0.74~1.16	9.5~10.5	0.06~0.91	0~0.094
	标准值	11.5	1.56	1.40	0.94	9.8	0.26	0.028

（1）湿陷系数与深度的关系。

图3-6为黄土的湿陷系数与深度间的关系曲线。从图中可以看出，随着深度的增加，黄土湿陷系数逐渐减小，至一定深度湿陷性消失，即黄土的湿陷系数与深度之间具有良好的线性负相关关系。深度不大于15m时，黄土的湿陷系数基本大于0.03，说明黄土湿陷性较强；当深度大于30m时，黄土的湿陷系数基本小于0.015。这是因为随着深度的增加，黄土沉积时间越久，黄土受到的上覆土层自重压力也越来越大，黄土孔隙减小，湿陷性也就随之减弱。对黄土湿陷系数与深度进行线性回归分析，得到的拟合关系见式（3-1），其相关系数$R=0.878$，说明二者之间相关性程度较高。

$$\delta_s = 0.0445 - 0.0009 \times h \tag{3-1}$$

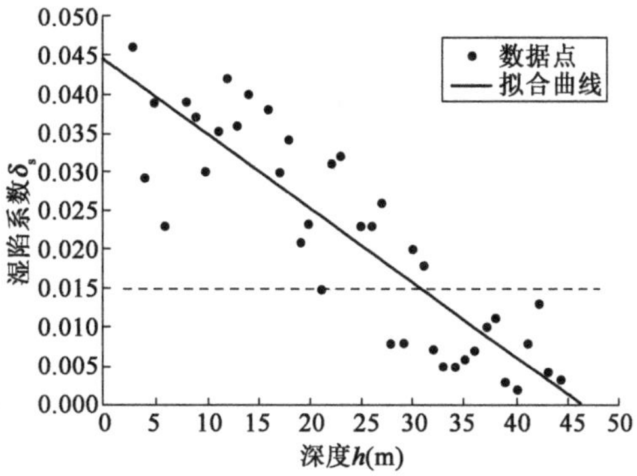

图 3-6 湿陷系数与深度的关系

(2)湿陷系数与含水率的关系。

图 3-7 为黄土的湿陷系数与含水率之间的关系曲线。从图中可以看出,黄土湿陷系数与含水率之间也呈现出比较明显的线性负相关关系,即随着含水率的增加,湿陷系数逐渐减小。从图中可以看出,当含水率小于 20% 时,黄土的湿陷系数基本大于 0.015;当含水率大于 20% 时,黄土的湿陷系数基本在 0.015 以下,说明含水率大于 20% 的黄土一般不具有湿陷性。因此,对于青海东部典型马兰黄土,20% 含水率可界定为湿陷终止含水率。对黄土湿陷系数与含水率进行线性回归分析,得到的拟合关系见式(3-2),其相关系数 $R=0.816$,说明二者之间相关性程度较高。

$$\delta_s = 0.270 - 0.0126 \times w \tag{3-2}$$

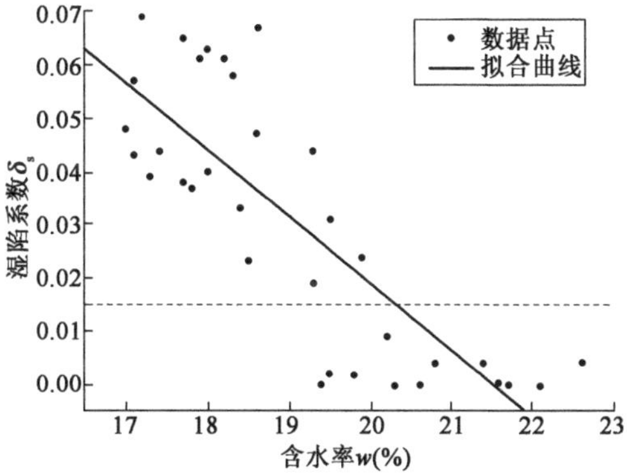

图 3-7 湿陷系数与含水率的关系

国内外许多资料证明,含水率对黄土的工程性能会产生显著影响,是黄土是否发生湿陷的控制指标之一。黄土湿陷性随着天然含水率的增加而显著减小,但压缩性随着天然含水率的增加而增大,即黄土的压缩性和湿陷性会相互转化,随着含水率的增加,黄土的压缩性增大,湿陷性相应减小,反之亦然。主要原因是黄土中大量可溶盐和易溶盐的存在,使黄土对水的变化非常敏感,当含水率较小时,天然黄土颗粒间的连接强度较高,结构稳定性较好,但遇水颗粒间的连接强度迅速降低,结构破坏,发生湿陷;随着含水率的增大,土水之间发生一系列物理化学作用,黄土结构对水的敏感度随之降低,故湿陷性较小。

(3)湿陷系数与干密度的关系。

干密度反映了黄土的孔隙比,是评定土体密实程度的指标之一。美国对黄土湿陷性的评价就是以干密度作为评价标准,即当干密度小于1.28g/cm³时易发生大量湿陷,当干密度大于1.44g/cm³时湿陷轻微。图3-8为黄土湿陷系数与干密度之间的关系曲线。从图中可以看出,随着干密度的增加,黄土的湿陷系数直线减小,即黄土湿陷性与干密度之间呈现出线性负相关关系。从图3-8可以看出,当干密度小于1.4g/cm³时,黄土的湿陷性表现较为突出;当干密度大于1.4g/cm³时,黄土基本不出现湿陷性。因此,对于青海东部典型马兰黄土,1.4g/cm³干密度可界定为黄土是否存在湿陷性的界限干密度。对黄土湿陷系数与干密度进行线性回归分析,得到的拟合关系见式(3-3),其相关系数 $R=0.7835$,说明二者之间相关性程度较高。

$$\delta_s = 0.3024 - 0.2039 \times \rho_d \tag{3-3}$$

(4)湿陷系数与孔隙比的关系。

孔隙比是黄土内孔隙分布特征的直接反映,它间接表征了黄土的微结构特征。图3-9为黄土湿陷系数与孔隙比之间的关系曲线。从图中可以看出,随着孔隙比的增大,黄土的湿陷系数也随之增大,即黄土的湿陷性与孔隙比之间呈现出线性正相关关系。当孔隙比小于0.9时,黄土的湿陷系数均在0.015以下;当孔隙比大于1.05时,黄土的湿陷系数基本在0.03以上,属于中等湿陷性。因此,对于青海东部典型马兰黄土,孔隙比0.9可界定为黄土出现湿陷性的湿陷起始孔隙比。黄土湿陷系数与孔隙比之间的线性回归方程见式(3-4),其相关系数 $R=0.863$,说明黄土湿陷系数与孔隙比之间具有良好的相关性。

$$\delta_s = -0.1189 + 0.1463 \times e \tag{3-4}$$

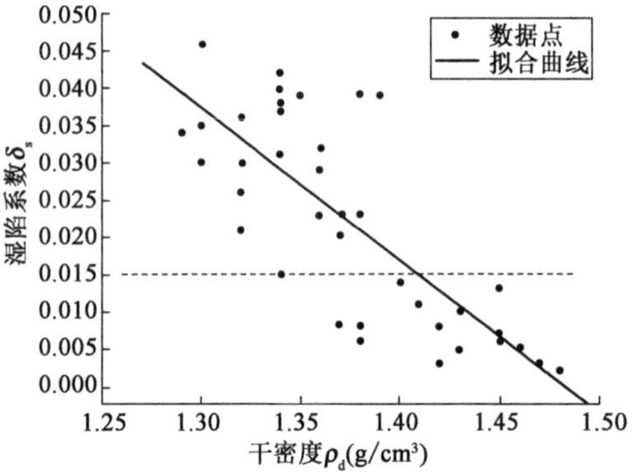

图3-8 湿陷系数与干密度的关系

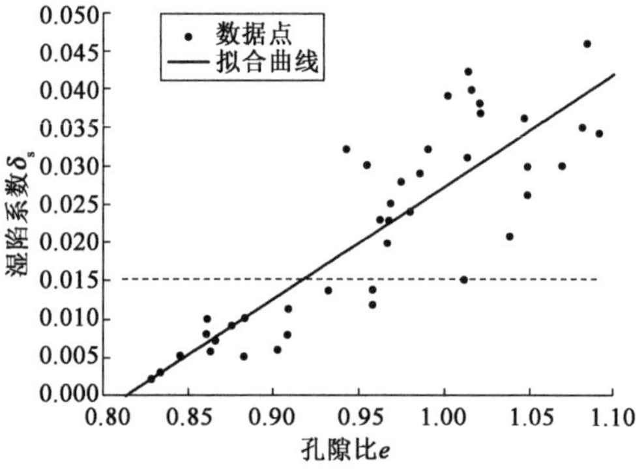

图3-9 湿陷系数与孔隙比的关系

(5)湿陷系数与塑性指数的关系。

塑性指数是细粒土最基本、最重要的物理指标之一,它在一定程度上综合反映了土的粒度成分和矿物成分。塑性指数愈大,表明土中细颗粒含量愈大,表面积愈大,土的黏粒或亲水矿物含量愈高,土处在可塑状态的含水率变化范围就愈大,反之亦然。图3-10为黄土湿陷系数与塑性指数之间的关系曲线。从图中可以看出,黄土湿陷系数与塑性指数之间虽然不是线性相关的关系,但当 I_P 大于9.5时,黄土湿陷性较强,说明黄土湿陷性存在一个敏感粒径区间,当土的粒径主要集中在这一区间时,黄土最容易产生湿陷。这说明黄土塑性指数对湿陷系数也具有一定影响,这种影响主要是通过粒度成分发挥作用。

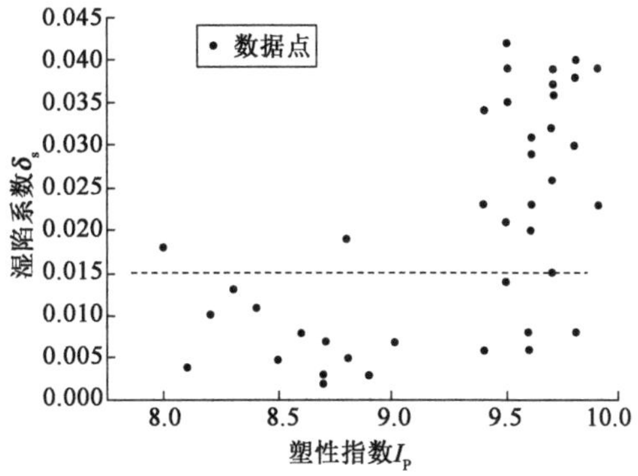

图 3-10　湿陷系数与塑性指数的关系

(6)湿陷系数与压缩系数的关系。

图 3-11 反映的是黄土湿陷系数与压缩系数之间的关系。从图中可以看出,黄土湿陷系数与压缩系数之间的关系分段变化:当压缩系数小于 0.25MPa^{-1}时,黄土湿陷系数随着压缩系数的增大而增大;当压缩系数超过 0.25MPa^{-1}时,数据较为凌乱,即湿陷系数与压缩系数没有明显的相关性。这是因为对于中等和低压缩性土,在一定的试验压力下,压缩变形不足以使黄土的孔隙和结构完全破坏,浸水后还会发生较大的附加湿陷变形;而对于高压缩性土,虽然其湿陷系数也普遍较大,但浸水后附加湿陷变形的大小受土体结构破坏程度等多种因素的影响,与压缩系数本身相关性不是很强。

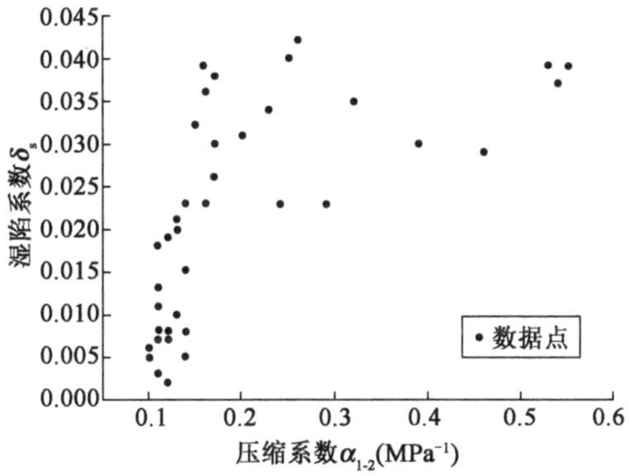

图 3-11　湿陷系数与压缩系数的关系

(7)湿陷系数与多个物理指标的综合关系。

从湿陷系数与单物理指标的相关性分析可知,即使与湿陷系数关系最密切的孔隙比,它与湿陷系数的相关系数也只有 0.863,这说明黄土湿陷性不是单因素决定的,而是多种因素共同影响的,而且这些因素对黄土湿陷性的作用较为复杂,所以可用这些能反映黄土成分、结构和赋存状态的物理指标来综合评价黄土湿陷性。

数据挖掘技术中的主成分分析法和因子分析法是一种将多变量化简的技术。对于黄土湿陷性而言,共同因子即湿陷系数,主成分分析就是分析黄土湿陷性的内在影响因素,即其他变量对湿陷性的作用及其影响程度。主成分分析中,公因子的方差比反映各变量信息分别被提取的充分程度,方差比越大则提取相应自变量的信息就越充分;因子负荷反映各变量与公因子之间关系的密切程度,绝对值越大说明该变量对公因子影响程度越大,关系越紧密。

根据上述湿陷系数与单物理指标的相关性分析结果和数据挖掘要求,按与湿陷性相关性强弱的顺序选取孔隙比(e)、干密度(ρ_d)、天然含水率(w)、塑性指数(I_P),同时考虑反映黄土矿物成分的比重(G_s)共5个指标为原始变量,公因子数(自重湿陷系数 δ_{zs})选定为1.0,从大量试验数据中选取这5个指标和湿陷系数均齐全的数据(共234组),进行主成分分析建模,求解得到公因子方差比和因子负荷值,见表3-10。

公因子方差比和因子负荷值 表3-10

物理指标	天然含水率 w	干密度 ρ_d	孔隙比 e	比重 G_s	塑性指数 I_P
因子负荷值	0.766	-0.931	0.945	0.280	0.406
信息提取值	0.587	0.867	0.893	0.078	0.164

从表3-10可以看出,因子负荷值和信息提取值从高到低的顺序是 $e \to \rho_d \to w \to I_P \to G_s$,即与黄土湿陷系数关系密切程度依次为孔隙比、干密度、天然含水率、塑性指数和比重,孔隙比对黄土自重湿陷系数影响最大,干密度和天然含水率次之,之后是塑性指数和比重。

为此,采用数据挖掘技术中的相关性分析方法,选取 e、ρ_d、w 和 I_P 为指标,分析多个物理指标综合作用下的黄土湿陷性。采用杨辉三角多项式来分析多指标综合作用下的黄土湿陷性,得到湿陷系数与4个物理指标间的综合关系,见式(3-5):

$$\delta_{zs} = a_0 + a_1 e + a_2\rho_d + a_3 w + a_4 I_P + a_5 e\rho_d + a_6 ew + a_7 eI_P + a_8\rho_d w + a_9\rho_d I_P + a_{10} wI_P + a_{11} e\rho_d w + a_{12} e\rho_d I_P + a_{13} ewI_P + a_{14}\rho_d wI_P + a_{15} e\rho_d wI_P \tag{3-5}$$

式中:δ_{zs}——黄土自重湿陷系数;

e——孔隙比;

ρ_d——干密度(g/cm^3);

w——天然含水率(%);

I_P——塑性指数;

$a_0 \sim a_{15}$——系数,见表3-11。

式(3-5)中系数的取值 表3-11

系数	a_0	a_1	a_2	a_3	a_4	a_5	a_6	a_7
值	77.1298	56.61587	-5.09721	-4.84362	-8.17354	-93.7995	-2.3535	-4.89226
系数	a_8	a_9	a_{10}	a_{11}	a_{12}	a_{13}	a_{14}	a_{15}
值	0.80509	0.99995	0.51214	4.51366	8.66812	0.19679	-0.1073	-0.41677

经方差分析,$F = 842.513$,$P = 0.001$,方程有效。

式(3-5)综合反映了马兰黄土湿陷性与多个物理指标间的内在关系,检验证明计算湿陷系数与实测值基本一致,其相关系数 $R = 0.886$,说明利用式(3-5)来综合评价青海马兰黄土湿陷性的方法是可行的。

第4章

青海黄土湿陷及渗透特性

4.1 现场浸水试验场地地质环境

4.1.1 地理位置

新建川大公路 K29 +100 试坑浸水试验点位于青海省海东市民和县古鄯镇,新建民小公路 K70 +050 试坑浸水试验点位于青海省海东市乐都区附近。

(1)川大公路试验点。

古鄯镇是青海省海东市民和回族土族自治县辖镇,位于县境中西部,地处湟水谷地南侧山地、沟谷地。

(2)民小公路试验点。

海东市乐都区位于青海省东部湟水中下游,地理位置优越,介于兰州、西宁两大省会城市之间,距青海最大的航空港——曹家堡机场 35km,兰青铁路、兰西高速公路、109 国道横贯全区。

4.1.2 地形地貌

(1)川大公路试验点。

试验场地在青海省海东市民和回族土族自治县古鄯镇境内,该处地貌上属于黄土塬地貌,植被发育,且主要为耕地。试验段所在地海拔 2292m,属温带半干旱气候区,日温差大,无霜期短,冰冻期较长,降水量少。

湿陷地基等级为Ⅱ ~Ⅳ级,属自重湿陷性场地。水文地质条件较简单,地下水主要以碎散岩类空隙潜水、基岩裂隙水为主,分布于沟谷等负地形区域,地表水以沟水为主。

(2)民小公路试验点。

试验场地所在地属于湟水东段,位于新生界碎屑岩充填的高原盆地之上。该处盆地自中央向边缘依次分布有广袤的第四系河谷平原,主要为粉土土质的河流阶地,黄土覆盖的低山丘陵,久远的变质岩、岩浆岩组成的高山、中高山。高山、中高山山势陡峭,海拔大多超过3600m,相对高差达到1000~1500m,巍峨壮观,深沟、峡谷和悬崖跌水比比皆是。低山丘陵海拔1700~2400m,相对高差300~400m,植被多为灌木、杂草,少见树木。该地区丘陵、山地由于受强烈的侵蚀作用,沟壑遍布,河谷发育较多,河流很短,落差较大,山沟从山脚溯源侵蚀到山顶,横断面呈"V"字形,多断崖、峡谷等地貌形态,易发生滑坡、崩塌等地质灾害。河谷平原地势平坦,视野开阔,相对高差较小,地势坡降在1.5%左右,主要由河流阶地组成,自河流沿岸至丘陵地势逐渐增高,河流阶地海拔自上游向下游逐渐降低。

场地地貌单元主要有三类:①湟水Ⅰ~Ⅱ级阶地区:该地区地形开阔平坦,总体地形西高东低。根据野外调绘及勘察资料,该地区上部地层主要为粉土、粉质黏土夹碎石、砂土等,质地松散,工程地质条件较差;下伏砾砂、卵石层,厚度变化较大,呈稍密~密实状,工程地质条件良好。②湟水Ⅲ~Ⅳ级阶地区:该地区整体地形起伏较小,各台面之间存在高差。根据野外调绘及勘察资料,该地区上部地层主要为粉土层,厚度多大于10.0m,上部呈松散~密实状,底部坚硬状;下伏卵砾石层,孔隙间为泥质填充,胶结较弱,厚度多在5.0m以上,呈稍密~中密状,工程地质条件良好。③河谷漫滩区:河谷谷底开阔平坦,大部分河漫滩地段都经过了人工改造,河漫滩与Ⅰ级阶地界线已不甚清楚。河床及河漫滩地带出露的地层主要以卵石、砾石和砂土为主,局部发育粉质黏土和淤泥质土。

4.1.3 水文气候

(1)川大公路试验点。

川大公路K29+100浸水试验点位于黄土塬上,黄土塬上绝大部分是季节性灌溉农田。所在区域为公路自然区划$Ⅶ_3$区——河源山原草甸区。区域所在地属温带半干旱气候区,日温差大,无霜期短,冰冻期较长,降水量少。年平均气温5.9~7.8℃,极端最高气温33.5~36.5℃,极端最低气温-22.2~-24.9℃,平均相对湿度55%~58%,年降水量454.6mm,最大日降水量62.2~63.1mm,每年7—9月为雨季,年蒸发量1612.9~1729.2mm,平均风速1.7~1.9m/s,最大风速16.2~18.0m/s,地面平均温度8.9~10.6℃,10月底开始降雪,11月上旬开始冰冻,每年4月底解冻。最大冻结深度130.0~180.0cm,最大积雪深度10~14cm。

地表水系较发育,主要河流有巴州沟、暖支沟、乾河滩沟等,其中巴州沟、暖支沟属湟水支流,乾河滩沟属黄河支流,均属黄河水系。地表径流因汇水面积不同和季节性变化,其流量、流速、水位和水质变化很大,一般5—9月为丰水期,10月至次年4月为枯水期,主要靠冰雪融水、雨水和泉水补给。区内河流均发源于拉脊山区,巴州沟、暖支沟源于强刀山,乾河滩沟源于毛洞山。另外,区内降雨具有历时短、强度大的特点,沟谷地表水与降雨分布、降雨时间呈现出正相关关系,无明显滞后特征,沟谷、河流地表水具有明显的陡涨陡消特点,易形成暴雨型泥石流。

(2)民小公路试验点。

场地所在地处于青海省东北部,毗邻甘肃省,属于干旱半干旱大陆性高原气候,气候干燥,冬季寒冷,夏季凉爽,年日照时间为2400h。7、8月降雨较多,其余时间很少降雨,平均年蒸发量远大于年降水量。多年平均降水量350mm,单日最大降水量62mm,多年平均蒸发量是平均降水量的5倍,多年平均相对湿度55%。最大积雪厚度13cm,最大冻土深度12.5cm。昼夜温差大,气温受地形和海拔影响明显。年均霜冻期长达9个月,一年内仅7、8月气温偏高。多风季节为春季、冬季,平均风速2m/s,最大风速可达16m/s。地表平均温度7℃,10月底气温降至0℃以下,11月初进入冰冻期,次年4月中旬开始解冻。该地区温差较大,农作物生长于盆地及丘陵气候环境变化较小的地带,山区多杂草、灌木。

场地地表水系属于湟水水系,湟水水质混浊,支流发育,呈树枝状,构成区内主要水系网。地表径流因汇水面积不同和季节性变化,其流量、流速、水位和水质变化很大,一般5—9月为丰水期,10月至次年4月为枯水期,区内河流均发源于北侧祁连山地槽褶皱系和南侧松潘—甘孜褶皱系。

湟水发源于达坂山,自达坂山沿地势东流,从西宁市东侧流过之后,穿过小峡、大峡、老鸦峡,在民和县享堂汇集后流入大通河,自马垣场跨出青海省地界,在甘肃省八盘峡附近汇入黄河。湟水干流河道长354km,河床一般宽度为80~200m(峡谷地带较窄仅40m左右),河道平均坡降1.44%~14.57%,河道弯曲率1.07~1.34。湟水水系有大小支流上百条,支流多呈羽状、树枝状分布。湟水水系每年有两个汛期,分别发生在春季和夏季:冰雪融水产生春汛,春汛汛期一般在4、5月;夏季降雨较多故水流较大,夏汛汛期一般在8月左右。枯水期为1—3月。

湟水在青海省境内有多处水文站,通过查阅多年水文观测资料可以发现:西宁站百年一遇洪水流量为390m^3/s,大峡站百年一遇洪水流量为1501m^3/s,民和站百年一遇洪水流量为1683m^3/s;湟水年平均流量相差较大,丰水年流量比枯水年流量多3倍,丰水年、枯水年往往相继发生;年内每月径流量差别很大,6—9月径流量约占全年总流量的68%;湟水主要补给来源为大气降水,除此之外为地下水及冰雪融水,水文资料显示地下水占补给总量的38.7%。

4.1.4 地层岩性

(1)川大公路试验点。

为了获得场地黄土各项物理力学指标,根据《湿陷性黄土地区建筑标准》(GB 50025—2018)规定,在浸水试验正式开展前对场地进行了精细勘察,现场用机械洛阳铲开挖2个探井,编号分别为TJ-1和TJ-2。探井TJ-1位于试验场地东北角,与试坑边缘水平距离为43.5m,深度为25m;探井TJ-2位于试验场地东南角,与试坑边缘水平距离为36.5m,深度为20m。探井开挖完成之后人工在井壁上取样进行室内试验。试样直径为15cm左右,高度为20cm左右,每米取2块土样。试样按照一级取样标准制作、运输。

(2)民小公路试验点。

该区域地层主要为第四系黄土地层,除下更新统(Q_1)外其余均可见到。

①全新统风积、洪积黄土(Q_4^{eol+pl}):主要分布于线路所经山麓斜坡、高阶地的上部地层,呈浅黄色,具大孔隙构造,质地均匀,无层理。

②上更新统风积、洪积黄土(Q_3^{eol+pl}):主要分布于线路所经山麓斜坡的下部地层,呈浅黄色,具大孔隙构造,质地均匀,无层理,不整合于第三系或其他较老地层之上。

③上更新统冲、洪积物(Q_3^{al+pl}):主要分布于线路所经高阶地的下部地层,沿湟水两岸、盆地各支沟两侧均有出露,黄土质地较均匀,呈浅黄色、灰黄色,具大孔隙构造,局部夹杂圆砾和砂砾。下部为砾石、卵石层,不整合于第三系之上。

④全新统冲、洪积黄土(Q_4^{al+pl}):主要分布在河流两侧阶地之上以及部分河床地段。河流阶地上部主要分布有粉土、粉质黏土,土质稍密~中密,呈红褐色、黄褐色、黄色,层理分布明显,厚度较小,一般为0~5m;下部为砾石、卵石层,灰岩、石灰岩,磨圆度好,无棱角,粒径为1~6cm。

该试验场地0~15m深度范围内的地层主要为第四系晚更新世砂质黄土(Q_3),呈黄褐色,土质均匀疏松,无层理,大孔结构发育,有少量的蜗牛壳存在,15m以下土层为弱透水层;0~0.6m范围内为第四季全新统(Q_4),淡黄色,土质不均匀,有植物根系分布。

4.1.5 黄土区域分布与地质特征

(1)川大公路试验点。

从黄土工程地质分区来看,项目所在地位于陇西黄土区的边缘地带,依据《湿陷性黄土地区建筑标准》(GB 50025—2018),该区域黄土层最大揭露厚度超过20m,湿陷性黄土层厚度为10~15m,湿陷系数为0.05~0.07。

该项目线路主要行走于河流堆积区、山麓斜坡区和中低山区,沿途黄土主要分布于河漫滩、阶地、阶地边缘的山麓斜坡,以及中低山区部分山麓斜坡和山前斜坡地区。

各地貌单元黄土地质特征简述如下:

①河流堆积区:含河流漫滩与阶地(河流地貌不太发育,主要为Ⅰ~Ⅱ级),主要分布全新统冲、洪积黄土,黄土层较薄,厚度一般为0~5m,均匀性较差,具层理,中间夹杂圆砾和砂,黄土分布不连续。该地区黄土湿陷程度相对较轻,场地湿陷类型和地基湿陷等级为无湿陷性或Ⅰ级非自重~Ⅱ级自重。

②山麓斜坡区:主要指河流阶地边缘的山麓斜坡区,位于低山丘陵前缘,冲沟发育,黄土层厚度一般为0~10m,局部超过15m(未揭穿)。随地形起伏,黄土厚度变化较大,冲沟处薄,梁、峁处厚,主要为上更新统风积、洪积黄土,呈浅黄色,具大孔隙构造,质地均匀,无层理。场地湿陷类型和地基湿陷等级与黄土层厚度直接相关,薄层处为无湿陷性或Ⅰ级非自重~Ⅱ级自重,局部厚层处可达Ⅳ级自重。

③中低山区:该地貌单元出露地层主要为第三系的泥岩、砂岩或砾岩,局部有薄层黄土分布,场地湿陷类型和地基湿陷等级为Ⅰ级非自重或Ⅱ级自重。其中在古鄯镇附近的山麓斜坡和梁顶台地有连续的厚层黄土分布,厚度超过15m,为上更新统风积黄土,呈淡黄色、红褐色,质地均匀,场地湿陷类型和地基湿陷等级一般为Ⅱ级自重或Ⅳ级自重。

(2)民小公路试验点。

从黄土工程地质分区来看,项目所在地位于陇西黄土区的边缘地带,黄土颗粒较粗,湿陷性较强烈。依据《湿陷性黄土地区建筑标准》(GB 50025—2018),该区域黄土层最大揭露厚度超过20m,湿陷性黄土层厚度为10~15m,湿陷系数为0.05~0.07。

该项目线路沿湟水逆流而上至平安小峡,主要行走于湟水河谷及高阶地边缘的山麓斜坡、构造中低山区,沿途黄土主要分布于河漫滩、低阶地、高阶地和低山丘陵前缘的山麓斜坡区,而所经构造中低山区多为峡谷,因河流湍急,沉积条件差,基本无黄土分布。从沿线黄土厚度分布来看,基本呈现与地势成正比的关系,地势越高,黄土层厚度越大;湿陷性程度也呈现与地势成正比的关系,线路行走地势越高,黄土的湿陷程度越严重。

各地貌单元黄土地质特征简述如下：

①河漫滩和低阶地区（Ⅰ～Ⅱ级）：主要分布全新统冲、洪积黄土，黄土层薄，厚度一般为0～5m，均匀性较差，具层理，中夹杂圆砾和砂，黄土分布不连续。该地区黄土湿陷程度也相对较轻，场地湿陷类型和地基湿陷等级为无湿陷性或Ⅰ级非自重～Ⅱ级自重。

②河流高阶地区（Ⅲ～Ⅳ级）：该地区黄土层上部主要为全新统风积、洪积黄土，呈浅黄色，具大孔隙构造，质地均匀，无层理；下部主要为上更系统冲、洪积黄土，局部夹杂圆砾和砂。厚度大，一般为0～10m，部分段落超过15m（未揭穿）。随着沉积前原始地貌的起伏，黄土分布也表现出厚度不均的特点。场地湿陷类型和地基湿陷等级一般为Ⅱ级自重～Ⅳ级自重。

③山麓斜坡区：位于低山丘陵前缘，黄土层较厚，一般为0～10m，部分段落超过15m（未揭穿）。随地形起伏，黄土厚度变化较大，冲沟处薄，梁、峁处厚，主要为全新统、上更新统风积、洪积黄土，呈浅黄色，具大孔隙构造，质地均匀，无层理。场地湿陷类型和地基湿陷等级与黄土层厚度直接相关，薄层处为无湿陷性或Ⅰ级非自重～Ⅱ级自重，厚层处为Ⅲ级自重～Ⅳ级自重。

4.2 试验场地工程地质条件分析

为了详细查清场地地层情况和湿陷类型，对场地工程地质条件作出分析评价，各试验场地进行了大量的土工试验和地质验证工作，主要包括：每个试验场地在试坑两侧距离试坑边1～2倍试坑直径处各开挖了2个探井，每个探井在整米处取一级试样2组，进行室内常规土工试验和湿陷性试验。

各试验场地取得的主要工程地质成果资料有：①2个探井的土工试验结果；②黄土湿陷性试验资料，包括湿陷系数、自重湿陷系数和起始湿陷压力等。

在充分掌握川大、民小公路地质资料的基础上，经过专家多次现场踏勘，确定了7个浸水拟选试验场地，并对7个浸水拟选试验场地进行了精细勘察，挖探500多米，取样1000余件，开展物理力学试验20000余组。最终确定了具有代表性的民小公路K70+050右侧50m、川大公路K29+100左侧100m为浸水试验场地。

4.2.1 试验场地概况

（1）川大公路K29+100试验场地。

根据地质勘察资料，该试验场地为Q_3黄土，厚度约26m，可能为自重湿陷性土层。试验场地位于黄土塬上，海拔1900m左右，距线路中心线约100m。场地为阶梯状的农田，水源距试坑较远，需要拉水车供水。新建川大公路在附近以路堑形式通过。试验场地全貌见图4-1。

依据探井编录资料，绘制出该场地的地质剖面。本场地地层主要为粉质黄土，13m以下夹有1层灰褐色黏质粉土。由上往下地层依次为：耕植土，厚0.3m，含植物根茎；粉质黄土（Q_3），厚约12m，浅黄褐色，可塑，质均；黏质黄土（Q_3），厚2.5m，灰褐色，可塑，具有水平节理；粉质黄土（Q_3），厚约11m，浅黄褐色，可塑，质均。

图 4-1　K29 + 100 试验场地全貌

根据探井土样物理力学性质试验结果，绘制了含水率、饱和度、湿密度、干密度、孔隙比、压缩系数、塑性指数、湿陷系数、自重湿陷系数与深度的关系曲线，如图 4-2 ~ 图 4-10 所示。

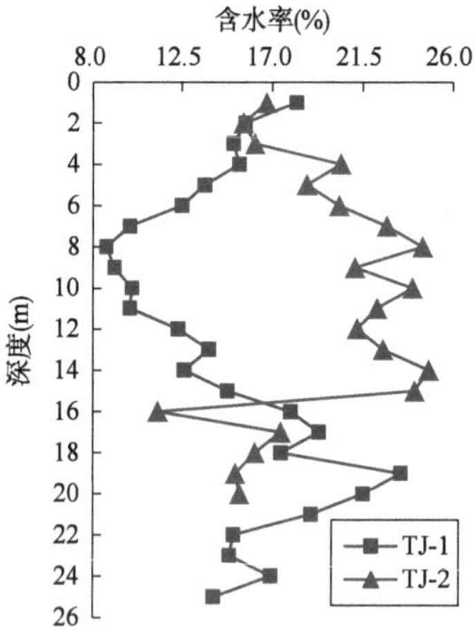

图 4-2　含水率随深度的变化

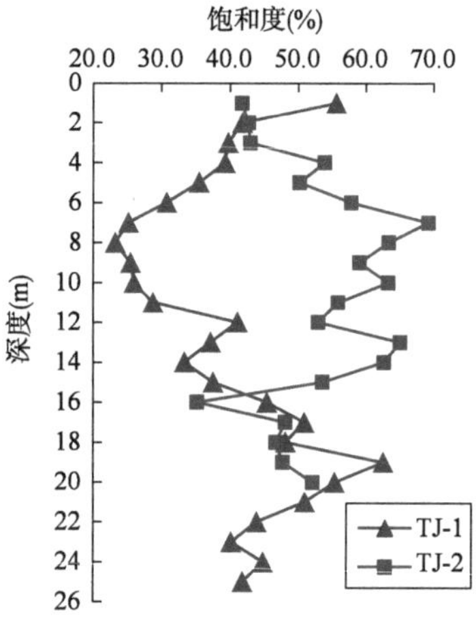

图 4-3　饱和度随深度的变化

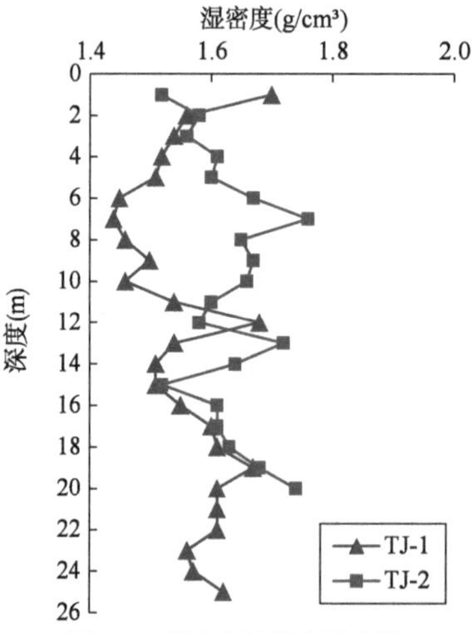

图 4-4　湿密度随深度的变化

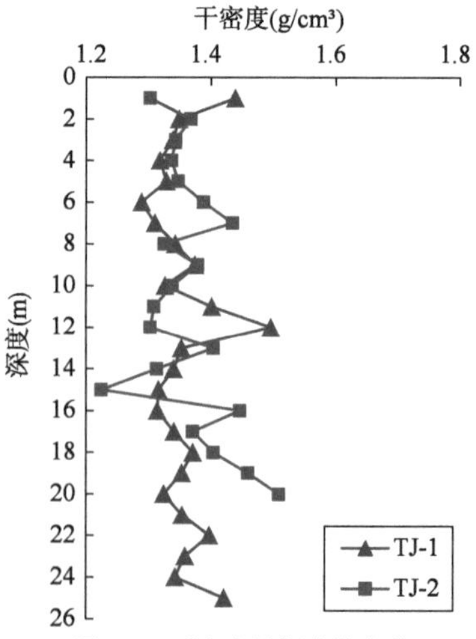

图 4-5　干密度随深度的变化

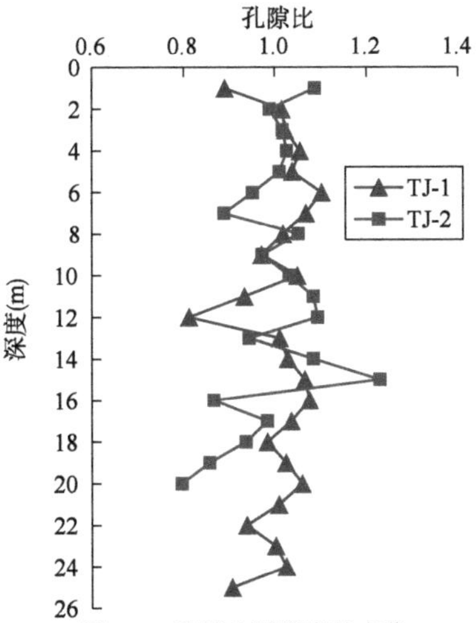

图 4-6 孔隙比随深度的变化

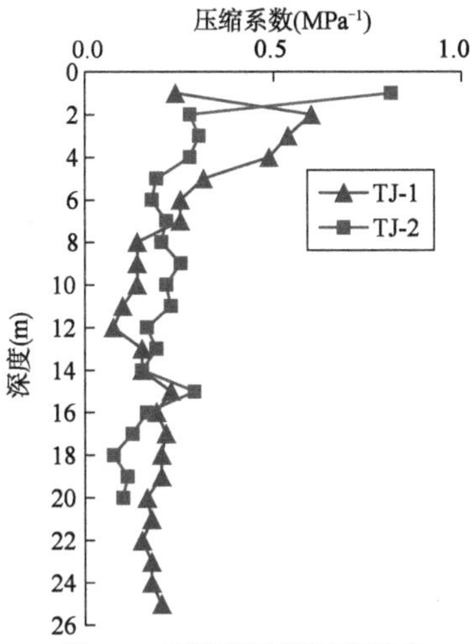

图 4-7 压缩系数随深度的变化

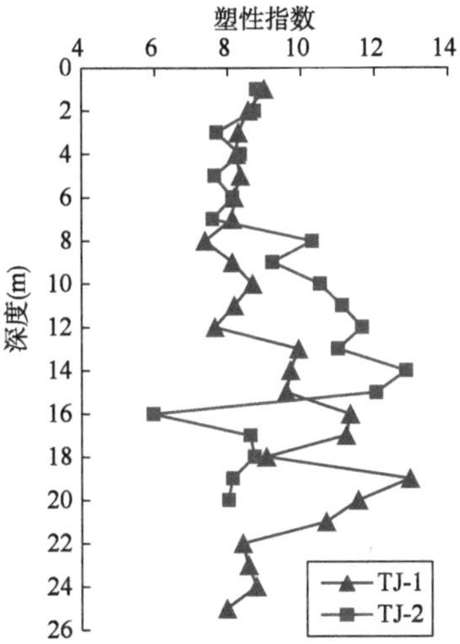

图 4-8 塑性指数随深度的变化

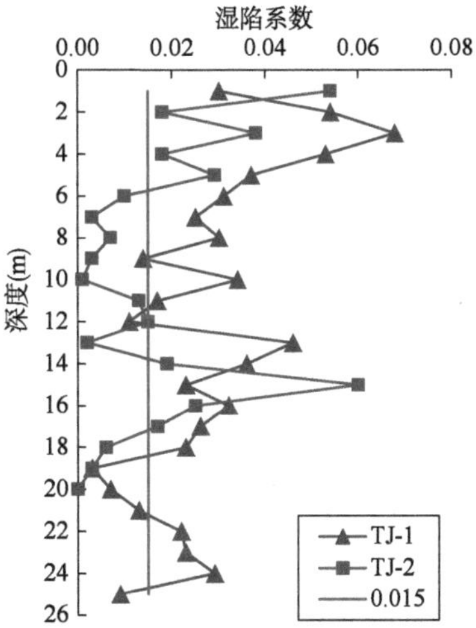

图 4-9 湿陷系数随深度的变化

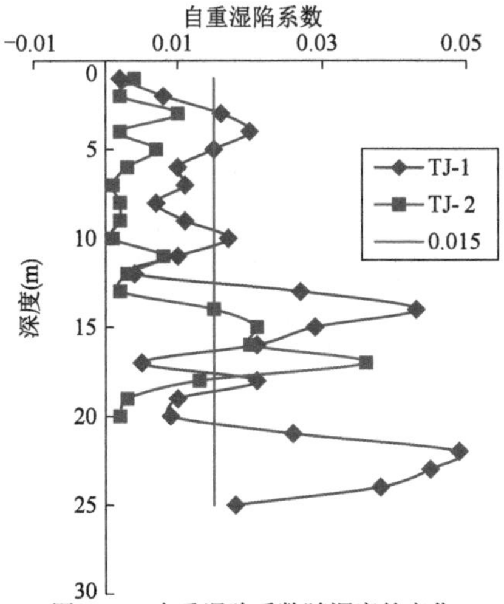

图 4-10 自重湿陷系数随深度的变化

从图中可知，地基土在25m深度范围内具有如下特点：

①含水率为8.7%～24.5%，TJ-1的地表以下4～15m处含水率相对较小，TJ-2的地表以下4～15m处含水率相对较大。

②饱和度为24%～69%，基本与含水率的规律一致。

③湿密度为1.44～1.76g/cm^3，TJ-1在7m以上随深度增加而减小，TJ-2在7m以上随深度增大而增大。

④干密度为1.29～1.51g/cm^3，TJ-1和TJ-2的平均干密度基本相同。

⑤孔隙比为0.796～1.103，TJ-1的10～13m孔隙比变化较大，TJ-2的13～16m孔隙比变化较大，其他深度处的孔隙比基本没有变化。

⑥压缩系数在4m以上深度范围内大多大于0.3MPa^{-1}，在4～25m深度范围内为0.06～0.24MPa^{-1}。

⑦塑性指数为7.4～13.0，TJ-1在0～15m、22～25m深度范围内均小于10.0，TJ-2在0～9m、16～20m深度范围内均小于10.0，由此判定TJ-1、TJ-2在以上深度范围内为粉土，其余深度均为粉质黏土。

⑧湿陷系数为0～0.068，TJ-1在1～11m、13～17m、22～24m深度处大于0.015，其余深度处都小于0.015；TJ-2除了在0～6m、14～17m深度处大于0.15，其余深度处都小于0.15。由湿陷系数可知湿陷性土层分布不连续，再由TJ-1、TJ-2室内资料可知场地土层分布不均匀。

⑨从自重湿陷系数来看，该试验场地内自重湿陷性土层主要分布在12～24m，但不连续。

(2)民小公路K70+050试验场地。

根据地质勘察资料，该试验场地为Q_3砂质黄土，厚度约16m，为自重湿陷性土层。试验场地位于黄土丘陵上，海拔2000m左右，距线路中心线约70m。水源距试坑较远。新建民小公路在附近以路堑形式通过。试验场地全貌见图4-11。

图4-11　K70+050试验场地全貌

该试验场地0～15m深度范围内的地层主要为第四纪晚更新世砂质黄土(Q_3)，呈黄褐色，土质均匀疏松，无层理，大孔结构发育，有少量的蜗牛壳存在；15m以下土层为弱透水层。0～0.6m范围内为第四系全新统(Q_4)，淡黄色，土质不均匀，有植物根系分布。

根据探井土样物理力学性质试验结果，绘制了含水率、饱和度、湿密度、干密度、孔隙比、压缩系数、塑性指数、湿陷系数、自重湿陷系数与深度的关系曲线，如图 4-12 ~ 图 4-20 所示。

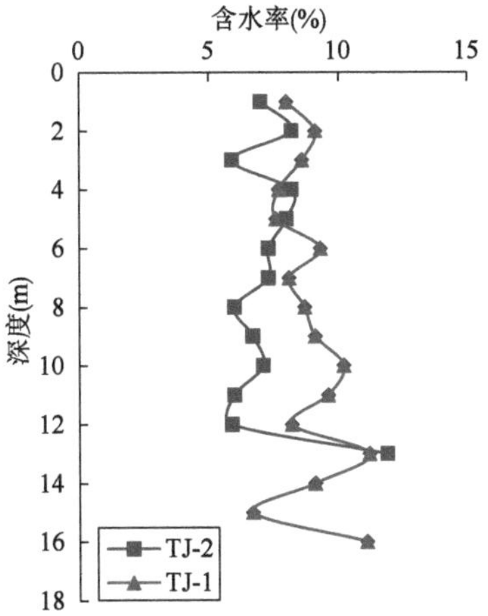

图 4-12 含水率随深度的变化

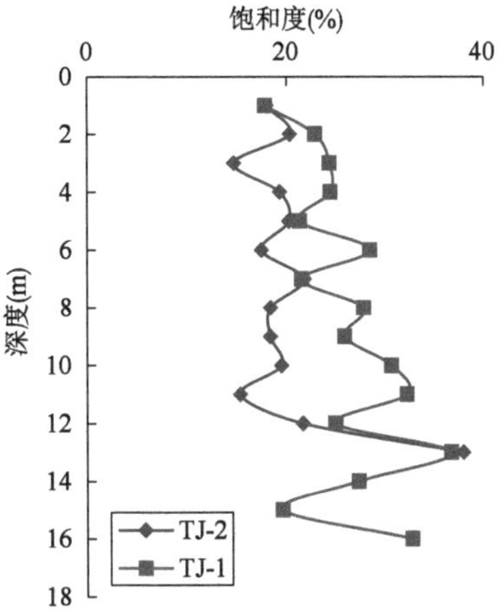

图 4-13 饱和度随深度的变化

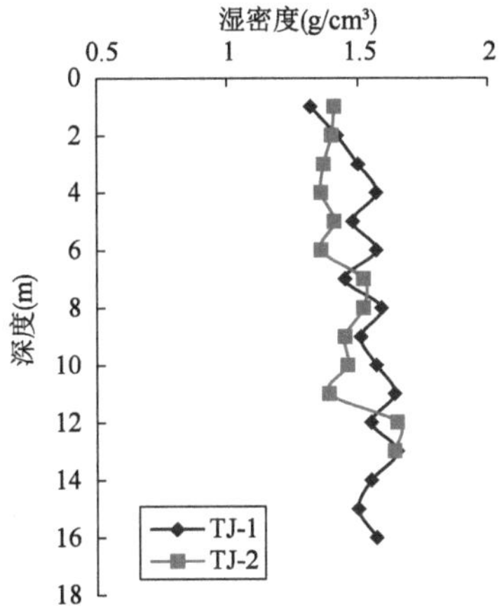

图 4-14 湿密度随深度的变化

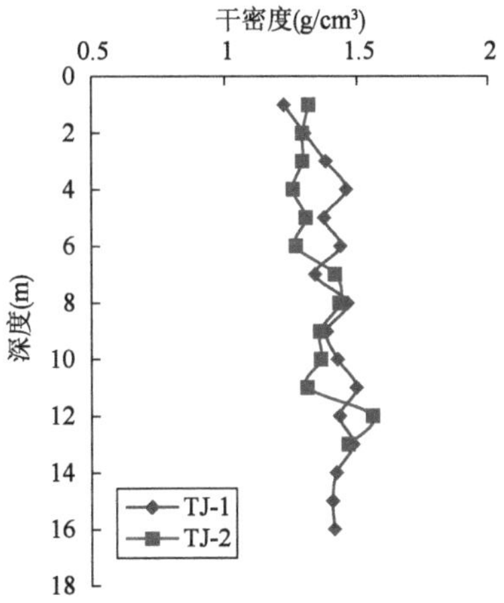

图 4-15 干密度随深度的变化

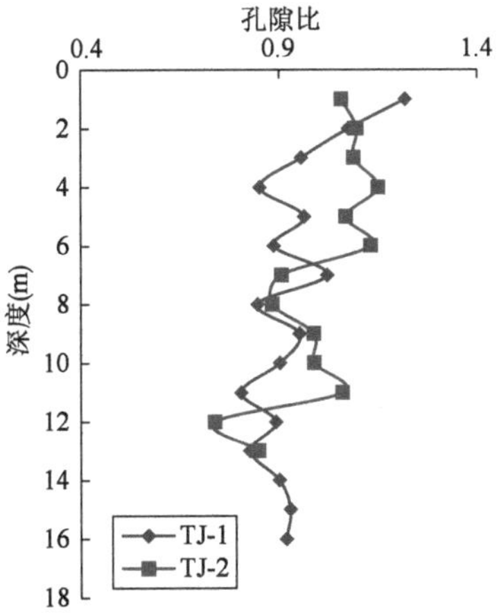

图 4-16 孔隙比随深度的变化

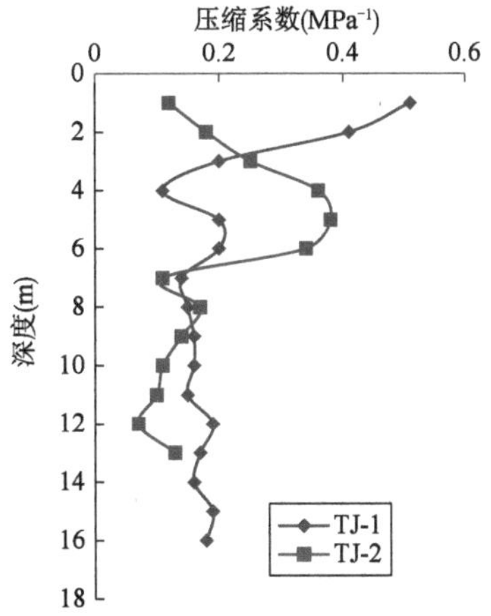

图 4-17 压缩系数随深度的变化

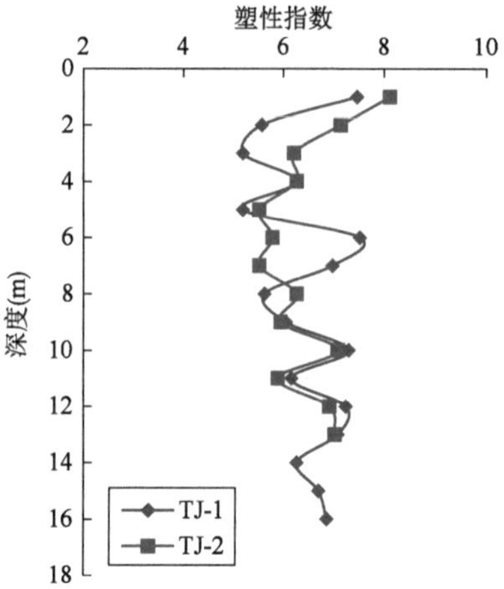

图4-18　塑性指数随深度的变化

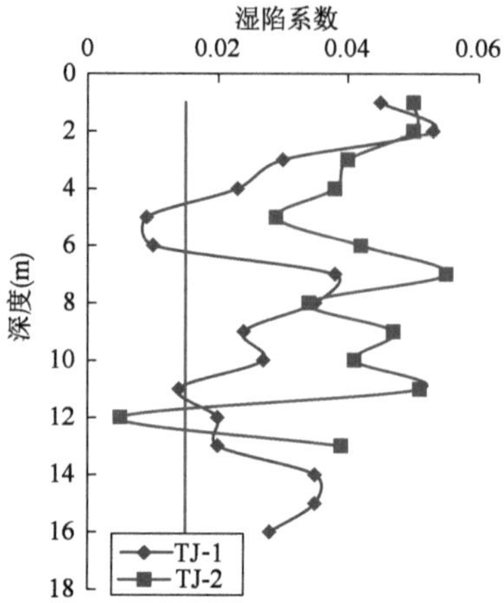

图4-19　湿陷系数随深度的变化

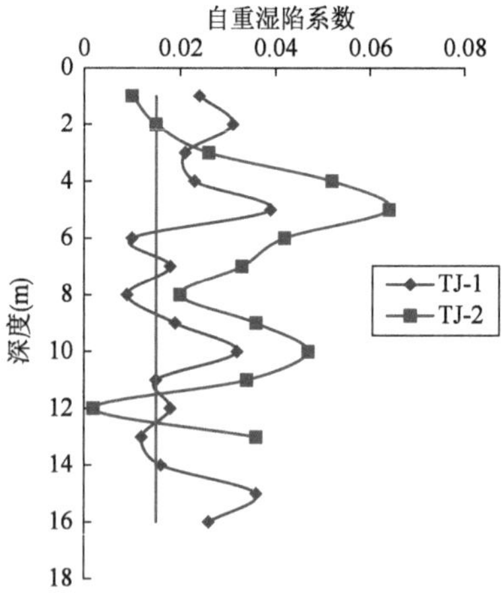

图4-20　自重湿陷系数随深度的变化

从图中可知,两次取样试验所得土体的各项物理指标十分接近,该场地地基在0~16m深度范围内具有如下特点:

①土层含水率为5.9%~12%,地表含水率低于下伏土层。探井TJ-1土层含水率略高于探井TJ-2。

②土层饱和度为14.6%~37.9%,探井TJ-1土层饱和度略高于探井TJ-2。随深度增加,土层饱和度逐渐增大。

③16m深度范围内,湿密度为1.32~1.65g/cm^3,干密度为1.2~1.5g/cm^3。随深度增加,干密度和湿密度均逐渐增大。

④塑性指数为5.1~8.1,随深度增加,塑性指数变化不大,均小于10,说明该场地16m深度范围内主要为砂质黄土。

⑤孔隙比为0.73~1.21,表层黄土孔隙比较大。土层孔隙比沿深度方向基本是逐渐减小的。

⑥自重湿陷系数为0.002~0.064,探井TJ-1自重湿陷系数略小于探井TJ-2,大多数土层自重湿陷系数均大于0.015。由于场地位于宅基地上,因此地表2m以上自重湿陷系数较小。其中,2~6m土层自重湿陷系数较大。

⑦湿陷系数为0.005~0.052,7m处湿陷系数最大。大多数土层湿陷系数均大于0.015。地表2m土层湿陷系数较大,是湿陷发生的主要地层。

⑧压缩系数为0.07~0.51MPa^{-1},6m以上土层压缩系数明显大于下伏土层。探井TJ-2上部土层压缩系数较小是由于TJ-2处于路边。

总体来看,两个探井试验数据略微有些差异,这表明场地南北土层存在一定的差异性,试坑设计时应结合探井数据,使试坑浸水试验数据可以准确评价场地湿陷等级。

4.2.2　试验场地黄土湿陷性初步评价

为了初步掌握试验场地黄土的湿陷性,分别在两条公路试验工点开挖探井,每米取样,开展物理力学室内试验。自重湿陷系数和湿陷系数测试结果见表4-1。

川大公路 K29 +100 和民小公路 K70 +050 湿陷性测试结果

表 4-1

埋深(m)	川大公路 K29 +100										民小公路 K70 +050									
	TJ-1					TJ-2					TJ-1					TJ-2				
	土质	自重		压力		土质	自重		压力		土质	自重		压力		土质	自重		压力	
		p_0(kPa)	δ_{zs}	p(kPa)	δ_s		p_0(kPa)	δ_{zs}	p(kPa)	δ_s		p_0(kPa)	δ_{zs}	p(kPa)	δ_s		p_0(kPa)	δ_{zs}	p(kPa)	δ_s
1	粉土	18	0.002	200	0.030	粉土	17	0.004	200	0.054	粉土	18	0.010	200	0.100	粉土	19	0.024	200	0.042
2	粉土	35	0.008	200	0.054	粉土	35	0.002	200	0.018	粉土	36	0.015	200	0.098	粉土	38	0.031	200	0.066
3	粉土	53	0.016	200	0.068	粉土	52	0.010	200	0.038	粉土	53	0.026	200	0.071	粉土	56	0.021	200	0.057
4	粉土	71	0.020	200	0.053	粉土	68	0.002	200	0.018	粉土	71	0.112	200	0.138	粉土	74	0.003	200	0.006
5	粉土	89	0.015	200	0.037	粉土	86	0.007	200	0.029	粉土	88	0.094	200	0.075	粉土	91	0.009	200	0.021
6	粉土	107	0.010	200	0.031	粉土	103	0.003	200	0.010	粉土	106	0.082	200	0.100	粉土	109	0.010	200	0.017
7	粉土	125	0.011	200	0.025	粉土	120	0.001	200	0.003	粉土	124	0.033	200	0.075	粉土	127	0.018	200	0.026
8	粉土	142	0.007	200	0.030	粉质黏土	138	0.002	200	0.007	粉土	142	0.020	200	0.034	粉土	145	0.009	200	0.015
9	粉土	160	0.011	200	0.014	粉土	156	0.002	200	0.003	粉土	160	0.044	200	0.047	粉土	164	0.019	200	0.024
10	粉土	177	0.017	200	0.034	粉质黏土	174	0.001	200	0.001	粉土	179	0.047	200	0.041	粉土	182	0.022	200	0.027
11	粉土	195	0.010	300	0.017	粉质黏土	192	0.008	300	0.013	粉土	197	0.094	300	0.100	粉土	200	0.015	300	0.014
12	粉土	213	0.004	300	0.011	粉质黏土	210	0.003	300	0.015	粉土	216	0.002	300	0.098	粉土	219	0.018	300	0.020
13	粉土	231	0.027	300	0.046	粉质黏土	227	0.002	300	0.002	粉土	235	0.036	300	0.071	粉土	238	0.012	300	0.020
14	粉土	250	0.043	300	0.036	粉质黏土	246	0.015	300	0.019						粉土	258	0.016	300	0.035
15	粉土	269	0.029	300	0.023	粉质黏土	265	0.021	300	0.060						粉土	277	0.036	300	0.035
16	粉质黏土	289	0.021	300	0.032	粉土	283	0.020	300	0.025						粉土	297	0.026	300	0.028
17	粉质黏土	305	0.005	300	0.026	粉土	302	0.036	300	0.017										
18	粉土	323	0.021	300	0.023	粉土	320	0.013	300	0.006										
19	粉质黏土	342	0.010	300	0.003	粉土	338	0.003	300	0.003										
20	粉质黏土	362	0.009	300	0.007	粉土	358	0.002	300	0.000										
21	粉质黏土	381	0.026	300	0.013															
22	粉土	401	0.049	300	0.022															
23	粉土	420	0.045	300	0.023															
24	粉土	441	0.038	300	0.029															
25	粉土	460	0.018	300	0.009															

测试结果表明，川大公路 K29 + 100 和民小公路 K70 + 050 黄土场地为自重湿陷性黄土，其中川大公路试验场地部分层为非湿陷性。川大公路 K29 + 100 试验场地的自重湿陷系数 $\delta_{zs}=0.002\sim0.049$，$\delta_{zs}>0.15$ 者主要分布在 13 ~ 18m，在 1 ~ 12m 也有零星分布，但不连续。民小公路 K70 + 050 试验场地的自重湿陷系数 $\delta_{zs}=0.006\sim0.112$，在开挖探井范围内大部分 $\delta_{zs}>0.015$，极个别 $\delta_{zs}<0.015$。

（1）湿陷性土层上限深度。

试验结果表明，地表一定深度范围内的黄土不具有湿陷性，其上限深度依场地不同而异，$\delta_{zs}<0.015$ 的上限深度一般为 1 ~ 5m。究其原因，主要是场地表层均为耕植土，农业生产（尤其是灌溉）影响和改变了结构。

（2）湿陷性土层下限深度。

研究表明，在一定深度以后，黄土的自重湿陷系数较小，表明在该下限深度以下，黄土已不具有自重湿陷性。一般 $\delta_{zs}>0.015$ 下限深度为 19 ~ 32m，但依场地不同而异。

（3）湿陷性土层内湿陷性特征。

由上可知，两个试验点湿陷性黄土分布于上限深度和下限深度范围内，即该范围内的黄土具有湿陷性或称为具有湿陷性的土层。由表 4-1 可知，对于川大公路 K29 + 100 试验场地，湿陷性土层分布不连续。

对于试验点，湿陷性土层内各层黄土的湿陷系数并非总是随着深度增加而递减，其典型特征表现为在埋深较小时，湿陷系数随深度增加有增大的趋势，到一定埋深后，达到相对最大值，而后随着深度增加而跳跃式降低，相对最大湿陷系数的埋深一般为 5 ~ 20m，并随场地条件不同而有所差异。

湿陷系数随深度增加而跳跃式变化的特征表明各场地湿陷性土层内地层条件的不均匀，或者说地层的成层差异性较为明显，其间中等以上自重湿陷性（$\delta_{zs}>0.030$）、微湿陷性（$0.015\leqslant\delta_{zs}\leqslant0.030$）和非自重湿陷性（$\delta_{zs}<0.015$）的土层相间分布。

（4）湿陷量计算及湿陷性初步评价。

黄土湿陷性是根据计算湿陷量 Δ_s（或计算自重湿陷量 Δ_{zs}）和现场浸水试验实测湿陷量Δ'_s（或实测自重湿陷量 Δ'_{zs}）来评价。关于湿陷量和自重湿陷量的计算，《湿陷性黄土地区建筑标准》（GB 50025—2018）明确规定按式（4-1）、式（4-2）计算：

$$\Delta_{zs}=\beta_0\sum_{i=1}^{n}\delta_{zsi}h_i \tag{4-1}$$

$$\Delta_s=\beta\sum_{i=1}^{n}\delta_{si}h_i \tag{4-2}$$

式中：Δ_s、Δ_{zs}——湿陷量和自重湿陷量计算值（mm）；

h_i——第 i 层土的厚度（mm）；

δ_{si}、δ_{zsi}——第 i 层土的湿陷系数和自重湿陷系数；

β_0——因地区土层而异的修正系数，在缺乏资料时，陇西地区黄土取 $\beta_0=1.5$，陇东—陕北—晋西地区取 $\beta_0=1.20$，关中地区取 $\beta_0=0.90$，其他地区取 $\beta_0=0.50$；

β——考虑基底下地基土的受水浸湿可能性和侧向挤出等因素的修正系数，在缺乏实测资料时，基底下 0～5m 深度内取 $\beta=1.50$，基底下 5～10m 深度内取 $\beta=1.0$，基底下 10m 以下至非湿陷性黄土层顶面，在自重湿陷性黄土场地，可取工程所在地区的 β_0 值。

同时该标准规定，计算 Δ_{zs} 和 Δ_s 时，$\beta_0<0.015$ 和 $\beta<0.015$ 者不参与计算。

该标准考虑了黄土湿陷特征的地区差异以及试验条件等因素的影响，故在经验基础上增加了修正系数（β_0 和 β），而且作了湿陷系数小于 0.015 者不参与计算之规定。然而同一地区内黄土也是十分不均匀的，同一分区用同一修正系数显然不太合适。为此，可以采用另一种方法计算黄土湿陷量，即不用地区修正系数，而按黄土湿陷系数定义且直接根据室内湿陷系数试验结果来计算其湿陷量 Δ''_s（或自重湿陷量 Δ''_{zs}），即

$$\Delta''_{zs}=\sum_{i=1}^{n}\delta_{zsi}h_i \tag{4-3}$$

$$\Delta''_s=\sum_{i=1}^{n}\delta_{si}h_i \tag{4-4}$$

式中：Δ''_s、Δ''_{zs}——按定义计算的湿陷量和自重湿陷量（mm）；

其他符号意义同前。

采用式(4-3)和式(4-4)计算时，$\delta_{si}<0.015$ 和 $\delta_{zsi}<0.015$ 的土层均计算在内。

计算结果（表4-2、表4-3）表明，用定义方法的计算值比用标准规定方法的计算值略小，对于不同试验场地，两种计算方法所反映出的黄土湿陷基本规律相似。

试验场地黄土湿陷初步评价结果（自重湿陷量） 表4-2

场地名称及桩号	自重湿陷量(mm)					
	Δ_{zs}(GB 50025—2018)			Δ''_{zs}(定义)		
	TJ-1	TJ-2	平均	TJ-1	TJ-2	平均
川大公路 K29+100	577.5	138.0	347.8	472.0	157.0	314.5
民小公路 K70+050	904.5	369.0	636.8	615.0	265.0	440.0

试验场地黄土湿陷初步评价结果（湿陷量） 表4-3

场地名称及桩号	湿陷量(mm)						场地湿陷类型	地基湿陷等级
	Δ_s(GB 50025—2018)			Δ''_s(定义)				
	TJ-1	TJ-2	平均	TJ-1	TJ-2	平均		
川大公路 K29+100	853.5	358.5	605.5	696.0	341.0	518.5	自重湿陷	Ⅲ
民小公路 K70+050	890.5	532.0	711.3	923.0	411.0	667.0	自重湿陷	Ⅳ

4.3 浸水试验方案

根据室内试验与现场勘察材料设计试验方案，根据浸水试验方案开展现场工作。经过3个多月的现场观测，得到了研究所需要的数据。

4.3.1 现场试验设计

1)浸水试坑设计

现场试坑浸水试验的设计、实施、稳定标准以及基准桩的布置均严格按照《湿陷性黄土地区建筑标准》(GB 50025—2018)的相关要求进行。现场浸水试坑均设计为圆形,直径为20～45m(均大于精细勘察过程中用室内试验确定的湿陷性黄土层厚度),深0.5m。在坑底铺设10cm厚的砂砾石,起到均匀渗水的作用。

2)沉降观测系统设计

(1)基准网的建立。

为了进行沉降观测,每个试验场地建立一个基准网,采用相对高程基准进行沉降观测。基准网由3～4个基准点组成,基准点布设在距试坑边缘2倍试坑直径以外,且不小于50m。基准点在开始沉降观测之前埋设完成,预先观测进行校核,确保基准点稳定。

(2)地表沉降观测系统。

在试坑内、外地表不同位置布设地表沉降观测标点,用来量测试坑内、外不同位置的总自重湿陷变形量。在平面上以试坑中心为圆心,由内向外沿半径方向呈放射状布置A、B、C三条测线,彼此之间的夹角为120°。地表总沉降观测点(下称浅标点)一般按等间距布设,并根据沉降发展情况随时增补,确保能够完全捕捉整个试验场地的变形影响范围。

浅标点由一根直杆和与其垂直连接的底板组成。标杆上部固定钢尺,作为沉降观测标尺,钢尺最小刻度为1mm,如图4-21所示。所有浅标点埋深均为0.5m。

(3)分层沉降观测系统。

在试坑内对称设置观测分层自重湿陷量、捕捉自重湿陷性黄土下限深度的分层沉降观测标,简称深标点。分层沉降观测标在平面上布置在与浅标点测线夹角为30°的3条测线上;在深度方向,一般按2.0m间距布置,每组平行设置两个相同深度的深标点。最大埋设深度大于室内试验确定的自重湿陷下限深度。

深标点由机械式连接的镀锌管和与其垂直焊接的底板构成,要求深标点的重量与其置换出的原状土体自重相当。标杆上部同样固定一根钢尺,作为沉降观测标尺,钢尺的最小刻度为1mm,如图4-22所示。在地面以下部分标杆外套一根塑料保护管,以确保深部沉降板不受标杆周围土体摩擦力约束,能够自由沉降,保护管长度与深部沉降板埋深相当。深标点钻孔的垂直度、孔底浮渣等可能会影响量测的精度,均采取了相应的处理措施。

为保证深标点安装质量,浸水试验钻孔技术要求见表4-4。

(4)自由水位观测孔。

为了能直观观测到水分径向入渗范围,在试坑外布设2～3个自由水位观测孔(孔径ϕ127mm)。

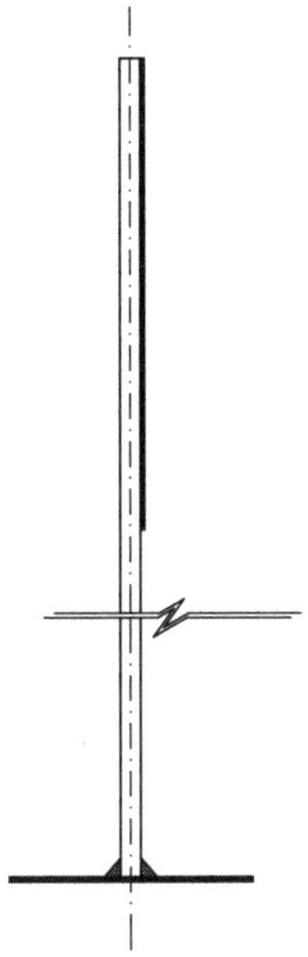

图 4-21 浅标点变形观测装置结构图

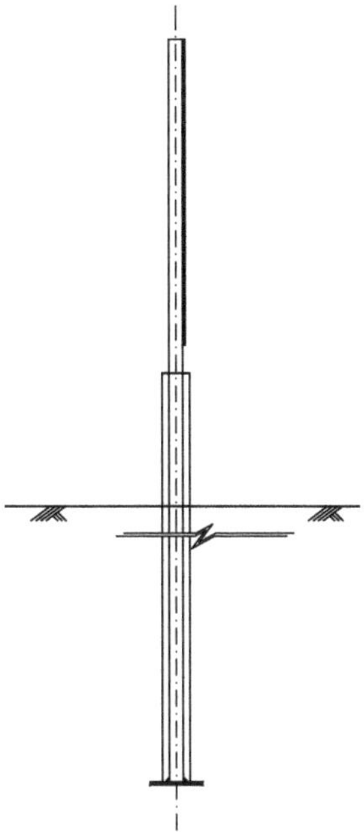

图 4-22 深标点变形观测装置结构图

湿陷性黄土现场试坑浸水试验钻孔技术要求 表 4-4

序号	项目	技术要求	备注
1	钻孔位置偏差	不大于 5cm	
2	钻孔深度偏差	+5cm，-5cm	“-”表示超钻
3	垂直度	钻孔中心偏移不大于 4cm	
4	孔径	ϕ108mm(取样钻孔 ϕ120mm)	
5	浮渣厚度	不大于 10cm	应清除孔底浮渣
6	取样钻孔	用静压法取样,进行湿陷性试验、含水率试验和密度试验	湿陷性试样在送检前,应保存在现场有遮盖的坑中
7	地质编录	记录地层变化,提出钻孔地质编录资料	

3)沉降观测点布设

川大公路 K29+100 试验场地共布设沉降观测点 69 个,其中试坑内地表设浅标点 12 个,试坑外地表设浅标点 33 个,最远的浅标点在试坑外 20m 处;试坑内设深标点 24 个,最深的深标点设至 24m;水分观测孔呈梅花状等间距布设。测点、水分观测孔及自由水位观测孔的平面布置详见图 4-23。民小公路 K70+050 试验场地共布设沉降观测点 63 个,其中试坑内地表设浅标点 12 个,试坑外地表设浅标点 27 个,最远的浅标点在试坑外 17m 处;试坑内设深标点 24 个,最深的深标点设至 15m;水分观测孔呈梅花状等间距布设。测点、水分观测孔及自由水位观测孔的平面布置详见图 4-24。

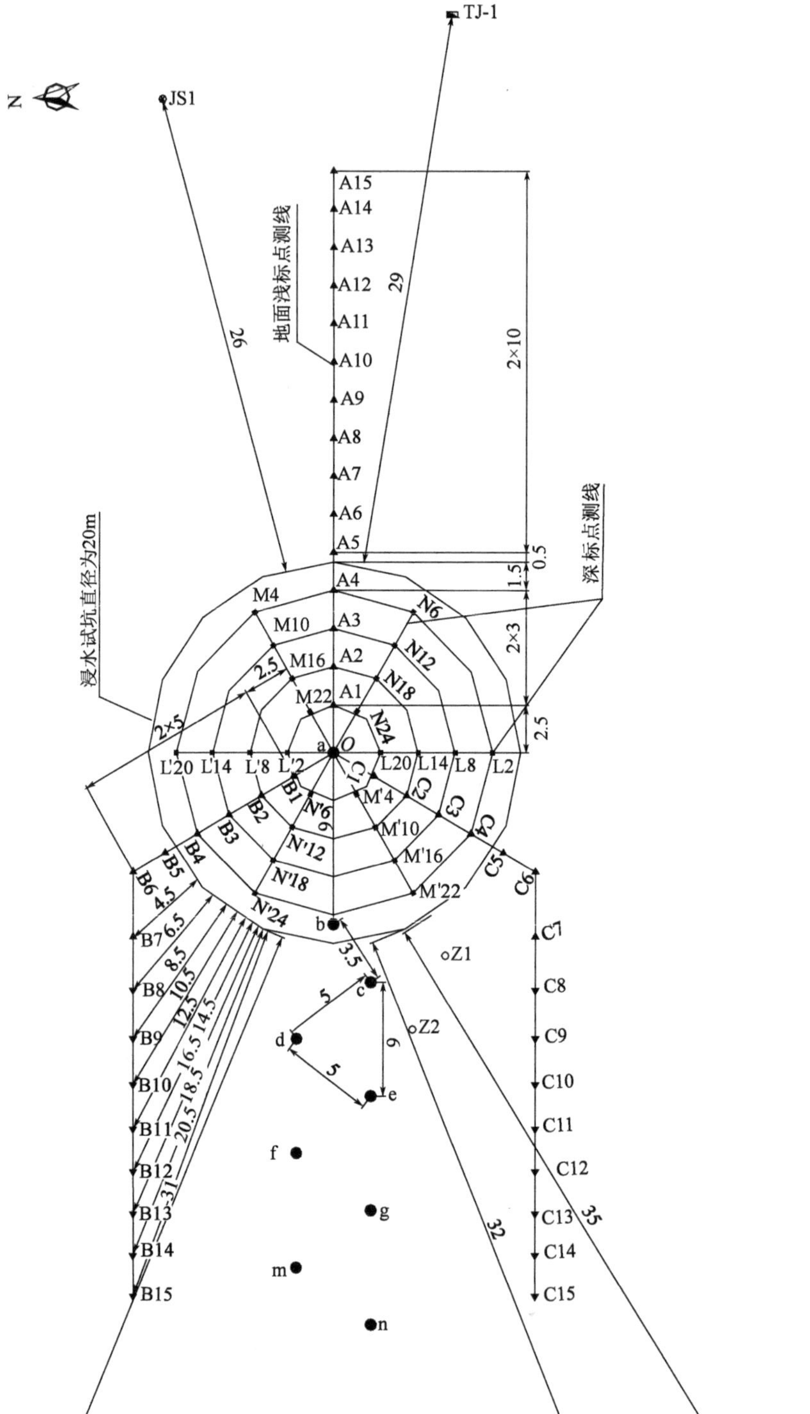

图 4-23　川大公路 K29 + 100 试验场地测点布置图(尺寸单位:m)

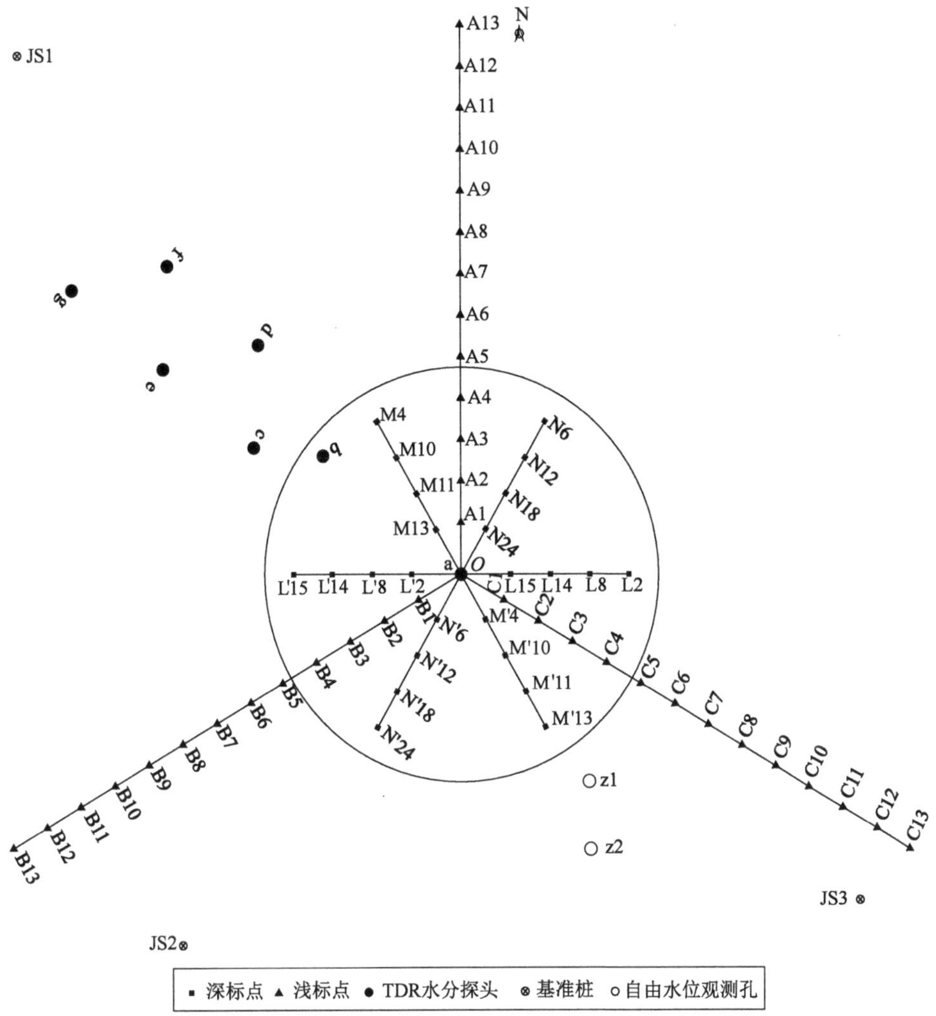

图 4-24　民小公路 K70 +050 试验场地测点布置图

4）水分测试系统设计

在浸水试坑内外分别埋设 TDR（时域反射）土壤水分计组成水分观测体系，对水分竖向和水平向的入渗过程进行观测，研究大厚度湿陷性黄土内水分入渗规律及其与浸水时间、浸水量之间的关系，确定浸水影响范围，分析水分入渗和自重湿陷的关系。

（1）TDR 水分探头介绍。

本次试验所采用的 TDR 水分观测仪器如图 4-25 所示。TDR 水分探头（图 4-26）能够在不破坏黄土结构的情况下，快速、精确、连续地定点测量土体的体积含水率，它精度高，灵敏度高，操作简便。TDR 水分探头埋设以后，可以定位测量该处的体积含水率，并且连续重复测量过程中不扰动黄土土层，因此测得数据接近工程实际。结合计算机技术，可以远程控制仪器，较高程度地实现数据自动化采集。

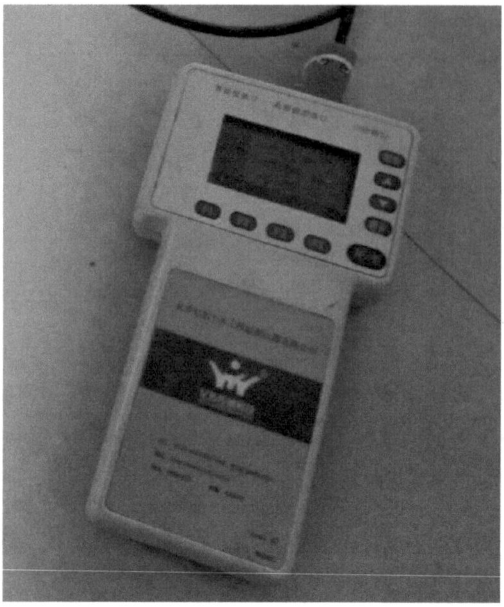

图 4-25　TDR 水分观测仪器

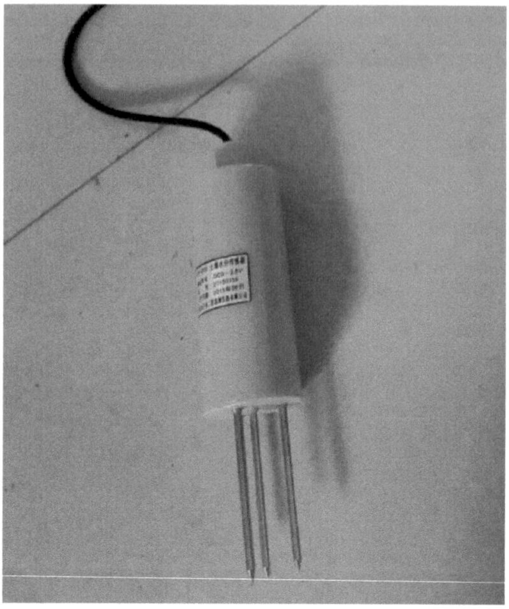

图 4-26　TDR 水分探头

TDR 水分探头测量的体积含水率是埋设在黄土土层内有效长度范围内土体体积含水率的平均值,因此,为准确测量土层含水率,水分探头端部的探针必须紧密与土体接触。为了保证水分探头的寿命,避免仪器受到挤压破坏,水分探头外部材料为 ABS(丙烯腈-丁二烯-苯乙烯)工程塑料。TDR 水分探头密封性好,抗腐蚀性强,可以长期埋在土体内。TDR 水分探头测量土体含水率稳定性时,不用测定土层的物理化学成分,测量数据稳定性好,不受土层内部结构影响。因此,TDR 水分探头测量土体含水率可以避免许多附加工作,同时还可以保证测量数据的精确性。

(2)TDR 水分探头布设。

埋设在浸水试坑内的水分探头主要用于观测水分沿竖向的入渗过程,其布设方式为:在试坑内的试坑中心和距离试坑边缘 1m 处分别布设 1 组观测水分沿深度方向渗透过程的 TDR 水分探头。沿深度方向的布设方式为:从试坑底面以下 0.5m 开始,按 2.0m 的等间距布置,最深至湿陷性黄土层底面。

埋设在浸水试坑外的水分探头可同时观测水分沿水平方向和竖向的入渗规律,确定浸水影响边界。具体布置方式为:试坑外 TDR 水分探头沿径向布设,从试坑边 1m 处开始,在水平方向每隔 3m 布设 1 组,坑外最远的探头组距离试坑边缘不小于湿陷性黄土层厚度,且不小于 20m。每组水分探头在竖向的布置方式为:从以试坑边缘为原点,与竖直方向成 45°夹角的线以上 2m 开始,按 2m 的垂向等间距布设,直至湿陷性黄土层底面。探头埋设后利用原土回填夯实,使其密实度尽量接近天然地层。川大公路浸水试验的 TDR 水分探头平面布置见图 4-23,民小公路浸水试验的 TDR 水分探头平面布置见图 4-24,川大公路和民小公路浸水试验的 TDR 水分探头布置剖面如图 4-27 和图 4-28 所示。

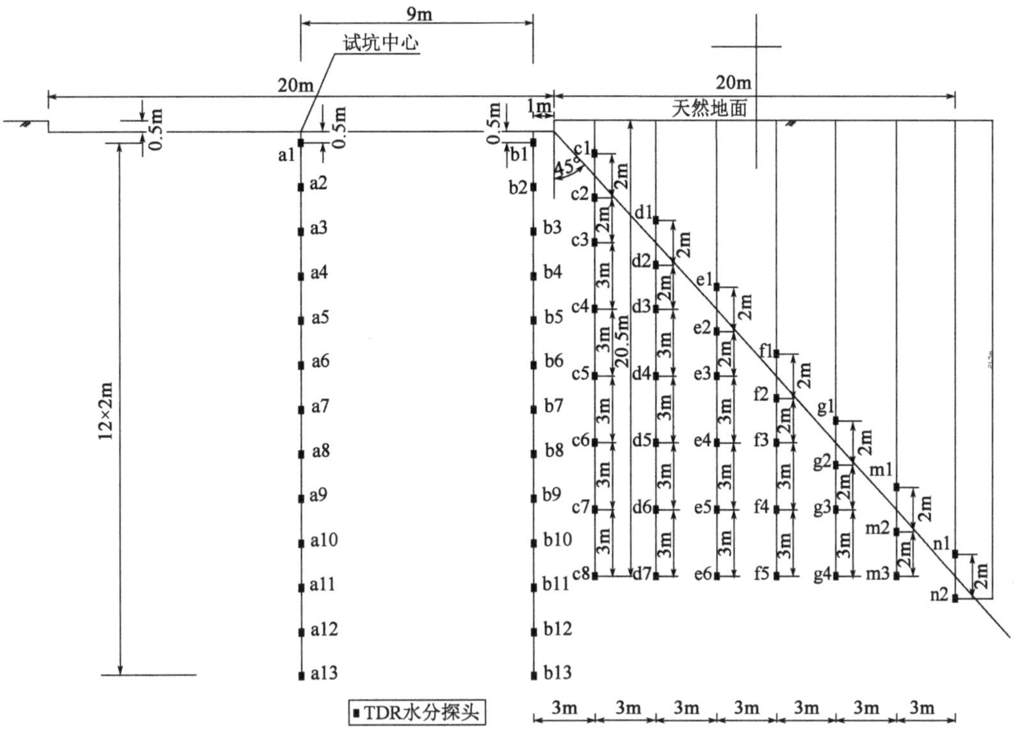

图 4-27　川大公路 K29 + 100 TDR 水分探头布置剖面图

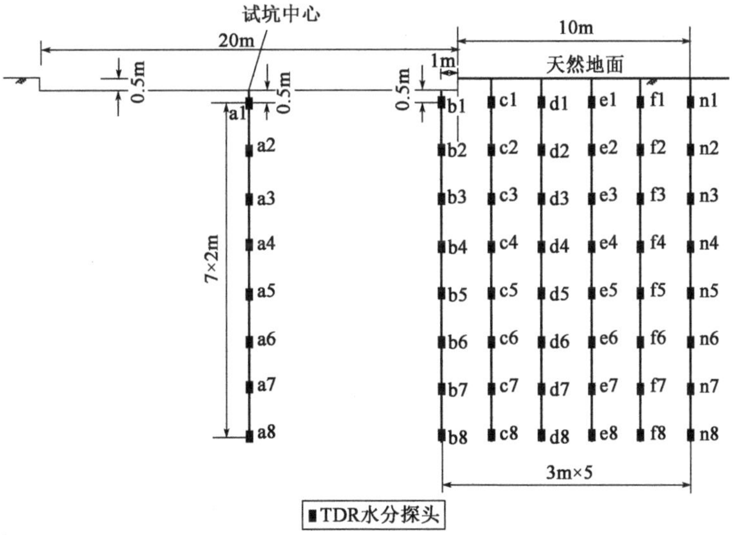

图 4-28　民小公路 K70 + 050 TDR 水分探头布置剖面图

水分探头埋设步骤：在试验现场预先设计的位置挖竖向探井；用洛阳铲在探井内需要埋设水分探头的位置打出一个横向空间；在横向空间内与探井井壁竖直向成 90°角插入 TDR 水分探头。埋设水分探头线缆时，需在探井壁用刮土刀挖出凹槽，防止回填土时弄破线缆。线缆长度预留出 2m，防止发生土体湿陷变形扯断水分探头线缆。水分探头埋设过程见图 4-29。

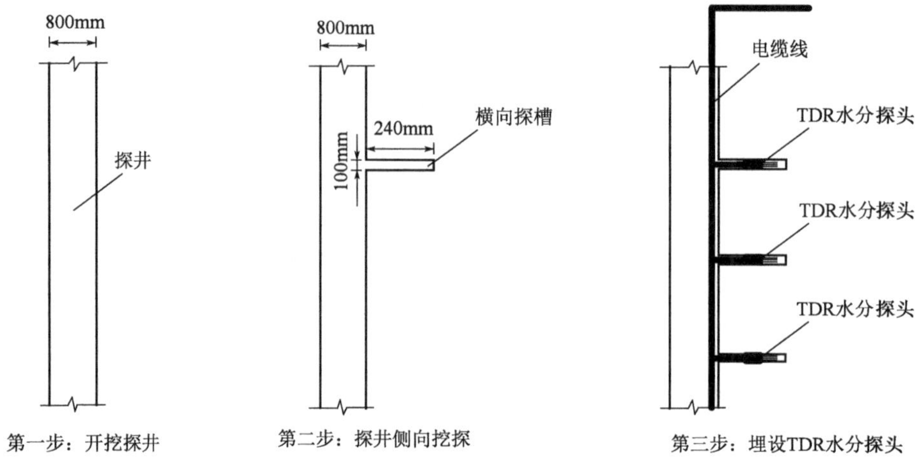

图 4-29　水分探头埋设流程图

水分探头埋设完毕之后对探井分层填土，每层土厚度不大于 1m 并且用重锤击实，使探井内土体密实，防止水分从探井内缝隙渗流影响观测数据。探井周围用石灰土进行隔水处理，防止水分沿探井周围下渗。水分观测孔开挖如图 4-30 所示，水分探头埋设如图 4-31 所示，水分观测孔分层回填如图 4-32 所示，浇筑混凝土隔水层如图 4-33 所示。

图 4-30　水分观测孔开挖

图 4-31　水分探头埋设

图 4-32　水分观测孔分层回填

图 4-33　浇筑混凝土隔水层

4.3.2 试验过程

在浸水试验过程中，对试验场地不同位置的沉降量、裂缝、注水量以及浸水影响范围等进行观测和量测。

1)沉降观测

(1)沉降观测精度。

本次浸水试验，根据试验要求及工程特点，为了能达到精确监测各个观测点沉降变化的目的，按二级变形测量精度要求进行观测。主要精度指标如表4-5所示。

沉降监测精度 表4-5

点位	等级	观测点测站高差中误差(mm)	往返较差及附合或环线闭合差(mm)	检测已测测段高差之差(mm)
基准点	二级	—	$\leqslant 1.0\sqrt{n}$	$\leqslant 1.5\sqrt{n}$
沉降点	二级	≤0.50	$\leqslant 1.0\sqrt{n}$	—

注：n为测站数。

(2)基准网的建立及观测。

根据工程的特点，每个浸水试验场地建立一个基准网，采用相对高程基准。基准网由3～4个基准点及若干个工作基点组成，布设成闭合、附合水准路线等形式。原则上要求每个基准点布设在距试坑边缘2倍试坑直径以外，当场地条件受限制不能完全满足这一要求时，则保证至少有一个基准点满足要求。基准点埋深按地面下4m控制，采用ϕ108mm现浇混凝土标石，地表周围ϕ600mm范围内换填30cm厚的3∶7灰土并夯密，使其周围地面略凸以避免积水。基准点在沉降观测开始之前7d进行埋设并设置保护标志，试验值班人员做好对水准基点的保护工作。

基准网是监测观测点沉降变化的依据，监测网中基准点的稳定性直接关系到沉降观测的精度。为了保证观测的精度，按照二级变形测量的精度要求，采用几何水准测量方法，定期对沉降观测基准网进行复测。检查基准点间的高差变化，分析基准点的稳定性，保证观测成果的真实可靠。复测期间尽量保持观测线路不变，使用同一仪器及设备，固定专人观测。试验场地基准桩监测情况见表4-6。从表中可见，每个浸水试验场地的基准网由3个基准点组成，所用观测仪器满足二级变形测量精度要求，观测结果表明基准点是稳定的。

各试验场地基准桩监测情况一览表 表4-6

项目	工点	
	川大公路K29+100	民小公路K70+050
基准点数量(个)	3	3
与试坑边缘距离(m)	①52 ②50 ③51	①54 ②53 ③51

续上表

项目	工点	
	川大公路 K29 + 100	民小公路 K70 + 050
与试坑边缘距离要求(m)	≥40	≥50
观测仪器型号	TOPCON DL-111C 型	TOPCON DL-111C 型
稳定情况	稳定	稳定

(3)沉降观测结果。

沉降观测浅标点和深标点埋设完成后,每天测读一次高程,连续 3d,待测值稳定后,作为初读数,正式浸水前再测量一次,并与上述初读数进行校核,此外还要采用不同的水准基点进行多次校核。按二级变形测量的精度要求进行观测,监测各浅标点和深标点的沉降量。浸水过程中每天固定时间对各观测点定时进行观测,每天观测一次,对前期变形发展较快的浸水试验场地适当加密观测频率。每次观测时,保持观测方法、观测线路、测站数不变,使用同一仪器和设备,严格按要求进行观测,保证测量精度。各试验场地沉降观测情况见表 4-7。从表中可见,每个浸水试验场地的固定测站为 2 个,固定测站的位置距试坑边缘不小于 10m,所用观测仪器满足二级变形测量精度要求。川大公路 K29 + 100 试验场地试坑浸水试验中,从开始观测到停止观测历时 76d;民小公路 K70 + 050 试验场地试坑浸水试验中,从开始观测到停止观测历时 133d。

各试验场地沉降观测基本情况一览表 表 4-7

项目	工点	
	川大公路 K29 + 100	民小公路 K70 + 050
测站数(个)	2	2
与试坑边缘距离(m)	11	10
历时(d)	76	133
开始观测时间	2015 年 7 月 23 日	2015 年 9 月 16 日
停止观测时间	2015 年 10 月 9 日	2016 年 1 月 22 日
观测仪器型号	TOPCON DL-111C 型	TOPCON DL-111C 型

2)水分场观测

在试坑浸水开始前,对埋设在场地内的各个 TDR 水分探头在每天固定的时间进行一次水分采集。在浸水期间,每天上午 9:00—11:00 对埋设在试验场地中的水分探头进行一次水分采集;在试坑停止浸水后,每天上午 9:00—11:00 对埋设在试验场地中的水分探头进行一次水分采集。当各水分探头的体积含水率接近初始含水率时,停止水分采集。

3)注水量观测

现场试验时,试坑中设置水位深度观测杆,保证水深 30 ~ 40cm,同时用精度为 $\pm 0.1m^3$ 的水表量测注入试坑中的水量。浸水前后记录注水时间、停水时间、水表读数及水头高度,各试验场地注水量观测情况见表 4-8。

各试验场地注水量观测基本情况一览表　　表 4-8

项目		工点	
		川大公路 K29 +100	民小公路 K70 +050
浸水	开始日期	2015 年 7 月 23 日	2015 年 9 月 16 日
	终止日期	2015 年 9 月 19 日	2015 年 12 月 19 日
	历时(d)	55	95
	注水量(m^3)	2716	7254

4）裂缝观测

裂缝是黄土湿陷性的直观反映，其发生发展规律研究是本次试验的重要内容之一。试验中对试坑周围地表裂缝的出现时间、平面位置、形状变化、裂缝宽度和错台高度等进行量测，及时绘制成图并以照片形式记录。

5）沉降稳定标准和试验终止条件

（1）湿陷稳定标准。

浸水过程中始终保持试坑内的水头高度在 30 ~ 40cm 之间，至地层湿陷稳定后停水。湿陷稳定标准为最后 5d 的平均湿陷量小于 1mm/d。

（2）试验终止条件。

停止浸水后，继续观测不少于 10d，当出现连续 5d 的平均沉降量不大于 1mm/d 时，终止观测。当各 TDR 水分探头的体积含水率接近初始含水率时，停止水分采集。

4.4 湿陷性黄土场地湿陷特征研究

黄土湿陷变形特性与工程建设密切相关，历来是非饱和土与特殊土领域关注的热点与难点之一，也是尚未完全解决的一个复杂问题。现场试坑浸水试验是研究黄土湿陷变形特性最直接和最可靠的手段，但受研究周期和经费限制，这方面积累的资料还十分有限，既有研究成果缺乏系统性，对工程的指导意义不强。本节在充分论证的基础上选择两处代表性试验场地，通过大规模的现场试坑浸水试验，结合大量室内土工试验成果，系统深入地研究了浸水过程中大厚度黄土的湿陷变形特性。

4.4.1 黄土浸水过程中地表湿陷变形特征研究

1）黄土浸水过程中地表湿陷变形测试结果

川大公路试验场地浅标点单日沉降量随时间的变化曲线如图 4-34 ~ 图 4-36 所示，民小公路试验场地浅标点单日沉降量随时间的变化曲线如图 4-37 ~ 图 4-39 所示。

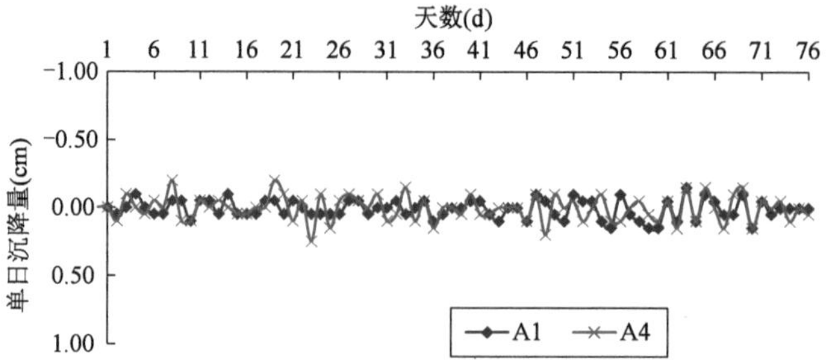

图4-34 川大公路K29+100试验场地浅标点A单日沉降量随时间变化曲线

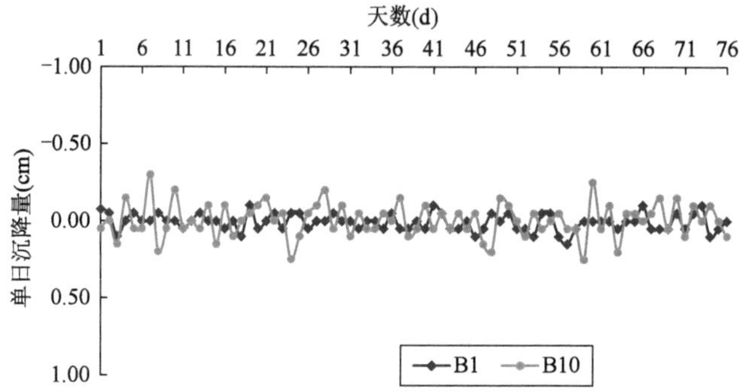

图4-35 川大公路K29+100试验场地浅标点B单日沉降量随时间变化曲线

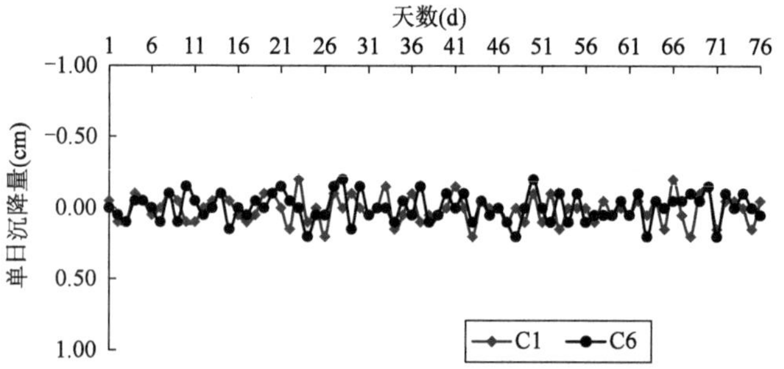

图4-36 川大公路K29+100试验场地浅标点C单日沉降量随时间变化曲线

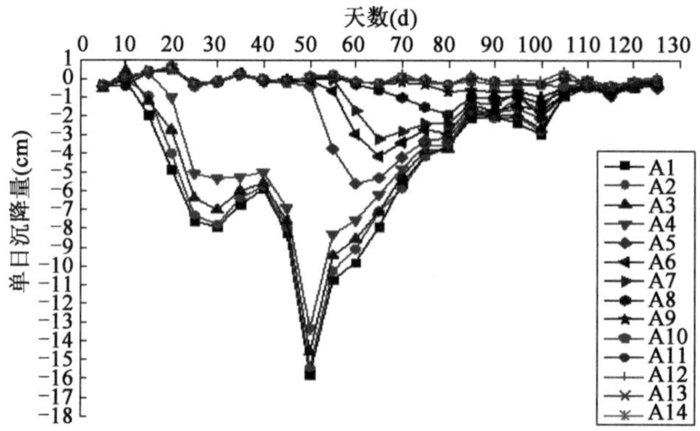

图4-37 民小公路K70+050试验场地浅标点A单日沉降量随时间变化曲线

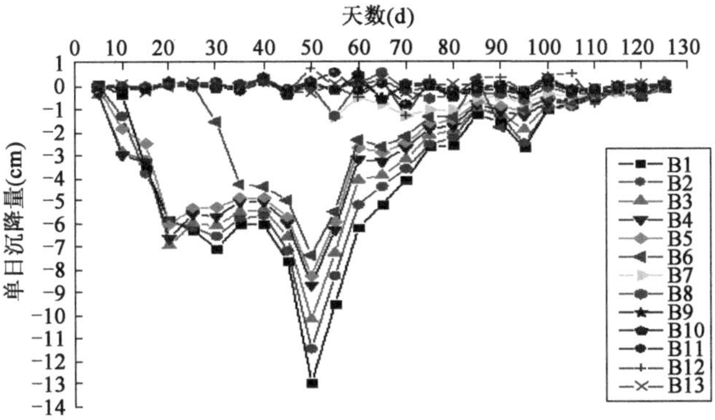

图4-38 民小公路K70+050试验场地浅标点B单日沉降量随时间变化曲线

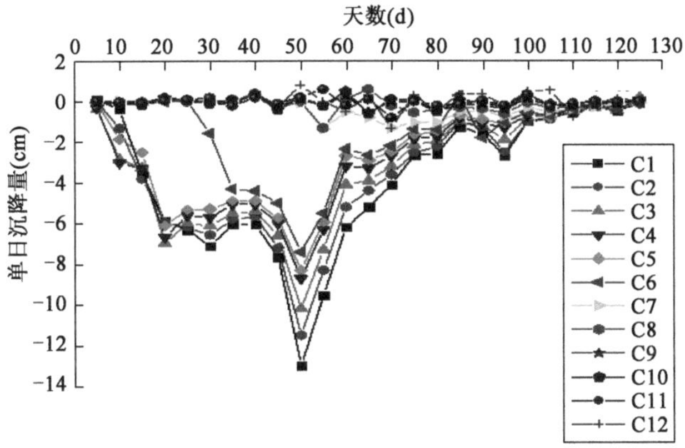

图4-39 民小公路K70+050试验场地浅标点C单日沉降量随时间变化曲线

川大公路试验场地浸水试验期间与停水之后所有浅标点的单日沉降量均在-0.2~0.4cm之间波动，说明在长期大面积浸水条件下，该场地无自重湿陷性。这一结论与室内试验结果不一致。

该浸水试验场地区域内主要由山区洪流和坡面面流搬运形成坡积和洪积的次生黄土，黄土成因复杂，往往具有成层的差异性，其代表的是低山丘陵区这种地貌类型。根据土层湿陷系数可知，该试验场地内自重湿陷系数离散土层不连续，含水率偏大，最终导致室内试验和现场试验结果不一致。

浸水试坑中部地表首先发生湿陷，试坑中其他部位的地表沉降变形相对滞后，试坑外地表发生湿陷变形的时间均晚于试坑内；试坑中部的标点单日沉降量相对较大。湿陷变形发生后，代表场地湿陷特点的试坑中部浅标点的单日沉降量迅速增至最大值（称为单日沉降量峰值），随后，地表单日沉降量迅速减小至每天数毫米。这一时段单日沉降量大，约是浸水过程中单日沉降量均值的10倍；持续时间短，占整个浸水时间的1/10~1/5。这个时段可以看作浸水过程中的剧烈变形时段，也是黄土湿陷对建筑物可能造成破坏的最危险时段。剧烈变形时段之后，曲线趋于平缓，最终达到规范要求的浸水停止标准"连续5d平均沉降量小于1mm/d"。这个时段的单日沉降量小（小于0.5cm）。

川大公路K29+100试验场地浅标点各方向累计沉降量变化曲线如图4-40~图4-42所

示。从累计沉降量变化曲线来看,在浸水期间,试坑内各浅标点沉降量最大为0.8cm,水平方向试坑外沉降量在0.5cm以内。

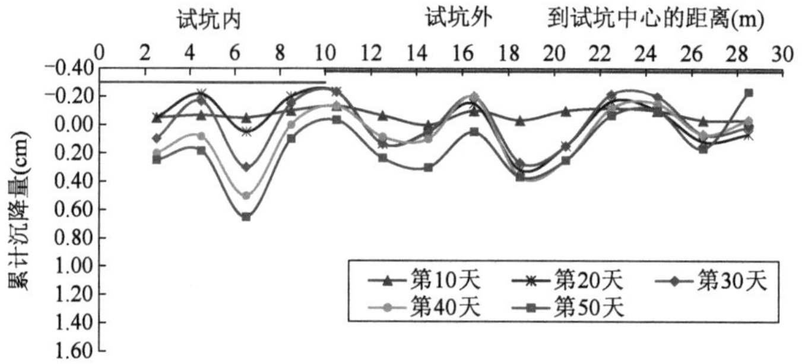

图4-40 川大公路K29+100试验场地浅标点A方向累计沉降量随时间变化曲线

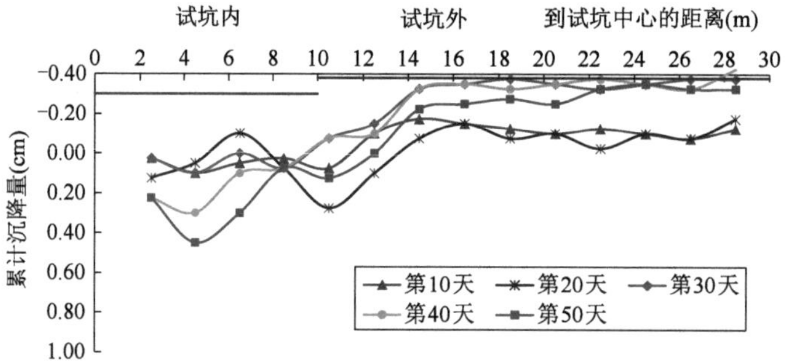

图4-41 川大公路K29+100试验场地浅标点B方向累计沉降量随时间变化曲线

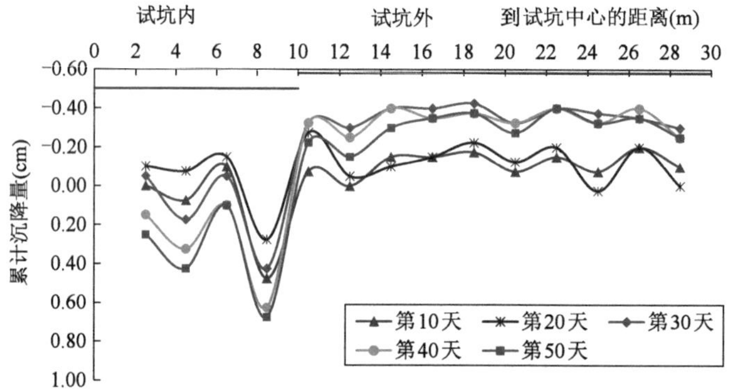

图4-42 川大公路K29+100试验场地浅标点C方向累计沉降量随时间变化曲线

截至沉降观测试验终止,浅标点的累计总沉降量见表4-9。从表中可知,浅标点的沉降量大小不一,试坑中心部位的沉降量最大,而试坑外的沉降量要小,这跟试坑的边界效应有关。试验结束后,坑底不再水平,而是往下凹呈锥形,见图4-43~图4-45。截至2015年10月9日,累计76d,试坑内浅标点沉降量为0.48~0.80cm,因此可得试验场地自重湿陷量的实测最大值为0.80cm(≤7.00cm)。通过该场地两个探井TJ-1与TJ-2的室内试验资料计算自重湿陷量,探井TJ-1为Δ_{zs}=57.75cm(≥7.00cm),探井TJ-2为Δ_{zs}=13.8cm(≥7.00cm)。依据《湿陷性黄土地区建筑标准》(GB 50025—2018)的规定,评定该场地为自重湿陷性场地,在这一点上现场试验结果与室内试验结果不一致。

浅标点的总沉降量统计表 表4-9

方向一(SW60°)			方向二(正北)			方向三(SE60°)		
沉降编号	至试坑中心距离(m)	累计沉降量(cm)	沉降编号	至试坑中心距离(m)	累计沉降量(cm)	沉降编号	至试坑中心距离(m)	累计沉降量(cm)
A1	2.5	0.78	B1	2.5	0.78	C1	2.5	0.78
A2	4.5	0.61	B2	4.5	0.80	C2	4.5	0.60
A3	6.5	0.60	B3	6.5	0.60	C3	6.5	0.54
A4	8.5	0.54	B4	8.5	0.57	C4	8.5	0.48
A5	10.5	0.32	B5	10.5	0.54	C5	10.5	0.48
A6	12.5	0.27	B6	12.5	0.55	C6	12.5	0.47
A7	14.5	0.22	B7	14.5	0.47	C7	14.5	0.40
A8	16.5	0.20	B8	16.5	0.35	C8	16.5	0.34
A9	18.5	0.17	B9	18.5	0.33	C9	18.5	0.30
A10	20.5	0.10	B10	20.5	0.25	C10	20.5	0.28
A11	22.5	0.05	B11	22.5	0.20	C11	22.5	0.20
A12	24.5	-0.02	B12	24.5	0.16	C12	24.5	0.09
A13	26.5	-0.03	B13	26.5	0.08	C13	26.5	0.05
A14	28.5	-0.06	B14	28.5	-0.03	C14	28.5	0.01

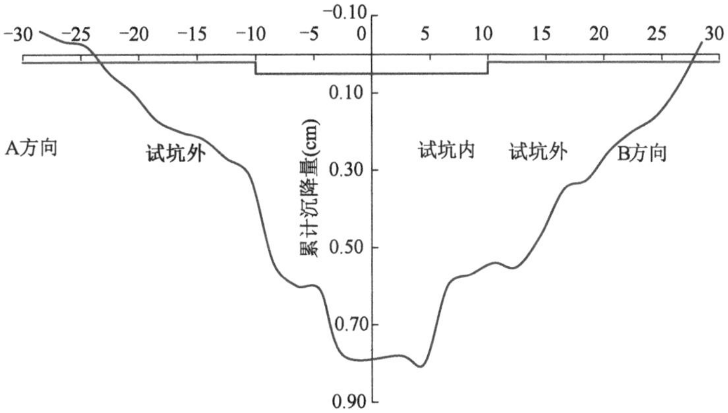

图4-43 浸水后地表A、B方向的形状变化组合图

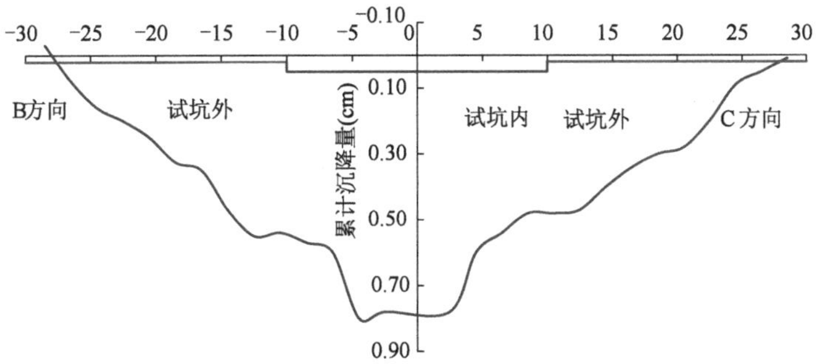

图4-44 浸水后地表B、C方向的形状变化组合图

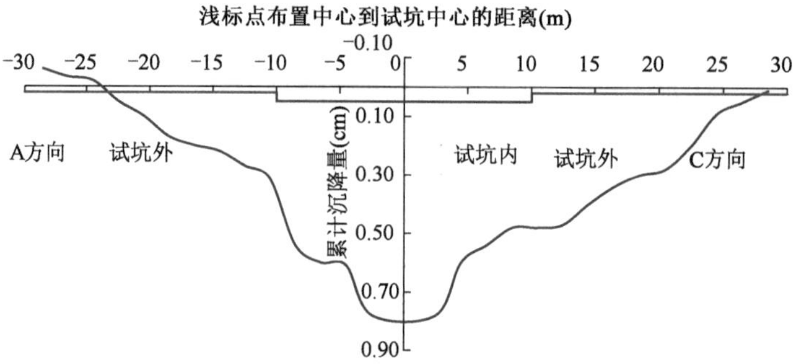

图 4-45　浸水后地表 A、C 方向的形状变化组合图

民小公路浸水试验场地代表河流高阶地黄土地貌类型。民小公路 K70 + 050 试验场地浅标点各方向累计沉降量随时间变化曲线如图 4-46 ~ 图 4-48 所示。从图中看出浅标点 A 方向最大沉降量为 114.7cm，浅标点 B 方向最大沉降量为 94.8cm，浅标点 C 方向最大沉降量为 101.4cm。

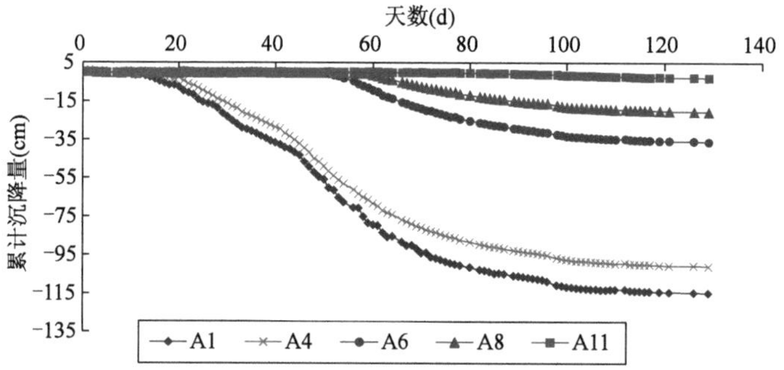

图 4-46　民小公路 K70 + 050 试验场地浅标点 A 方向累计沉降量随时间变化曲线

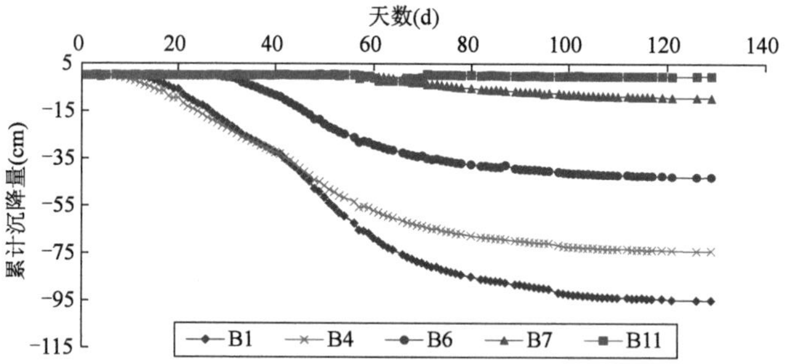

图 4-47　民小公路 K70 + 050 试验场地浅标点 B 方向累计沉降量随时间变化曲线

地表湿陷量随时间变化特点为：

(1)水分入渗到沉降观测点埋深之前，浅标点未发生沉降，开始发生湿陷变形初期，湿陷速率较小。

(2)随着时间增加，经历初期平缓阶段之后，沉降观测点下降速率明显增加。

总体来说，浸水期发生的沉降变形量占总变形量的绝大部分，停水之后沉降变形量很小，这一特征与文献描述一致。浸水期土体发生湿陷变形,土体结构破坏,变形量较大;停水之后沉降变形主要是由于土体排水固结以及少量湿陷变形导致。

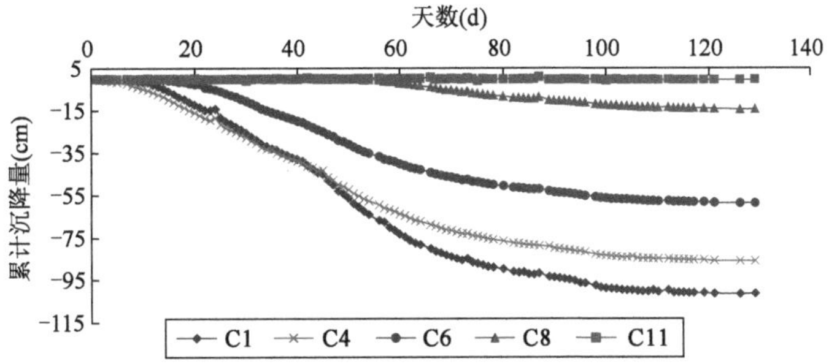

图 4-48 民小公路 K70 +050 试验场地浅标点 C 方向累计沉降量随时间变化曲线

图 4-49 ~ 图 4-51 为各方向累计沉降量曲线。从图中可以看出:

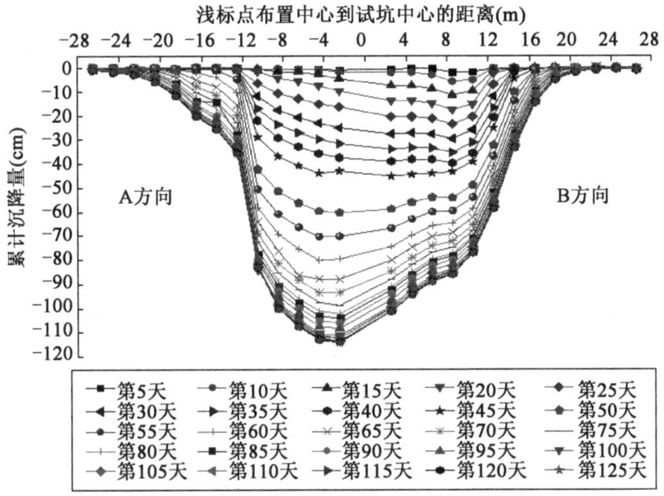

图 4-49 民小公路 K70 +050 试验场地浅标点 A、B 方向累计沉降量随时间变化曲线

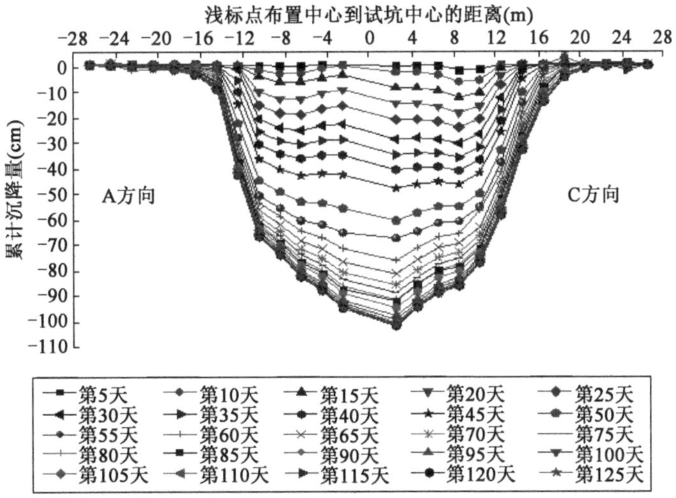

图 4-50 民小公路 K70 +050 试验场地浅标点 A、C 方向累计沉降量随时间变化曲线

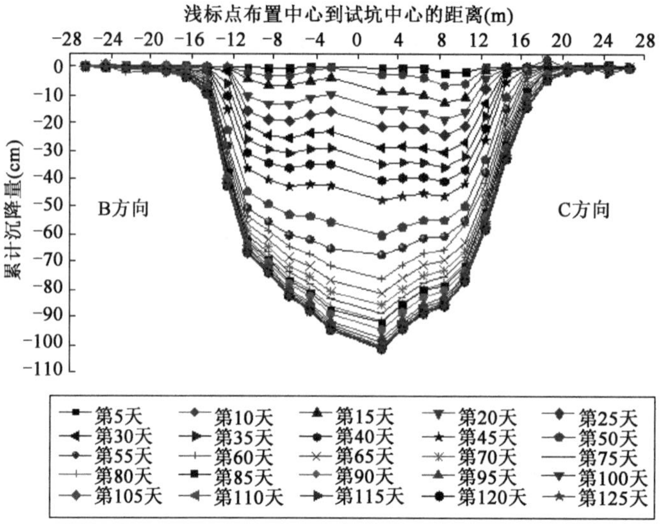

图 4-51　民小公路 K70 +050 试验场地浅标点 B、C 方向累计沉降量随时间变化曲线

(1)浸水试验场地最大沉降量为 114.7cm,远大于室内试验自重湿陷量计算值 63.8cm,说明室内试验与现场试验差距很大。

(2)试坑内沉降量明显大于试坑外沉降量,并且试坑外沉降量随与坑距离的增大而减小。

(3)A 方向沉降量和沉降范围明显大于 B 方向,说明场地存在一定的不均匀性。由室内试验可知 A 方向在 TJ-2 附近,B 方向在 TJ-1 附近,并且 TJ-2 自重湿陷系数比 TJ-1 大,这与现场试验观测结果一致。

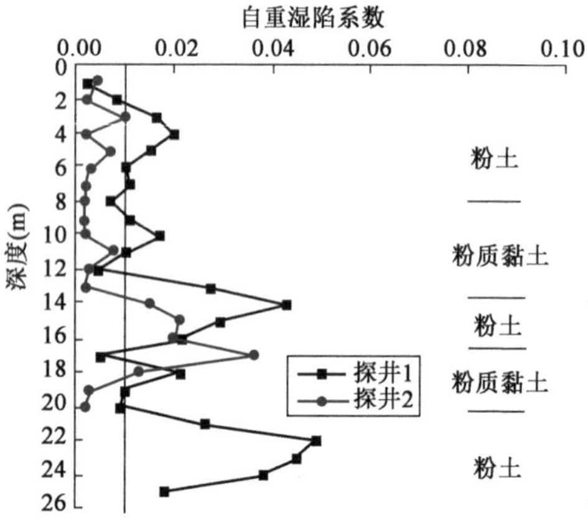

图 4-52　室内自重湿陷性试验结果

2)室内试验和现场浸水试验结果不一致的影响因素分析

针对自重湿陷性黄土场地的自重湿陷量计算值与实测值之间的差异,主要从湿陷土层分布不连续、含水率、孔隙比对黄土湿陷性的影响进行分析。

(1)考虑湿陷土层分布不连续因素影响。

室内自重湿陷性试验结果如图 4-52 所示。从图中可以看出,自重湿陷性土层中自重湿陷系数较为离散。其中粉土和粉质黏土不同自重湿陷系数段所占比例的统计结果见表 4-10。

自重湿陷系数分段比例统计结果(%)　　表 4-10

土层	$\delta_{zs}<0.015$	$\delta_{zs}\geq 0.015$
粉土	57.6	42.2
粉质黏土	61.5	38.5

从表 4-10 和图 4-52 可以看出,场地粉土和粉质黏土自重湿陷系数离散,分别为 0.002 ~ 0.049(平均值 0.015)和 0.002 ~ 0.026(平均值 0.010),表明不同湿陷程度的黄土单元分布杂乱。若以湿陷系数 0.015 作为湿陷性土和非湿陷性土的分界,则非湿陷性土所占比例分别为

57.6%和61.5%,湿陷土单元分布不连续。

宏观上分析,湿陷性程度不一的黄土体在浸水以后,湿陷性强的土单元会因发生湿陷,将其上应力部分分担给周边湿陷性弱的土单元,即发生湿陷时会产生应力重分布,湿陷性弱的土单元最终将承担更大的上覆应力,湿陷性强的土单元承担更少的上覆应力。现场试坑浸水试验中产生的湿陷沉降是这种应力调节达到平衡,湿陷强弱不同土单元相互作用后所表现的一种综合结果。特别是当湿陷分布不连续,即湿陷土单元与非湿陷土单元夹杂分布时,非湿陷土单元将对湿陷土单元湿陷的发生产生抑制作用。然而,室内计算值是湿陷土单元产生湿陷的简单叠加,不能体现这种湿陷土单元分布不连续对湿陷变形产生的影响,造成计算值和实测值产生一定差异。因此湿陷土层分布不连续是导致湿陷量的实测值与计算值往往存在差异的重要原因之一。

(2)考虑含水率因素影响。

国内外许多资料证明,含水率是黄土湿陷性的控制指标之一,黄土湿陷性随着天然含水率的增加而显著减小,含水率大于18%的黄土一般不具有湿陷性。

试验场地实测含水率随深度的变化曲线如图4-53所示。从图中可以看出,探井1的含水率为14%~24.7%,探井2的含水率为11.3%~24.8%,探井1和探井2的含水率均偏大。探井1和探井2含水率大于18%所占的比例分别为68%和65%,说明大部分黄土单元不具有湿陷性。

自重湿陷系数与含水率的关系如图4-54所示。从图中可以看出,当含水率小于20%时,黄土的自重湿陷系数基本大于0.015;当含水率大于20%时,黄土的湿陷系数基本在0.015以下。说明本试验场地含水率大于20%的黄土一般不具有湿陷性。对黄土自重湿陷系数与含水率进行线性回归分析,得到的拟合关系见式(4-5),其相关系数$R=0.603$,说明二者之间相关性程度相对较高。

$$\delta_{zs}=0.069-0.002\times w \tag{4-5}$$

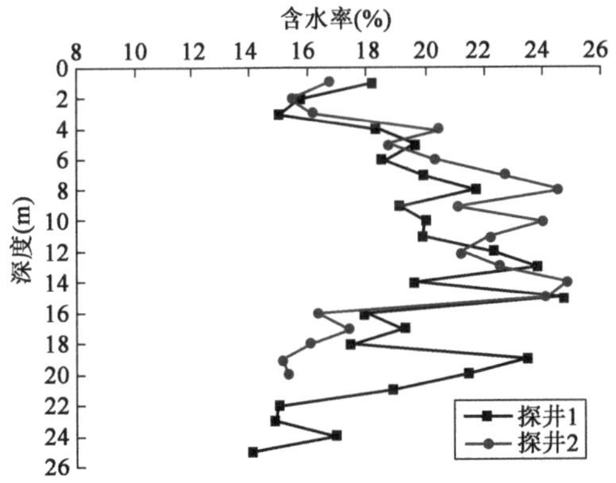

图4-53 含水率随深度变化曲线

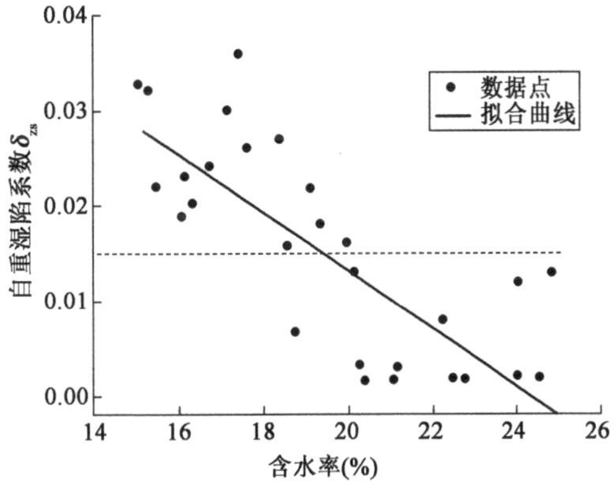

图4-54 自重湿陷系数与含水率的关系

(3)考虑孔隙比因素影响。

孔隙比是黄土内孔隙分布特征的直接反映,它间接表征了黄土的微结构特征。自重湿陷系数与孔隙比之间的关系曲线如图4-55所示。从图中可以看出,随着黄土孔隙比的增大,黄土的湿陷系数也随之增大,即黄土的湿陷性与孔隙比之间呈现出线性正相关关系。当孔隙比小于0.98时,黄土的湿陷系数均在0.015以下,因此,孔隙比0.98可界定为黄土出现湿陷性的湿陷起始孔隙比。黄土湿陷系数与孔隙比之间的线性回归方程见式(4-6),其相关系数

$R = 0.658$,说明二者之间具有良好的相关性。

$$\delta_{zs} = 0.056 + 0.071 \times e \tag{4-6}$$

孔隙比随深度的变化曲线如图 4-56 所示。从图中可以看出,探井 1 的孔隙比为 0.81 ~ 1.17,探井 2 的孔隙比为 0.77 ~ 1.23,探井 1 和探井 2 孔隙比小于 0.98 所占的比例分别为 72% 和 75%,因此可得本试验场地大部分黄土单元不具有湿陷性。

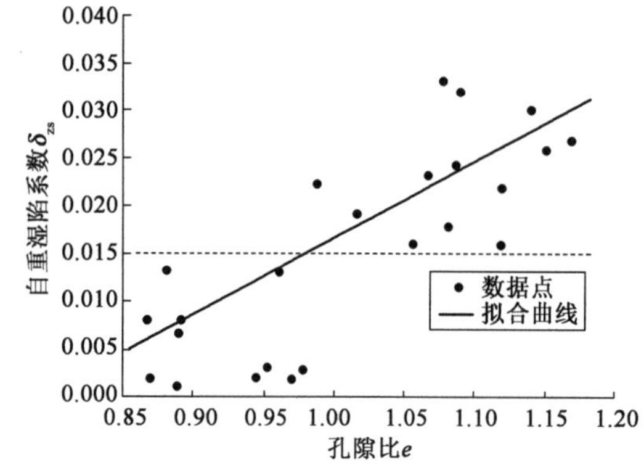

图 4-55　自重湿陷系数与孔隙比的关系

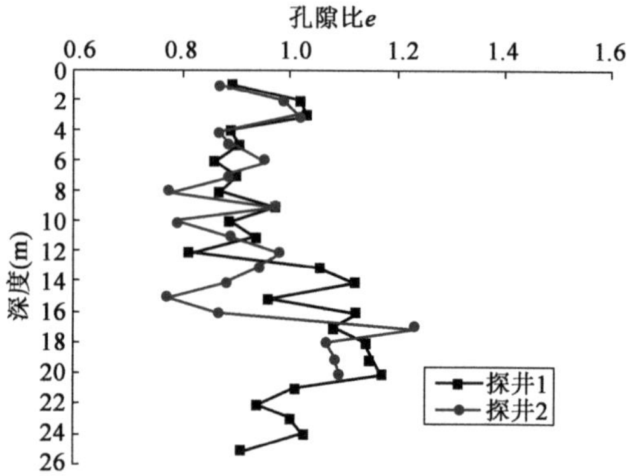

图 4-56　孔隙比随深度变化曲线

综上所述,是按现场试验结果还是室内试验结果判定场地类别,应慎重考虑。只有正确评价大厚度黄土地区的场地湿陷类型、地基湿陷等级,才能为工程建设采取安全、可靠、经济的措施提供科学依据。

3)停水后地表沉降特征

浸水期间,黄土达到饱和状态,黄土发生浸水期自重湿陷变形;停水后,由于孔隙水将消散,发生排水固结变形。试验场地试坑内浅标点停水阶段累计沉降量最大值统计如表 4-11 所示。

各试验场地试坑内浅标点停水阶段累计沉降量最大值统计表　　表 4-11

试验场地	浅标点编号	总沉降量(cm)	停水阶段累计沉降量(cm)	停水阶段累计沉降量占总沉降量百分比(%)
川大公路 K29 + 100	B2	0.8	0	0
民小公路 K70 + 050	A1	114.7	6.8	5.9

从表 4-11 可以看出,川大公路 K29 + 100 试验场地停水后没有发生排水固结沉降。通过浸水试坑连续浸水得知,川大公路 K29 + 100 试验场地为非自重湿陷性场地,所以浸水期间和停止浸水后该场地没有发生湿陷变形。

民小公路 K70 + 050 试验场地停水后发生了排水固结沉降,停水后的沉降量占浸水期间沉降量的 5.9%,说明黄土湿陷主要发生在连续浸水期间。

4)地表累计沉降变形随时间变化规律

民小公路 K70 + 050 自重湿陷试验场地地表累计沉降量与浸水时间的关系曲线如图 4-57 所示。该曲线有如下特点:①浸水过程中,沉降曲线可分为三段:第 1 段是浸水前几天,沉降逐渐发生,沉降量很小,曲线斜率由 0 逐渐增大;第 2 段是湿陷变形强烈段,湿陷变形速率大,沉降曲线曲率大,有明显的拐点;第3段是湿陷变形发生缓和段,湿陷变形速率小,沉降曲线逐渐平缓,持续时间较长。②停止浸水后,由于浸水条件的改变,沉降变形主要由土体排水固结引起,与浸水过程中的湿陷变形有所不同。停水后的沉降曲线与浸水期的沉降曲线有明显不同,停水后的沉降曲线很快出现拐点,之后曲线趋于平缓,直至水平。

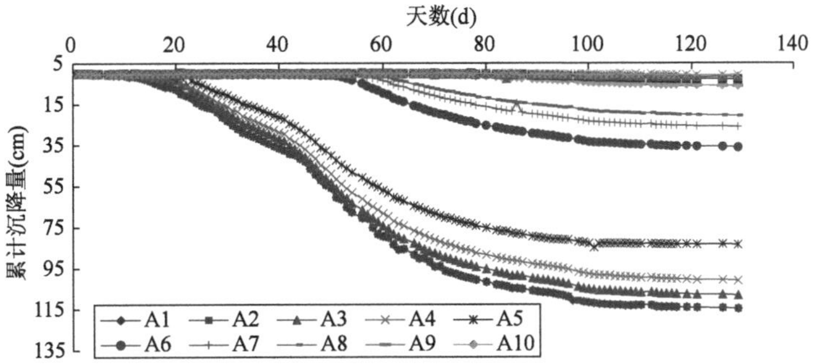

图4-57 民小公路K70+050试验场地浅标点A累计沉降量随时间变化曲线

事实上,深部沉降-时间关系曲线也有以上特点。这说明湿陷变形和浸水时间之间有着内在的联系。

5)中性点深度确定方法

对于桩基设计而言,除确定单位负摩阻力的大小外,尚应确定中性点位置。

根据《湿陷性黄土地区建筑标准》(GB 50025—2018),中性点深度等于湿陷性黄土层下限深度。《建筑桩基技术规范》(JGJ 94—2008)规定,中性点深度 l_n 应按桩周土层沉降与桩沉降相等的条件计算确定,也可参照表4-12确定。

中性点深度 l_n 表4-12

持力层性质	黏性土、粉土	中密以上砂	砾石、卵石	基岩
中性点深度比 l_n/l_0	0.5~0.6	0.7~0.8	0.9	1.0

注:1. l_0 为桩周软弱土层下限深度。

2. 桩穿越自重湿陷性黄土层时,l_n 按表列值增大10%(持力层为基岩除外)。

当湿陷性黄土地基浸水时,由于浸水路径的影响,湿陷性黄土层的沉降量总是由表层向深层逐渐减小,而桩基的桩底下沉量一般为定值,桩身压缩变形随深度相应减小。在桩与土的相对位移为零的位置,该深度以上土的下沉量大于桩的下沉量,桩受负摩擦力作用,该深度以下桩的下沉量大于土的下沉量,桩受正摩擦力作用,该点就称为中性点。一般来说,中性点的位置在湿陷性黄土地基浸水初期是有变化的,它随着桩基沉降量的增加而向上移动,当沉降趋于稳定时,中性点也将稳定在某一固定深度处。

中性点深度 l_n 从理论上讲应按桩周土层沉降与桩沉降相等的条件计算确定,但这种方法在实际上缺乏可操作性,因为自重湿陷性黄土区桩周土层的沉降分布与桩的沉降分布在现阶段均无法准确计算。工程上常用的方法依然是按经验确定。

(1)按《湿陷性黄土地区建筑标准》(GB 50025—2018)取值分析。

依据《湿陷性黄土地区建筑标准》(GB 50025—2018),中性点深度应该等于自重湿陷下限深度,自重湿陷下限深度可由室内自重湿陷试验确定,也可由现场试坑浸水试验确定。青海乐都试验场地黄土湿陷下限室内试验值为17.5m，现场浸水试验实测值为16m，两者略有差异，但差别不大，建议对青海类似地区确定黄土湿陷下限时，可按室内试验结果取值。

(2)按《建筑桩基技术规范》(JGJ 94—2008)取值分析。

根据《建筑桩基技术规范》(JGJ 94—2008)，中性点深度可按中性点深度比为0.5～0.6确定。将室内试验确定的自重湿陷下限深度作为桩周沉降变形土层下限深度，则《建筑桩基技术规范》(JGJ 94—2008)建议的中性点深度比对于民小公路K70+050工点不合适。

6)因地区土质而异的修正系数β_0的实测值

由自重湿陷量计算公式：

$$\Delta_{zs}=\beta_0\sum_{i=1}^{n}\delta_{zsi}\cdot h_i \tag{4-7}$$

可得自重湿陷量修正系数计算式：

$$\beta_0'=\frac{\Delta_{zs}'}{\sum_{i=1}^{n}\delta_{zsi}\cdot h_i} \tag{4-8}$$

式中：Δ_{zs}'——自重湿陷量实测值。

由式(4-8)可计算出试验场地因地区土质而异的修正系数β_0的实测值，由于采用了两种判定标准来确定自重湿陷下限深度，所以β_0也有两个数值，当两个数值不同时，取平均值。众所周知，因地区土质而异的修正系数β_0是在一个地区大量现场实测和室内试验的基础上经过统计得到的一个经验值，在一定程度上代表了该地区的湿陷敏感性和湿陷性的大小。当浸水试验场地能够代表某一区段黄土的湿陷性时，由式(4-8)计算出的因地区土质而异的修正系数β_0的实测值应该具有代表性。公路两侧的范围有限，如果试验场地的地貌单元和黄土类型能够代表某一区段黄土湿陷性的最大值，则现场试验得到的因地区土质而异的修正系数β_0的实测值就可以在本区段采用。

根据《湿陷性黄土地区建筑标准》(GB 50025—2018)中的"中国湿陷性黄土工程地质分区略图"，民小公路K70+050试验场地位于陇西地区，规范建议β_0取值为1.5。而自重湿陷量实测值/计算值=1.59，因此推荐该地区自重湿陷量修正系数β_0取1.6。

7)试验场地黄土的湿陷性评价

黄土的湿陷性不仅与其可溶盐、微结构、赋存环境和土层结构有密切的关系，而且与区域工程地质环境和黄土的工程地质特性密不可分。

按照《湿陷性黄土地区建筑标准》(GB 50025—2018)的规定，根据现场实测自重湿陷量和湿陷量室内试验计算值，对各试验场地黄土地基的湿陷类型和湿陷等级进行评价，结果如表4-13所示。

各试验场地黄土的湿陷性 表4-13

试验场地	自重湿陷量(mm)		β_0'	湿陷量计算值(mm)	场地湿陷类型	湿陷等级
	实测值	计算值				
川大公路K29+100	8	357.75	—	600.6	非自重湿陷	Ⅱ级
民小公路K70+050	1147	711.25	1.6	636.75	自重湿陷	Ⅲ级

从表4-13可知，川大公路K29+100试验场地属于非自重湿陷性场地，民小公路K70+

050 试验场地属于自重湿陷性场地。地基湿陷等级川大公路 K29 +100 试验场地为Ⅱ级,民小公路K70 +050 试验场地为Ⅲ级(严重)。

黄土湿陷是具有特定物质和结构特征的湿陷性黄土在赋存环境不利变化条件下发生的微结构改组现象(从一种结构演化变为另一种结构),其本质是微结构的改组,核心是赋存状态改变后应力与结构强度的矛盾。黄土湿陷取决于黄土自身的湿陷性、宏观结构特征和赋存环境变化程度。由于饱和浸水条件下的自重湿陷,黄土湿陷性程度以及地层宏观结构不同,因而表现出不同的湿陷特征,这正是两个试验场地存在差异性特征的原因。

4.4.2 黄土浸水过程中深部湿陷变形特征

与以往现场试坑浸水试验只关心黄土地基的总湿陷变形不同的是,本次现场试坑浸水试验的一个重要目的是查明湿陷性黄土的下限深度。为此,在试验过程中专门布设分层沉降观测标观测地基的分层湿陷变形,捕捉湿陷性黄土层下限深度。测试结果说明浸水试验点得到了明确而清晰的自重湿陷土层的下限深度值,可以说这是本试验最具有特色、最成功的地方。本节主要分析民小公路 K70 +050 试验场地分层自重湿陷变形特性。由于川大公路 K29 +100 试验场地属于非自重湿陷性场地,现场实测的深部沉降量非常微小,这里不作进一步讨论。

1)深部沉降速率时域衍生特征

黄土场地单日深部沉降量随时间的变化曲线如图 4-58 所示。由图可知:①随着深度的增大,单日沉降量呈逐渐减小趋势。这是因为深部沉降标点是自上而下逐层布设的,每个深标点测得的湿陷变形实际上是其下所有地层沉降累计的结果。以前也有学者在浸水试验中着眼于地基分层沉降的测量而设置了深标点,但由于种种原因,未能实现测量分层沉降的目的。本次试验在总结以往经验的基础上,利用项目研发的专利技术,在深标点设计和现场埋设阶段注重柔性支护、重力补偿等关键环节,这是本次试验成功的关键所在。②浸水后,湿陷基本上是由浅而深发生、发展的,处在同一深度的深标点开始发生湿陷变形的时间受到与试坑浸水边界距离的影响,一般距离试坑浸水边界较近的深标点开始发生湿陷变形的时间较晚。③深部沉降速率曲线与相应试验场地的地表沉降速率曲线十分相似,说明深部湿陷变形时域发展过程与地表湿陷变形发展过程相类似,这里不再赘述。

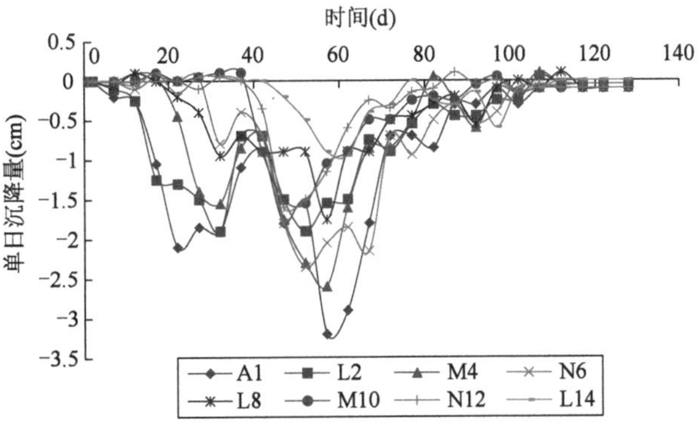

图 4-58 民小公路 K70 +050 试验场地单日深部沉降量随时间变化曲线

2)分层沉降量变形特征

试验场地深部地层累计沉降量沿深度方向的变化曲线如图4-59所示,试坑内不同埋深沉降标点累计沉降量随浸水时间的变化曲线如图4-60~图4-65所示。

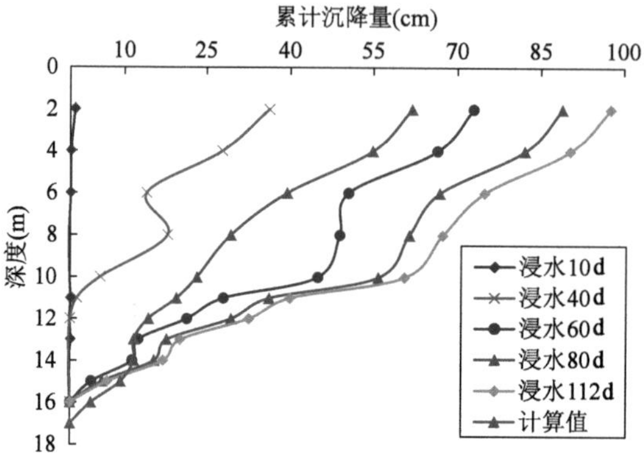

图4-59 民小公路K70+050试验场地累计沉降量随深度变化曲线

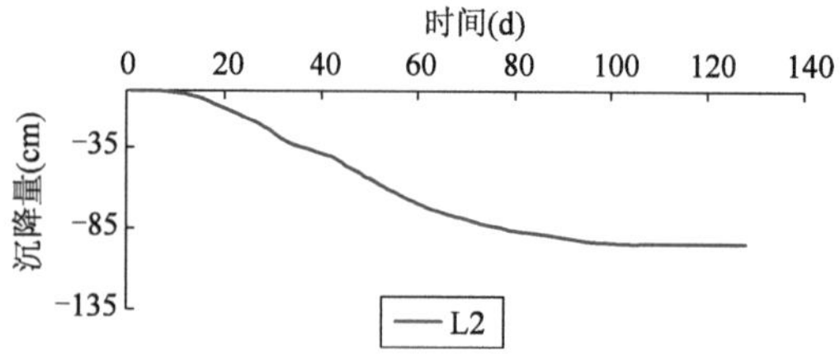

图4-60 民小公路K70+050试验场地2m处沉降变化曲线

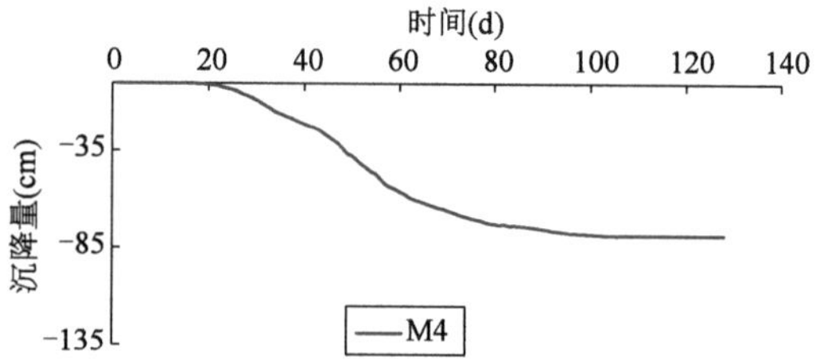

图4-61 民小公路K70+050试验场地4m处沉降变化曲线

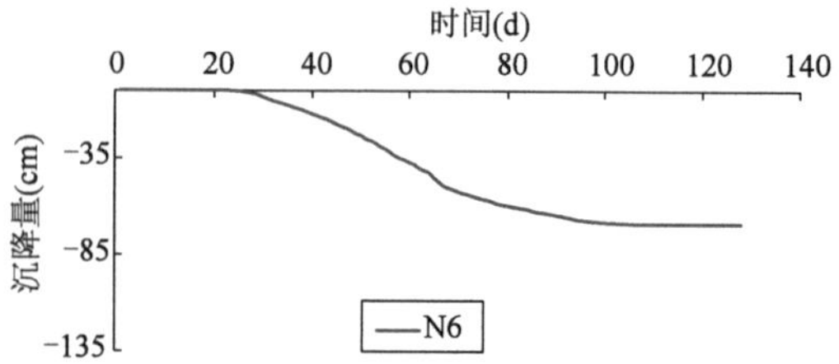

图4-62 民小公路K70+050试验场地6m处沉降变化曲线

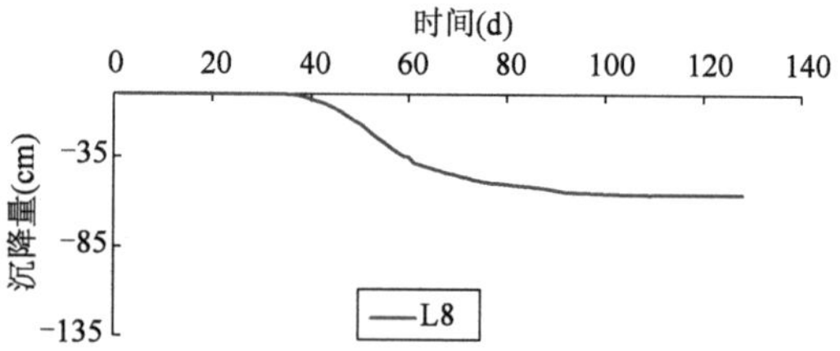

图4-63 民小公路K70+050试验场地8m处沉降变化曲线

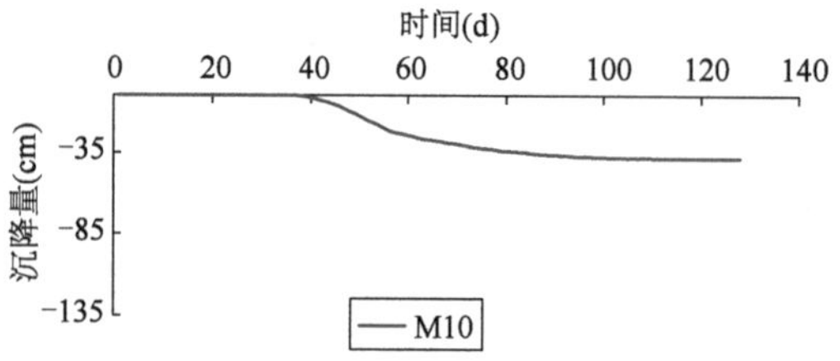

图4-64 民小公路K70+050试验场地10m处沉降变化曲线

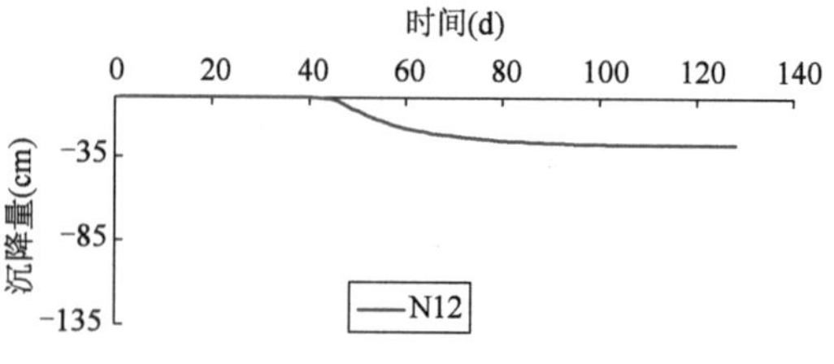

图4-65 民小公路K70+050试验场地12m处沉降变化曲线

分析图4-60～图4-65可以得到以下几点结论：①相邻两条曲线之间的横向间距代表本时间段不同深度土层所发生的湿陷变形量，相邻两天曲线之间的间隔越大，代表该段时间黄土湿陷速率越大，反之亦然。图中曲线间距基本呈现出由密到疏再到密的变化过程，反映出深部黄土湿陷变形速率也呈现出与地表变形类似的慢-快-慢-稳定的特点。②曲线斜率与土层湿陷强烈程度成反比，曲线斜率越大则湿陷系数越小，对应深度范围内土层湿陷性越弱；相反，曲线斜率越小则湿陷系数越大，对应该深度段土层湿陷性越强。虽然各浸水试验场地湿陷性强烈的土层具体位置因场地的不同而有所不同，但可以看出湿陷性土层的中部一般湿陷性较大，表层由于气候影响湿陷性有所退化，下部随着深度的增加湿陷性逐渐减弱直至消失。③自重湿陷性黄土层下限深度是明确且唯一的。从图中可以看出，曲线在一定深度处收敛，表明该深度以下土层始终没有发生自重湿陷变形，该深度即为现场实测自重湿陷性土层下限深度。随着浸水时间的延长和浸湿程度的增加，虽然该深度以上各土层自重湿陷量逐渐加大，但该下限深度都不再向下发展，而是稳定在这一深度，说明浸水试验场地存在一个明确且唯一的自重湿陷下限深度。④自重湿陷性黄土深部湿陷要经历一个发展演变过程。浸水后浅部土层首先发生自重湿陷，随着浸水时间的延长和水分的逐渐入渗，湿陷深度才逐渐向深部扩展。黄土湿陷虽说有突发的特点，但从浸水到湿陷土层下限处产生湿陷变形直至整个湿陷完成，还是有个发展过程。从工程上讲，应尽量消除在线路附近形成积水的条件，一旦有了积水，立即采取排除措施对减小危害是很有作用的。⑤地面以下一定深度的黄土层受气候、灌溉等因素的影响，自重湿陷性有所退化，退化深度因具体情况不同而不同。这给出一个启示：对黄土场地进行常规的勘察、评定和地基处理时，不能只关注地表较浅部位的湿陷性，要重视对不同深度土层湿陷性的评价，以便采取更符合现场实际情况的地基处理措施。自重湿陷系数随深度变化曲线如图4-66所示。

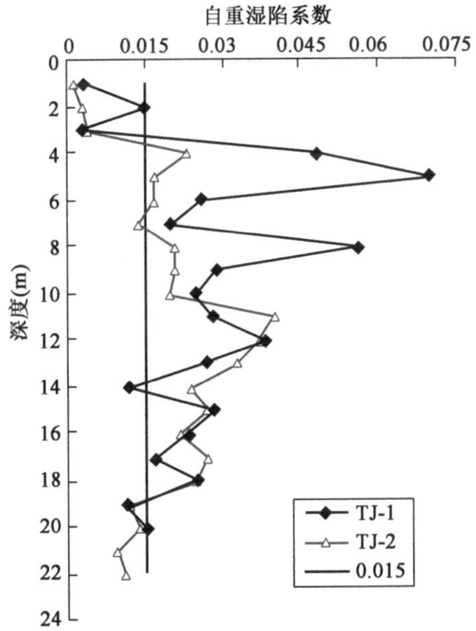

图4-66 自重湿陷系数随深度变化曲线

4.4.3 地表裂缝的发展规律和形态特征

浸水后第 3 天，距试坑边缘 1.3 ~ 2.0m 范围内出现第 1 道环形裂缝，随着自重湿陷量的逐渐增大，在试坑的周围先后形成了 7 道裂缝。到浸水后第 78 天，所有裂缝基本稳定，最远裂缝距坑边 15.6m。裂缝最宽为 150mm，错台最高为 330mm，有关裂缝的出现与发展情况如图 4-67所示。

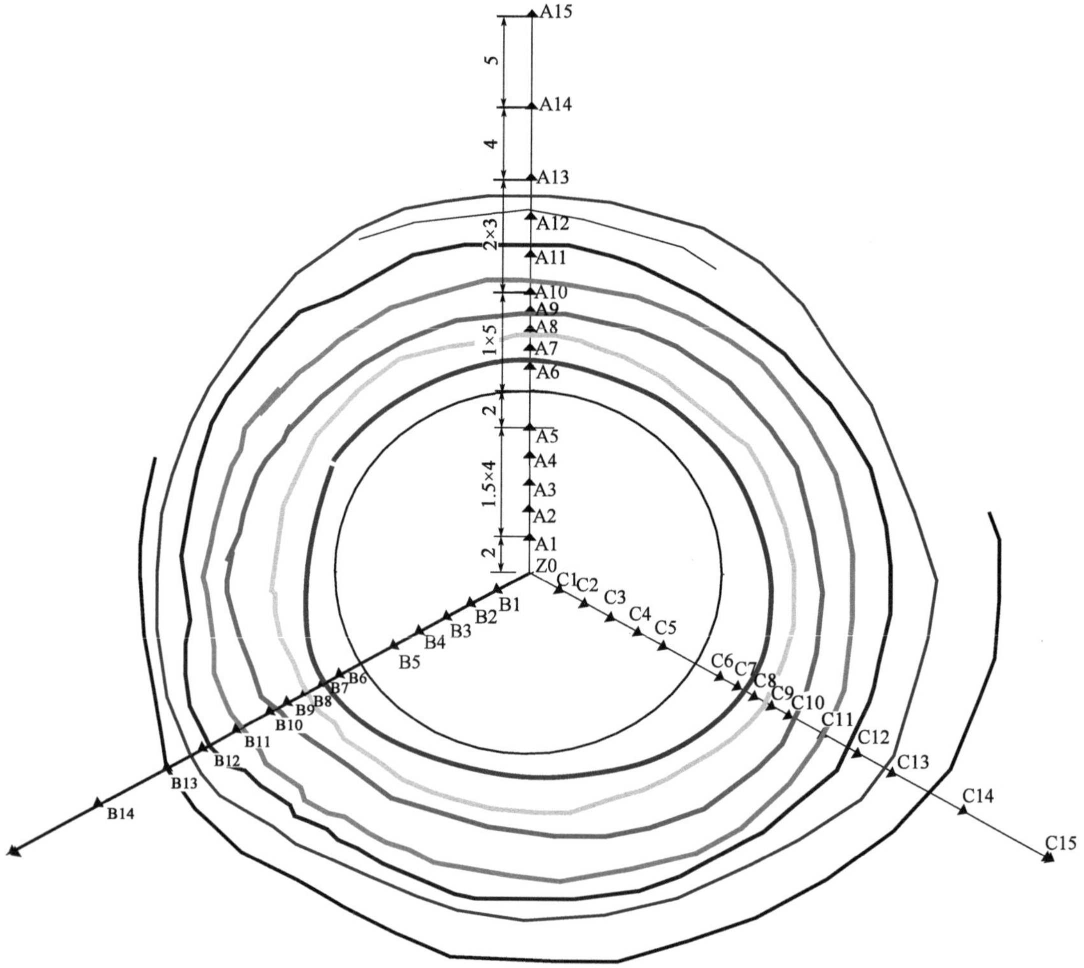

图 4-67 民小公路 K70 + 050 试验场地裂缝平面图(尺寸单位：m)

地表裂缝发展过程如下：①浸水后地面裂缝的形状受浸水试坑边界形状控制。②浸水后第 5 ~ 10 天裂缝发展迅速，依次形成了 1 ~6 道环形裂缝，之后裂缝发展趋缓；浸水后第 26 ~ 30 天，形成第 7 道半圆弧形裂缝，试坑外场地形成阶梯状错台地形。

4.5 水分入渗规律及浸水影响范围现场试验

水在黄土中的渗透，将引起黄土内部水分场的变化，进而影响黄土的力学性质，从而改变建筑物地基或边坡的稳定条件。当黄土的含水率提高后,土体压缩模量降低,将产生增湿变形。当含水率达到或接近饱和状态时,土结构迅速破坏,将产生湿陷变形。非饱和黄土的渗透性由于影响因素多、测试手段的滞后,采用室内试验往往得不到理想的结果。因此,过去对非饱和渗流问题的研究主要偏重于数值方法,在原状黄土浸水入渗规律方面积累的实测资料还十分有限,远远滞后于工程实际需要。所以,亟须开展一些试验和实测方面的工作,不断提高研究结果的准确性和可靠性,更好地服务于生产实践。基于此,本节通过大型现场试坑浸水试验,借助先进的 TDR 水分原位测试系统进行连续原位测试,探讨黄土地基内水分入渗过程、时域特征、浸水影响范围等浸水入渗规律及停止浸水后黄土地基内水分的消散规律。在此基础上,讨论水分入渗规律与自重湿陷变形的关系。研究结果可为黄土湿陷性定量评价、湿陷性黄土地区建筑物防排水设计提供直接依据,同时可为我国黄土学科的发展积累资料,对提高黄土地区工程建设的设计水平具有重要意义。

4.5.1 浸水水分入渗规律及渗透速率

(1)黄土地基竖向水分入渗规律。

通过对川大公路 K29 + 100 试验场地和民小公路 K70 + 050 试验场地的浸水试验研究可知,两个试验场地的水分在竖向入渗规律相似。民小和川大公路试验点水分竖向入渗过程曲线如图 4-68 所示,整个浸水试验过程中试坑外不同深度的体积含水率随时间变化曲线如图 4-69所示。

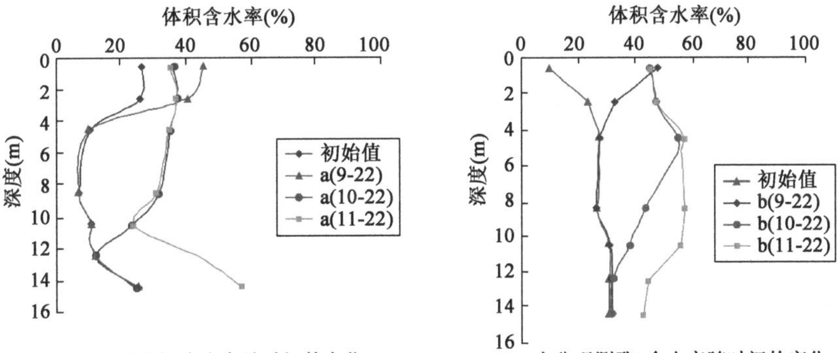

a)水分观测孔a含水率随时间的变化　　b)水分观测孔b含水率随时间的变化

图 4-68　水分竖向入渗过程曲线

图 4-68 可反映出水分在黄土地基内竖向的入渗过程。开始入渗时,土体处于非饱和状态,入渗锋面从试坑底部开始逐渐向四周扩大,浸水 10d 时 4.5m 以上的土体含水率较天然状态有所增加,但 4.5m 以下的土体含水率还没有发生变化,即水分入渗深度为 4.5m 左右;同理可以得出浸水 20d 水分入渗深度为 8m 左右,30d 入渗到 10.5m,40d 入渗到 12.5m 处。可以看出,水分在原状黄土地基内的渗透是个比较缓慢的过程,同时入渗锋面向下迁移的速度随着入渗深度的增大而减小。

还可以看出,非饱和浸润面的扩散速度明显大于饱和浸润面的扩散速度,地基含水率从开始发生变化到饱和需要经历一段时间,在饱和以前水分处于非饱和渗流状态,渗透系数随着含水率的增大而减小,当土体达到饱和以后,方可进入渗透速率相对稳定的饱和渗流状态。

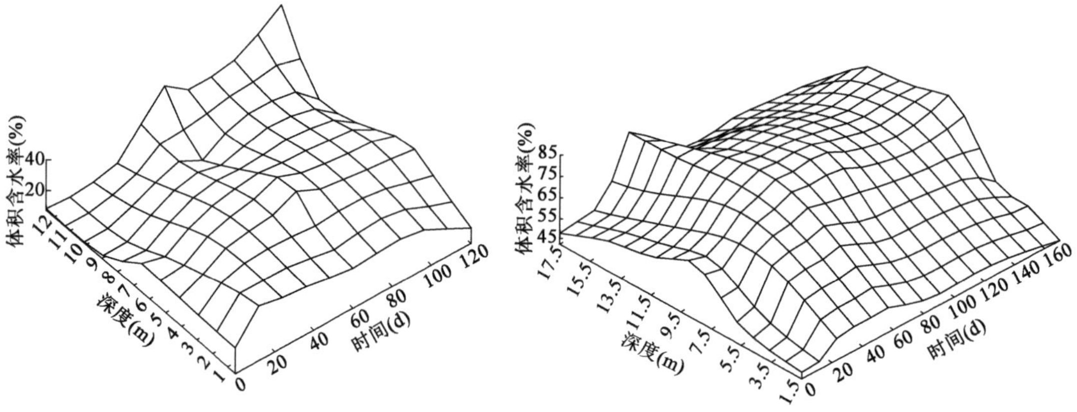

a)民小公路试验场地　　b)川大公路试验场地

图 4-69　浸水坑外体积含水率变化图

由图 4-69 可以看出,试坑外水分沿竖向的入渗过程与试坑内类似。但不同的是,坑外某一深度以上的土体在整个浸水过程中含水率始终没有发生变化,且随着距浸水试坑距离的增加,含水率不发生变化的深度也会增加,即浸润线与垂直方向成一定角度向下倾斜。

(2)黄土地基水平向水分入渗规律。

以民小公路浸水试验为例,分析黄土地基水分水平向入渗规律。距离试坑边缘 2m、5m、8m、11m 和 14m 处体积含水率变化如图 4-70 ~ 图 4-74 所示。距离试坑边缘 2m 处埋设的水分探头组显示,在连续浸水 10d 后 1.5m 以下土层的体积含水率明显增大,而1.5m以上土体在整个浸水过程中没有发生变化。距离试坑边缘 5m 的土体在连续浸水 23d 后,距离天然地面 7m 以下土层的体积含水率开始增大直至达到饱和状态,7m 以上土体在整个浸水过程中没有发生变化。距离试坑边缘 8m 的土体在浸水 46d 后,距离天然地面 13m 以下土层的体积含水率开始增加,但增加幅度较小。距离试坑边缘 11m 和 14m 的土体在整个浸水过程中体积含水率基本没有发生变化,说明水平方向入渗有一定范围,青海民和试验场地的浸水水平向影响范围在 8 ~ 11m 之间。

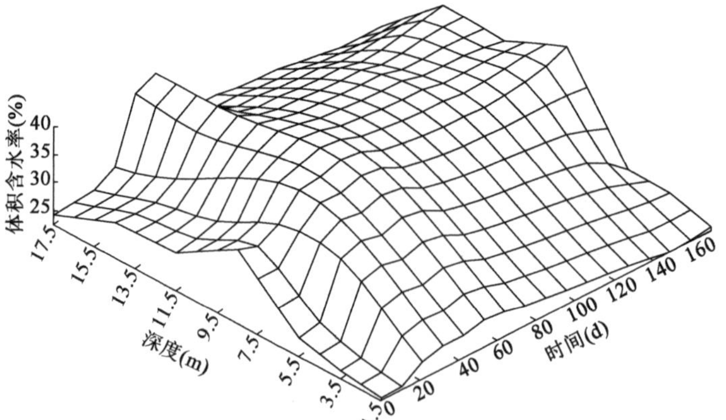

图 4-70　距试坑边缘 2m 处体积含水率变化图

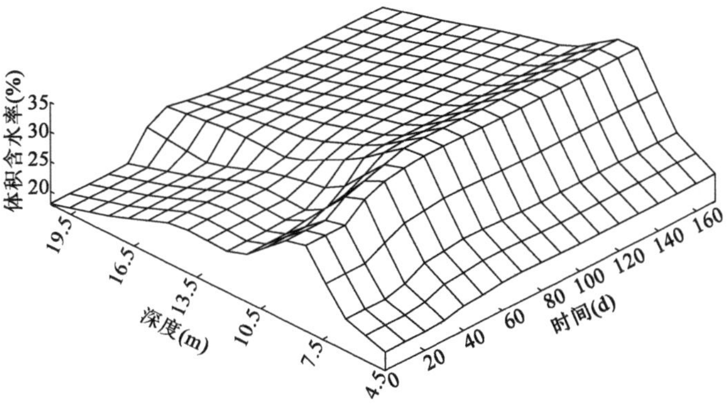

图 4-71 距试坑边缘 5m 处体积含水率变化图

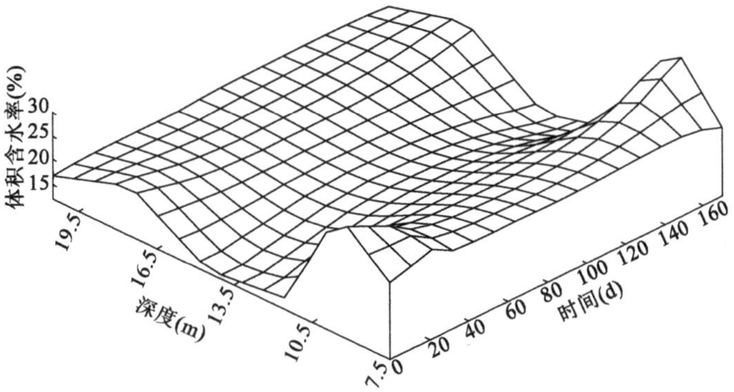

图 4-72 距试坑边缘 8m 处体积含水率变化图

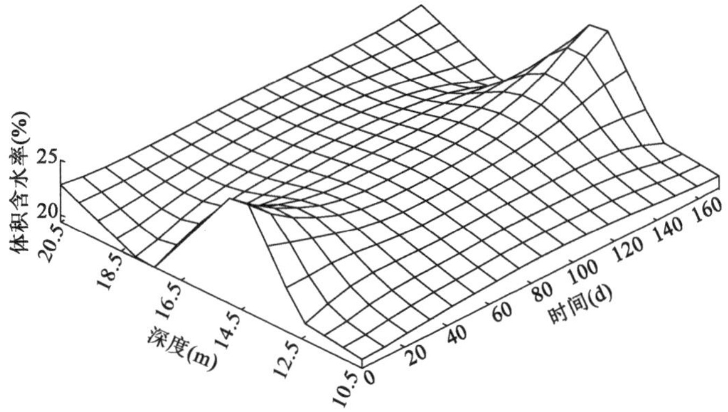

图 4-73 距试坑边缘 11m 处体积含水率变化图

(3)黄土地基竖向和水平向渗透系数的各向异性及其与渗透距离的关系。

非饱和土的渗透系数会随着含水率的变化而发生显著变化,黄土浸水过程中发生湿陷变形,孔隙比减小,也会对其渗透系数产生影响。由于非饱和土的复杂性以及影响渗透系数的因素很多,通过室内试验测定非饱和土的渗透系数很难得到满意的结果。现场试验由于对土体扰动小,测试结果更加符合现场实际情况,是测试渗透系数的理想方法。

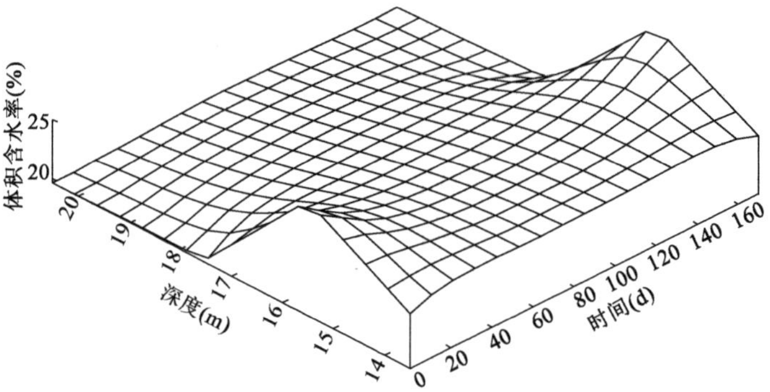

图 4-74 距试坑边缘 14m 处体积含水率变化图

①竖向渗透系数及其与入渗深度的关系。

实测得到民小公路试验场地水分入渗到不同深度所需时间，见表 4-14。计算得出民小公路试验场地不同埋深土层的渗透系数，见表 4-15。民小公路试验场地竖向渗透系数随深度变化曲线见图 4-75。实测得到川大公路试验场地水分入渗到不同深度所需时间，见表 4-16。计算得出川大公路试验场地不同埋深土层的渗透系数，见表 4-17。川大公路试验场地竖向渗透系数随深度变化曲线见图 4-76。

水分入渗到不同深度所需时间(民小公路试验场地) 表 4-14

深度(m)	0.5	2.5	4.5	6.5	8.5	10.5	12.5
浸润锋面到达时间(d)	2	6	10	15	22	29	40
含水率达到峰值时间(d)	3	16	34	53	67	68	73
从浸湿到达到峰值时间差(d)	1	10	24	38	45	39	33
起始湿陷时间(d)	2	6	15	20	23	36	41

不同深度黄土的实测渗透系数(民小公路试验场地) 表 4-15

土层范围(m)	渗透系数(cm/s)	土层范围(m)	渗透系数(cm/s)
0~0.5	5.8×10^{-4}	6.5~8.5	3.3×10^{-4}
0.5~2.5	5.8×10^{-4}	8.5~10.5	3.2×10^{-4}
2.5~4.5	5.8×10^{-4}	10.5~12.5	1.65×10^{-4}
4.5~6.5	4.4×10^{-4}		

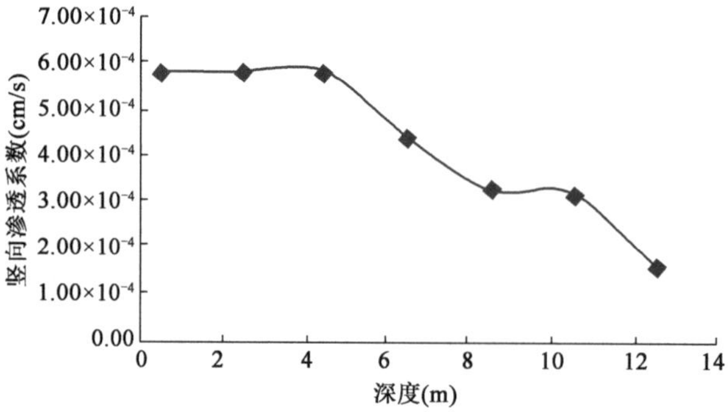

图 4-75 竖向渗透系数随深度变化曲线(民小公路试验场地)

水分入渗到不同深度所需时间(川大公路试验场地) 表4-16

距试坑底部深度(m)	3	5	8	11	14	17	20
水到达该深度所需时间(d)	10	12	15	23	33	44	56

不同深度黄土的实测渗透系数(川大公路试验场地) 表4-17

土层范围(m)	渗透系数(cm/s)	土层范围(m)	渗透系数(cm/s)
3~5	1.2×10^{-3}	11~14	3.5×10^{-4}
5~8	1.2×10^{-3}	14~17	3.2×10^{-4}
8~11	4.3×10^{-4}	17~20	2.9×10^{-4}

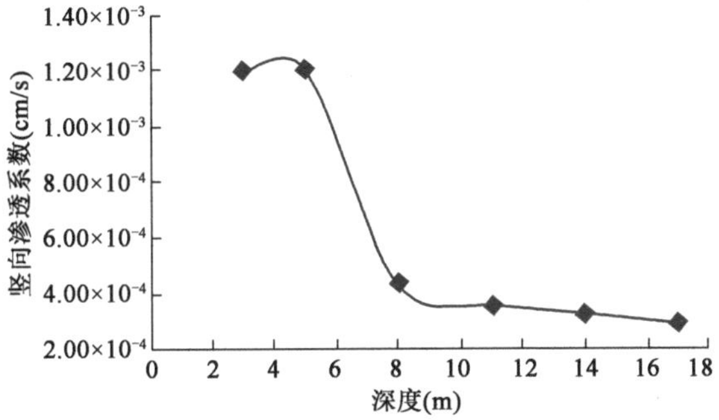

图4-76 竖向渗透系数随深度变化曲线(川大公路试验场地)

从表4-15和图4-75可以看出,现场实测的民小公路试验场地的黄土竖向渗透系数为$1.65\times10^{-4}\sim5.8\times10^{-4}$cm/s,平均为$4.29\times10^{-4}$cm/s;较浅部位(本试验场地为4.5m)实测的渗透系数均为5.8×10^{-4}cm/s,4.5m以下渗透系数随着深度的增加呈减小趋势,从4.4×10^{-4}cm/s逐渐减小到1.65×10^{-4}cm/s。

从表4-17和图4-76可以看出,现场实测的川大公路试验场地的黄土竖向渗透系数为$2.9\times10^{-4}\sim1.2\times10^{-3}$cm/s之间,平均为$6.32\times10^{-4}$cm/s;8m以上的渗透系数均为$1.2\times10^{-3}$cm/s,8m以下渗透系数随着深度的增加同样呈减小趋势,深度越大,水在其中的渗透速率越小。

两个试验场地均反映出渗透系数随深度的增加呈减小趋势,其原因主要有以下三个方面:①从黄土层本身而言,深部土层一般较为密实,随着深度的增加,土中的孔隙减小,水分的渗透速率自然越来越小;②随着深度的增加,水的渗流路径越来越长,沿程土体的摩擦力和孔隙阻力造成水头损失,使水渗流的驱动势能越来越小;③随着水分的入渗,上部土体逐渐发生湿陷变形,使土体压密,孔隙减小,对水流的阻力增大,其下土体内水的渗透驱动力逐渐降低,流速也会逐渐减小。

②水平向渗透系数及其与渗透距离的关系。

民小公路试验场地水分水平向的渗透过程见表4-18,水分在水平向的渗透系数见表4-19,水平向渗透系数随渗透距离变化曲线如图4-77所示。川大公路试验场地水分水平向的渗透过程见表4-20,水分在水平向的渗透系数见表4-21,水平向渗透系数随渗透距离变化曲线如图4-78所示。

水分水平向的渗透过程(民小公路试验场地)　　表4-18

与试坑边缘的距离(m)	2	5	8	11
水分到达时间(d)	5	21	42	68

水平向渗透系数(民小公路试验场地)　　表4-19

与试坑边缘的距离(m)	渗透系数(cm/s)	与试坑边缘的距离(m)	渗透系数(cm/s)
0~2	4.6×10^{-4}	5~8	1.6×10^{-4}
2~5	2.2×10^{-4}	8~11	1.3×10^{-4}

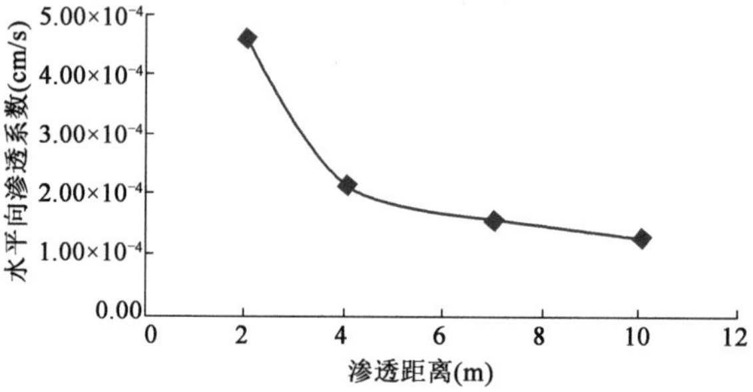

图4-77　水平向渗透系数随渗透距离变化曲线(民小公路试验场地)

水分水平向的渗透过程(川大公路试验场地)　　表4-20

与试坑边缘的距离(m)	2	5	8
水分到达时间(d)	10	23	46

水平向渗透系数(川大公路试验场地)　　表4-21

与试坑边缘的距离(m)	渗透系数(cm/s)	与试坑边缘的距离(m)	渗透系数(cm/s)
0~2	2.3×10^{-4}	5~8	1.5×10^{-4}
2~5	2.7×10^{-4}		

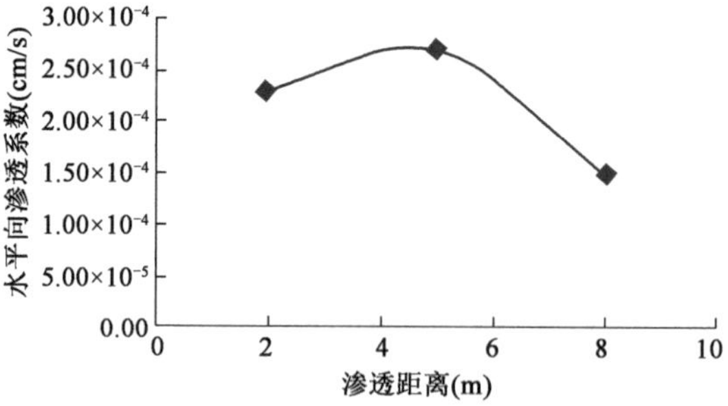

图4-78　水平向渗透系数随渗透距离变化曲线(川大公路试验场地)

通过表4-19和图4-77可以看出,实测的民小公路试验场地黄土水平向渗透系数为$1.3\times10^{-4}\sim4.6\times10^{-4}$cm/s,平均为$2.43\times10^{-4}$cm/s,距离试坑越远黄土渗透系数越小,并且水平渗透系数随距离的减小趋势比竖向渗透系数的减小趋势更为明显。通过表4-21和图4-78可以看出,实测的川大路试验场地黄土水平向渗透系数为$1.5\times10^{-4}\sim2.7\times10^{-4}$cm/s,平均为$2.2\times10^{-4}$cm/s,同样表现出距离浸水试坑越远黄土渗透系数越小的趋势。

通过对同一试验场地竖向平均渗透系数和水平向平均渗透系数的比较可以发现,即使是同一试验场地,黄土竖向渗透系数明显大于水平向渗透系数,民小公路试验场地竖向渗透系数是水平向渗透系数的1.8倍,川大公路试验场地竖向渗透系数是水平向渗透系数的2.9倍。这说明天然黄土的渗透性是各向异性的,这主要是由黄土特殊的构造和颗粒排列方式决定的,即黄土竖向排列的大孔隙多于水平向;另一个原因是竖向渗透是基质吸力水头和位置水头共同驱动的结果,而水平向的渗透仅由基质吸力梯度驱动。

4.5.2 黄土地基浸水综合影响范围

黄土具有干重度小、结构疏松、粉粒含量高等特点。这些特点使它具有浸水易产生湿陷、遇水易于崩解、土颗粒在流动水作用下易被带走等性质。在自然界宏观上表现为地面被严重切割、塌陷(陷穴),形成千沟万壑的景象。由于各种原因,虽说历来比较重视路基的防排水,但黄土地区既有线路路基与水有关的病害仍是屡见不鲜。如何形成一套有效的防排水体系,做到经济合理前提下最大限度地减少水患,仍是黄土区工程建设中难度极大的一个挑战。

利用TDR土壤水分测试系统实测的川大公路和民小公路试验场地浸水影响范围如图4-79和图4-80所示,民小公路试验场地湿陷变形引起的裂缝如图4-81所示。

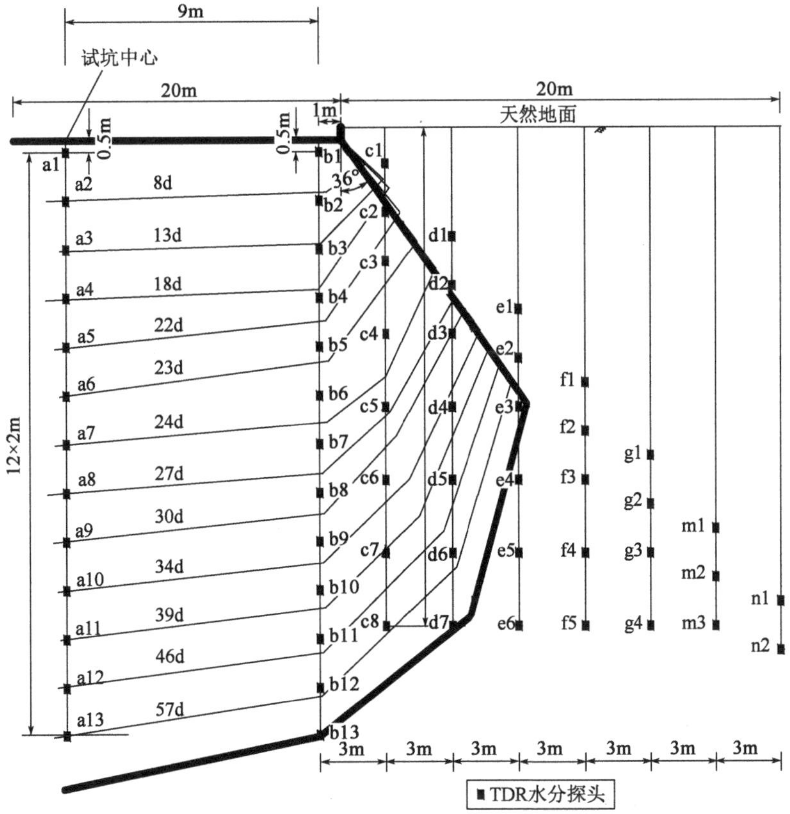

图4-79 饱和浸润线变化图(川大公路试验场地)

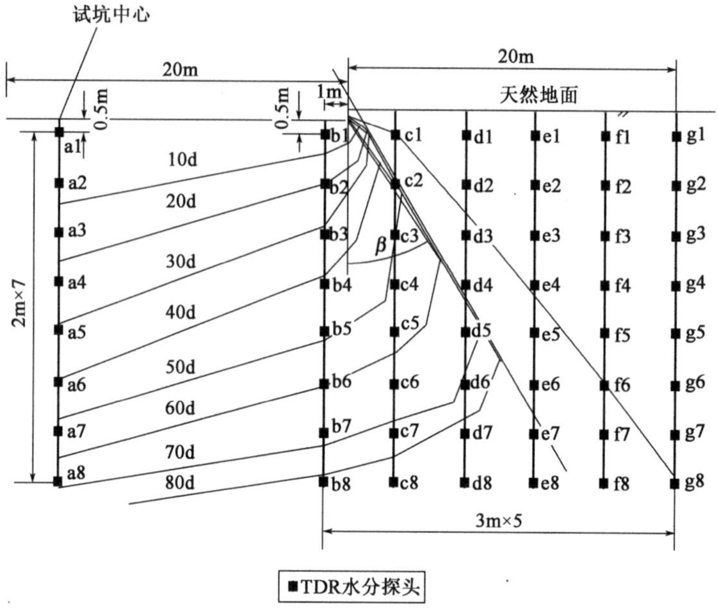

图 4-80　饱和浸润线变化图(民小公路试验场地)

图 4-81　湿陷变形引起的裂缝

由图 4-79、图 4-80 可见:①各试验场地浸润线倾斜程度略有差异,这是试验场地渗透性差异的体现。为了表示这种差异,引入"浸润线斜率"的概念,即浸润线线性拟合曲线的斜率。浸润线斜率是场地浸润在竖向深度和水平向距离的比值。黄土场地的竖向渗透系数大于水平向渗透系数,同时竖向渗透是重力势和基质势同时驱动的结果,而水平向渗透的驱动力只有基质势。用浸润线斜率来衡量,斜率越小,侧向浸湿影响范围越大,水在侧向扩散的趋势越强,地表湿陷变形范围越大;反之,斜率越大,水在侧向扩散的趋势越弱,地表变形范围越小。浸润线斜率体现了各试验场地浸润范围的不同,一定程度上表征了各试验场地黄土浸润特征的差异。②总体而言,浸润范围 > 饱和范围 > 湿陷变形范围 > 土体开裂范围。③较浅部位的浸水影响范围近似为喇叭形，从浸水池边缘开始按一定的入渗角向下逐渐扩大，竖向浸湿范围超过某一深度后，水平向浸湿范围不再继续扩大，而是逐渐收缩形成椭圆形。以川大公路试验场地浸水影响范围为例，13m 以上浸水影响范围近似为梨形或喇叭形，从浸水池边缘开始，以与竖向成 36°左右的入渗角向下逐渐扩大。随着浸水时间的延长，竖向浸湿范围不断扩大，当入渗深度超过 13m 后，水平向浸湿范围不再继续扩大，而是逐渐收缩形成椭圆形。④浸润范围与湿陷性黄土层厚度有较好的对应关系。对于路基工程，尤其是高速铁路的路基两侧出现积水时应及时进行处理，这与现场试坑浸水试验的条件可视为一致，为临时积水。因此可将上述结果作为积水坑对路基影响的评定尺度，即一般可以将湿陷性黄土层厚度作为积水坑对周边浸润影响范围的距离，在该距离之内不应出现长期积水（如鱼塘、游泳池等），距离之外有积水则应及时排除。

4.5.3 黄土地基内水分消散规律

大厚度黄土地基受水浸湿后水分的消散规律方面的现场试验研究国内外尚无文献记载。为了进一步弄清大厚度黄土地基受水浸湿后水分的消散过程，通过预先埋设在浸水试坑的 TDR 水分探头进行了长时间的观测，专门研究了黄土地基受水浸湿后水分的消散规律。

实测的不同深度土层水分消散过程曲线见图 4-82。水分消散与时间的关系见图 4-83 和图 4-84。

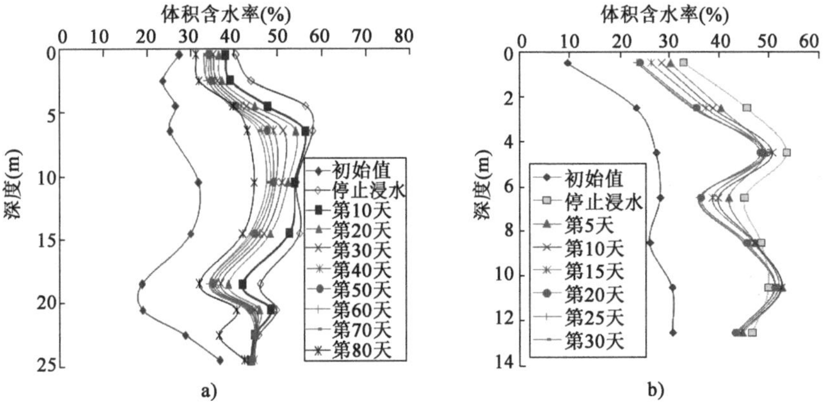

图 4-82 含水率消散过程

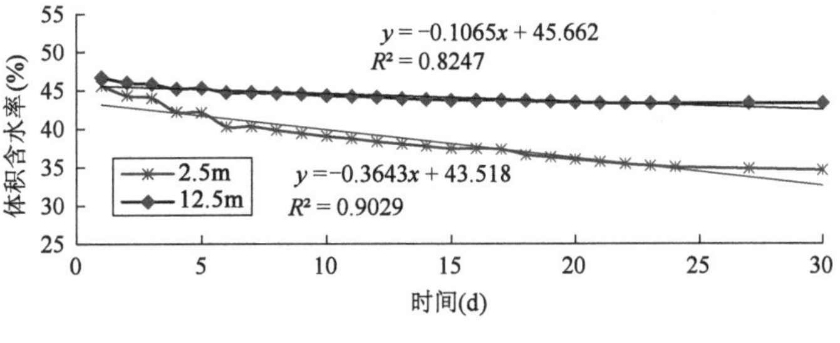

图 4-83 水分消散与时间的关系（0～30d）

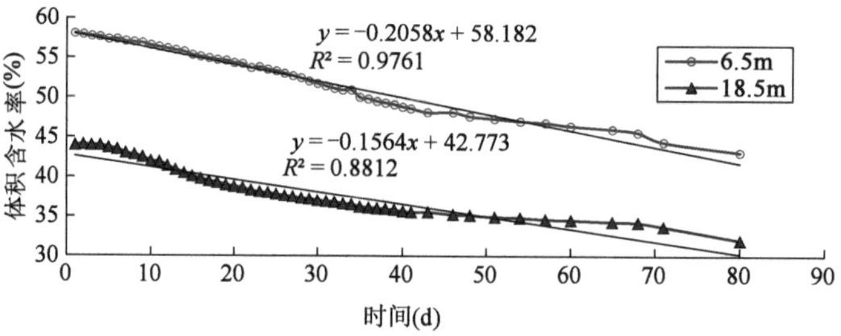

图 4-84　水分消散与时间的关系(0 ~ 90d)

从图 4-82 可以看出,停止浸水后,大厚度黄土地基内水分的消散非常缓慢。停水 30d 后,浅部体积含水率(以 6.5m 为例)较停水前降低约 6 个百分点,深部含水率(以 20.5m 为例)基本不变或变化很小;停水 80d 后,浅部体积含水率(以 6.5m 为例)较停水前降低约 15 个百分点,深部含水率降低约 9 个百分点,体积含水率还远大于浸水前的天然含水率。由此可见,大厚度黄土地基停止浸水后,除表层由于蒸发作用水分消散较快以外,其他部位水分消散非常缓慢,深度越大,消散过程越慢。其原因有三个方面:一是土体中水分是自上而下迁移的,浅部下渗的水分会对深部土体水分形成补充;二是空气进入,填充相应的孔隙,浅层土体可以较快地从大气中得到空气补充;三是深层土体的空气传导由于受到浅层土体的阻隔作用,速度非常缓慢。

浸水后黄土的物理力学性质和化学性质将发生一系列变化,包括承载力降低、压缩性提高、易溶盐含量降低等。停止浸水后随着含水率的消散,土的强度逐渐提高和恢复,通过图 4-83和图 4-84 中水分消散与含水率拟合方程反推可知,水分要恢复到天然状态至少需要半年甚至更长的时间。因此采用预浸水法处理过的大厚度黄土地基或地基大规模浸水后,从停止浸水到地基施工,应预留半年或更长的时间。

总体而言,影响土中水分消散速度的主要因素有时间、土质等。在土质一定的条件下,残余含水率与水分消散时间呈现出良好的线性负相关关系(相关系数均在 0.8 以上),也就是说随着消散时间的增加,土中含水率线性降低。通过将大量实测含水率和与之对应的时间进行拟合,提出剩余含水率与消散时间之间的经验公式,可用于估算大厚度黄土地基受水浸湿后地基的剩余含水率,填补了该领域的研究空白。

4.6　黄土场地湿陷敏感性定性评价

黄土的湿陷变形对建筑物的影响表现在两个方面:一是浸水湿陷量大小,二是浸水湿陷敏感性。黄土的浸水湿陷敏感性是指黄土浸水时产生湿陷变形的敏感程度,实质上表征了湿陷发生的可能性及其发展的可能性。

研究发现,黄土因其自然条件差异较大,不同地区、不同场地自重湿陷性质差别较大,即使在相似的物理力学性质指标的情况下,湿陷敏感性也会有很大的差异。即湿陷等级相同的湿陷性黄土,浸水湿陷对地基造成的破坏程度不一定相同,如某些Ⅰ、Ⅱ级自重湿陷性的黄土地基,其湿陷事故竟然比Ⅲ级自重湿陷性黄土地基严重得多。这就表明湿陷等级高的自重湿陷性黄土不一定是湿陷敏感性强的,而湿陷等级低的自重湿陷性黄土其湿陷敏感性不一定就弱。

黄土的湿陷敏感性是由多方面因素决定的,主要有:①黄土的成因时代及地理位置。一般新近堆积的黄土,形成时间晚,成岩作用差,结构强度低,自重湿陷敏感;风积黄土湿陷敏感性大于冲、洪积黄土。②自重湿陷性土层埋藏深度与厚度。浅层自重湿陷性黄土的敏感性及其危害性一般都大于深层自重湿陷性黄土。③自重湿陷量。自重湿陷量大,则湿陷敏感性相对较高。④土的粒度、易溶盐及黏粒含量。砂粒含量多、黏粒含量少的黄土,或粒间连接作用差、透水性大的黄土自重湿陷敏感。⑤土的渗透性。地层综合渗透性大,则容易发生湿陷,同时湿陷速度快。

研究湿陷的敏感性,必须将场地置于一定的应力空间和湿度空间中,从其相互联系中去发现事物的本质,掌握其规律。黄土的浸水试验研究揭示了压力、湿度与湿陷及变形之间的动态关系,通过对各种性质土的增湿、应力、湿陷曲线图的分析,可以认识到不同土湿陷敏感性的差异,有助于灵活解决黄土地区的岩土工程问题。

黄土自重湿陷性场地的湿陷敏感性可以用以下三种方法进行定性或定量的描述:

(1)根据室内试验结果,用敏感度指标 K' 值(饱和自重压力与湿陷起始压力的比值)判别。

(2)利用试坑浸水实测值与室内试验计算值之比判别(K_0 值法)。

(3)根据现场浸水试验的某些特征值进行评价,如浸水面积大小、自重湿陷起始时间、单日最大自重湿陷量(最大湿陷速度)、裂缝展开距离及浸湿范围等湿陷特征值。

本节先用 K' 值法和 K_0 值法对各试验场地的湿陷敏感性进行评价,然后用首次提出的"视湿陷速率法"和"T_0 值法"进行论述。

民小公路 K70+050 试验场地湿陷起始时间与单日最大自重湿陷量见表4-22。

湿陷起始时间与单日最大自重湿陷量 表4-22

试验场地	湿陷起始时间(d)	单日最大自重湿陷量(cm)	累计最大自重湿陷量(cm)
民小公路 K70+050	2	16	114.7

湿陷起始时间、单日最大自重湿陷量和累计最大自重湿陷量三个量中的任何一个,都能从一个方面说明场地黄土的湿陷敏感性。单独用一个量来定性判定场地的自重湿陷敏感性,能够得到相近的判定结果,但使用不同量的结果会出现交叉的情况。此外,目前尚无用湿陷起始时间、单日最大自重湿陷量和累计最大自重湿陷量这三个量定量判别湿陷敏感性的指标体系。

4.6.1 用 K′值法评价黄土场地的湿陷敏感性

K' 值法描述的是土层的湿陷敏感性,按式(4-9)计算各层 K' 系数:

$$K' = P_h / P_{sh} \tag{4-9}$$

式中:P_{sh}——土体的湿陷起始压力;

P_h——上覆土体的饱和自重压力。

土层的湿陷敏感程度根据表4-23判别。

判定敏感程度的标准　　表 4-23

敏感程度	很强	较强	较弱	弱
划分界限	$K'\geq1.5$	$1.0\leq K'<1.5$	$0.7\leq K'<1.0$	$K'<0.7$

按照式(4-9)，结合室内试验所确定的 P_h、P_{sh} 值，可以确定各土层的 K' 值，结果见表 4-24。用 K' 值法判定场地敏感性结果见表 4-25。

K'值法判定土层自重湿陷敏感性　　表 4-24

深度(m)	K'	敏感程度	深度(m)	K'	敏感程度
1	0.19	弱	9	2.23	很强
2	0.87	较弱	10	1.60	很强
3	0.83	较弱	11	1.45	较强
4	1.23	较强	12	1.91	很强
5	1.24	较强	13	1.85	很强
6	1.32	较强	14	1.64	很强
7	1.14	较强	15	1.72	很强
8	1.46	较强			

K'值法判定场地敏感性　　表 4-25

试验场地	敏感性“很强”的土层		敏感程度
	厚度(m)	占总湿陷深度的百分比(%)	
民小公路 K70 +050	6.0	40	较强

4.6.2　用 K_0 值法评价黄土场地的湿陷敏感性

用自重湿陷量实测值与室内试验计算值之比 K_0 来判定场地的湿陷敏感性。K_0 用式(4-10)计算：

$$K_0=\Delta'_{zs}/\Delta_{zs} \tag{4-10}$$

式中：Δ'_{zs}——现场浸水实测自重湿陷量(cm)；

Δ_{zs}——室内试验计算自重湿陷量(cm)。

用 K_0 值判定湿陷敏感性的标准见表 4-26。用 K_0 值判定各自重湿陷性试验场地的敏感性，结果见表 4-27。从表中可见，民小公路 K70 +050 试验场地的敏感性较强。这与前述定性判定结果基本一致。

用 K_0 值判定湿陷敏感性的标准　　表 4-26

敏感程度	很强	较强	中等	较弱
划分界限	$K_0>1.7$	$1.4\leq K_0\leq1.7$	$1.0\leq K_0<1.4$	$K_0<1.0$

K_0值法判定敏感性结果　　表 4-27

试验场地	Δ_{zs}(cm)	Δ'_{zs}(cm)	K_0值	敏感程度
民小公路 K70 +050	71.13	114.7	1.6	较强

注：自重湿陷量的实测值取最大值。

4.6.3 用“视湿陷速率法”评价黄土场地的湿陷敏感性

前述判定湿陷敏感性的 K' 值法和 K_0 值法，都是建立在室内湿陷性试验资料的基础之上，这与室内湿陷性资料比较容易获得有关。但是，现场浸水试验揭示出现场实测自重湿陷量往往与依据室内试验结果计算的自重湿陷量有较大差异。所以，建立在室内试验基础之上的湿陷敏感性判别不可避免地存在偏差，当有湿陷性现场实测结果时，用实测结果建立指标体系确定场地的湿陷敏感性。

湿陷敏感性的概念包含了湿陷性的强弱、湿陷发生的快慢等。从现场浸水试验中，一般可以直接获得湿陷起始时间、单日最大自重湿陷量和平均自重湿陷量这三个指标。下面讨论用这三个指标描述湿陷敏感性的可行性。

单日最大自重湿陷量实际上就是湿陷速率峰值，是湿陷快慢程度的直接反映。单日最大自重湿陷量大，一般总沉降量也较大。

平均自重湿陷量和累计最大自重湿陷量一样，都反映了黄土场地湿陷性的大小，但由于它不能反映沉降的快慢和发生湿陷的先后，用该值作为衡量指标也不够全面。

那么用湿陷起始时间作为衡量指标是否可行呢？首先分析湿陷起始时间的意义及影响因素。湿陷起始时间既与强湿陷性土层的埋藏深度有关，也与上部地层的湿陷性强弱有关。所以，湿陷起始时间在一定程度上体现了湿陷敏感性的强弱，却不能体现湿陷起始时间相同情况下的自重湿陷量大小，也不能单独作为指标使用。

综上所述，由现场实测得到的湿陷起始时间、平均自重湿陷量和单日最大自重湿陷量这三个指标中，虽然每个指标均可在一定程度上体现湿陷敏感性的强弱，但单独使用时都不能全面反映湿陷敏感性在自重湿陷量大小、湿陷快慢两个方面的含义。

用平均自重湿陷量和起始湿陷时间的比值这一指标来描述湿陷敏感性，既描述了湿陷敏感性的强弱，又反映了湿陷的快慢，其物理意义明显。由于这一指标与湿陷速率在量纲上相同而实际意义不同，所以称为“视湿陷速率”，用 V' 表示。

“视湿陷速率”作为评价指标，界限值的设定和等级划分是必不可少的。等级划分按照由弱到强划分为“弱”“较弱”“中等”“较强”和“很强”五个等级。等级划分的界限值建议按表4-28取值，界限值根据 K_0 值法的判定结果和现场浸水试验的研究结果综合确定，是否合适有待进一步验证。用“视湿陷速率法”判定湿陷敏感性结果见表4-29。

用“视湿陷速率法”判定湿陷敏感性的标准（建议值） 表4-28

敏感程度	很强	较强	中等	较弱	弱
划分界限	$V' \geq 80$	$80 < V' \leq 40$	$20 \leq V' < 40$	$10 \leq V' < 20$	$V' < 10$

用“视湿陷速率法”判定湿陷敏感性 表4-29

试验场地	湿陷起始时间（d）	自重湿陷量最大值（cm）	地基湿陷等级和湿陷类型	视湿陷速率（cm/d）	敏感性判定
民小公路K70+050	2	114.7	Ⅳ级自重湿陷	57.4	较强

4.6.4 用 T_0 值法评价黄土场地的湿陷敏感性

用水分开始浸湿到发生自重湿陷之间的时间间隔 T_0 来判定场地的湿陷敏感性。T_0 用式(4-11)计算：

$$T_0 = T_c - T_s \tag{4-11}$$

式中：T_c——发生自重湿陷的时间(d)；

T_s——水分开始浸湿的时间(d)。

T_0 作为湿陷敏感性评价指标，界限值的设定和等级划分是必不可少的。等级依次划分为“弱”“较弱”“中等”“较强”和“很强”五个等级。等级划分的界限值建议按表4-30取值，界限值根据 K_0 值法的判定结果和现场浸水试验的研究结果综合确定，是否合适有待进一步验证。用 T_0 值法判定湿陷敏感性结果见表4-31。

用 T_0 值法判定湿陷敏感性的标准(建议值)　　表4-30

敏感程度	很强	较强	中等	较弱	弱
划分界限	$T_0 \leq 3$	$3 < T_0 \leq 7$	$7 < T_0 \leq 11$	$11 < T_0 \leq 15$	$15 < T_0$

用 T_0 值法判定湿陷敏感性　　表4-31

试验场地	湿陷起始时间(d)	水分开始浸湿时间(d)	T_0 值(d)	敏感程度
民小公路 K70+050	T_c	T_s	6	较强

注：该标准是在各土层厚度均为2m的情况下制定的，T_0 取时间间隔的最大值。

4.7 试坑浸水入渗规律数值模拟研究

本节以室内试验数据为基础，结合数值分析软件 GeoStudio 中的 SEEP/W 模块对黄土场地现场试坑浸水试验水分入渗过程进行数值模拟。通过浸水试验数值模拟，介绍数值分析方法步骤，结合现场实测数据论证数值分析方法的可行性。

4.7.1 计算目的

受现场试验费用高、所需时间长等因素的制约，有关黄土浸水入渗规律方面的实测资料仍然十分有限。另外，由于我国黄土分布广，各地黄土工程性质的差异较大，针对部分代表性工点实测的黄土地基内的水分入渗规律尚不能完全反映所有黄土的实际情况。因此，为了进一步探索大厚度黄土地基内水分入渗的一般规律，本节在通过大量室内外试验取得场地不同深度土层的天然密度、含水率、饱和渗透系数、土水特征曲线等数值模拟所需关键参数的基础上，通过 SEEP/W 数值计算软件模拟水在大厚度黄土场中的入渗规律及孔隙水压力、总水头、体积含水率随时间和空间的变化特征。模拟结果可与现场实测结果相互印证，以便更好地为黄土湿陷性评价以及湿陷性黄土区工程防排水设计提供参考。

4.7.2 计算原理及基本方程

经过多次调研、比选和试算，选用 GeoStudio 中的 SEEP/W 软件模块进行黄土地基内水分入渗规律模拟。GeoStudio 是加拿大 GeoSlope 公司开发的一套专业、高效、功能强大的适用于岩土工程和岩土环境模拟计算的仿真软件。GeoSeep 是 GeoStudio 软件中的渗流计算模块，是全球第一款全面处理非饱和土体渗流问题的商业化软件。其最主要的特点是不但可以分析简单的饱和渗流问题，也可以分析复杂的非饱和渗流问题；不但可以分析稳态渗流问题，也可以分析瞬态渗流问题。本节正是运用 SEEP/W 软件中的饱和/非饱和计算模型对大厚度原状黄土地基内水分的渗透过程和水分场随浸水时间的变化规律进行分析研究。

国内外大量试验和理论研究认为，常用于饱和土的 Darcy 定律同样适用于非饱和土中水的渗流，区别在于饱和条件下土的渗透系数是常数，而非饱和条件下土的渗透系数不是常数，而是含水率或基质吸力的函数，即

$$v = -k_z(\theta_w)\frac{\partial h}{\partial z} \tag{4-12}$$

式中：v——渗流速度；

h——总水头；

$k_z(\theta_w)$——z 方向的非饱和渗透系数；

θ_w——体积含水率。

非饱和土一维非稳定流情况下的连续方程为：

$$\frac{\partial \theta_w}{\partial t} = -\left[\frac{\partial v_z}{\partial z}\right] \tag{4-13}$$

式中：t——时间；

v_z——z 方向的渗流速度。

由式(4-12)和式(4-13)得出非饱和渗流的基本微分方程为：

$$\frac{\partial \theta_w}{\partial t} = \frac{\partial}{\partial z}\left[k_z(\theta_w)\frac{\partial h}{\partial z}\right] \tag{4-14}$$

因为渗透系数是体积含水率的函数，所以式(4-14)是一个二阶非线性微分方程，该方程可用数值方法进行求解。将非饱和区土中的水分渗流和饱和区的地下水运动统一进行考虑，即为饱和-非饱和渗流。Fredlund 等提出体积含水率 θ_w 随着法向应力$(\sigma - u_a)$和基质吸力$(u_a - u_w)$的变化而变化，即

$$d\theta_w = -m_1^w d(\sigma - u_a) - m_2^w d(u_a - u_w) \tag{4-15}$$

式中：σ——总应力；

u_a——孔隙气压力；

u_w——孔隙水压力；

m_1^w——与法向应力$(\sigma - u_a)$有关的水的体积变化系数；

m_2^{w}——与基质吸力$(u_{\mathrm{a}}-u_{\mathrm{w}})$有关的水的体积变化系数。

则有：

$$\frac{\partial\theta_{\mathrm{w}}}{\partial t}=m_1^{\mathrm{w}}\frac{\partial(\sigma-u_{\mathrm{a}})}{\partial t}-m_2^{\mathrm{w}}\frac{\partial(u_{\mathrm{a}}-u_{\mathrm{w}})}{\partial t} \tag{4-16}$$

由式(4-15)和式(4-16)得：

$$\frac{\partial}{\partial z}\left[k_z(\theta_{\mathrm{w}})\frac{\partial h}{\partial z}\right]=m_1^{\mathrm{w}}\frac{\partial(\sigma-u_{\mathrm{a}})}{\partial t}-m_2^{\mathrm{w}}\frac{\partial(u_{\mathrm{a}}-u_{\mathrm{w}})}{\partial t} \tag{4-17}$$

假设瞬态渗流过程中没有外荷载作用在土体单元上，且在非饱和区气相连续不变，总水头$h=z+\dfrac{u_{\mathrm{w}}}{\gamma_{\mathrm{w}}}$，$z$为位置水头，$\gamma_{\mathrm{w}}$为水的重度，则：

$$\frac{\partial\sigma}{\partial t}=0,\frac{\partial u_{\mathrm{a}}}{\partial t}=0,\frac{\partial z}{\partial t}=0$$

用总水头h代替孔隙水压力u_{w}，则得饱和-非饱和渗流的控制方程为：

$$\frac{\partial}{\partial z}\left[k_z(\theta_{\mathrm{w}})\frac{\partial h}{\partial z}\right]=\rho_{\mathrm{w}}g\,m_2^{\mathrm{w}}\frac{\partial h}{\partial t} \tag{4-18}$$

式中：$m_2^{\mathrm{w}}=-\dfrac{\partial\theta_{\mathrm{w}}}{\partial(u_{\mathrm{a}}-u_{\mathrm{w}})}$。

由上述非饱和渗流的基本微分方程和控制方程可知，只要搞清楚非饱和土的土水特征曲线(SWCC曲线)、渗透系数函数以及渗流发生的驱动力，就能得出土体中水分的分布规律，GeoSeep软件正是基于以上理论进行数值模拟的。

4.7.3 计算模型及边界条件

1)计算模型

本次计算主要是为了模拟水分在均质大厚度黄土内的渗流规律，因此建立模型时没有考虑隔水层以及其他杂质土层的影响。即假定从上至下地层均匀，黄土物理力学指标比较接近，所以模型没有分层。采用二维模型进行计算，具体取通过浸水试坑中心且与试坑水平面垂直的剖面为计算模型。模型尺寸(长×宽)为60m×60m，X方向为浸水试坑的直径方向，以模型最左侧为0点，最大取60m。Y方向为铅垂方向，天然地面为0点，向下取60m(“-”号表示向下)。浸水试坑直径为20m，深度为0.5m，试坑保持0.4m的常水头。计算模型见图4-85。

2)网格划分及边界条件

网格划分：主要划分成1m×1m的四边形八节点单元，某些区域为了使网格平滑，使计算更加准确，采用了三角形六节点单元。

边界条件：模型上部浸水试坑范围内为入渗边界，按给定水头边界处理，取压力水头0.4m；模型上部其他部位、模型两侧和模型底部均假设为不透水边界，即这些边界的总流量为0。

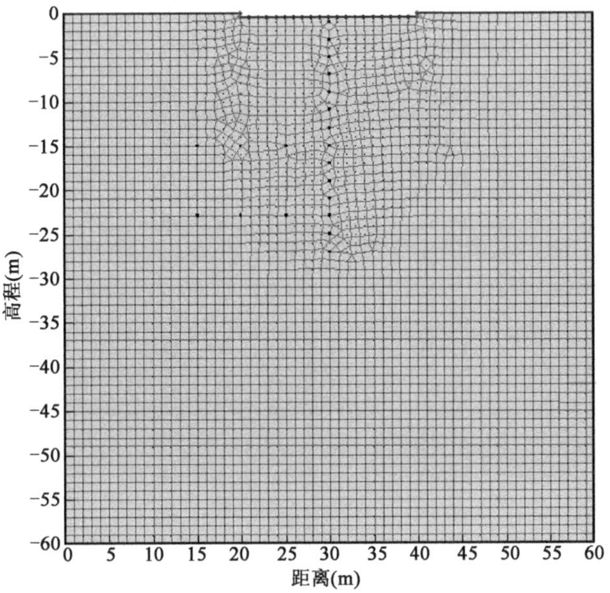

图 4-85　计算模型

4.7.4　计算参数

1)初始状态

在非饱和渗流计算中,土体初始状态对计算结果影响很大,因此为了提高计算结果的准确性,本模型计算参数均采用实测资料。具体是45m以上的初始含水率均采用室内试验实测值(表4-32),45m以下由于取样困难,无法测定其含水率,采用内插法求得,地下水位设在地表以下50m处;由于均匀土层的孔隙比变化较小,计算时统一取实测结果的平均值0.49。

模型初始含水率　　表4-32

深度(m)	体积含水率(%)	深度(m)	体积含水率(%)
1	10.50	12	14.56
2	16.24	13	20.16
3	13.44	14	13.58
4	14.42	15	12.18
5	13.02	16	11.90
6	12.88	17	13.44
7	11.20	18	12.88
8	12.60	19	11.20
9	13.02	20	12.60
10	12.88	21	11.20
11	11.06	22	11.34

续上表

深度(m)	体积含水率(%)	深度(m)	体积含水率(%)
23	13.86	35	10.78
24	14.00	36	12.88
25	11.90	37	13.30
26	11.62	38	13.44
27	11.90	39	12.18
28	11.20	40	11.62
29	11.06	41	11.34
30	11.90	42	11.48
31	11.48	43	11.90
32	11.62	44	11.76
33	11.20	45	10.78
34	11.34		

2)计算参数

计算参数是影响数值模拟结果准确性的最主要因素,为了提高计算结果的可靠性,数值计算中所需的关键参数均为现场和室内试验实测值。

(1)饱和渗透系数。在现场代表性地层分层取原状样,在室内实测黄土的水平向和竖向渗透系数(各5组)。由于场地土层比较均匀,实测渗透系数比较接近,为了方便计算,分别取其平均值作为计算参数,水平向渗透系数平均值为 2.83×10^{-4}cm/s,竖向渗透系数平均值为 4.25×10^{-4}cm/s。

(2)土水特征曲线。基质吸力对非饱和土的物理力学性质具有重要影响,基质吸力随着含水率的变化而变化。土体基质吸力与土体含水率之间的关系曲线称为土水特征曲线(Soil Water Characteristic Curve,SWCC)。非饱和土力学模型中许多重要参数(非饱和土的水力性质、渗透系数、抗剪强度)都需要通过土水特征曲线计算得到。

室内测SWCC的方法有压力板仪法、Tempe仪法、电位计法、滤纸法、张力计法。人工开挖探井,分层取具有代表性的6m、9m和16m处的原状土样,用1500型压力膜仪(图4-86)测定黄土的SWCC。这种测试方法称为轴平移技术,依靠孔隙气压和孔隙水压之间的差值,通过施加基质吸力测量土体达到平衡时的含水率,从而获得SWCC。

图4-86 试验所用压力膜仪

本次试验只测定脱湿曲线，具体方案及操作如下：

① 制备土样。从取得的试样中选取代表性良好（6m、9m、16m）的原状黄土试样，采用环刀法制备土样，每组试样制备两个平行土样。

②饱和土样及陶土板。采用毛细管饱和法对土样进行饱和处理，浸泡时间为24h，使得原状黄土样充分吸水饱和；同时，在陶土板上小心加水，使陶土板充分吸水16h，达到充分饱和状态，然后用吸管吸掉陶土板上多余的水分。

③安装试样。将准备好的饱和土样小心摆放在陶土板上，使土样和陶土板能充分接触贴合（图4-87）。

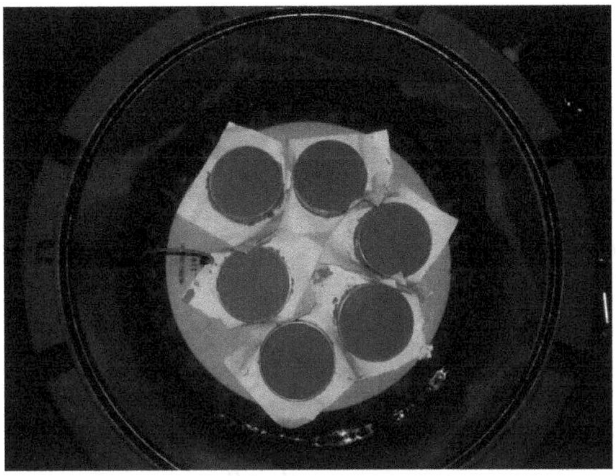

图4-87 放入压力膜仪的试样

④组装压力室。将压力室顶盖安装好并上紧螺栓，确保其不漏气；在O形环上均匀地涂一层凡士林，并注意避免土壤颗粒接触。

⑤加载压力。调节压力调节阀，逐渐加到所需压力。可以在出水管口放置一个量筒，若量筒内的水位长时间没有变化，则可认为达到平衡。本次试验平均每加载一级达到平衡所需时间大约为48h。

⑥卸载称重。在加载每级压力达到平衡后，反向转动调压阀到1个标准大气压，打开压力室后立即称量每级压力下土壤样品的质量，以便测定其含水率的变化。依次施加的压力为30kPa、80kPa、150kPa、300kPa、500kPa、700kPa。

⑦烘干称重。在施加最高一级压力（基质吸力）达到平衡稳定后取出土样，在105℃下烘干24h，得到最终的干土质量。

实测的基质吸力与相应的体积含水率见表4-33，实测土水特征曲线见图4-88。

脱湿阶段土样的基质吸力与体积含水率 表4-33

基质吸力（kPa）	各取样深度各级吸力对应体积含水率（%）		
	6.0m	9.0m	16.0m
0	53.34	55.01	54.89
30	25.28	30.40	30.72
80	10.74	17.61	18.78
150	8.93	13.68	14.79

续上表

基质吸力(kPa)	各取样深度各级吸力对应体积含水率(%)		
	6.0m	9.0m	16.0m
300	7.47	9.96	10.29
500	6.88	9.09	9.71
700	6.25	7.98	8.95

把土水特征曲线运用到相应的非饱和土力学计算之前,需要采用合适的数学模型对SWCC进行准确的拟合。对SWCC曲线进行拟合,最常用有以下三种模型:

①Gardner模型(1958年)。

$$\theta=\theta_r+\frac{\theta_s-\theta_r}{1+\left(\frac{\psi}{\alpha}\right)^b} \tag{4-19}$$

式中:ψ——基质吸力(kPa);

θ——与之相应的体积含水率(%);

θ_s、θ_r——饱和、残余体积含水率;

α——参数,与进气压力值有关;

b——与土体孔隙尺寸分布相关的土性参数,其值越大,拟合曲线过渡段越陡。

②Van Genuchten模型(1980年)。

$$\theta=\theta_r+\frac{\theta_s-\theta_r}{\left[1+\left(\frac{\psi}{\alpha}\right)^b\right]^c} \tag{4-20}$$

式中:c——与拟合曲线整体对称性相关的土性参数。

③Fredlund & Xing模型(1994年)。

$$\theta=\frac{\theta_s}{\left\{\ln\left[\mathrm{e}+\left(\frac{\psi}{\alpha}\right)^b\right]\right\}^c} \tag{4-21}$$

式中:e——自然对数的底。

由于实测曲线的基质吸力区间较小,经比较后发现采用Van Genuchten模型(1980年)模拟效果较好。用Van Genuchten模型拟合的SWCC曲线见图4-89。

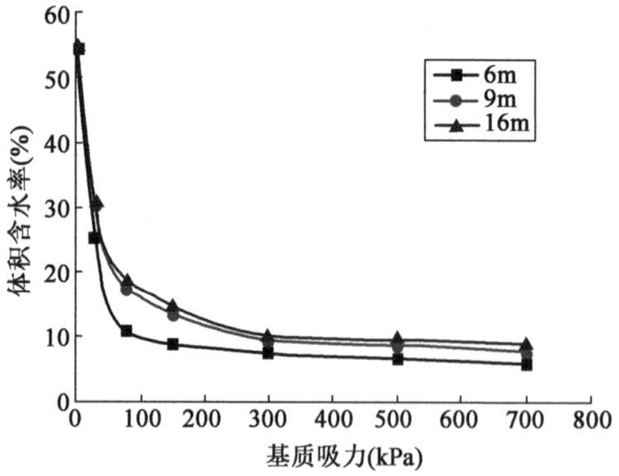

图4-88 实测土水特征曲线

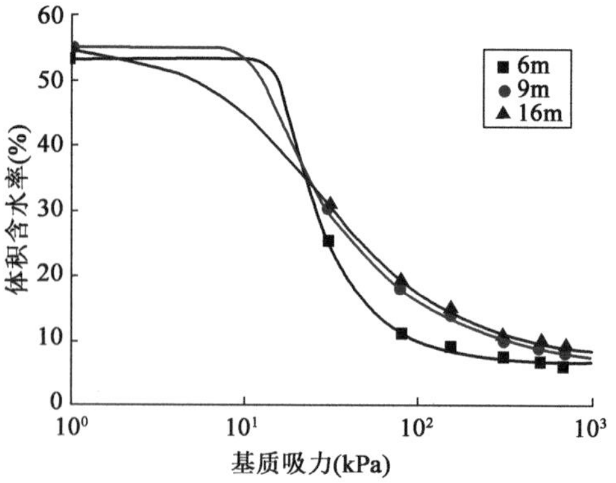

图4-89 拟合后的土水特征曲线

3)非饱和渗透系数

非饱和土的渗透系数随着含水率的变化而变化,相同的土样,含水率不同,渗透系数差别很大。直接测量非饱和土渗透系数代价高、耗时长、影响因素多、测量结果可靠性差,所以用试验方法直接测量非饱和土的渗透系数基本是不可行的。由于非饱和渗透系数和土水特征曲线有一定的关联性,数值计算中一般是根据土水特征曲线采用经验公式或数值方法间接推断非饱和土的渗透系数。

针对如何从土水特征曲线方程中预测相应的渗透系数方程,相关研究人员开发了很多数学模型,主要分为以下三类:经验模型、宏观模型和统计模型,其中 Van Genuchten 模型(1980年)与 Fredlund & Xing 模型(1994 年)是岩土工程领域应用最为广泛的两种模型。Fredlund & Xing 模型的具体表达式如式(4-22)所示:

$$k_r(\psi) = \Theta^q(\psi)\frac{\displaystyle\int_{\ln(\psi)}^{b}\frac{\theta(e^y)-\theta(\psi)}{e^y}\theta'(e^y)\,dy}{\displaystyle\int_{\ln(\psi_{aev})}^{b}\frac{\theta(e^y)-\theta_s}{e^y}\theta'(e^y)\,dy} \tag{4-22}$$

式中:y——积分 $\ln(\psi)$ 的虚变量;

ψ_{aev}——进气压力值;

θ'——式(4-21)对 ψ 的导数;

Θ^q——考虑曲率的修正系数,其指数 q 通常等于单位 1;

$b=\ln(10^6)$ kPa。

预测的渗透系数曲线见图 4-90。

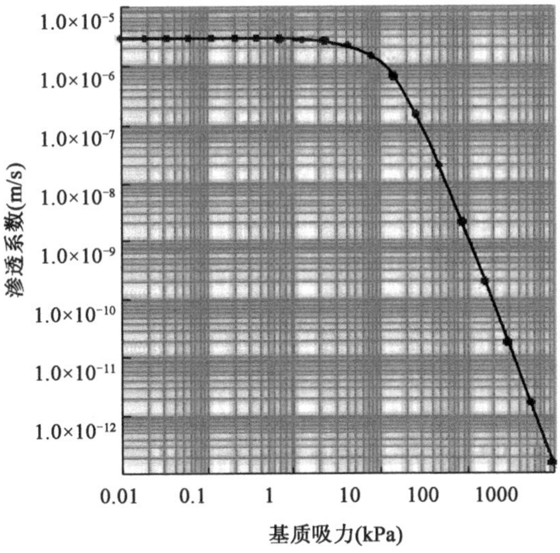

图 4-90 渗透系数曲线

4.7.5 计算结果

浸水过程中的水头分布如图4-91所示。从图中可以看出,随着入渗深度的增加,水的渗流路径越来越长,沿程土体的摩擦力和孔隙阻力使水渗流的总水头(包括基质吸力梯度和位置水头梯度)逐渐减小,渗流速度越来越慢。

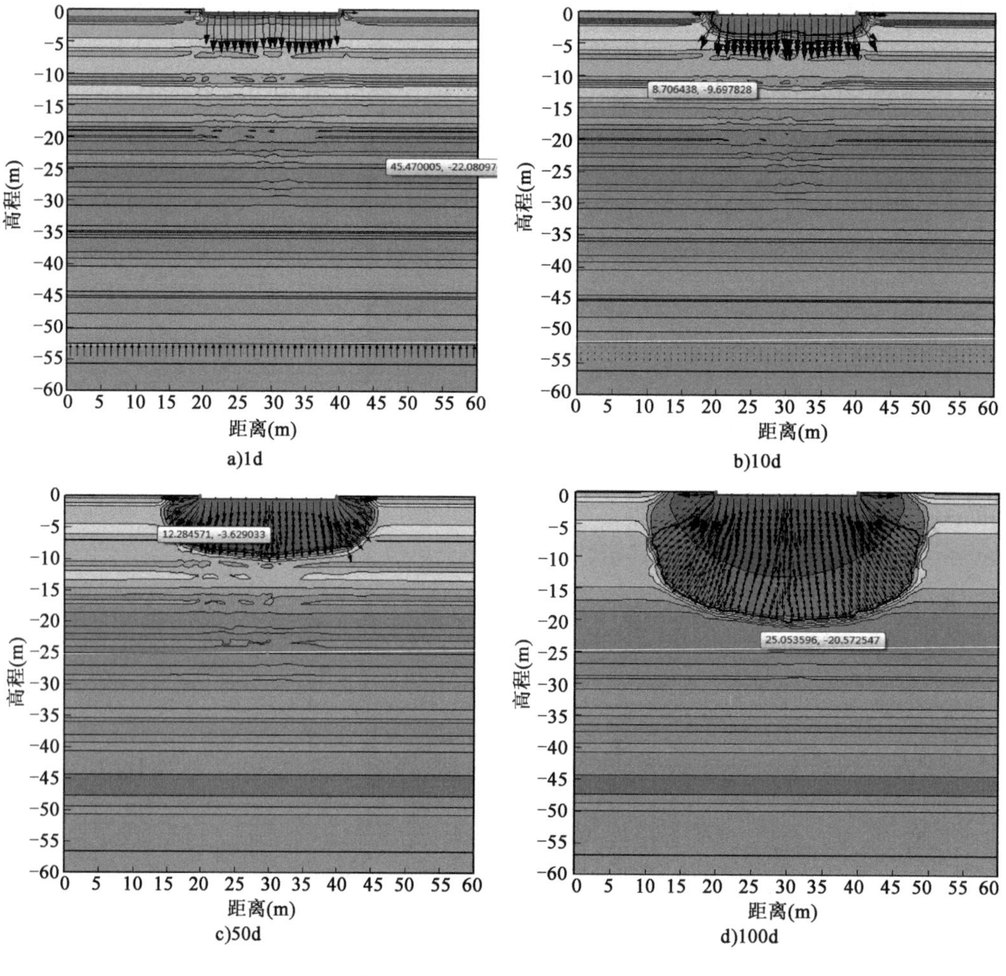

图4-91 不同浸水时间水头分布图

不同浸水时间体积含水率瞬态分布如图4-92所示。从图中可以看出:①浸水影响范围初始阶段形状近似为梨形或喇叭形,从浸水池边缘开始按一定的入渗角向下逐渐扩大,依次形成饱和区、非饱和浸湿区和非浸润区,在浸润锋面和饱和锋面之间形成一定范围的非饱和浸湿区,但面积较小。②随着浸水时间的延长,竖向浸湿范围不断加深,但水平向浸湿范围不再继续扩大,而是逐渐收缩形成椭圆形。③竖向浸湿范围不大于20m时(浸水100d以内),浸水主要形成饱和浸湿区,非饱和浸湿区范围很小;但当竖向浸湿范围大于20m后,饱和锋面明显滞后于非饱和浸润锋面,非饱和浸湿区随着入渗深度的增加而明显变大,饱和区扩展速率十分缓慢,水平向的饱和区域也随着深度的增加而显著减小。说明大厚度黄土在积水条件下的饱和入渗深度和区域是有限的,可将 20m 视作大厚度黄土浸水饱和的临界深度,该结论可供地基处理和桩基设计参考。④土浸水入渗锋面向下运动的速度随着入渗深度的增大而减小,土体基质势的作用使非饱和入渗锋面区范围扩大,但是饱和入渗锋面的推动主要是由重力势推动的。⑤非饱和区内入渗锋面在土的基质势作用下水平方向运动的速度非常缓慢,在重力和土的基质势的作用下向下运动的速度明显大于水平方向。⑥通过与实测结果的对比发现,数值模拟得出的水分入渗规律、浸水影响边界形态、影响范围与相同浸水条件下实测结果基本一致,认为在合理设定初始状态和计算参数的基础上,SEEP/W 可以较好地模拟黄土地基内水分的非饱和渗流问题。尤其适用于解决初始条件、边界条件和几何形状复杂等不便于开展现场试验的土体的渗流问题,可以为黄土湿陷性定量分析和确定工程防排水措施设计参数提供参考。初始状态、SWCC 曲线、渗透系数、网格划分和边界条件是影响模拟结果准确性的关键参数。

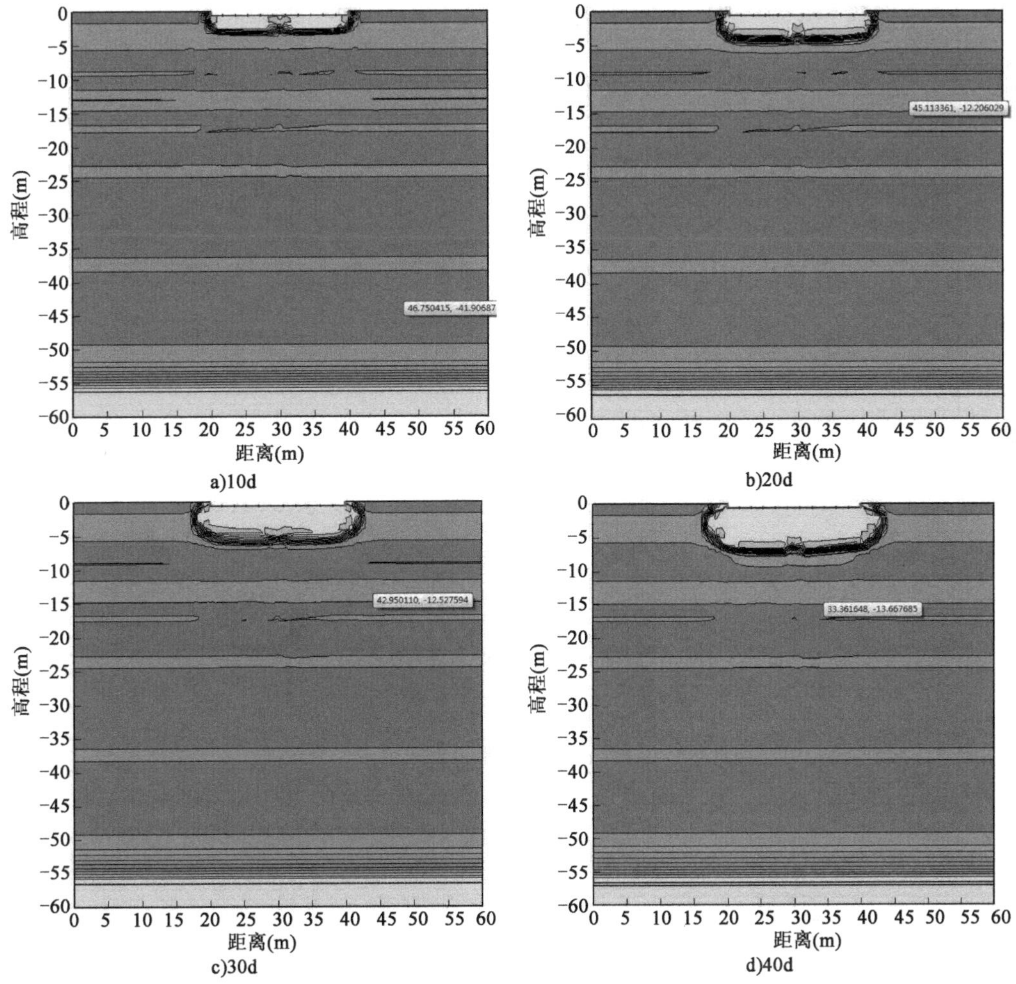

图 4-92

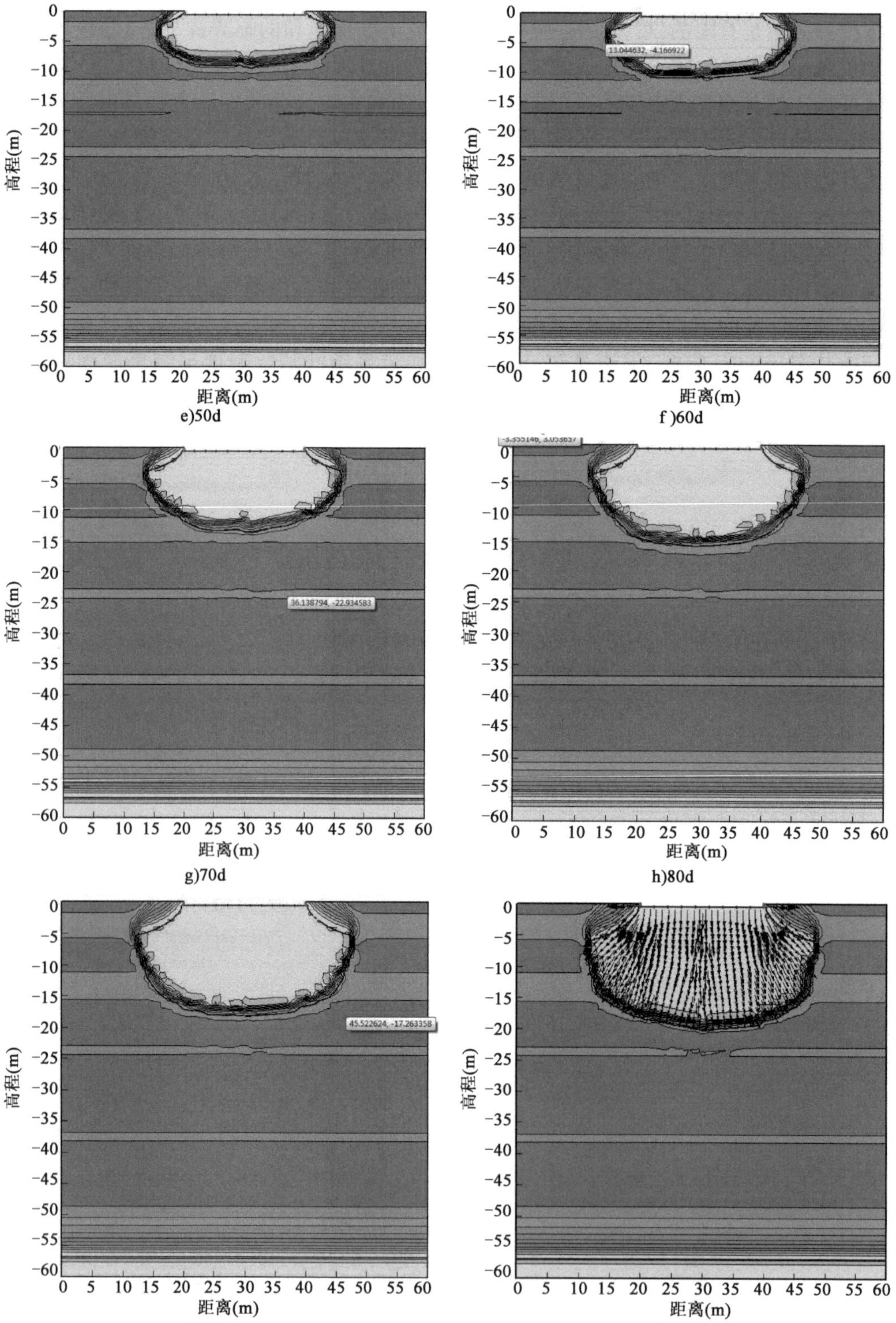

e)50d　f)60d　g)70d　h)80d　i)90d　j)100d

图 4-92

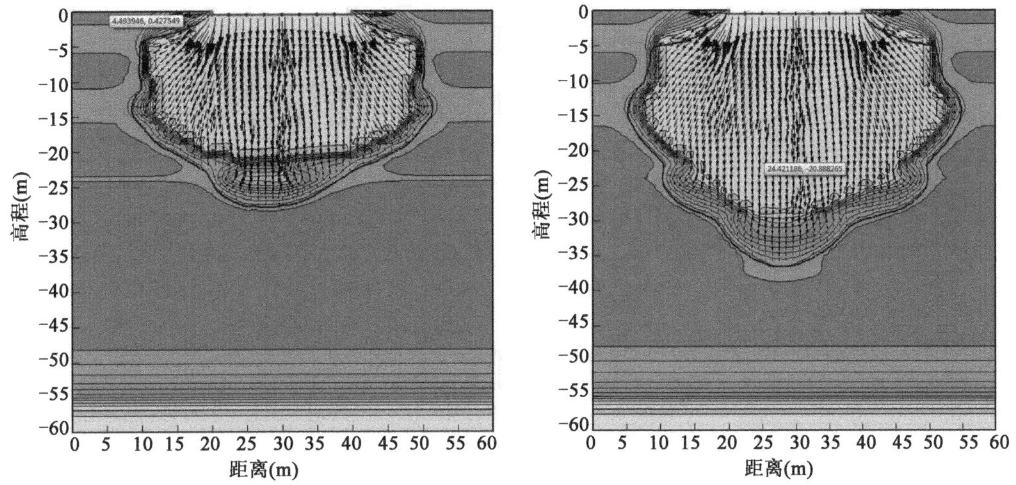

k)150d　　l)200d

图 4-92　不同浸水时间体积含水率瞬态分布图

孔隙水压力随浸水时间变化曲线如图 4-93 所示。从图中可以看出,浸水过程中孔隙水压力的变化过程为,天然状态下为负值,当浸润锋面到达时缓慢增加,随着饱和入渗锋面的到达而迅速达到最大值并在整个饱和渗流过程中平稳保持,停水后又逐渐减小。

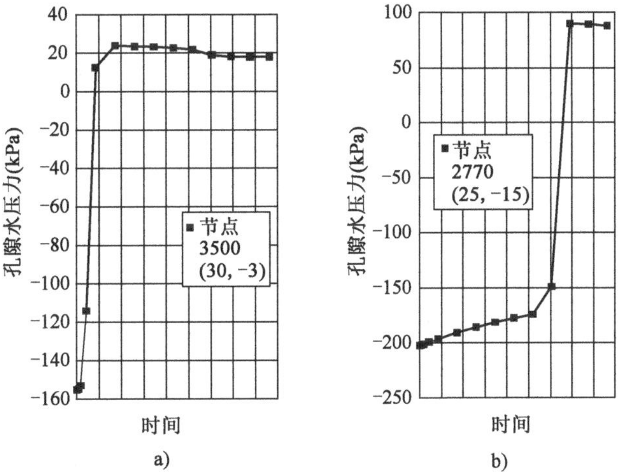

a)　　b)

图 4-93　孔隙水压力随时间变化曲线

含水率随时间变化曲线如图 4-94 所示。从图中可以看出,浸水过程中当浸润锋面到达时,土体含水率开始缓慢增加,随着饱和入渗锋面的到达而迅速达到最大值,发生湿陷后土体孔隙减小,体积含水率有所降低,然后逐渐趋于稳定。

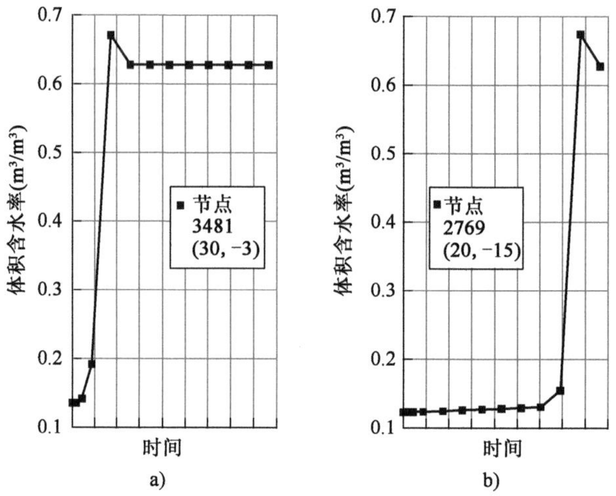

图 4-94　含水率随时间变化曲线

第5章

青海黄土区既有高等级公路病害特征调查与分析

青海黄土区位于日月山以东，海拔1650～5245.5m，相对高差3595.5m，总面积46536.5m^2。青海黄土区与甘肃黄土区同位于黄土高原最西部，同属陇西黄土分区，由祁连山系东段的一系列西北～东南走向的山脉和谷地组成，山脉河谷相间，山丘连绵起伏。

青海黄土与甘肃黄土的成因、分布及存在形式具有相似性，其工程地质特性具有一致性。因此，在研究既有高等级公路涵洞病害特征中，不仅对分布于青海省东部黄土区的宁大高速公路、平阿高速公路、机场高速公路、西兰高速公路等涵洞稳定状态进行了现场调查，还对分布于甘肃省境内的巉柳高速公路、平定高速公路、天定高速公路等公路涵洞稳定状态进行了现场调查。首先对上述高速公路涵洞的病害进行了初步大范围调查，然后在普查的基础上，对涵洞病害发育类型比较集中、特征比较典型、规模相对较大、病害分布较多的重点路段进行了详细调查，对其成因及地基处理原则进行深入研究。

5.1 青海黄土区主要高等级公路稳定状况调查

5.1.1 调查区域、线路及地形地貌

1）调查区域

此次调查路线走向总体呈逆时针，贯穿甘肃、陕西、山西、宁夏，调查的高等级公路线路总长达2000km，涵盖区域面积达12.88万km^2。

2）调查线路

调查组先从甘肃出发，途经陕西、山西，然后从北线返回，途经宁夏，最后返回甘肃省境内。

3)地形地貌

调查区域内广泛分布着黄土梁、峁、塬、沟壑、谷地等典型的黄土高原地形地貌。其中兰州至静宁段广泛分布着黄土梁、沟谷、河流阶地等地貌单元;静宁至平凉西段广泛分布着黄土丘陵、沟壑、湿土、石山等地貌单元;平凉西至长庆桥段广泛分布着黄土梁、峁等地貌单元;长庆桥至庆阳太白段为典型的黄土塬地貌单元;庆阳太白至陕西洛川至山西隰县段为典型的黄土沟谷,且有基岩出露;在陕西延安附近为典型的黄土梁、沟壑地貌;调查区域北侧,延安至靖边段为典型的黄土沟谷地貌,植被较为茂盛;靖边至同心段为典型的鄂尔多斯台地,广阔,平坦,植被稀少;同心至兰州段为典型的黄土梁、峁地貌,植被稀少。

5.1.2　高等级公路涵洞总体稳定状况

此次调查中,在黄土区行经的高速公路主要有青兰高速公路、福银高速公路、包茂高速公路、黎永高速公路、青银高速公路、定武高速公路、京藏高速公路等。各高速公路的路基、桥涵等总体上是稳定的,现场封路维修情况很少,但在部分地段依然存在着路基湿陷、桥头跳车、涵背下沉等病害。具体分述如下。

1)南线高速公路涵洞总体状况

(1)青兰(青岛—兰州)高速公路。

青兰高速公路属于国家高速公路网规划的一条东西横线,编号为G22,全长1795km,是国家重点工程。

青兰高速公路在甘肃省境内主要经过黄土梁、峁、塬、沟谷等地形地貌。其中,兰州至静宁段与连霍高速公路重线,所在地形地貌主要为黄土梁、峁、沟壑。兰州至馋口段的路基平直,行车平稳,未见特殊病害存在;馋口至西巩驿段的路基平顺性一般,部分路段出现少量沉降;西巩驿至静宁段的路基平顺性一般,部分平缓地段出现路基、涵洞下沉病害,且高速公路的坡度较大,弯度较急,如图5-1所示。

图5-1　青兰高速公路西巩驿至静宁段涵洞整体下沉

六盘山至平凉段的部分青兰高速公路与福银高速公路并线,所在地形地貌主要为石质沟谷,路基稳定,平顺性良好,未见特殊病害产生。

平凉至长庆桥段的地形地貌主要为黄土梁、峁、塬,植被状态良好,路基稳定,行车平稳,未见特殊病害。长庆桥至庆阳太白段主要为黄土塬地貌,地面平缓,涵洞排水条件较差,涵背、桥背路基出现不同程度的沉降,跳车现象明显,维修率高,如图5-2所示。

图 5-2 青兰高速公路长庆桥至庆阳太白段涵洞维修行车限速

青兰高速公路在陕西省和山西省境内，线路基本走行于黄土沟谷，所在地形地貌主要为黄土梁、沟壑（图 5-3），沟谷有基岩出露，路基基本稳定，行车平顺，除桥头路基和涵背路基存在少量沉降而使行车出现跳车外，其余未见特殊病害。

图 5-3 青兰高速公路陕西省、山西省境内沿线地貌单元

（2）包茂（包头—茂名）高速公路。

包茂高速公路，编号 G65，起点为内蒙古自治区包头市，终点为广东省茂名市。此次包茂高速公路的调查区段位于陕西省境内的延安市。包茂高速公路考察段沿线主要为黄土沟谷、冲洪积阶地、黄土梁、黄土峁等地貌单元（图 5-4、图 5-5）。其中洛川至水莲台段所处地貌单元为黄土沟谷、冲洪积阶地，植被良好，路基平顺性好，行车稳定，未见特殊病害；水莲台至靖边段的地貌单元主要为黄土梁、峁、沟壑，植被较丰富，线路的平顺性较差，坡大弯急，路面修补较多，但行车总体较为平稳。

图 5-4 包茂高速公路陕西省境内沟谷地貌单元

图 5-5　包茂高速公路陕西省境内梁、峁地貌单元

2)北线高速公路涵洞总体状况

(1)青银(青岛—银川)高速公路。

青银高速公路,编号 G20,是连接山东省青岛市和宁夏回族自治区银川市的高速公路,陕西段全长 321km,宁夏段全长 82km。本次调查行经陕西省的靖边县、定边县,并行经宁夏回族自治区的盐池县。

陕西段和宁夏段沿线的地貌单元基本一致,为黄土高原与毛乌素沙漠及其过渡区,地形、地质结构复杂。线路平直,路基较为稳定,沥青路面裂缝较多,行车较为颠簸,如图 5-6 所示。

图 5-6　青银高速公路陕西、宁夏境内路基路面状态

(2)定武(定边—武威)高速公路。

定武高速公路是国家高速公路规划重要干线青银高速公路(G20)的联络线,编号为 G2012。宁夏段从盐池县出发,途经马儿庄、红寺堡,最后到达中宁县。该地区的地貌单元主要分为沙漠、黄河冲积平原、台地、山地和盆地五大类型,植被稀少。

定武高速公路盐池至中宁段的线路平直,路基平顺性较好,行车总体平稳,未见特殊病害,如图 5-7 所示。

(3)京藏(北京—拉萨)高速公路。

从中宁县开始至兰州的忠和枢纽,调查组全程行经在京藏高速公路上。沿线地形地貌由沙漠、冲积平原、台地、山地和盆地逐渐过渡到黄土丘陵、黄土峁、黄土梁、黄土沟壑。该段线路弯大、坡急,部分桥头路基存在着沉降变形,路基路面总体状态较好,行车较为平稳,如图 5-8 所示。

图 5-7 定武高速公路盐池至中宁段路基路面状态

图 5-8 京藏高速公路甘肃段路基路面状态及同心段桥头路基沉降限速修补

5.2 青海黄土区高等级公路涵洞病害特征调查

根据课题研究的需要,课题组对青海省东部黄土区全部高等级公路涵洞状态进行了调查,同时对甘肃省境内黄土区的部分高等级公路涵洞状态也进行了调查,调查范围、调查对象、调查方法如下:

(1)调查范围:西兰高速公路老鸭村至平安段,宁大高速公路西宁至大通段、平阿高速公路平安至古城镇段、机场高速公路平安至曹家堡段、宁互一级公路西宁至互助土族自治县南口段、西湟高速公路、兰青铁路高庙至平安段、巉柳高速公路定远至柳沟河段、平定高速公路西巩驿至会宁段等。

(2)调查对象:涵洞结构、涵洞地基及稳定状态。

(3)调查方法:现场记录、量测、描绘,对涵洞的汇水与排水条件、地基处理措施、地基的不均匀沉降、涵洞的结构及其病害形式等进行汇总。

5.2.1 西兰高速公路老鸭村至平安段

西兰高速公路起点位于甘肃省兰州市红古区与青海省交界处,终点为青海省西宁市。调查区地处青藏高原与陇东黄土高原的交会地带,区内山岭起伏,沟谷纵横,高速公路沿线两侧多为黄土丘陵区,主要由第四纪风积黄土组成,地貌上为典型的梁峁状形态。黄土厚度多在

5～45m之间，多具有湿陷性。西兰高速公路共设计各类涵洞316道，其中此次调查段为老鸭村至平安段，里程为K1736+000～K1791+200，总共调查了257道涵洞，其中盖板涵208道，管涵48道，拱涵1道，绝大部分涵洞位于黄土区。表5-1、表5-2和图5-9反映了西兰高速公路老鸭村至平安段涵洞病害调查的基本情况。从表中可以看出，盖板涵发生病害的数量有202道，占盖板涵调查总数的97.1%。对其病害类型做进一步分析得知，盖板涵发生的典型病害类型为洞内外积水淤塞、涵顶路面开裂、翼墙或护锥倾斜错位等，分别占盖板涵调查总数的66.3%、55.8%、44.2%。管涵调查数量有48道，发生病害的概率也较大，占到管涵调查总数的89.6%。管涵发生病害较多的类型是洞内外积水淤塞和涵顶路面开裂，分别占管涵病害总数的83.3%和66.7%。对典型病害类型的基本特征总结如下。

西兰高速公路老鸭村至平安段涵洞病害调查汇总表 表5-1

涵洞类型	调查数量(道)	病害数量(道)	病害比例(%)	病害基本特征
盖板涵	208	202	97.1	涵洞内部及进出口淤积物比较多，涵顶路面开裂较严重，翼墙或护锥倾斜错位
管涵	48	43	89.6	管涵内部淤积物较多，涵顶路面出现裂缝
小计	256	245	95.7	—

西兰高速公路老鸭村至平安段涵洞病害类型数量统计表 表5-2

病害类型	盖板涵		管涵	
	病害数量(道)	所占比例(%)	病害数量(道)	所占比例(%)
洞身错位与填缝脱落	21	10.1	0	0
翼墙或护锥倾斜错位	92	44.2	10	20.8
洞内外积水淤塞	138	66.3	40	83.3
基础裂缝	39	18.8	1	2.1
涵顶路面开裂	116	55.8	32	66.7
涵洞下沉	10	4.8	2	4.2
涵背填土塌陷	10	4.8	1	2.1

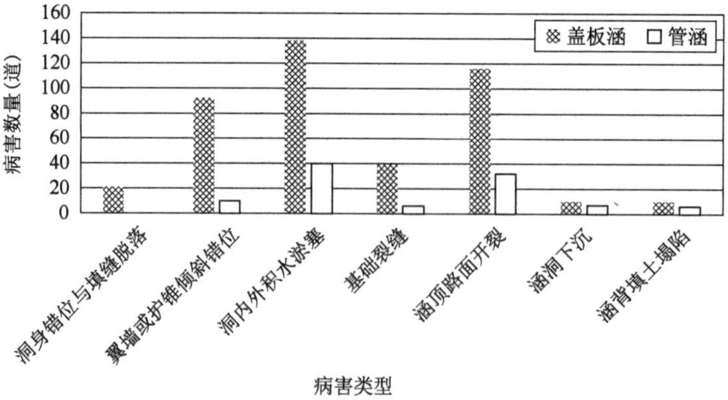

图5-9 涵洞病害统计图

(1)洞内外积水淤塞。

涵洞内部和进出口积水、淤泥沉积是西兰高速公路涵洞病害的最主要类型,主要表现在积水、淤泥、树枝或其他杂物直接在涵洞内部或进出口堆积。对于具有通行功能的盖板涵,行人或小型车辆在涵洞内穿越有一定困难;对于小型盖板涵和管涵,淤积导致涵洞失去正常的宣泄洪流作用。涵洞内外积水、淤泥沉积现场调查病害数量统计见图5-10。某涵洞位于西兰高速公路乐都南站以西,里程为K1761+600,为宽2m、高1m的盖板涵。经调查发现,该涵洞距离村庄较远,受周围平缓地形限制,树枝、杂草等淤积物长时间堆积而无法正常排出,造成涵洞进出口淤积现象。

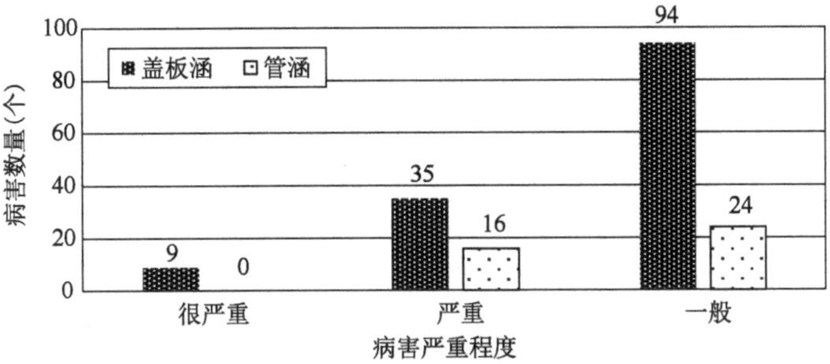

图5-10　涵洞内外积水、淤泥沉积现场调查病害数量统计图

(2)涵顶路面开裂。

涵洞顶部路面开裂是西兰高速公路涵洞的典型病害类型之一,主要特征是在涵洞正上方或涵洞与路堤过渡段出现裂缝,裂缝方向基本与路面走向垂直或与路面走向斜交,裂缝宽度基本在20mm以内,长度短则几十厘米,长则贯通整个路面,甚至在双幅路面都出现裂缝。涵顶路面开裂多发生在明涵中,这是由于涵洞上部填土较少,当涵洞基础发生不均匀沉降或涵洞两侧土体沉陷固结时,涵洞顶部路面发生局部或整体开裂(图5-11)。调查统计发现,盖板涵发生涵顶路面开裂的有116处,占盖板涵调查数量的55.8%,而管涵发生涵顶路面开裂的有32处,占管涵调查数量的66.7%。

图5-11　涵顶路面开裂

(3)翼墙或护锥倾斜错位。

现场调查发现,盖板涵进出口两侧的翼墙或护锥发生病害的数量有92道,占盖板涵调查数量的44.2%,而管涵翼墙或护锥发生病害的数量有10道,占管涵调查数量的20.8%。其主要原因是受基础承载力不均或墙背土压力影响,翼墙或护锥沿洞身内侧沉降开裂,一般底部开

裂小，顶部开裂大，严重者顶部裂缝宽至20cm左右（图5-12）。翼墙或护锥除沉降变形外，有时会沿洞身内侧倾斜，与洞身之间的倾斜度一般在4°～6°之间。有时会在翼墙或护锥上出现沉降微裂缝或错位裂缝，裂缝宽度为1～3cm。

a)沉降开裂　b)倾斜错位

c)沉降裂缝

图5-12　涵洞护锥翼墙开裂倾斜

5.2.2　平阿高速公路平安至古城镇段

平阿高速公路以平西高速公路平安互通立交为起点，以隧道穿越青沙山至终点阿岱，全长41km，其中有26.1km穿越山区和丘陵区，18.7km沿河谷展布。重点调查路线以平安为起点至古城镇，总长约22km，属民和—西宁盆地，高速公路沿线两侧多为黄土丘陵区，主要由第四纪风积、冲洪积黄土组成，夹杂红层砂岩，地貌上为典型的梁峁状形态。根据设计资料，K1+160～K1+840、K4+700～K5+080、K5+165～K5+320、K5+530～K12+700、K34+000～K34+800段为Ⅱ级非自重湿陷性黄土状土，其地貌单元为湟水、白沈家沟Ⅲ级阶地及丘陵地区，黄土状土厚8～10m，湿陷性土层厚约6m，总湿陷量15～60cm，自重湿陷量2.7～5.5cm，湿陷系数0.015～0.17，自重湿陷系数0.002～0.018。K1+840～K4+700、K5+080～K5+165、K5+320～K5+530段为Ⅲ级自重湿陷性黄土状土，其地貌单元为湟水、白沈家沟Ⅳ级以上阶地，上部黄土厚15～30m，湿陷土层厚度大于10m，总湿陷量66～100cm，自重湿陷量9.2～33cm，湿陷系数0.021～0.17，自重湿陷系数0.017～0.057。现场调查发现，沿线地质条件基本与设计资料相符，但在K5+080～K6+770段、K9+200～K12+180段、K12+000至青沙山段的山脊多以红色砂岩为主，在斜坡顶部和坡脚处出现冲洪积黄土，现场调查发现该段涵洞基本比较稳定,出现变形破坏的较少,而出现严重变形破坏的涵洞多出现在黄土区域。

现场调查结果充分说明,处于黄土区域内的涵洞出现的病害远比砂岩、泥岩等区域内涵洞病害更为严重,其成因除与涵洞本身的构造设计、施工等因素相关外,更多是由于黄土本身的特殊工程性质导致涵洞的变形与破坏。因此,在现场调查中特别重视在黄土区域内尤其是具有湿陷性黄土区域内的涵洞病害发育情况,并对其发育特征进行分析和总结。

平阿高速公路涵洞病害调查的基本情况见表5-3、表5-4和图5-13。从图表中可以看出,盖板涵发生病害的数量有34道,占盖板涵调查总数的97.1%。对其病害类型做进一步归类得知,盖板涵发生的典型病害类型为翼墙或护锥倾斜错位、洞内外积水淤塞、基础裂缝,分别占盖板涵调查总数的74.3%、54.3%、51.4%。管涵发生病害的概率也较大,占管涵调查总数的75%,管涵发生病害较多的类型是翼墙或护锥倾斜错位、洞内外积水淤塞和涵背填土塌陷。在调查的51道涵洞中,共有46道涵洞发生不同类型和不同程度的病害,占调查涵洞总数的90.2%。以下就不同病害类型在涵洞中的基本特征和分布情况分别进行分析。

平阿高速公路平安至古城镇段涵洞病害调查汇总表 表5-3

涵洞类型	调查数量(道)	病害数量(道)	病害比例(%)	病害基本特征
盖板涵	35	34	97.1	翼墙或护锥沉降开裂较多,基础开裂,洞内外积水淤塞
管涵	16	12	75.0	护锥沉降开裂并伴有倾斜错位,管内积水、淤泥较严重
小计	51	46	90.2	—

平阿高速公路平安至古城镇段涵洞病害类型数量统计表 表5-4

病害类型	盖板涵		管涵	
	病害数量(道)	所占比例(%)	病害数量(道)	所占比例(%)
洞身错位与填缝脱落	16	45.7	2	12.5
翼墙或护锥倾斜错位	26	74.3	6	37.5
洞内外积水淤塞	19	54.3	7	43.8
基础裂缝	18	51.4	1	6.3
涵顶路面开裂	7	20.0	0	0
涵洞下沉	9	25.7	4	25.0
涵背填土塌陷	7	20.0	7	43.8

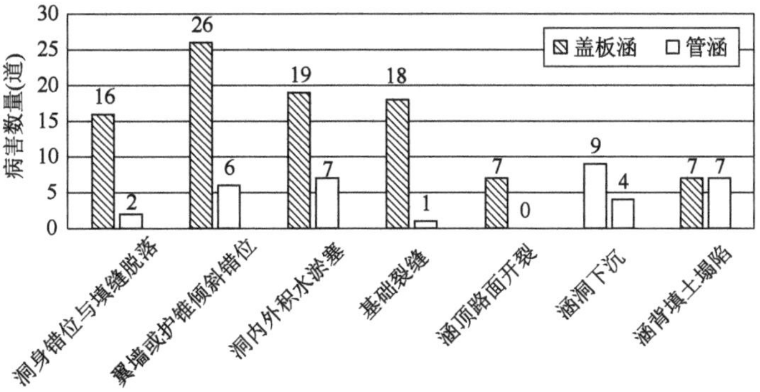

图5-13 平阿高速公路平安至古城镇段涵洞病害统计图

(1)翼墙或护锥倾斜错位。

经现场调查统计,涵洞两侧的护锥翼墙沉降开裂或倾斜错位是平阿高速公路平安至古城镇段非常典型的病害类型,盖板涵和管涵发生病害的数量分别为 26 道和 6 道(图 5-14),说明在调查重点黄土区路段涵洞发生护锥或翼墙倾斜错位的病害非常普遍。图 5-15 左图为 K8 + 080 处盖板涵,宽度为 3m,高度为 2m,涵洞顶部填土约 1.8m。涵洞一侧的护锥出现严重向内倾斜,顶部水平倾斜量可达 20cm,中下部出现一条裂缝;右图为 K6 + 830 处盖板涵,是宽度和高度分别为 3m 的明涵,可以看出,护锥明显向外偏离,涵洞发生沉降开裂,裂缝内填筑材料已经脱落,裂缝下宽上窄,经现场实际测量,上部裂缝宽约 15cm,下部裂缝宽约 23cm。

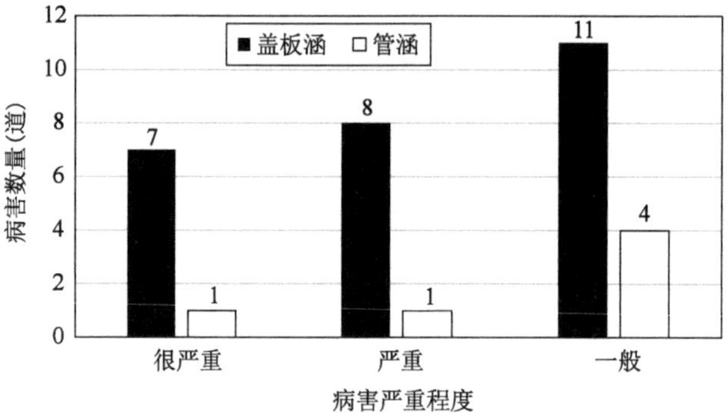

图 5-14　涵洞护锥翼墙倾斜错位现场调查病害数量统计图

图 5-15　涵洞护锥翼墙开裂倾斜

(2)洞内外积水淤塞。

涵洞进出口和内部积水也是较为典型的病害,盖板涵和管涵发生积水淤塞的分别有 19 道和 7 道。内部积淤泥的盖板涵如图 5-16 所示,里程约为 K7 + 360,宽度为 3m,高度为 2m,上部填土约 2.8m。经现场勘测表明,涵洞内部含有大量淤泥和其他生活垃圾等杂物,中间淤积深度达 1m 左右,从断面淤积量推测,淤积物约占涵洞横截面积的 40%,因此对涵洞宣泄水流造成了较大影响。

图 5-16　涵洞内积水、积淤泥现场

(3)基础裂缝。

图 5-17 左图为 K3 +160 处盖板涵,宽 4.0m,高 3.0m,上部填土高 4.8m,基础裂缝极其发育,纵向裂缝基本沿涵洞纵向中心线贯通,宽约 1cm,在横向沉降缝周围发育多条微裂缝,局部形成基础下沉病害。右图涵洞基础除了明显的纵、横向裂缝外,局部出现基础混凝土塌陷,说明在长期的行车荷载影响下,加之基础裂缝处流水不断渗入,地基土体下沉,引起基础混凝土沉陷。

图 5-17　涵洞基础裂缝

(4)洞身错位与填缝脱落。

图 5-18 左图为 K3 +600 处盖板涵,宽度为 4.0m,高度为 3.0m,涵节错位且填缝发生严重脱落,中间部分涵节向洞内方向倾斜,倾斜度在涵节顶部达 4°。此外,填缝材料也大部分发生脱落,中上部特别明显。右图为 K4 +800 处盖板涵,涵节填缝也发生严重脱落,涵节边缘部分混凝土发生掉落,整道呈现锯齿状。从调查总体情况来看,盖板涵发生洞身错位与填缝脱落的数量有 16 道,约占盖板涵调查总数的 45.7%,盖板涵发生填缝脱落基本在涵洞中间的涵节,多为涵节的中上部位,而管涵发生洞身错位与填缝脱落的数量很少,仅有 2 道,填缝脱落位置多位于涵节顶部,在距进出口 2 ~3 段涵节处洞身错位和填缝脱落最明显。由此看来,洞身错位与填缝脱落病害多发生在盖板涵中。

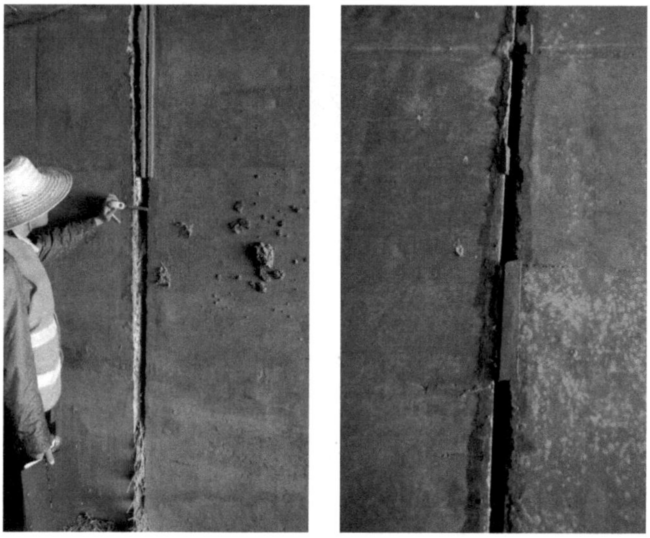

图 5-18　涵洞洞身错位与填缝脱落

5.2.3　宁互一级公路南口段

S102 宁互一级公路是西宁市通往互助土族自治县的一条重要省道，全长 29.2km，共建设 105 道涵洞。在初步设计阶段，为了有效控制工后沉降，将线路通过湿陷性黄土地段进行了科研立项。但以现场调查情况来看，黄土区涵洞仍发生一定程度的变形或破坏。此次调查里程为 K6 +500 ~ K21 +500，共计 15.0km，从宁互一级公路西宁收费站开始，至互助土族自治县南口，总共调查涵洞 70 道，其中盖板涵 39 道，管涵 31 道。宁互一级公路涵洞病害调查的基本情况如表 5-5、表 5-6 和图 5-19 所示。从图表中可以看出，盖板涵出现病害的比例较大，占盖板涵调查数量的 87.2%，主要出现的病害类型为翼墙或护锥倾斜错位、洞内积水淤塞、涵顶路面开裂等；管涵出现病害的数量占管涵调查数量的 83.9%，主要出现的病害类型为进出口及内部积水淤塞等。在调查的 70 道涵洞中，出现各类病害的涵洞数量有 60 道，占调查总数量的 85.7%，可见宁互一级公路涵洞出现的病害数量是比较多的，且以涵洞内部和进出口积水、涵顶路面开裂等病害为主，这与当地的气候环境及降雨量有很大关系。在调查中可以看到，公路两侧绿树成荫，排水沟两侧杂草丛生，对公路两侧的排水通道造成了一定的影响，公路修建于平缓阶地上，排水地形不良，因此，涵洞形成的主要病害为内部和进出口积水或泥土淤塞。

宁互一级公路涵洞病害调查汇总表　　表 5-5

涵洞类型	调查数量(道)	病害数量(道)	病害比例(%)	病害基本特征
盖板涵	39	34	87.2	翼墙护锥沉降开裂或倾斜错位，涵洞内部及进出口积水
管涵	31	26	83.9	进出口及内部积水
小计	70	60	85.7	—

宁互一级公路涵洞病害类型数量统计表 表 5-6

病害类型	盖板涵		管涵	
	病害数量(道)	所占比例(%)	病害数量(道)	所占比例(%)
洞身错位与填缝脱落	6	15.4	0	0
翼墙或护锥倾斜错位	16	41.0	6	19.4
洞内积水淤塞	13	33.3	23	74.2
进出口积水淤塞	12	30.8	24	77.4
基础裂缝	8	20.5	0	0
涵顶路面开裂	19	48.7	5	16.1
涵洞下沉	2	5.1	4	12.9
涵背填土塌陷	0	0	0	0

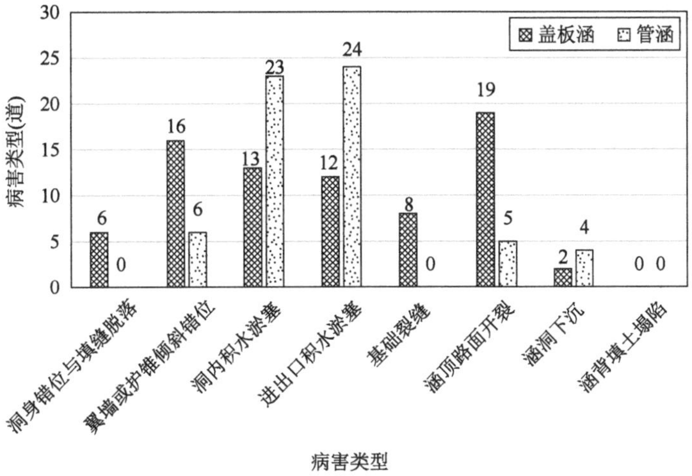

图 5-19 宁互一级公路涵洞病害统计图

宁互一级公路涵洞的病害主要有翼墙或护锥倾斜错位、洞内积水淤塞等,其中 3 道盖板涵的翼墙或护锥倾斜错位很严重(K9 +030、K13 +500、K17 +050),其翼墙基本与涵洞墙身脱落,间距为 15 ~20cm,并伴随向涵洞内侧方向出现一定角度的倾斜。发生洞内积水淤塞病害的 2 道管涵(图 5-20),管径为 2.0m 和 1.5m,管径为 2.0m 的是 2 道并列管涵,其内部和进出口全部为泥土,基本填充管涵内部,从断面来看,泥土填充量在管径 1/2 以上,使管涵几乎失去正常的泄水能力。

从现场实际调查情况来看,此条公路出现多种类型病害且发育程度较为严重的主要原因在于:①该区域年降雨量较大,平时雨水较多,容易造成涵洞内部或进出口积水或泥土淤塞,地表水下渗容易引起涵顶路面材料强度下降,从而导致涵顶路面开裂等病害;②沿线为新近系黄土层,涵洞地基材料主要为黄土,且具有一定的湿陷性,降雨导致地表水下渗,引起湿陷变形,导致涵洞基础开裂或出现不均匀沉降;③涵洞位置选择不当或对周边微地貌地形处理不佳。

涵洞位置的选择与涵洞后期运营中涵洞病害发育有直接关系,涵洞截面形式、尺寸、位置、埋深等影响排水能力和车辆通行等功能,而周边良好的微地形地貌对涵洞排水起到至关重要的作用。如果涵洞进出口地形较为开阔和倾陡,则涵洞可以充分排水,不会存在淤塞或其他病害,反之涵洞处于平缓地形,周边排水条件不良,就会导致涵洞积水或泥土淤塞,更会引发涵洞出现护锥倾斜错位、填缝脱落等其他病害。

图 5-20　宁互一级公路涵洞病害

5.2.4　西湟高速公路

西湟高速公路是平安至西宁高速公路的向西延伸,是丹东至拉萨国道主干线的重要组成部分,线路全长约 49km。其中 K0 +000 ~ K33 +000 段位于湟水河谷冲积平原,组成物质为第四纪全新统冲积物,线路路基位于黄土或黄土状土之上;K33 +000 ~ K45 +900 段位于湟源峡谷,两侧为岩石山体;K45 +900 至终点段位于山间盆地,上部为第四纪黄土或黄土状土,下伏砾石层。全线共设计涵洞 114 道,本次现场调查以线路通过黄土地段为主,共计 9.6km,共调查各类涵洞 30 道,包括盖板涵 23 道,管涵 7 道。西湟高速公路涵洞病害调查统计见表 5-7、表 5-8和图 5-21。从图表中可以看出,在调查的涵洞中,管涵和盖板涵病害发育率都在 90% 以上,且病害类型多以涵洞内外积水淤塞、涵顶路面开裂等为主。出现此类病害的主要原因与当地降雨有关,从现场调查情况可以看出,西湟高速公路黄土区线路两侧植被茂盛,多以灌木和乔木为主,在涵洞进出口附近多积存淤泥或地表水,因此,繁茂的植被对涵洞进出口排水造成较大影响,使淤泥、水等在涵洞内部长期积累。另外,降雨量较大使路面材料强度逐步减弱,在路涵过渡段形成横向或纵向裂缝,多条裂缝有时呈网状分布,有些裂缝几乎贯通整道路面。西湟高速公路涵洞病害现场照片见图 5-22。

西湟高速公路涵洞病害调查汇总表　　表 5-7

涵洞类型	调查数量(道)	病害数量(道)	病害比例(%)	病害基本特征
盖板涵	23	21	91.3	涵洞内部、进出口积水淤塞,涵顶路面开裂
管涵	7	7	100	
小计	30	28	93.3	

西湟高速公路涵洞病害类型数量统计表　　表5-8

病害类型	盖板涵		管涵	
	病害数量(道)	所占比例(%)	病害数量(道)	所占比例(%)
洞内积水淤塞	17	73.9	7	100
进出口积水淤塞	15	65.2	6	85.7
涵顶路面开裂	17	73.9	3	42.9
基础裂缝	5	21.7	0	0
洞身错位与填缝脱落	4	17.4	0	0
翼墙或护锥倾斜错位	2	8.7	0	0
涵背填土塌陷	2	8.7	0	0
涵洞下沉	0	0	1	14.3

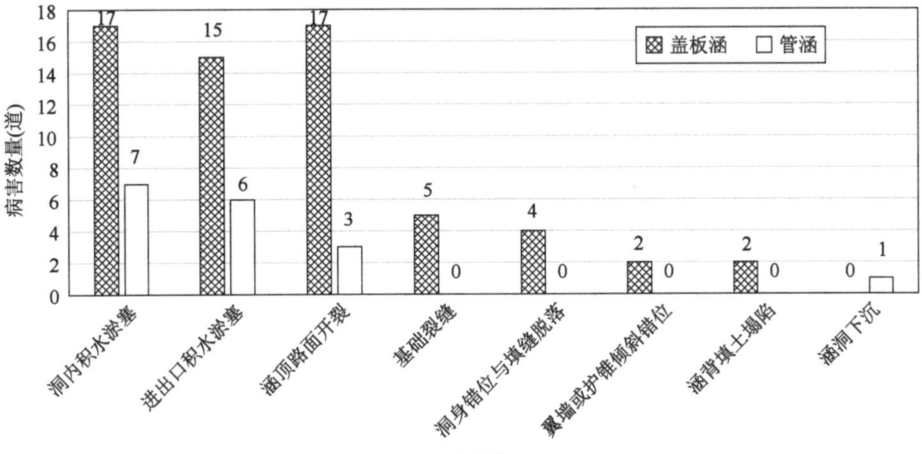

图5-21　西湟高速公路涵洞病害统计图

图5-22　西湟高速公路涵洞病害

5.2.5　平定高速公路西巩驿至会宁段

平定高速公路是福银高速公路和青兰高速公路的重要组成路段。调查路段为定西市以东西巩驿至白银市会宁县，里程为K1735+500~K1758+700，长约23km，共调查了68道涵洞，包括1道管涵和67道盖板涵。管涵里程为K1740+300,直径为2m,其上填土高度约15m,主要的病害类型是管涵内部和进出口淤泥堵塞,现场并未发现管涵出现其他病害。由于管涵数量占调查涵洞总数量之比较小,为了叙述方便,将不再对管涵进行额外统计和分析,仅就盖板涵的病害类型、严重程度等进行分析。

平定高速公路西巩驿至会宁段涵洞病害调查统计见表5-9、表5-10和图5-23。从图表中可以看出,在调查的68道涵洞中,发生各类病害的涵洞数量有44道,病害率达64.7%,而且病害的基本特征是涵洞顶部路面开裂较多,部分涵洞内部或进出口积水淤塞,个别涵洞出现严重整体下沉。从现场调查情况来看,虽然该段高速公路地处大厚度黄土区,涵洞也位于黄土沟壑高填方或河流Ⅰ级阶地,但涵洞病害的严重程度却较为轻微,而且发生病害的涵洞多是由于受地形地貌限制而出现积水等情况引发其他类型病害。在调查中有一处桥梁发生非常严重的整体下沉,里程约为K1754+500,为西巩驿大桥位置处,桥台整体位于黄土塬上,大桥与中桥之间设有一座桥台,桥台长约10m,桥台路面由大桥向小桥一侧沉降,最大沉降量可达30cm。桥台已经过多次修补,但因桥台基础持续沉降,路面还是出现明显的下沉(图5-24),已经对过往车辆采取限速措施。在里程为K1736+300处有一盖板涵洞,是宽度为6m、高度为4m的通道涵。涵洞顶部土体不足0.5m,涵洞整体发生严重下沉,沉降量最大可达20cm,涵洞内部有少量的淤积物,涵背填土处翼墙开裂,宽约3cm,长约2.5m,涵洞两侧共有4处开裂。涵洞内部涵节出现错位导致填缝脱落,上部缝宽1~2cm,下部缝宽4~5cm,边墙与盖板交接处承台下部开裂,部分钢筋出现外露。从现场调查来看,该涵洞病害对行车造成的影响较大。

平定高速公路西巩驿至会宁段涵洞病害调查汇总表 表5-9

类别	调查数量(道)	病害数量(道)	病害比例(%)	病害基本特征
涵洞	68	44	64.7	涵洞顶部路面开裂较多,部分涵洞内部或进出口积水淤塞,个别涵洞出现严重整体下沉

平定高速公路西巩驿至会宁段涵洞病害类型数量统计表 表5-10

病害类型	病害数量(道)	所占比例(%)
涵顶路面开裂	30	44.1
洞内积水淤塞	17	25.0
进出口积水淤塞	12	17.6
翼墙或护锥倾斜错位	11	16.2
洞身错位与填缝脱落	6	8.8
涵洞下沉	5	7.4
涵背填土塌陷	5	7.4
基础裂缝	3	4.4

平定高速公路西巩驿至会宁段涵洞发生较多的病害类型是涵顶路面开裂、涵洞内部积水淤塞、涵洞进出口积水淤塞、翼墙或护锥倾斜错位等,分别占涵洞病害数量的44.1%、25.0%、17.6%和16.2%。发生涵洞洞身错位与填缝脱落的有6道,涵洞下沉和涵背填土塌陷的各有5道。

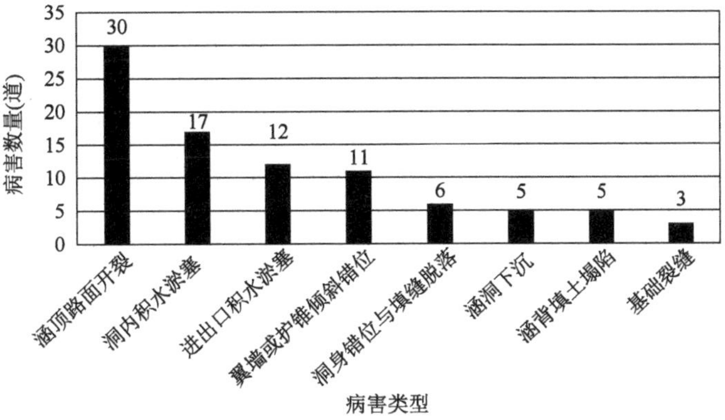

图 5-23 平定高速公路西巩驿至会宁段涵洞病害统计图

图 5-24 平定高速公路西巩驿至会宁段桥台与涵洞下沉

5.2.6 巉柳高速公路定远至柳沟河段

巉柳高速公路全长约 77.8km,巉口收费站里程约 K1790 + 050,和平收费站里程约 K1856 + 800。调查段起始点为巉口收费站,结束点为土家窑隧道进口 K1809 + 000,调查里程为 19.0km,调查各类涵洞 43 道,包括盖板涵 24 道,管涵 19 道。巉柳高速公路涵洞病害调查汇总见表 5-11、表 5-12 和图 5-25。从图表中可以看出,盖板涵发生病害的数量有 17 道,占盖板涵调查数量的 70.8%,主要的病害类型是涵顶路面开裂、翼墙或护锥倾斜错位、基础裂缝等。管涵发生病害的数量有 11 道,占管涵调查数量的 57.9%,主要的病害类型是涵洞进出口和内部积水淤塞、涵顶路面开裂等。总体来看,在调查的 43 道涵洞中,出现病害的涵洞有 28 道,总病害比例高达 65.1%。

巉柳高速公路涵洞病害调查汇总表　　表 5-11

涵洞类型	调查数量(道)	病害数量(道)	病害比例(%)	病害基本特征
盖板涵	24	17	70.8	涵顶路面开裂,翼墙或护锥倾斜错位
管涵	19	11	57.9	涵洞进出口和内部积水淤塞,涵顶路面开裂
小计	43	28	65.1	—

盖板涵出现的病害类型总体上比管涵多,且病害发育数量也较多,盖板涵出现基础开裂病害的比例约为20.8%,而管涵在调查中未发现基础开裂病害。对比可以看出,管涵基础整体上比较稳定,其病害多发生在进出口和涵顶路面位置。涵顶下沉病害在巉柳高速公路病害比例较低,管涵和盖板涵都出现了此类病害,多为涵洞出现弧形下沉,涵洞中部地基出现不均匀下沉或变形,使涵洞中部出现弧形沉降,并伴随涵顶路面出现横向或纵向裂缝。

巉柳高速公路涵洞病害类型数量统计表 表5-12

病害类型	盖板涵		管涵	
	病害数量(道)	所占比例(%)	病害数量(道)	所占比例(%)
涵顶路面开裂	13	54.2	4	21.1
翼墙或护锥倾斜错位	7	29.2	2	10.5
进出口积水淤塞	3	12.5	5	26.3
洞内积水淤塞	2	8.3	4	21.1
涵洞下沉	4	16.7	2	10.5
基础裂缝	5	20.8	0	0
洞身错位与填缝脱落	2	8.3	0	0
涵背填土塌陷	0	0	0	0

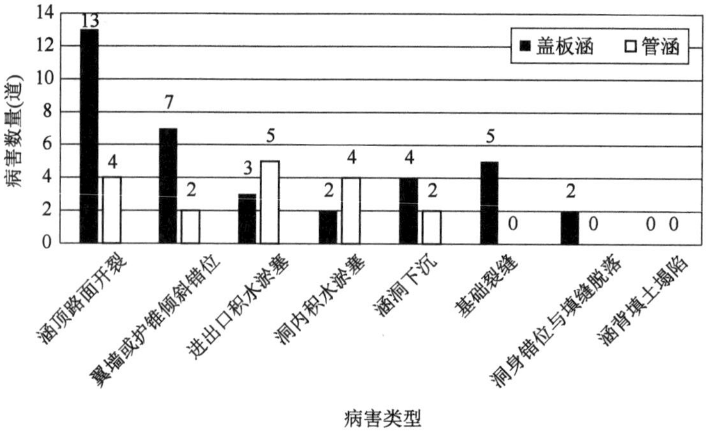

图5-25 巉柳高速公路涵洞病害统计图

5.2.7 兰青铁路高庙至平安段

兰青铁路是连接甘肃兰州和青海西宁的一条铁路,沿线大部分跨越黄土区。为了与高速公路涵洞稳定状态进行对比,选取高庙至平安段黄土区涵洞进行了调查,里程为DK91+040~DK141+333,共计调查了60道涵洞,包括3道管涵、1道拱涵、56道盖板涵。相较于高速公路涵洞,铁路涵洞不存在涵顶路(轨)面开裂的情况,经调查发现,也没有出现涵背填土塌陷病害,其他几类病害情况调查统计结果见表5-13、表5-14和图5-26。从图表中可以看出,盖板涵发生病害的数量有41道,占盖板涵调查数量的73.2%,主要病害是涵洞内部和进出口积水、淤塞严重,涵洞基础发生轻微裂缝,翼墙或护锥发生轻微沉降开裂或倾斜错位等。调查的管涵数量为3道,其中有2道涵洞内部和进出口存在一定量的积水。因此,兰青铁路高庙至平安段的病害总体上比较轻微,病害类型比较单一,对列车运行的影响很小。

兰青铁路高庙至平安段涵洞病害调查汇总表 表5-13

涵洞类型	调查数量(道)	病害数量(道)	病害比例(%)	病害基本特征
盖板涵	56	41	73.2	涵洞内和进出口积水、淤塞严重,涵洞基础发生轻微裂缝
管涵	3	2	66.7	涵洞内和进出口积水、涵洞弧形下沉
拱涵	1	1	100	涵洞内和进出口积水
小计	60	44	73.3	

兰青铁路高庙至平安段涵洞病害类型数量统计表 表5-14

病害类型	盖板涵		管涵	
	病害数量(道)	所占比例(%)	病害数量(道)	所占比例(%)
洞内积水淤塞	22	39.3	2	66.7
进出口积水淤塞	22	39.3	1	33.3
基础裂缝	9	16.1	0	0
翼墙或护锥倾斜错位	8	14.3	0	0
洞身错位与填缝脱落	9	16.1	0	0
涵洞下沉	0	0	1	33.4

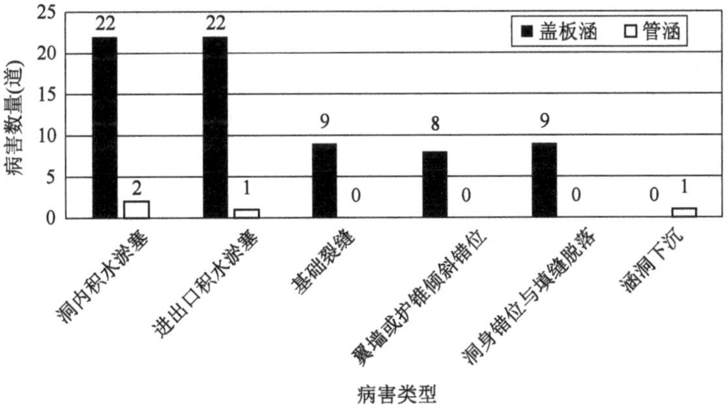

图5-26 兰青铁路高庙至平安段涵洞病害统计图

盖板涵发生洞内和进出口积水淤塞是最常见的病害。基础发生纵向或横向裂缝、翼墙或护锥倾斜错位、洞身错位与填缝脱落病害数量基本相当。管涵出现内部和进出口积水病害,其中1处还发生弧形下沉,里程约为DK105+130,涵洞上部填土厚约6.8m,涵洞内部有少量积水。

5.3 青海黄土区主要工程地质灾害调查

调查得到了青海黄土区公路沿线主要地质灾害的类型和分布特征。主要地质灾害类型包括黄土滑坡、不稳定斜坡及黄土陷穴等，其中以黄土滑坡和不稳定斜坡最为普遍，对公路工程的影响也最为显著。

青海省东部地区地貌形态为强烈的抬升区、高山区以及经过剥蚀以后的准平原化地表形态，平均海拔在3000m以上，地势由西向东南倾斜。境内地质构造规模大，活动性强，地震活动十分频繁，是我国滑坡和高边坡病害多发区。青海东部地质灾害非常发育，往往成群分布，给公路建设造成巨大威胁。

青海省公路沿线滑坡和高边坡地质灾害受地形地貌、地层岩性、地质构造、气象水文及人类工程活动等多种因素的综合影响，主要分布于黄河流域、湟水流域和大通河流域，而且在中、高山台地与河谷边坡等部位较为密集。

(1)青海黄土区滑坡和高边坡病害频发，常成群分布，主要是受高原强烈隆升和黄河溯源形成的侵蚀地貌、湖相断陷盆地内发育的年代较新的红色碎屑岩沉积地层(红层)、盆地小气候造成的局部强降雨作用这三大因素的控制。

(2)青海东部地质病害发生发展都是受地质环境背景和内外动力环境的双重控制。主要公路沿线地层岩性各异，为滑坡、高边坡病害的发生提供了物质基础；高原强烈隆升和几大水系溯源侵蚀形成了现今青海特殊的地形地貌，为滑坡、高边坡病害的发生提供了必要的空间环境；高原山间小气候形成的强降水和季节性冻融极大地弱化了公路边坡岩性，加上人类工程活动的扰动，诱发了大量的滑坡和高边坡病害，如图5-27所示。

(3)黄土陷穴是黄土地区特有的不良地质现象，也是一种特殊的变形问题。黄土陷穴一般是指在水的暗流作用下，新黄土地层中形成的暗沟、暗洞和暗穴等现象。湿陷性黄土质地疏松，具有大孔隙和裂隙，水较易在黄土中渗透和潜蚀。当渗透水流具有相当的水力梯度时，水力将粉粒带走，从而扩大了黄土中的裂隙或孔穴。在这种机械潜蚀的不断作用下，裂隙或孔穴逐渐扩大，形成各种形态的黄土陷穴，如图5-28所示。

图5-27 不稳定斜坡

图5-28 黄土陷穴

一般平坦塬面上不易形成陷穴，易形成陷穴的地区包括：①塬边、高阶地斜坡及坡顶距边缘不远的范围内；②深切沟谷两侧及沟头平缓坡地处；③处于下切阶段的沟谷，在沟底也可能产生陷穴；④在地形起伏、多变化处，特别是缓坡突然变化为陡坡的地带较易发生陷穴，变化越大陷穴越多。

第6章

青海湿陷性黄土区公路涵洞地基设计标准及参数确定

6.1 青海湿陷性黄土区公路涵洞地基设计标准与处理方法

6.1.1 涵洞地基现行设计标准

《铁路桥涵地基和基础设计规范》(TB 10093—2017)、《公路桥涵地基与基础设计规范》(JTG 3363—2019)将湿陷性黄土区的桥涵根据其重要性、结构特点、湿陷等级、受水浸湿后的危害程度和修复难易程度划分为A、B、C、D四类,其中拱涵为B类,给出了圆管涵、盖板涵、矩形涵在不同情况下的地基处理措施和地基处理深度、防排水措施等。

上述规范要求,湿陷性黄土区的涵洞地基处理时,应根据湿陷性黄土等级、结构物分类、水流特征,采取相应的设计措施和处理方案,以满足沉降控制的要求,如表6-1所示。

湿陷性黄土区涵洞地基处理措施　　表6-1

水流特征	涵洞类型及措施		黄土场地湿陷性等级			
			Ⅰ	Ⅱ	Ⅲ	Ⅳ
经常性流水或浸湿可能性大	B	措施	②、③	②、③	①、②	①
		处理深度(m)	2.0~3.0	3.0~5.0	4.0~6.0	6.0
	C	措施	③	③	③	②
		处理深度(m)	0.8~1.0	1.0~1.5	1.5~2.0	3.0
	D	措施	④	④	④	④
季节性流水或浸湿可能性小	B	措施	③	③	②、③	②
		处理深度(m)	0.8~1.0	1.0~2.0	2.0~3.0	5.0
	C	措施	③	③	③	③
		处理深度(m)	0.5~0.8	0.8~1.2	1.2~2.0	2.0
	D	措施	④	④	④	④

表 6-1 中,①、②、③、④为措施编号,其中①为墩台基础采用明挖、沉井或桩基,置于非湿陷性土层中;②为采用强夯法或挤密法进行涵洞地基处理,并采取防水和结构措施;③为采用重锤夯实法进行涵洞地基处理,并采取防水和结构措施;④为仅进行地基表层夯实处理。

由表 6-1 可以看出,在湿陷性黄土区,涵洞地基处理设计时,重点集中在经常性流水(或浸湿可能性大)的场地,除极少用的 B 类拱涵外,通常大规模采用的圆管涵、矩形涵等 C 类的一般涵洞及倒虹吸涵的最大处理深度为 3m。而对季节性流水(或浸湿可能性小)的场地,如灌溉涵、通道涵等的地基处理等级较低,通常大规模采用的圆管涵、矩形涵等 C 类的一般涵洞及倒虹吸涵的最大处理深度为 2m。

6.1.2 涵洞地基的常用处理方法

涵洞地基处理设计中,依据《铁路桥涵地基和基础设计规范》(TB 10093—2017)、《公路桥涵地基与基础设计规范》(JTG 3363—2019)的具体规定,设计单位对位于湿陷性场地的涵洞地基进行了针对性的设计。

(1)西兰高速公路 K2 +318 处涵洞位于湿陷性黄土地段,采用宽度为 4m、高度为 3m 的钢筋混凝土盖板涵,涵洞基础板厚 30cm。该涵洞地基除强夯处理外,基底尚应换填 150cm 的三七灰土,防止地表水浸湿地基,提高涵洞地基的承载力。该涵洞设计施工图如图 6-1 所示。

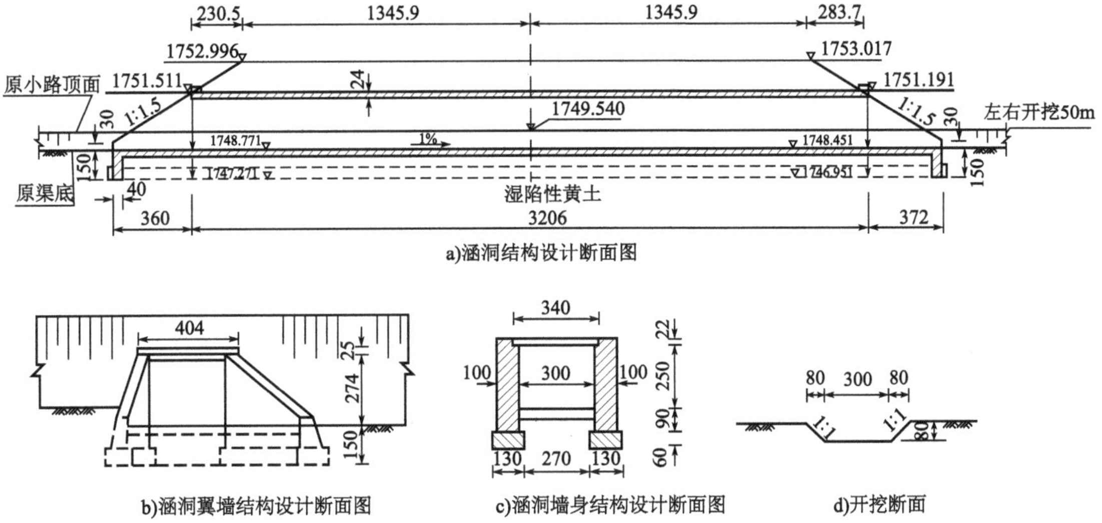

图 6-1 西兰高速公路马场垣至平安段 K2 +318 处涵洞设计施工图(尺寸单位:cm;高程单位:m)

(2)平阿高速公路 K5 +070 处涵洞设计施工图如图 6-2 所示。此处采用直径为 1.5m 的圆管涵,圆管涵中部和端部基础为 80cm 厚的 C15 混凝土,地基(包括八字墙)换填 1.5m 的三七灰土,并分层填筑、夯实,密实度控制在 95% 以上。

(3)按照西湟高速公路设计要求,对非自重湿陷性黄土路段,一般采取的主要措施是防水或防止积水下渗,对自重湿陷性黄土和Ⅱ级以上非自重湿陷性黄土路段,为消除较大深度内黄土的湿陷性,采用强夯法加固路基基底或采用灰土挤密桩进行处理。西湟高速公路 K44 +175

处涵洞设计施工图如图 6-3 所示。涵洞基底以下为非自重湿陷性黄土，涵洞为 3m×3m 的钢筋混凝土盖板涵，对基础以下 1.5m 的原状土采取了强夯措施，将涵洞进出口与路基附近排水沟平顺衔接，使涵洞充分发挥排水功能。

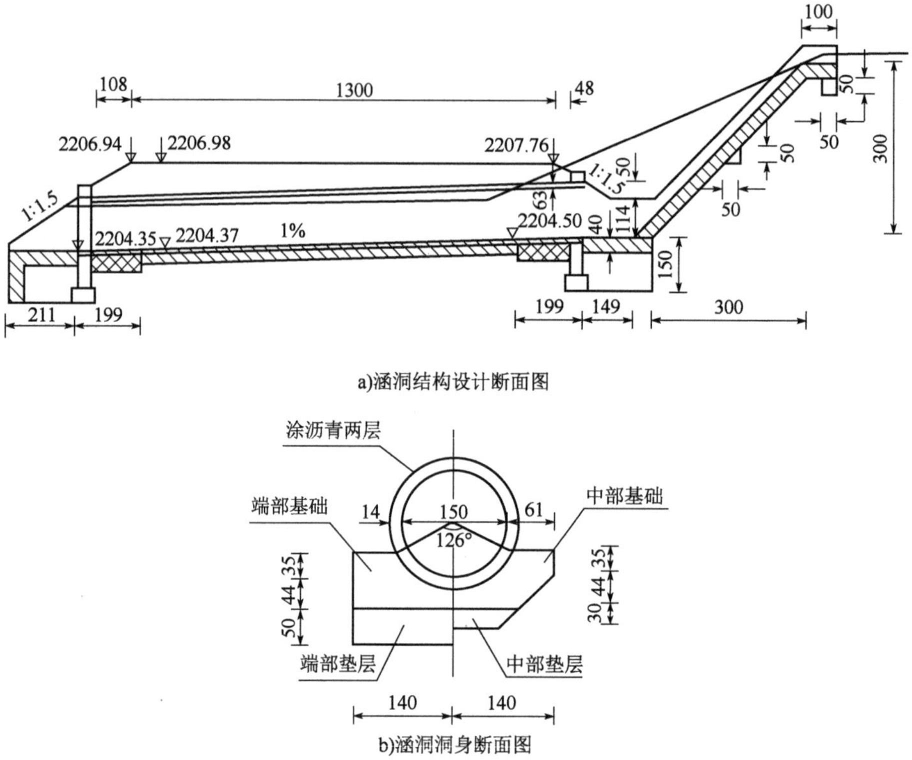

a)涵洞结构设计断面图

b)涵洞洞身断面图

图 6-2　平阿高速公路 K5+070 处涵洞设计施工图(尺寸单位:cm;高程单位:m)

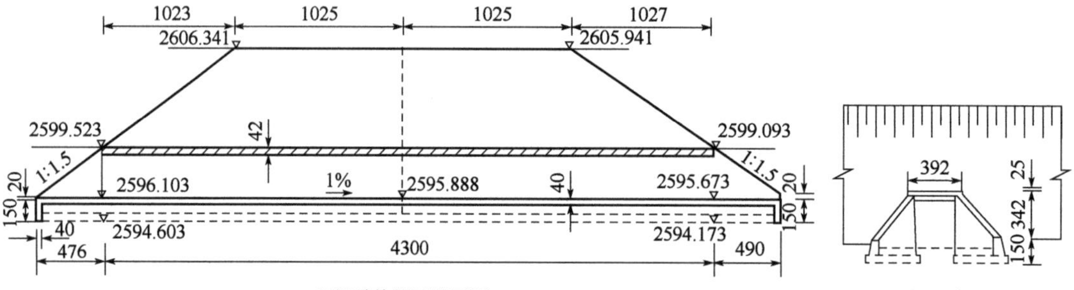

a)涵洞结构设计断面图　　b)涵洞洞身断面图

图 6-3　西湟高速公路 K44+175 处涵洞设计施工图(尺寸单位:cm;高程单位:m)

(4)川大、民小两条高等级公路修建中，湿陷性等级为Ⅲ、Ⅳ级黄土区段分别占总线路长度的 5.01%、8.67%。在湿陷性黄土场地上，涵洞地基采用了挖除换填的处理方法，处理深度为 300cm，其中最底层为 100cm 厚的素土垫层，其上为 200cm 厚的三七灰土垫层，如图 6-4 所示。

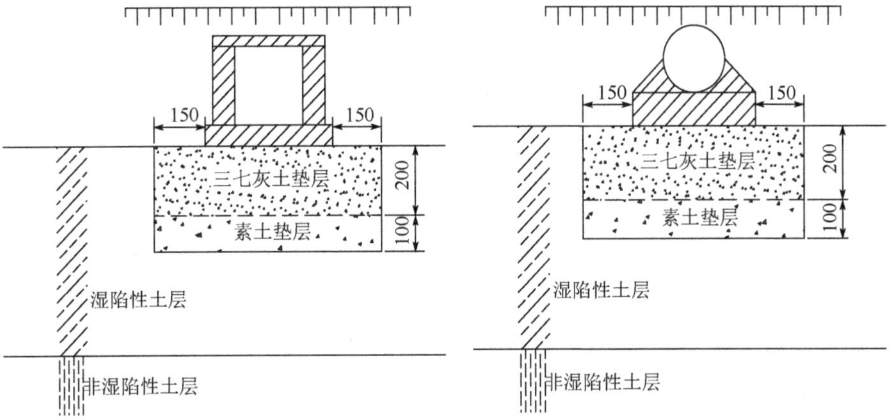

图 6-4 川大、民小高等级公路涵洞黄土地基处理示意图(尺寸单位:cm)

6.2 青海湿陷性黄土区公路涵洞地基强化处理原则与强化设计参数研究

从第 5 章青海黄土地区高等级公路涵洞出现的病害可以看出,黄土区段涵洞出现的病害类型众多、病害等级高、发育数量或比例很高,对涵洞的排水能力及行车安全造成较大安全隐患。尤其是青海东部的西兰高速公路黄土区段、平阿高速公路黄土区段、宁互一级公路黄土区段的涵洞病害率均超过 50%,相对于其他区段,黄土区段的病害类型多而复杂,发育规模或程度虽以Ⅰ级居多,但是发育Ⅲ级的病害也占一定比重,对排水涵的排水功能、通道涵的通行功能、涵顶路面行车造成了较大影响。

涵洞 8 种典型病害中,涵洞下沉、基础开裂、翼墙倾斜错位或沉降开裂、涵节错位或填缝脱落、涵洞路面开裂等绝大部分病害的形成和发展与地基处理不当相关,或是由于地基处理范围太小导致主体结构与过渡段地基强度差异性太大而出现病害,或是由于地基处理措施不恰当而导致地基沉降变形过大引起涵洞其他病害。总之,地基处理措施不当是导致青海湿陷性黄土地区高等级公路涵洞病害的主要原因。

从既有公路涵洞的病害情况及涵洞地基处理方式综合来看,对高等级公路黄土区段的涵洞地基,简单采用重锤夯实法进行涵洞地基处理,并采取防排水结构措施是不够的,尤其是位于经常性流水区域或浸湿可能性较大的平缓地区,应加强周边防排水措施,通过必要措施形成一定的水力梯度,保证在涵洞内部或进出口不出现积水现象,进一步防止积水对涵洞地基造成影响而导致其他病害。调查结果表明,涵洞地基处理的工程效果直接或间接地影响涵洞出现病害的类型及发育规模。青海黄土地区高等级公路涵洞地基处理存在处理措施单一、处理深度或范围较小等问题,部分涵洞的地基处理效果不佳。因此,开展针对性的湿陷性黄土地区既有高等级公路涵洞的地基处理措施效果评价,对防治公路涵洞病害具有重要的参考意义。

6.2.1 黄土区公路涵洞地基强化处理原则

在湿陷性黄土区修建公路或铁路时,涵洞选址常位于原有沟渠处,该处地势低而黄土层较薄,同时经常性流水致使水力梯度大不易积水,且使黄土的湿陷性有较大程度的退化。调查和研究结果表明,湿陷性黄土区涵洞稳定状态总体上存在如下特征:

(1)地势较陡、排水顺畅的经常性与季节性流水沟谷区段,涵洞状态良好。

(2)地势平缓、天然黄土地基的承载力相对较高区段,涵洞的整体稳定性相对较好,但进出口段受积水的侧向浸入,地基下伏湿陷性黄土发生湿陷变形,致使翼墙、一字墙、护锥发生不均匀沉降、开裂、倾斜、错位等病害。

(3)地势平缓、天然黄土地基承载力相对较低区段,季节性流水通过的通道涵或灌溉涵,涵洞的工后沉降整体较大,且因流水不畅,雨水夹带的泥沙淤积而形成积水,积水下渗或侧向浸入,使下伏未处理的湿陷性黄土发生湿陷附加变形,涵节发生错位,基础发生不均匀沉降,致使雨季积水量随之加大,下伏湿陷性黄土的附加湿陷变形随之加剧,如此恶性循环,涵洞出现整体下沉或弧形下沉破坏。

因地势广阔且平缓,需在该场地修建人畜或农机通道涵时,建议对其地基进行强化处理,其处理原则如下:

(1)过水涵不积水,通道涵不过水。涵洞按其发挥的功能可分为过水涵、通道涵。过水涵的主要功能为:使河流或洪水顺畅通过路基,排除路基两侧因雨水汇集的积水,且用作农业灌溉用水通道。通道涵的主要功能为:使人畜、农业机械自由通过路基,方便交通且不受行车安全影响。因此,过水涵的涵址宜选择在水沟、冲沟等自然水力梯度较大且不易积水处,不宜选择在平缓地段;通道涵的涵址尽可能选在自然水力梯度较大地段,与过水涵通用,若需在平缓地段设置通道涵,进出口应设置平行于路基的截排水沟,不得使雨水聚积洞内。

(2)场地精细勘察,通道涵不下穿。在平缓地段设置通道涵时,需对场地进行精细勘察,查明场地的湿陷性等级、湿陷性黄土层厚度等,并对雨水汇集量进行预估。同时,不应因道路路面的平顺性或因工程经费的限制而向下开挖以降低涵洞基础顶面高程,并杜绝开挖下穿通行。

(3)强化平缓地段地基处理,控制不均匀沉降。设置在湿陷性黄土区平缓地段的通道涵,因其场地的湿陷性等级高,湿陷性黄土层厚,偶遇积水后地基发生的不均匀湿陷变形危害程度大。因此,该地段的涵洞地基应采取强化处理措施,可采用灰土或水泥土挤密桩,最小处理深度6m,可消除地基范围内黄土的湿陷性,且其处理强度不低于涵洞两侧路基处理强度。地基处理后,加强涵洞的长期稳定性监测,及时灌注或填补基础裂缝,以防止积水下渗而使下伏湿陷性黄土层产生附加湿陷变形。涵洞的稳定性主要在于基础的稳定性,而涵洞地基的稳定性设计主要在于地基计算与地基处理。湿陷性黄土区,涵洞地基的常规计算主要涉及深度、宽度、承载力、沉降及稳定性验算等内容。湿陷性黄土区平缓地段公路涵洞地基的强化设计中不再考虑稳定性因素,除考虑其他常规计算外,还需重点考虑湿陷变形。

6.2.2 黄土区公路涵洞地基强化设计参数

1)承载力计算

(1)计算公式。

根据《公路桥涵地基与基础设计规范》(JTG 3363—2019)(简称《规范》)中地基承载力计

算规定，对涵洞地基承载力进行验算时，应采用修正后的地基承载力允许值$[f_a]$进行控制，按式(6-1)计算确定。

$$[f_a]=[f_{a0}]+k_1\gamma_1(b-2)+k_2\gamma_2(h-3) \tag{6-1}$$

式中：$[f_a]$——修正后的地基承载力允许值(kPa)；

b——涵洞基础底面的最小边宽，$b<2$m 时取 $b=2$m，$b>10$m 时取 $b=10$m；

h——基底埋置深度，自天然地面算起，$h<3$m 时取 $h=3$m，$h/b>4$ 时取 $h=4b$；

k_1、k_2——基底宽度、深度修正系数，按《规范》取值；

γ_1——基底持力层土体的天然重度(kN/m^3)；

γ_2——基底以上土体的加权平均重度(kN/m^3)；

$[f_{a0}]$——地基承载力基本允许值，根据土体类别、状态及其物理力学性质指标，按《规范》选用。

(2)小间距挤密桩处理的涵洞地基。

①涵洞中点截面处。

根据现场勘察与室内土工试验结果及相关规范规定，该处黄土为特殊性岩土体，由于现场黄土的塑性指数 I_p 基本在5.4~8.9之间，孔隙比 e 在0.663~0.941之间，平均值为0.836，且12.0% <w(含水率) <17.1%，平均含水率为14.86%，因此，该黄土属于中密的稍湿粉土。根据《规范》并结合线性插值法可确定该黄土的地基承载力基本允许值为$[f_{a0}]=174$kPa。

根据设计文件，取涵洞基础底面短边宽 $b=4.7+0.55\times2+0.4\times2=6.6$m，基底埋置深度 $h=5.69+4.9+0.6=11.19$m。根据《规范》可得，基底宽度修正系数 $k_1=0$，深度修正系数 $k_2=1.5$。基底以下原状黄土的天然重度 $\gamma_1=15.9kN/m^3$，基底以上土体、混凝土等复合土体的加权平均重度 $\gamma_2=(17.3\times2+17.5\times1.68+25.0\times3.5)/6.68=22.7kN/m^3$。将以上参数带入式(6-1)可得涵洞小间距挤密桩地基中点截面的承载力允许值为：$[f_a]=150+0\times15.9\times(6.6-2)+1.5\times22.7\times(11.19-3)=428.9$kPa。

②涵洞进口截面处。

涵洞进出口与中点截面处地基承载力的差异主要在于涵洞上覆填土厚度不同造成修正部分数值不同，而其他参数不发生变化。因此，根据设计文件，灰土换填处涵洞进口处填土高度为4.7m，故基底埋置深度 $h=4.7+4.9+0.6=10.2$m。将已知参数代入式(6-1)可得涵洞小间距挤密桩地基进口截面的承载力允许值为：$[f_a]=150+0\times14.5\times(3.6-2)+1.5\times22.7\times(10.2-3)=395.2$kPa。

(3)大间距挤密桩处理的涵洞地基。

①涵洞中点截面处。

根据现场勘察与室内土工试验结果及规范规定，该处黄土为特殊性岩土体，由于现场黄土的塑性指数 I_p 基本在5.0~10.0之间，平均值为7.6，孔隙比 e 在0.673~1.152之间，平均值为0.875，且13.1% <w(含水率) <20.9%，平均含水率为16.7%，因此，该黄土属于中密的稍湿粉土。根据《规范》并结合线性插值法可确定该黄土的地基承载力基本允许值为$[f_{a0}]=158$kPa。

根据涵洞设计文件，取涵洞基础底面短边宽 $b=4.7+0.25\times2+0.4\times2=6.0$m，基底埋置深度 $h=3.95+4.9+0.6=9.45$m。根据《规范》可得，基底宽度修正系数 $k_1=0$，深度修正系数 $k_2=1.5$。基底以下原状黄土的天然重度 $\gamma_1=16.9kN/m^3$，基底以上土体、混凝土等复合土

体的加权平均重度 $\gamma_2=(17.3\times2+17.5\times1.68+25.0\times3.5)/6.68=22.7\text{kN/m}^3$。将以上参数带入式(6-1)可得涵洞大间距挤密桩地基中点截面的承载力允许值为：$[f_a]=158+0\times16.9\times(6.0-2)+1.5\times22.7\times(9.45-3)=377.6\text{kPa}$。

②涵洞进口截面处。

涵洞进出口与中点截面处地基承载力的差异主要在于涵洞上覆填土厚度不同造成修正部分数值不同，而其他参数不发生变化。因此，根据设计文件，抛石换填处涵洞进口处填土高度为3.37m，故基底埋置深度 $h=3.37+4.9+0.6=8.87\text{m}$。将已知参数代入式(6-1)可得涵洞大间距挤密桩地基进口截面的地基承载力允许值为：$[f_a]=150+0\times14.5\times(3.6-2)+1.5\times22.7\times(8.87-3)=349.9\text{kPa}$。

(4)灰土换填法处理的涵洞地基。

①涵洞中点截面处。

根据现场勘察与室内土工试验结果及相关规范规定，该处黄土为特殊性岩土体，由于现场黄土的塑性指数 I_p 基本在7.3~8.5之间，平均值为8.2，孔隙比 e 在0.965~1.136之间，平均值为1.044，且13.2% < w(含水率) < 17.8%，平均含水率为15.4%，因此，该黄土属于稍密的稍湿粉土。根据《规范》并结合线性插值法可确定该黄土的地基承载力基本允许值为 $[f_{a0}]=150\text{kPa}$。

根据设计文件，取涵洞基础底面短边宽 $b=2.5+0.35\times2+0.2\times2=3.6\text{m}$，基底埋置深度 $h=3.05+2.9+0.6=6.55\text{m}$。根据《规范》可得，基底宽度修正系数 $k_1=0$，深度修正系数 $k_2=1.5$。基底以下原状黄土的天然重度 $\gamma_1=15.3\text{kN/m}^3$，基底以上土体、混凝土等复合土体的加权平均重度 $\gamma_2=(17.3\times2+17.5\times1.68+25.0\times3.5)/6.68=22.7\text{kN/m}^3$。将以上参数带入式(6-1)可得涵洞灰土换填地基中点截面的承载力允许值为：$[f_a]=150+0\times15.3\times(3.6-2)+1.5\times22.7\times(6.55-3)=270.9\text{kPa}$。

②涵洞进口截面处。

涵洞进出口与中点截面处地基承载力的差异主要在于涵洞上覆填土厚度不同造成修正部分数值不同，而其他参数不发生变化。因此，根据设计文件，大间距挤密桩处涵洞进口处填土高度为2.21m，故基底埋置深度 $h=2.21+2.9+0.6=5.71\text{m}$。将已知参数代入式(6-1)可得涵洞灰土换填地基进口截面的承载力允许值为：$[f_a]=150+0\times15.3\times(3.6-2)+1.5\times22.7\times(5.71-3)=242.3\text{kPa}$。

(5)抛石换填法处理的涵洞地基。

①涵洞中点截面处。

根据现场勘察与室内土工试验结果及规范规定，该处黄土为特殊性岩土体，由于现场黄土的塑性指数 I_p 基本在10以下，孔隙比 e 基本在0.90以上，且6.9% < w(含水率) < 20.7%，平均值为15.3%，因此，该黄土属于稍密的稍湿~湿粉土。根据《规范》可确定该黄土的地基承载力基本允许值为 $[f_{a0}]=150\text{kPa}$。

根据设计文件，取涵洞基础底面短边宽 $b=2.5+0.35\times2+0.2\times2=3.6\text{m}$，基底埋置深度 $h=3.18+2.9+0.6=6.68\text{m}$。根据《规范》可得，基底宽度修正系数 $k_1=0$，深度修正系数 $k_2=1.5$。基底以下原状黄土的天然重度 $\gamma_1=14.5\text{kN/m}^3$，基底以上土体、混凝土等复合土体的加权平均重度 $\gamma_2=(17.3\times2+17.5\times1.68+25.0\times3.5)/6.68=22.7\text{kN/m}^3$。将以上参数带入式(6-1)可得涵洞中点截面的承载力允许值为：$[f_a]=150+0\times14.5\times(3.6-2)+1.5\times22.7\times$

(6.68 - 3) = 275.3kPa。

②涵洞进口截面处。

涵洞进出口与中点截面处地基承载力的差异主要在于涵洞上覆填土厚度不同造成修正部分数值不同,而其他参数不发生变化。因此,根据设计文件,涵洞进口处填土高度为2.27m,故基底埋置深度 $h = 2.27 + 2.9 + 0.6 = 5.77$m。将已知参数代入式(6-1)可得涵洞抛石换填地基进口截面的承载力允许值为:$[f_a] = 150 + 0 \times 14.5 \times (3.6 - 2) + 1.5 \times 22.7 \times (5.77 - 3) = 244.3$kPa。

2)地基压缩变形计算

(1)计算公式。

公路涵洞地基沉降计算与控制尤其是工后沉降量和沉降稳定时间的预测对公路建设具有重要意义,涵洞地基在施工期间的变形主要考虑地基垂直方向的沉降变形,而对其水平方向的变形可忽略不予考虑。根据《规范》,涵洞地基的最终沉降量按式(6-2)和式(6-3)计算。

$$s = \psi_s s_0 = \psi_s \sum_{i=1}^{n} \frac{p_0}{E_{si}} (z_i \overline{\alpha}_i - z_{i-1} \overline{\alpha}_{i-1}) \tag{6-2}$$

$$p_0 = p - \gamma h \tag{6-3}$$

式中:s——地基最终沉降量(mm);

s_0——按照分层总和法计算的地基沉降量(mm);

ψ_s——沉降计算经验系数,可按《规范》确定;

n——地基沉降计算深度范围内所划分的土层数;

p_0——对应于作用的准永久组合时,基础底面处的附加压应力(kPa);

E_{si}——基础底面下第 i 层土的压缩模量(MPa);

z_i、z_{i-1}——基础底面至第 i 层土、第 $i-1$ 层土底面的距离(m);

$\overline{\alpha}_i$、$\overline{\alpha}_{i-1}$——基础底面计算点至第 i 层土、第 $i-1$ 层土底面范围内平均附加压应力系数,可按《规范》选用;

p——基底压应力(kPa);

h——基底埋置深度(m),一般从天然地面算起;

γ——h 内土体的重度(kN/m³)。

在确定沉降计算经验系数 ψ_s 时,应通过基底附加压应力与沉降计算范围内压缩模量的当量值 $\overline{E}_s$ 综合确定,其中 $\overline{E}_s$ 可通过式(6-4)计算确定。

$$\overline{E}_s = \frac{\sum A_i}{\sum \frac{A_i}{E_{si}}} \tag{6-4}$$

式中:A_i——第 i 层土的附加压应力系数沿土层厚度的积分值。

(2)小间距挤密桩处理的涵洞地基。

涵洞在进出口与中间部位承受的荷载情况不同,导致在不同基底处的附加压应力不同,从而造成进出口与中间部位的地基最终沉降量不同。在涵洞进出口之间的任一部位,涵洞的受力情况与计算截面特征基本相同。因此,需要将涵洞分为进口、出口、中间3个部位分别计算其地基最终沉降量。此外，涵洞地基处理前后基底土体的物理力学性质有较大差别，导致涵洞地基处理前后的地基最终沉降量也有所不同，因此，应分别计算涵洞地基处理前后地基的最终沉降量，对比分析涵洞地基处理效果。

①涵洞中点截面处。

a. 地基处理前：

(a)涵洞外力计算。

小间距挤密桩涵洞所在的工点为Ⅲ级(严重)自重湿陷性黄土场地，自重湿陷性黄土层厚度大于8m。涵洞断面示意如图6-5所示。涵洞基础宽3.6m，长38.58m，基础厚0.6m，基础埋深1.5m；墙身高2.9m，厚0.6m；盖板中间部分厚0.24m，两端厚0.2m，盖板上覆土层平均厚度为3.06m。基底以下土的重度为16kN/m³，盖板上覆土层的重度为17kN/m³，基础、墙身及盖板的重度取25kN/m³。涵洞基底以上所受的外力主要考虑涵洞结构自身荷载、涵洞基础荷载、涵洞上覆土重、涵洞洞身周围零星填土荷载4个方面。以涵洞中点截面左右对称各取0.5m为单位宽度，计算涵洞中点截面处所受荷载。

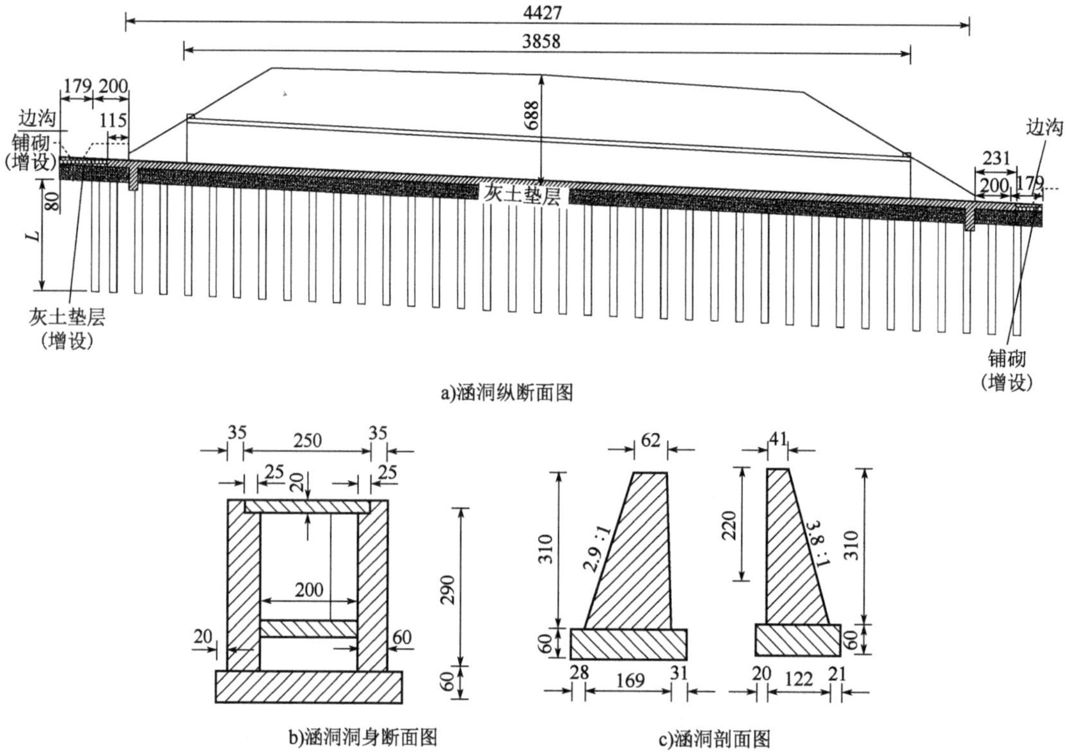

图6-5　小间距挤密桩涵洞断面示意图(尺寸单位：cm)

涵洞结构自身荷载：$[(3.2\times0.24)+(0.6\times2.9\times2)+(2.0\times0.3)]\times1.0\times25=121.2\text{kN}$。

涵洞基础荷载：$3.6\times0.6\times1.0\times25=54.0\text{kN}$。

涵洞上覆土重：$[3.6\times(0.5\times2)\times3.06]\times17=187.3\text{kN}$。

涵洞洞身周围零星填土荷载：$(3.1\times0.2\times2+2.0\times0.6)\times1.0\times16=39.0\text{kN}$。

因此,基底以上荷载总重为 121.2 + 54.0 + 187.3 + 39.0 = 401.5kN。

(b)基底压应力计算。

基础底面积 $S = 3.6 \times 1.0 = 3.6m^2$,由基底压应力计算公式可得 $p = \sum G/S = 401.5/3.6 = 111.53kPa$。

(c)基底附加压应力计算。

由涵洞结构设计图可知,基底埋置深度 $h = 1.5m$,故由式(6-3)可得基底附加压应力 $p_0 = 111.53 - 16 \times 1.5 = 87.53kPa$。

(d)地基沉降计算深度。

根据《规范》,基底中心的地基沉降量计算深度 $z_n = b(2.5 - 0.4\ln b) = 3.6 \times (2.5 - 0.4 \times \ln 3.6) = 7.16m$,取计算深度 $z_n = 7m$,分层厚度取 $1m < 0.4b$,满足要求。

(e)确定各层沉降量。

将涵洞基底附加压应力近似为矩形面积上的均布荷载作用导致的,根据《规范》可得到各层土体中点的平均附加压应力系数,并计算得到各层土体的沉降量,如表6-2所示。

小间距挤密桩涵洞中点截面处地基处理前各层沉降量计算　　表6-2

(1)	(2)	(3)	(4)	(5)	(6)	(7)	(8)
深度 z_i (m)	平均附加压应力系数 $\overline{\alpha}_i$	$z_i\overline{\alpha}_i$ (m)	$z_{i-1}\overline{\alpha}_{i-1}$ (m)	$z_i\overline{\alpha}_i - z_{i-1}\overline{\alpha}_{i-1}$ (m)	E_{si} (MPa)	$\frac{p_0}{E_{si}}$ ($\times 10^{-3}$)	(5)×(7) (mm)
0.0	1.000	0	—	0	0	0	0
1.0	0.984	0.984	0.000	0.984	8.02	10.914	10.739
2.0	0.927	1.854	0.984	0.870	5.71	15.329	13.336
3.0	0.851	2.553	1.854	0.699	7.75	11.294	7.895
4.0	0.782	3.128	2.553	0.575	3.69	23.721	13.640
5.0	0.714	3.570	3.128	0.442	3.47	25.225	11.149
6.0	0.662	3.972	3.570	0.402	6.65	13.162	5.291
7.0	0.615	4.305	3.972	0.333	8.57	10.214	3.401

因此,累计沉降量为:10.739 + 13.336 + 7.895 + 13.640 + 11.149 + 5.291 + 3.401 = 65.451mm。

(f)确定沉降计算经验系数。

由表6-2和式(6-4)可知,由于划分的每一层土体厚度均为1m,对每一层土体附加压应力系数按照厚度的积分值即为每一层土体的附加压应力系数与土层厚度的乘积,故等同可得当量压缩模量的计算值:

$$\overline{E}_s = \frac{\sum A_i}{\sum \frac{A_i}{E_{si}}} = (0.984 + 0.927 + 0.851 + 0.782 + 0.714 + 0.662 + 0.615)/$$

$$(0.984/8.02 + 0.927/5.71 + 0.851/7.75 + 0.782/3.69 + 0.714/3.47 + 0.662/6.65 + 0.615/8.57) = 6.02MPa$$

查《规范》可得，沉降计算经验系数 $\psi_s=0.8$。

(g)确定地基最终沉降量。

由式(6-2)可得，小间距挤密桩涵洞中点截面处地基最终沉降量为 $s=0.8\times65.451=52.4$mm，即小间距挤密桩涵洞中点截面处在地基处理前的涵洞地基最终沉降量为52.4mm。

b. 地基处理后：

涵洞地基处理后地基土体的物理力学性质发生变化，地基土体各层的压缩模量增大，而地基土体以上部分的受力情况并未发生变化。因此，地基处理后涵洞的基底附加压应力、计算深度均不发生变化，就涵洞地基处理后的各层沉降量计算如下。

小间距挤密桩桩径为40cm，桩间距为100cm，桩长 $L=6$m，加固范围为路堤坡脚及涵洞垂裙外2m。成桩后，桩顶表面铺设80cm厚的灰土垫层，三七灰土垫层重度为16kN/m³。

(a)各层沉降量确定。

将涵洞基底附加压应力近似为矩形面积上的均布荷载作用导致的，根据《规范》可得到各层土体中点的平均附加压应力系数，并计算得到各层土体的沉降量，如表6-3所示。表中各层土体的压缩模量是根据土工试验报告和现场经验所取的。

小间距挤密桩涵洞中点截面处地基处理后各层沉降量计算 表6-3

(1)	(2)	(3)	(4)	(5)	(6)	(7)	(8)
深度 z_i (m)	平均附加压应力系数 $\overline{\alpha}_i$	$z_i\overline{\alpha}_i$ (m)	$z_{i-1}\overline{\alpha}_{i-1}$ (m)	$z_i\overline{\alpha}_i-z_{i-1}\overline{\alpha}_{i-1}$ (m)	E_{si} (MPa)	$\frac{p_0}{E_{si}}$ ($\times10^{-3}$)	(5)×(7) (mm)
0.0	1.000	0	—	0	0	0	0
1.0	0.984	0.984	0.000	0.984	10.4	8.416	8.282
2.0	0.927	1.854	0.984	0.870	13.2	6.631	5.769
3.0	0.851	2.553	1.854	0.699	19.2	4.559	3.187
4.0	0.782	3.128	2.553	0.575	18.4	4.757	2.735
5.0	0.714	3.570	3.128	0.442	15.9	5.505	2.433
6.0	0.662	3.972	3.570	0.402	15.5	5.647	2.270
7.0	0.615	4.305	3.972	0.333	22.5	3.890	1.295

因此，累计沉降量为：$8.282+5.769+3.187+2.735+2.433+2.270+1.295=25.971$mm。

(b)确定沉降计算经验系数。

由表6-3和式(6-4)可得当量压缩模量的计算值：

$$\overline{E}_s=\frac{\sum A_i}{\sum\frac{A_i}{E_{si}}}=(0.984+0.927+0.851+0.782+0.714+0.662+0.615)/$$
$$(0.984/10.4+0.927/13.2+0.851/19.2+0.782/18.4+0.714/15.9+$$
$$0.662/15.5+0.615/22.5)=15.08\text{MPa}$$

查《规范》可得，沉降计算经验系数 $\psi_s=0.4$。

(c)确定地基最终沉降量。

由式(6-2)可得,小间距挤密桩涵洞中点截面处地基最终沉降量为 $s=0.4\times25.971=10.4\text{mm}$,即小间距挤密桩涵洞中点截面处在地基处理后的涵洞地基最终沉降量为 10.4mm。

对比发现,小间距挤密桩涵洞中点截面处经地基处理后,其地基最终沉降量由处理前的 52.4mm 减小到 10.4mm,沉降量减小 42mm,减小幅度达 80.2%。可见,采用小间距挤密桩法对涵洞地基进行处理,对控制涵洞地基沉降变形是很有利的。

②涵洞进口截面处。

涵洞进口截面处的地基变形与涵洞中点截面处的地基变形的差异主要在于涵洞地基上部的受荷情况不同,涵洞地基土体的物理力学性质在地基处理前后也会发生变化。

a. 地基处理前:

(a)涵洞外力计算。

小间距挤密桩涵洞所在的工点为Ⅲ级(严重)自重湿陷性黄土场地,自重湿陷性黄土层厚度大于 8m。涵洞进口处地基计算所考虑的部分为以进口处断面为准,向涵洞内部和进口外部各延伸 0.5m,地基所承受的压力主要为涵洞结构自身荷载、涵洞基础荷载、涵洞上覆土重、涵洞进口翼墙自重及涵洞进口两侧土压力。基底以下土的重度为 16kN/m^3,盖板上覆土层和进口两侧填土的重度为 17kN/m^3,基础、墙身及盖板的重度取 25kN/m^3。各部分的受力计算如下:

涵洞结构自身荷载:$[(3.34\times0.2)+(0.6\times2.9\times2)]\times0.5\times25=51.85\text{kN}$。

涵洞基础荷载:$3.6\times0.6\times0.5\times25=27.0\text{kN}$。

涵洞上覆土重:$[3.6\times(0.5\times2)\times3.06]\times17=187.3\text{kN}$。

涵洞进口翼墙自重:$[3.1\times0.62+3.1\times1.07\times0.5+3.1\times0.41+3.1\times0.81\times0.5+(1.69+0.31+0.28+1.22+0.2+0.21)\times0.6]\times0.5\times25=105.7\text{kN}$。

涵洞进口两侧土压力:$[3.1\times(0.28+0.31)+3.1\times1.07\times0.5+3.1\times(0.2+0.21)+3.1\times0.81\times0.5]\times0.5\times17=51.7\text{kN}$。

因此,基底以上荷载总重为 $51.85+27.0+187.3+105.7+51.7=423.6\text{kN}$。

(b)基底压应力计算。

基础底面积 $S=3.6\times0.5+3.91\times0.5=3.755\text{m}^2$,由基底压应力计算公式可得 $p=\sum G/S=423.6/3.755=112.81\text{kPa}$。

(c)基底附加压应力计算。

由涵洞结构设计图可知,基底埋置深度 $h=1.5\text{m}$,故由式(6-3)可得基底附加压应力 $p_0=112.81-16\times1.5=88.81\text{kPa}$。

(d)地基沉降计算深度。

根据《规范》,基底中心的地基沉降量计算深度 $z_n=b(2.5-0.4\ln b)=3.6\times(2.5-0.4\times\ln3.6)=7.16\text{m}$,取计算深度 $z_n=7\text{m}$,分层厚度取 $1\text{m}<0.4b$,满足要求。

(e)确定各层沉降量。

将涵洞基底附加压应力近似为矩形面积上的均布荷载作用导致的,根据《规范》可得到各层土体中点的平均附加压应力系数,并计算得到各层土体的沉降量,如表 6-4 所示。

小间距挤密桩涵洞进口截面处地基处理前各层沉降量计算　　表6-4

(1)	(2)	(3)	(4)	(5)	(6)	(7)	(8)
深度 z_i (m)	平均附加压应力系数 $\overline{\alpha}_i$	$z_i\overline{\alpha}_i$ (m)	$z_{i-1}\overline{\alpha}_{i-1}$ (m)	$z_i\overline{\alpha}_i - z_{i-1}\overline{\alpha}_{i-1}$ (m)	E_{si} (MPa)	$\frac{p_0}{E_{si}}$ ($\times10^{-3}$)	(5)×(7) (mm)
0.0	1.000	0.000	—	0	0	0	0
1.0	0.984	0.984	0.000	0.984	8.02	11.074	10.896
2.0	0.927	1.854	0.984	0.870	5.71	15.553	13.531
3.0	0.851	2.553	1.854	0.699	7.75	11.459	8.010
4.0	0.782	3.128	2.553	0.575	3.69	24.068	13.839
5.0	0.714	3.570	3.128	0.442	3.47	25.594	11.312
6.0	0.662	3.972	3.570	0.402	6.65	13.355	5.369
7.0	0.615	4.305	3.972	0.333	8.57	10.363	3.451

因此，累计沉降量为：10.896 + 13.531 + 8.010 + 13.839 + 11.312 + 5.369 + 3.451 = 66.408mm。

(f)确定沉降计算经验系数。

由表6-4和式(6-4)可知，由于划分的每一层土体厚度均为1m，对每一层土体附加压应力系数按厚度的积分值即为每一层土体的附加压应力系数与土层厚度的乘积，故等同可得当量压缩模量的计算值：

$$\overline{E}_s = \frac{\sum A_i}{\sum \frac{A_i}{E_{si}}} = (0.984 + 0.927 + 0.851 + 0.782 + 0.714 + 0.662 + 0.615)/(0.984/8.02 + 0.927/5.71 + 0.851/7.75 + 0.782/3.69 + 0.714/3.47 + 0.662/6.65 + 0.615/8.57) = 6.02\text{MPa}$$

查《规范》可得，沉降计算经验系数 $\psi_s = 0.8$。

(g)确定地基最终沉降量。

由式(6-2)可得，小间距挤密桩涵洞进口截面处地基最终沉降量为 $s = 0.8 \times 66.408 = 53.1$mm，即小间距挤密桩涵洞进口截面处在地基处理前的涵洞地基最终沉降量为53.1mm。

b. 地基处理后：

涵洞地基处理后地基土体的物理力学性质发生变化，地基土体各层的压缩模量增大，而地基土体以上部分的受力情况并未发生变化。因此，地基处理后涵洞的基底附加压应力、计算深度均不发生变化，就涵洞地基处理后的各层沉降量计算如下。

小间距挤密桩桩径为40cm，桩间距为100cm，桩长 $L = 6$m，加固范围为路堤坡脚及涵洞垂裙外2m。成桩后，桩顶表面铺设80cm厚的灰土垫层，三七灰土垫层重度为16kN/m^3。

(a)确定各层沉降量。

将涵洞基底附加压应力近似为矩形面积上的均布荷载作用导致的，根据《规范》可得到各层土体中点的平均附加压应力系数，并计算得到各层土体的沉降量，如表6-5所示。

小间距挤密桩涵洞进口截面处地基处理后各层沉降量计算 表6-5

(1)	(2)	(3)	(4)	(5)	(6)	(7)	(8)
深度 z_i (m)	平均附加压力系数 $\overline{\alpha}_i$	$z_i\overline{\alpha}_i$ (m)	$z_{i-1}\overline{\alpha}_{i-1}$ (m)	$z_i\overline{\alpha}_i - z_{i-1}\overline{\alpha}_{i-1}$ (m)	E_{si} (MPa)	$\frac{p_0}{E_{si}}$ ($\times 10^{-3}$)	(5)×(7) (mm)
0.0	1.000	0	—	0	0	0	0
1.0	0.984	0.984	0.000	0.984	10.4	8.539	8.403
2.0	0.927	1.854	0.984	0.870	13.2	6.728	5.853
3.0	0.851	2.553	1.854	0.699	19.2	4.626	3.233
4.0	0.782	3.128	2.553	0.575	18.4	4.827	2.775
5.0	0.714	3.570	3.128	0.442	15.9	5.586	2.469
6.0	0.662	3.972	3.570	0.402	15.5	5.730	2.303
7.0	0.615	4.305	3.972	0.333	22.5	3.947	1.314

因此，累计沉降量为：8.403 + 5.853 + 3.233 + 2.775 + 2.469 + 2.303 + 1.314 = 26.350mm。

(b)确定沉降计算经验系数。

由表6-5和式(6-4)可得当量压缩模量的计算值：

$$\overline{E}_s = \frac{\sum A_i}{\sum \frac{A_i}{E_{si}}} = (0.984 + 0.927 + 0.851 + 0.782 + 0.714 + 0.662 + 0.615)/(0.984/10.4 + 0.927/13.2 + 0.851/19.2 + 0.782/18.4 + 0.714/15.9 + 0.662/15.5 + 0.615/22.5) = 15.1\text{MPa}$$

查《规范》可得，沉降计算经验系数 $\psi_s = 0.4$。

(c)确定地基最终沉降量。

由式(6-2)可得，小间距挤密桩涵洞中点截面处地基最终沉降量为 $s = 0.4 \times 26.350 = 10.6\text{mm}$，即小间距挤密桩涵洞中点截面处在地基处理后的涵洞地基最终沉降量为10.6mm。

对比发现，小间距挤密桩涵洞中点截面处经地基处理后，其地基最终沉降量由处理前的53.1mm减小到10.6mm，沉降量减小42.5mm，减小幅度达80.0%。可见，采用小间距挤密桩法对涵洞进口处地基进行处理，对控制涵洞地基沉降变形是比较有利的。

③涵洞出口截面处。

涵洞出口截面处与涵洞进口截面处的地基状态、土体物理力学特征、地基处理方式、截面尺寸、受力状态等都基本一致，因此，涵洞出口截面处的地基变形与涵洞进口截面处的地基变形是相同的，故不做重复计算。

(3)大间距挤密桩处理的涵洞地基。

涵洞在进出口与中间部位承受的荷载情况不同，导致在不同基底处的附加压应力不等，从而造成进出口与中间部位的地基最终沉降量不同。在涵洞进出口之间的任一部位，涵洞的受力情况与计算截面特征基本相同。因此，需要将涵洞分为进口、出口、中间3个部位分别计算其地基最终沉降量。此外，涵洞地基处理前后基底土体的物理力学性质有较大差别，导致涵洞地基处理前后的地基最终沉降量也有所不同,因此,应分别计算涵洞地基处理前后的地基最终沉降量,以对比分析涵洞地基处理效果。

①涵洞中点截面处。

a. 地基处理前:

(a)涵洞外力计算。

大间距挤密桩涵洞所在的工点为Ⅲ级(严重)自重湿陷性黄土场地,自重湿陷性黄土层厚度大于8m。涵洞断面示意如图6-6 所示。涵洞基础宽3.6m,长38.58m,基础厚0.6m,基础埋深1.5m;墙身高2.9m,厚0.6m;盖板中间部分厚0.24m,两端厚0.2m,盖板上覆土层平均厚度为3.06m。基底以下土的重度为16kN/m³,盖板上覆土层的重度为17kN/m³,基础、墙身及盖板的重度取25kN/m³。涵洞基底以上所受的外力主要考虑涵洞结构自身荷载、涵洞基础荷载、涵洞上覆土重、涵洞洞身周围零星填土荷载4 个方面。以涵洞中点截面左右对称各取0.5m为单位宽度,计算涵洞中点截面处所受荷载。

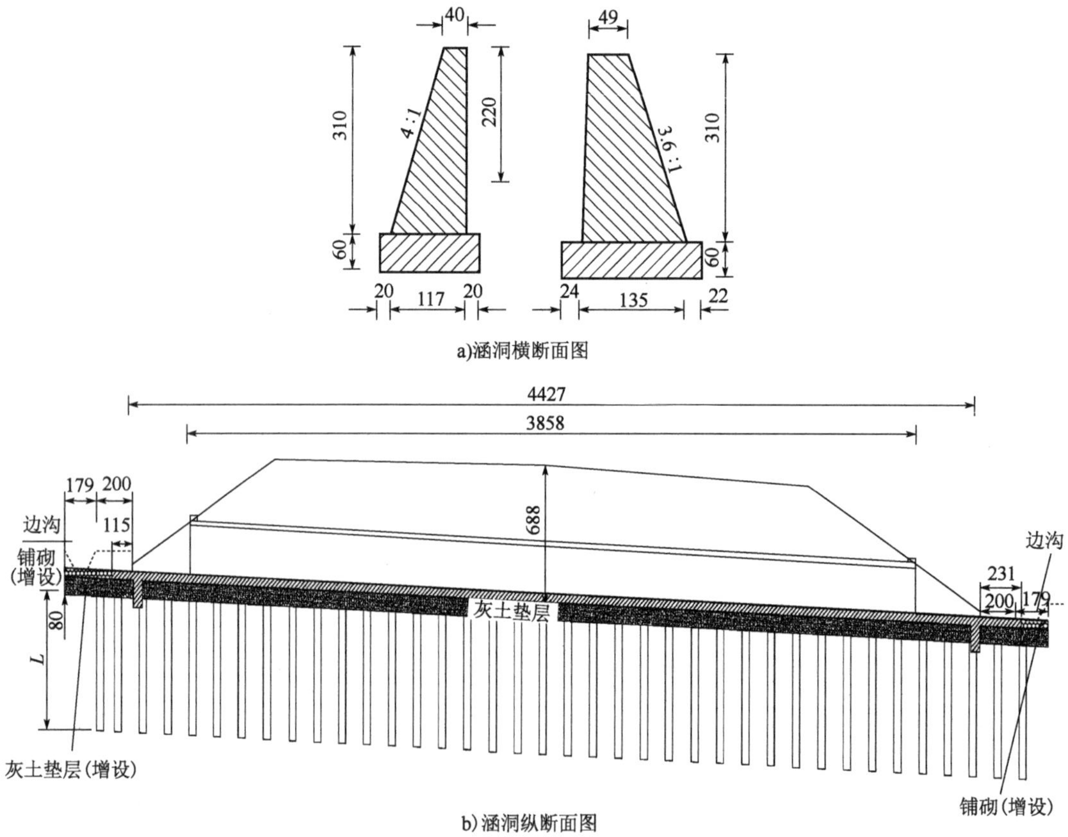

图6-6 大间距挤密桩涵洞断面示意图(尺寸单位:cm)

涵洞结构自身荷载:[(3.2×0.24)+(0.6×2.9×2)+(2.0×0.3)]×1.0×25 = 121.2kN。

涵洞基础荷载:3.6×0.6×1.0×25 = 54.0kN。

涵洞上覆土重:[3.6×(0.5×2)×3.06]×17 = 187.3kN。

涵洞洞身周围零星填土荷载：$(3.1\times0.2\times2+2.0\times0.6)\times1.0\times16=39.0\text{kN}$。

因此，基底以上荷载总重为 $121.2+54.0+187.3+39.0=401.5\text{kN}$。

(b)基底压应力计算。

基础底面积 $S=3.6\times1.0=3.6\text{m}^2$，由基底压应力计算公式可得 $p=\sum G/S=401.5/3.6=111.53\text{kPa}$。

(c)基底附加压应力计算。

由涵洞结构设计图可知，基底埋置深度 $h=1.5\text{m}$，故由式(6-3)可得基底附加压应力 $p_0=111.53-16\times1.5=87.53\text{kPa}$。

(d)地基沉降计算深度。

根据《规范》，基底中心的地基沉降量计算深度 $z_n=b(2.5-0.4\ln b)=3.6\times(2.5-0.4\times\ln3.6)=7.16\text{m}$，取计算深度 $z_n=7\text{m}$，分层厚度取 $1\text{m}<0.4b$，满足要求。

(e)确定各层沉降量。

将涵洞基底附加压应力近似为矩形面积上的均布荷载作用导致的，根据《规范》，可得到各层土体中点的平均附加压应力系数，并计算得到各层土体的沉降量，如表6-6所示。

大间距挤密桩涵洞中点截面处地基处理前各层沉降量计算 表6-6

(1)	(2)	(3)	(4)	(5)	(6)	(7)	(8)
深度 z_i (m)	平均附加压应力系数 $\overline{\alpha}_i$	$z_i\overline{\alpha}_i$ (m)	$z_{i-1}\overline{\alpha}_{i-1}$ (m)	$z_i\overline{\alpha}_i-z_{i-1}\overline{\alpha}_{i-1}$ (m)	E_{si} (MPa)	$\frac{p_0}{E_{si}}$ ($\times10^{-3}$)	(5)×(7) (mm)
0.0	1.000	0.000	—	0	0	0	0
1.0	0.984	0.984	0.000	0.984	8.02	10.914	10.739
2.0	0.927	1.854	0.984	0.870	5.71	15.329	13.336
3.0	0.851	2.553	1.854	0.699	7.75	11.294	7.895
4.0	0.782	3.128	2.553	0.575	3.69	23.721	13.640
5.0	0.714	3.570	3.128	0.442	3.47	25.225	11.149
6.0	0.662	3.972	3.570	0.402	6.65	13.162	5.291
7.0	0.615	4.305	3.972	0.333	8.57	10.214	3.401

因此，累计沉降量为：$10.739+13.336+7.895+13.640+11.149+5.291+3.401=65.451\text{mm}$。

(f)确定沉降计算经验系数。

由表6-6和式(6-4)可知，由于划分的每一层土体的厚度都为1m，对每一层土体附加压应力系数按照厚度的积分值即为每一层土体的附加压应力系数与土层厚度的乘积，故等同可得当量压缩模量的计算值。

$$\overline{E}_s=\frac{\sum A_i}{\sum\frac{A_i}{E_{si}}}=(0.984+0.927+0.851+0.782+0.714+0.662+0.615)/(0.984/8.02+0.927/5.71+0.851/7.75+0.782/3.69+0.714/3.47+0.662/6.65+0.615/8.57)=6.02\text{MPa}$$

查《规范》可得，沉降计算经验系数 $\psi_s = 0.8$。

(g)确定地基最终沉降量。

由式(6-2)可得，大间距挤密桩涵洞中点截面处地基最终沉降量为 $s = 0.8 \times 65.451 = 52.4$mm，即大间距挤密桩涵洞中点截面处在地基处理前的涵洞地基最终沉降量为 52.4mm。

b. 地基处理后：

涵洞地基处理后地基土体的物理力学性质发生变化，地基土体各层的压缩模量增大，而地基土体以上部分的受力情况并未发生变化。因此，地基处理后涵洞的基底附加压应力、计算深度均不发生变化，就涵洞地基处理后的各层沉降量计算如下。

大间距挤密桩桩径为 40cm，桩间距为 120cm，桩长 $L = 6$m，加固范围为路堤坡脚及涵洞垂裙外 2m。成桩后，桩顶表面铺设 80cm 厚的灰土垫层，三七灰土垫层重度为 16kN/m^3。

(a)确定各层沉降量。

将涵洞基底附加压应力近似为矩形面积上的均布荷载作用导致的，根据《规范》可得到各层土体中点的平均附加压应力系数，并计算得到各层土体的沉降量，如表 6-7 所示。表中各层土体的压缩模量是根据土工试验报告和现场经验所取的。为了与小间距挤密桩的效果进行对比，大间距挤密桩的桩间土压缩模量比小间距挤密桩的小 2MPa，详见表 6-7。

大间距挤密桩涵洞中点截面处地基处理后各层沉降量计算 表 6-7

(1)	(2)	(3)	(4)	(5)	(6)	(7)	(8)
深度 z_i (m)	平均附加压应力系数 $\overline{\alpha}_i$	$z_i\overline{\alpha}_i$ (m)	$z_{i-1}\overline{\alpha}_{i-1}$ (m)	$z_i\overline{\alpha}_i - z_{i-1}\overline{\alpha}_{i-1}$ (m)	E_{si} (MPa)	$\frac{p_0}{E_{si}}$ ($\times 10^{-3}$)	(5)×(7) (mm)
0.0	1.000	0	—	0	0	0	0
1.0	0.984	0.984	0.000	0.984	8.4	10.420	10.254
2.0	0.927	1.854	0.984	0.870	11.2	7.815	6.799
3.0	0.851	2.553	1.854	0.699	17.2	5.089	3.557
4.0	0.782	3.128	2.553	0.575	16.4	5.337	3.069
5.0	0.714	3.570	3.128	0.442	13.9	6.297	2.783
6.0	0.662	3.972	3.570	0.402	13.5	6.484	2.606
7.0	0.615	4.305	3.972	0.333	20.5	4.270	1.422

因此，累计沉降量为：$10.254 + 6.799 + 3.557 + 3.069 + 2.783 + 2.606 + 1.422 = 30.49$mm。

(b)确定沉降计算经验系数。

由表 6-7 和式(6-4)可得当量压缩模量的计算值：

$$\overline{E}_s = \frac{\Sigma A_i}{\Sigma \frac{A_i}{E_{si}}} = (0.984 + 0.927 + 0.851 + 0.782 + 0.714 + 0.662 + 0.615)/(0.984/8.4 + 0.927/11.2 + 0.851/17.2 + 0.782/16.4 + 0.714/13.9 + 0.662/13.5 + 0.615/20.5) = 12.95\text{MPa}$$

查《规范》可得,沉降计算经验系数 $\psi_s = 0.475$。

(c)确定地基最终沉降量。

由式(6-2)可得,大间距挤密桩涵洞中点截面处地基最终沉降量为 $s = 0.475 \times 30.49 = 14.5$mm,即大间距挤密桩涵洞中点截面处地基最终沉降量为14.5mm。

对比发现,大间距挤密桩涵洞中点截面处经地基处理后,其地基最终沉降量由处理前的52.4mm减小到14.5mm,沉降量减小37.9mm,减小幅度达72.3%。可见,采用大间距挤密桩法对涵洞地基进行处理,对控制涵洞地基沉降变形是很有利的。

②涵洞进口截面处。

涵洞进口截面处的地基变形与涵洞中点截面处的地基变形的差异主要在于涵洞地基上部的受荷情况不同,涵洞地基土体的物理力学性质在地基处理前后也会发生变化。

a. 地基处理前:

(a)涵洞外力计算。

大间距挤密桩涵洞所在的工点为Ⅲ级(严重)自重湿陷性黄土场地,自重湿陷性黄土层厚度大于8m。涵洞进口处地基计算所考虑的部分为以进口处断面为准,向涵洞内部和进口外部各延伸0.5m,地基所承受的压力主要为涵洞结构自身荷载、涵洞基础荷载、涵洞上覆土重、涵洞进口翼墙自重及涵洞进口两侧土压力。基底以下土的重度为16kN/m³,盖板上覆土层和进口两侧填土的重度为17kN/m³,基础、墙身及盖板的重度取25kN/m³。各部分的受力计算如下:

涵洞结构自身荷载:$[(3.2 \times 0.2) + (0.6 \times 2.9 \times 2)] \times 0.5 \times 25 = 51.5$kN。

涵洞基础荷载:$3.6 \times 0.6 \times 0.5 \times 25 = 27.0$kN。

涵洞上覆土重:$(3.6 \times 0.5 \times 2.21) \times 17 = 67.63$kN。

涵洞进口翼墙自重:$[(3.1 \times 0.4 + 3.1 \times 0.77 \times 0.5 + 3.1 \times 0.49 + 3.1 \times 0.86 \times 0.5) \times 0.9 + (1.57 + 1.35 + 0.24 + 0.22) \times 0.6] \times 0.5 \times 25 = 84.8$kN。

式中,0.9为涵洞进口处翼墙自重按照梯形变化的估算系数。

涵洞进口两侧土压力:$[3.1 \times 0.2 + 3.1 \times 0.77 \times 0.5 + 3.1 \times (0.2 + 0.24 + 0.2) + 3.1 \times 0.86 \times 0.5] \times 0.5 \times 17 \times 0.9 = 39.25$kN。

式中,0.9为涵洞进口处翼墙两侧土压力按照梯形变化的估算系数。

因此,基底以上荷载总重为 $51.5 + 27.0 + 67.63 + 84.8 + 39.25 = 270.18$kN。

(b)基底压应力计算。

基础底面积 $S = 3.6 \times 0.5 + 3.38 \times 0.5 = 3.49\text{m}^2$,由基底压应力计算公式可得 $p = \sum G/S = 270.18/3.49 = 77.4$kPa。

(c)基底附加压应力计算。

由涵洞结构设计图可知,基底埋置深度 $h = 1.5$m,故由式(6-3)可得基底附加压应力 $p_0 = 77.4 - 16 \times 1.5 = 53.4$kPa。

(d)地基沉降计算深度。

根据《规范》,基底中心的地基沉降量计算深度 $z_n = b(2.5 - 0.4\ln b) = 3.6 \times (2.5 - 0.4 \times \ln 3.6) = 7.16$m,取计算深度 $z_n = 7$m,分层厚度取 $1\text{m} < 0.4b$,满足要求。

(e)确定各层沉降量。

将涵洞基底附加压应力近似为矩形面积上的均布荷载作用导致的,根据《规范》可得到各层土体中点的平均附加压应力系数,并计算得到各层土体的沉降量,如表6-8所示。

大间距挤密桩涵洞进口截面处地基处理前各层沉降量计算 表6-8

(1)	(2)	(3)	(4)	(5)	(6)	(7)	(8)
深度 z_i (m)	平均附加压应力系数 $\overline{\alpha}_i$	$z_i\overline{\alpha}_i$ (m)	$z_{i-1}\overline{\alpha}_{i-1}$ (m)	$z_i\overline{\alpha}_i - z_{i-1}\overline{\alpha}_{i-1}$ (m)	E_{si} (MPa)	$\frac{p_0}{E_{si}}$ ($\times10^{-3}$)	(5)×(7) (mm)
0.0	1.000	0.000	—	0	0	0	0
1.0	0.984	0.984	0.000	0.984	8.02	6.658	6.552
2.0	0.927	1.854	0.984	0.870	5.71	9.352	8.136
3.0	0.851	2.553	1.854	0.699	7.75	6.890	4.816
4.0	0.782	3.128	2.553	0.575	3.69	14.472	8.321
5.0	0.714	3.570	3.128	0.442	3.47	15.389	6.802
6.0	0.662	3.972	3.570	0.402	6.65	8.030	3.228
7.0	0.615	4.305	3.972	0.333	8.57	6.231	2.075

因此,累计沉降量为:6.552+8.136+4.816+8.321+6.802+3.228+2.075=39.93mm。

(f)确定沉降计算经验系数。

由表6-8和式(6-4)可知,由于划分的每一层土体的厚度都为1m,对每一层土体附加压应力系数按照厚度的积分值即为每一层土体的附加压应力系数与土层厚度的乘积,故等同可得当量压缩模量的计算值:

$$\overline{E}_s=\frac{\sum A_i}{\sum\frac{A_i}{E_{si}}}=(0.984+0.927+0.851+0.782+0.714+0.662+0.615)/(0.984/8.02+0.927/5.71+0.851/7.75+0.782/3.69+0.714/3.47+0.662/6.65+0.615/8.57)=6.02\text{MPa}$$

查《规范》可得,沉降计算经验系数 $\psi_s=0.8$。

(g)确定地基最终沉降量。

由式(6-2)可得,大间距挤密桩涵洞进口截面处地基最终沉降量为 $s=0.8\times39.93=31.94$mm,即大间距挤密桩涵洞进口截面处在地基处理前的涵洞地基最终沉降量为31.94mm。

b.地基处理后:

涵洞地基处理后地基土体的物理力学性质发生变化,地基土体各层的压缩模量增大,而地基土体以上部分的受力情况并未发生变化。因此,地基处理后涵洞的基底附加压应力、计算深度均不发生变化,就涵洞地基处理后的各层沉降量计算如下。

大间距挤密桩桩径为40cm,桩间距为120cm,桩长 $L=6$m,加固范围为路堤坡脚及涵洞垂裙外2m。成桩后,桩顶表面铺设80cm厚的灰土垫层,三七灰土垫层重度为16kN/m³。

(a)确定各层沉降量。

将涵洞基底附加压应力近似为矩形面积上的均布荷载作用导致的,根据《规范》可得到各层土体中点的平均附加压应力系数,并计算得到各层土体的沉降量,如表6-9所示。

大间距挤密桩涵洞进口截面处地基处理后各层沉降量计算 表6-9

(1)	(2)	(3)	(4)	(5)	(6)	(7)	(8)
深度 z_i (m)	平均附加压应力系数 $\overline{\alpha}_i$	$z_i\overline{\alpha}_i$ (m)	$z_{i-1}\overline{\alpha}_{i-1}$ (m)	$z_i\overline{\alpha}_i - z_{i-1}\overline{\alpha}_{i-1}$ (m)	E_{si} (MPa)	$\frac{p_0}{E_{si}}$ ($\times10^{-3}$)	(5)×(7) (mm)
0.0	1.000	0.000	—	0	0	0	0
1.0	0.984	0.984	0.000	0.984	8.4	6.357	6.255
2.0	0.927	1.854	0.984	0.870	11.2	4.768	4.148
3.0	0.851	2.553	1.854	0.699	17.2	3.105	2.170
4.0	0.782	3.128	2.553	0.575	16.4	3.256	1.872
5.0	0.714	3.570	3.128	0.442	13.9	3.842	1.698
6.0	0.662	3.972	3.570	0.402	13.5	3.956	1.590
7.0	0.615	4.305	3.972	0.333	20.5	2.605	0.867

因此,累计沉降量为:6.255 +4.148 +2.170 +1.872 +1.698 +1.590 +0.867 =18.6mm。

(b)确定沉降计算经验系数。

由表6-9和式(6-4)可得当量压缩模量的计算值:

$$\overline{E}_s=\frac{\sum A_i}{\sum\frac{A_i}{E_{si}}}=(0.984+0.927+0.851+0.782+0.714+0.662+0.615)/(0.984/8.4+0.927/11.2+0.851/17.2+0.782/16.4+0.714/13.9+0.662/13.5+0.615/20.5)=12.95\text{MPa}$$

查《规范》可得,沉降计算经验系数 $\psi_s=0.475$。

(c)确定地基最终沉降量。

由式(6-2)可得,大间距挤密桩涵洞进口截面处地基最终沉降量为 $s=0.475\times18.6=8.8\text{mm}$,即大间距挤密桩涵洞进口截面处最终沉降量为8.8mm。

对比发现,大间距挤密桩涵洞进口截面处经地基处理后,其地基最终沉降量由处理前的31.94mm减小到8.8mm,沉降量减小23.14mm,减小幅度达72.4%。可见,采用大间距挤密桩法对涵洞进口处地基进行处理,对控制涵洞地基沉降变形是比较有利的。

③涵洞出口截面处。

涵洞出口截面处与涵洞进口截面处的地基状态、土体物理力学特征、地基处理方式、截面尺寸、受力状态等都基本一致,因此,涵洞出口截面处的地基变形与涵洞进口截面处的地基变形是相同的,故不做重复计算。

(4)灰土换填法处理的涵洞地基。

涵洞在进出口与中间部位承受的荷载情况不同,导致在不同基底处的附加压应力不等,从而造成进出口与中间部位的地基最终沉降量不同。在涵洞进出口之间的任一部位,涵洞的受荷情况与计算截面特征基本相同,因此,需要对涵洞分为进口、出口、中间3个部位分别计算其地基最终沉降量。此外,涵洞地基处理前后基底土体的物理力学性质有较大差别,导致涵洞地基处理前后的地基最终沉降量也有所不同,因此,应分别计算涵洞地基处理前后的地基最终沉降量,以对比分析涵洞地基处理效果。

①涵洞中点截面处。

a. 地基处理前:

(a)涵洞外力计算。

灰土换填涵洞所在的工点为Ⅲ级(严重)自重湿陷性黄土场地,自重湿陷性黄土层厚度大于8m。涵洞断面示意如图6-7所示。涵洞基础宽6.6m,长80.18m,基础厚0.6m,基础埋深1.5m;墙身高4.9m,厚0.9m;盖板厚0.4m,盖板上覆土层平均厚度为5.68m。基底以下土的重度为$16kN/m^3$,盖板上覆土层的重度为$17kN/m^3$,基础、墙身及盖板的重度取$25kN/m^3$。涵洞基底以上所受的外力主要考虑涵洞结构自身荷载、涵洞基础荷载、涵洞上覆土重、涵洞洞身周围零星填土荷载4个方面。以涵洞中点截面左右对称各取0.5m为单位宽度,计算涵洞中点截面处所受荷载。

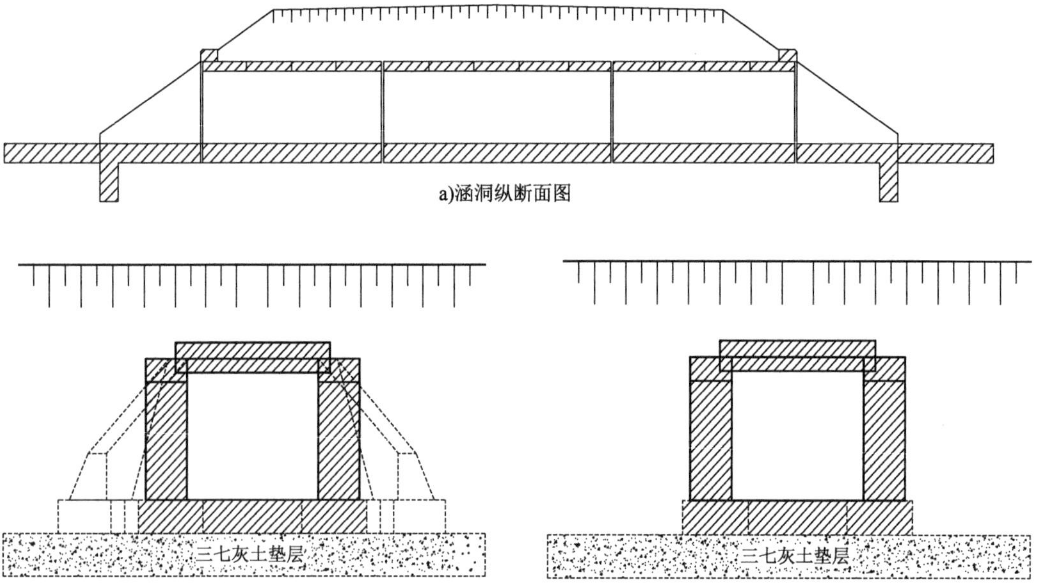

a)涵洞纵断面图

b)涵洞洞身断面图

c)涵洞剖面图

图6-7 灰土换填涵洞断面示意图

涵洞结构自身荷载:$[(6.6\times0.4)+(0.9\times4.8\times2)+(4.0\times0.2)]\times1.0\times25=300kN$。

涵洞基础荷载:$6.6\times0.6\times1.0\times25=99kN$。

涵洞上覆土重:$[6.6\times(0.5\times2)\times5.68]\times17=637.3kN$。

涵洞洞身周围零星填土荷载:$(5.1\times0.4\times2+4.0\times0.6)\times1.0\times16=103.7kN$。

因此,基底以上荷载总重为$300+99+637.3+103.7=1140kN$。

(b)基底压应力计算。

基础底面积$S=6.6\times1.0=6.6m^2$,由基底压应力计算公式可得$p=\sum G/S=1140/6.6=172.73kPa$。

(c)基底附加压应力计算。

由涵洞结构设计图可知,基底埋置深度$h=1.5m$,故由式(6-3)可得基底附加压应力$p_0=$

172.73 − 16 × 1.5 = 148.73kPa。

(d) 地基沉降计算深度。

根据《规范》,基底中心的地基沉降量计算深度 $z_n = b(2.5 - 0.4\ln b) = 6.6 \times (2.5 - 0.4 \times \ln 6.6) = 11.5$m,取计算深度 $z_n = 12$m,分层厚度取 2m < 0.4b,满足要求。

(e) 确定各层沉降量。

将涵洞基底附加压应力近似为矩形面积上的均布荷载作用导致的,根据《规范》可得到各层土体中点的平均附加压应力系数,并计算得到各层土体的沉降量,如表 6-10 所示。

灰土换填涵洞中点截面处地基处理前各层沉降量计算 表 6-10

(1)	(2)	(3)	(4)	(5)	(6)	(7)	(8)
深度 z_i (m)	平均附加压应力系数 $\overline{\alpha}_i$	$z_i\overline{\alpha}_i$ (m)	$z_{i-1}\overline{\alpha}_{i-1}$ (m)	$z_i\overline{\alpha}_i - z_{i-1}\overline{\alpha}_{i-1}$ (m)	E_{si} (MPa)	$\frac{p_0}{E_{si}}$ ($\times 10^{-3}$)	(5) × (7) (mm)
0.0	1.000	0	—	0	0	0	0
2.0	0.981	1.962	0.000	1.962	5.71	26.047	51.105
4.0	0.915	3.660	1.962	1.698	5.69	26.139	44.384
6.0	0.833	4.998	3.660	1.338	6.65	22.365	29.925
8.0	0.756	6.048	4.998	1.050	9.51	15.639	16.421
10.0	0.691	6.910	6.048	0.862	12.23	12.161	10.483
12.0	0.635	7.620	6.910	0.710	14.52	10.243	7.273

因此,累计沉降量为:51.105 + 44.384 + 29.925 + 16.421 + 10.483 + 7.273 = 159.591mm。

(f) 确定沉降计算经验系数。

由表 6-10 和式(6-4)可知,由于划分的每一层土体的厚度都为 2m,对每一层土体附加压应力系数按照厚度的积分值即为每一层土体的附加压应力系数与土层厚度的乘积,故等同可得当量压缩模量的计算值。

$$\overline{E}_s = \frac{\sum A_i}{\sum \frac{A_i}{E_{si}}} = (0.981 + 0.915 + 0.833 + 0.756 + 0.691 + 0.635)/(0.981/5.71 + 0.915/5.69 + 0.833/6.65 + 0.756/9.51 + 0.691/12.23 + 0.635/14.52) = 7.55\text{MPa}$$

查《规范》可得,沉降计算经验系数 $\psi_s = 0.68$。

(g) 确定地基最终沉降量。

由式(6-2)可得,灰土换填涵洞中点截面处地基最终沉降量为 $s = 0.68 \times 159.591 = 108.5$mm,即灰土换填涵洞中点截面处在地基处理前的涵洞地基最终沉降量为 108.5mm。

b. 地基处理后:

涵洞地基处理后地基土体的物理力学性质发生变化,地基土体各层的压缩模量增大,而地基土体以上部分的受力情况并未发生变化。因此,地基处理后涵洞的基底附加压应力、计算深度均不发生变化,就涵洞地基处理后的各层沉降量计算如下。

地基处理深度为 3m,处理方式为挖除换填,其中基底面下 2m 厚度为三七灰土换填垫层,灰土垫层下 1m 厚度为素土垫层。素土垫层重度为 17kN/m³,三七灰土垫层重度为 16kN/m³。

(a)确定各层沉降量。

将涵洞基底附加压应力近似为矩形面积上的均布荷载作用导致的,根据《规范》可得到各层土体中点的平均附加压应力系数,并计算得到各层土体的沉降量,如表6-11所示。

灰土换填涵洞中点截面处地基处理后各层沉降量计算　　表6-11

(1)	(2)	(3)	(4)	(5)	(6)	(7)	(8)
深度 z_i (m)	平均附加压应力系数 $\overline{\alpha}_i$	$z_i\overline{\alpha}_i$ (m)	$z_{i-1}\overline{\alpha}_{i-1}$ (m)	$z_i\overline{\alpha}_i - z_{i-1}\overline{\alpha}_{i-1}$ (m)	E_{si} (MPa)	$\frac{p_0}{E_{si}}$ ($\times10^{-3}$)	(5)×(7) (mm)
0.0	1.000	0	—	0	0	0	0
2.0	0.981	1.962	0	1.962	20.40	7.291	14.304
4.0	0.915	3.660	1.962	1.698	8.20	18.138	30.798
6.0	0.833	4.998	3.660	1.338	6.65	22.365	29.925
8.0	0.756	6.048	4.998	1.050	9.51	15.639	16.421
10.0	0.691	6.910	6.048	0.862	12.23	12.161	10.483
12.0	0.635	7.620	6.910	0.710	14.52	10.243	7.273

因此,累计沉降量为:14.304 +30.798 +29.925 +16.421 +10.483 +7.273 =109.204mm。

(b)确定沉降计算经验系数。

由表6-11 和式(6-4)可得当量压缩模量的计算值:

$$\overline{E}_s = \frac{\sum A_i}{\sum \frac{A_i}{E_{si}}} = (0.981+0.915+0.833+0.756+0.691+0.635)/(0.981/20.4+0.915/8.2+$$

$$0.833/6.65+0.756/9.51+0.691/12.23+0.635/14.52) = 10.35\text{MPa}$$

查《规范》可得,沉降计算经验系数 $\psi_s = 0.57$。

(c)确定地基最终沉降量。

由式(6-2)可得,灰土换填涵洞中点截面处地基最终沉降量为 $s = 0.57 \times 109.204 = 62.2$mm,即灰土换填涵洞中点截面处在地基处理后的涵洞地基最终沉降量为62.2mm。

对比发现,灰土换填涵洞中点截面处经地基处理后,其地基最终沉降量由处理前的108.5mm减小到62.2mm,沉降量减小46.3mm,减小幅度达42.7%。可见,采用灰土换填法对涵洞地基进行处理,对控制涵洞地基沉降变形是比较有利的。

②涵洞进口截面处。

涵洞进口截面处的地基变形与涵洞中点截面处的地基变形的差异主要在于涵洞地基上部的受荷情况不同,涵洞地基土体的物理力学性质在地基处理前后也会发生变化。

a. 地基处理前:

(a)涵洞外力计算。

灰土换填涵洞所在的工点为Ⅲ级(严重)自重湿陷性黄土场地,自重湿陷性黄土层厚度大于8m。涵洞进口处地基计算所考虑的部分为以进口处断面为准,向涵洞内部和进口外部各延伸0.5m,地基所承受的压力主要为涵洞结构自身荷载、涵洞基础荷载、涵洞上覆土重、涵洞进口翼墙自重及涵洞进口两侧土压力5个方面。基底以下土的重度为16kN/m^3,盖板上覆土层和进口两侧填土的重度为 17kN/m³,基础、墙身及盖板的重度取 25kN/m³。各部分的受力计算如下：

涵洞结构自身荷载：[(6.6 ×0.4) +(0.9 ×4.9 ×2)] ×0.5 ×25 =143.25kN。

涵洞基础荷载：6.6 ×0.6 ×1.0 ×25 =99kN。

涵洞上覆土重：(6.6 ×0.5 ×4.7) ×17 =263.7kN。

涵洞进口翼墙自重：(5.28 ×0.95 +5.28 ×2.7 ×0.5 +5.28 ×0.44 +5.28 ×1.57 ×0.5) × 0.5 ×25 ×0.9 =209.4kN。

式中,0.9 为涵洞进口处翼墙自重按照梯形变化的估算系数。

涵洞进口两侧土压力：[5.28 ×(0.41 +0.47) +5.28 ×2.7 ×0.5 +5.28 ×(0.22 +0.24) + 5.28 ×1.57 ×0.5] ×0.5 ×17 ×0.9 =140.4kN。

式中,0.9 为涵洞进口处翼墙两侧土压力按照梯形变化的估算系数。

因此,基底以上荷载总重为 143.25 +99 +263.7 +209.4 +140.4 =855.8kN。

(b)基底压应力计算。

基础底面积 S =6.6 ×0.5 +7.04 ×0.5 =6.82m²,由基底压应力计算公式可得 $p=\sum G/S=$ 855.8/6.82 =125.5kPa。

(c)基底附加压应力计算。

由涵洞结构设计图可知,基底埋置深度 h =1.5m,故由式(6-3)可得基底附加压应力 $p_0=$ 125.5 −16 ×1.5 =101.5kPa。

(d)地基沉降计算深度。

根据《规范》,基底中心的地基沉降量计算深度 $z_n=b(2.5-0.4\ln b)=6.6\times(2.5-0.4\times\ln 6.6)=11.5$m,取计算深度 z_n =12m,分层厚度取 2m <0.4b,满足要求。

(e)确定各层沉降量。

将涵洞基底附加压应力近似为矩形面积上的均布荷载作用导致的,根据《规范》可得到各层土体中点的平均附加压应力系数,并计算得到各层土体的沉降量,如表 6-12 所示。

灰土换填涵洞进口截面处地基处理前各层沉降量计算 表 6-12

(1)	(2)	(3)	(4)	(5)	(6)	(7)	(8)
深度 z_i (m)	平均附加压应力系数 $\overline{\alpha}_i$	$z_i\overline{\alpha}_i$ (m)	$z_{i-1}\overline{\alpha}_{i-1}$ (m)	$z_i\overline{\alpha}_i-z_{i-1}\overline{\alpha}_{i-1}$ (m)	E_{si} (MPa)	$\frac{p_0}{E_{si}}$ ($\times10^{-3}$)	(5)×(7) (mm)
0.0	1.000	0.000	0	0	0	0	0
2.0	0.981	1.962	0.000	1.962	5.71	17.776	34.876
4.0	0.915	3.660	1.962	1.698	5.69	17.838	30.289
6.0	0.833	4.998	3.660	1.338	6.65	15.263	20.422
8.0	0.756	6.048	4.998	1.050	9.51	10.673	11.207
10.0	0.691	6.910	6.048	0.862	12.23	8.299	7.154
12.0	0.635	7.620	6.910	0.710	14.52	6.990	4.963

因此,累计沉降量为：34.876 +30.289 +20.422 +11.207 +7.154 +4.963 =108.911mm。

(f)确定沉降计算经验系数。

由表 6-12 和式(6-4)可知,由于划分的每一层土体的厚度都为 2m,对每一层土体附加压

应力系数按照厚度的积分值即为每一层土体的附加压应力系数与土层厚度的乘积,故等同可得当量压缩模量的计算值:

$$\overline{E}_s = \frac{\sum A_i}{\sum \frac{A_i}{E_{si}}} = (0.981+0.915+0.833+0.756+0.691+0.635)/(0.981/5.71+0.915/5.69+0.833/6.65+0.756/9.51+0.691/12.23+0.635/14.52) = 7.55\text{MPa}$$

查《规范》可得,沉降计算经验系数 $\psi_s = 0.68$。

(g)确定地基最终沉降量。

由式(6-2)可得,灰土换填涵洞进口截面处地基最终沉降量为 $s = 0.68 \times 108.911 = 74.1\text{mm}$,即灰土换填涵洞进口截面处在地基处理前的涵洞地基最终沉降量为 74.1mm。

b. 地基处理后:

涵洞地基处理后地基土体的物理力学性质发生变化,地基土体各层的压缩模量增大,而地基土体以上部分的受力情况并未发生变化。因此,地基处理后涵洞的基底附加压应力、计算深度均不发生变化,就涵洞地基处理后的各层沉降量计算如下。

地基处理深度为 3m,处理方式为挖除换填,其中基底面下设 2m 厚的三七灰土换填垫层,灰土垫层下设 1m 厚的素土垫层。素土垫层重度为 17kN/m^3,三七灰土垫层重度为 16kN/m^3。

(a)确定各层沉降量。

将涵洞基底附加压应力近似为矩形面积上的均布荷载作用导致的,根据《规范》可得到各层土体中点的平均附加压应力系数,并计算得到各层土体的沉降量,如表 6-13 所示。

灰土换填涵洞进口截面处地基处理后各层沉降量计算 表 6-13

(1)	(2)	(3)	(4)	(5)	(6)	(7)	(8)
深度 z_i (m)	平均附加压应力系数 $\overline{\alpha}_i$	$z_i\overline{\alpha}_i$ (m)	$z_{i-1}\overline{\alpha}_{i-1}$ (m)	$z_i\overline{\alpha}_i - z_{i-1}\overline{\alpha}_{i-1}$ (m)	E_{si} (MPa)	$\frac{p_0}{E_{si}}$ ($\times 10^{-3}$)	(5)×(7) (mm)
0.0	1.000	0.000	—	0	0	0	0
2.0	0.981	1.962	0.000	1.962	20.40	4.975	9.762
4.0	0.915	3.66	1.962	1.698	8.20	12.378	21.018
6.0	0.833	4.998	3.66	1.338	6.65	15.263	20.422
8.0	0.756	6.048	4.998	1.050	9.51	10.673	11.207
10.0	0.691	6.91	6.048	0.862	12.23	8.299	7.154
12.0	0.635	7.62	6.91	0.710	14.52	6.990	4.963

因此,累计沉降量为:$9.762+21.018+20.422+11.207+7.154+4.963=74.526\text{mm}$。

(b)确定沉降计算经验系数。

由表 6-13 和式(6-4)可得当量压缩模量的计算值:

$$\overline{E}_s = \frac{\sum A_i}{\sum \frac{A_i}{E_{si}}} = (0.981 + 0.915 + 0.833 + 0.756 + 0.691 + 0.635)/(0.981/20.4 + 0.915/8.2 + 0.833/6.65 + 0.756/9.51 + 0.691/12.23 + 0.635/14.52) = 10.35\text{MPa}$$

查《规范》可得,沉降计算经验系数 $\psi_s = 0.57$。

(c)确定地基最终沉降量。

由式(6-2)可得,灰土换填涵洞进口截面处地基最终沉降量为 $s = 0.57 \times 74.526 = 42.5$mm,即灰土换填涵洞进口截面处在地基处理后的涵洞地基最终沉降量为42.5mm。

对比发现,灰土换填涵洞进口截面处经地基处理后,其地基最终沉降量由处理前的74.1mm减小到42.5mm,沉降量减小31.6mm,减小幅度达42.6%。可见,采用灰土换填法对涵洞地基进行处理,对控制涵洞地基沉降变形是比较有利的。

③涵洞出口截面处。

涵洞出口截面处与涵洞进口截面处的地基状态、土体物理力学特征、地基处理方式、截面尺寸、受力状态等都基本一致,因此涵洞出口截面处的地基变形与涵洞进口截面处的地基变形是相同的,故不做重复计算。

(5)抛石换填法处理的涵洞地基。

涵洞在进出口与中间部位承受的荷载情况不同,导致在不同基底处的附加压应力不等,从而造成进出口与中间部位的地基最终沉降量不同。在涵洞进出口之间的任一部位,涵洞的受荷情况与计算截面特征基本相同,需要对涵洞分为进口、出口、中间3个部位分别计算其地基最终沉降量。此外,涵洞地基处理前后基底土体的物理力学性质有较大差别,导致涵洞地基处理前后的地基最终沉降量也有所不同,因此,应分别计算涵洞地基处理前后的地基最终沉降量,以对比分析涵洞地基处理效果。

①涵洞中点截面处。

a.地基处理前:

(a)涵洞外力计算。

抛石换填涵洞所在的工点为Ⅲ级(严重)自重湿陷性黄土场地,自重湿陷性黄土层厚度大于8m。涵洞断面示意如图6-8所示。涵洞基础宽6.0m,长52.67m,基础厚0.6m,基础埋深1.5m;墙身高4.9m,厚0.6m;盖板厚0.4m,盖板上覆土层平均厚度为3.95m。基底以下土的重度为16kN/m^3,盖板上覆土层的重度为17kN/m^3,基础、墙身及盖板的重度取25kN/m^3。涵洞基底以上所受的外力主要考虑涵洞结构自身荷载、涵洞基础荷载、涵洞上覆土重、涵洞洞身周围零星填土荷载4个方面。以涵洞中点截面左右对称各取0.5m为单位宽度,计算涵洞中点截面处所受荷载。

涵洞结构自身荷载:$[(6.0 \times 0.4) + (0.6 \times 4.9 \times 2) + (4.0 \times 0.2)] \times 1.0 \times 25 = 227$kN。

涵洞基础荷载:$6.0 \times 0.6 \times 1.0 \times 25 = 90$kN。

涵洞上覆土重:$[6.0 \times (0.5 \times 2) \times 3.95] \times 17 = 402.9$kN。

涵洞洞身周围零星填土荷载:$(4.9 \times 0.4 \times 2 + 4.0 \times 0.6) \times 1.0 \times 16 = 101.1$kN。

因此,基底以上荷载总重为 $227 + 90 + 402.9 + 101.1 = 821$kN。

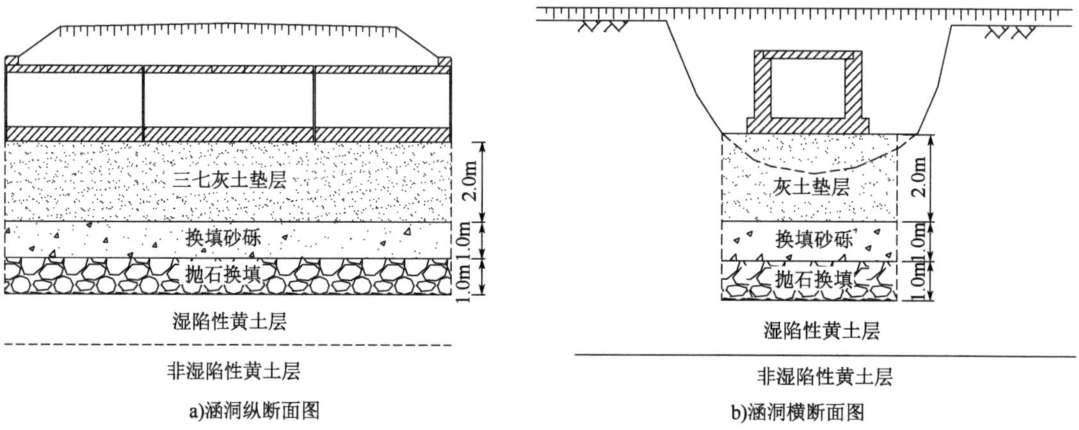

图 6-8　抛石换填涵洞断面示意图

(b)基底压应力计算。

基础底面积 $S=6.0\times1.0=6.0\text{m}^2$，由基底压应力计算公式可得 $p=\sum G/S=821/6.0=136.83\text{kPa}$。

(c)基底附加压应力计算。

由涵洞结构设计图可知，基底埋置深度 $h=1.5\text{m}$，故由式(6-3)可得基底附加压应力 $p_0=136.83-16\times1.5=112.83\text{kPa}$。

(d)地基沉降计算深度。

根据《规范》，基底中心的地基沉降量计算深度 $z_n=b(2.5-0.4\ln b)=6.0\times(2.5-0.4\times\ln6.0)=10.7\text{m}$，取计算深度 $z_n=12\text{m}$，分层厚度取 $2\text{m}<0.4b$，满足要求。

(e)确定各层沉降量。

将涵洞基底附加压应力近似为矩形面积上的均布荷载作用导致的，根据《规范》可得到各层土体中点的平均附加压应力系数，并计算得到各层土体的沉降量，如表 6-14所示。

抛石换填涵洞中点截面处地基处理前各层沉降量计算　　表 6-14

(1)	(2)	(3)	(4)	(5)	(6)	(7)	(8)
深度 z_i (m)	平均附加压应力系数 $\overline{\alpha}_i$	$z_i\overline{\alpha}_i$ (m)	$z_{i-1}\overline{\alpha}_{i-1}$ (m)	$z_i\overline{\alpha}_i-z_{i-1}\overline{\alpha}_{i-1}$ (m)	E_{si} (MPa)	$\frac{p_0}{E_{si}}$ ($\times10^{-3}$)	(5)×(7) (mm)
0.0	1.000	0.000	0	0	0	0	0
2.0	0.981	1.962	0.000	1.962	5.71	19.760	38.769
4.0	0.915	3.660	1.962	1.698	5.69	19.830	33.671
6.0	0.833	4.998	3.660	1.338	6.65	16.967	22.702
8.0	0.756	6.048	4.998	1.050	9.51	11.864	12.458
10.0	0.691	6.910	6.048	0.862	12.23	9.226	7.953
12.0	0.635	7.620	6.910	0.710	14.52	7.771	5.517

因此,累计沉降量为:38.769 +33.671 +22.702 +12.458 +7.953 +5.517 =121.07mm。

(f)确定沉降计算经验系数。

由表6-14和式(6-4)可知,由于划分的每一层土体的厚度都为2m,对每一层土体附加压应力系数按照厚度的积分值即为每一层土体的附加压应力系数与土层厚度的乘积,故等同可得当量压缩模量的计算值。

$$\overline{E}_s = \frac{\sum A_i}{\sum \frac{A_i}{E_{si}}} = (0.981+0.915+0.833+0.756+0.691+0.635)/(0.981/5.71+0.915/5.69+0.833/6.65+0.756/9.51+0.691/12.23+0.635/14.52) = 7.55\text{MPa}$$

查《规范》可得,沉降计算经验系数 $\psi_s = 0.68$。

(g)确定地基最终沉降量。

由式(6-2)可得,抛石换填涵洞中点截面处地基最终沉降量为 $s = 0.68 \times 121.07 = 82.3$mm,即抛石换填涵洞中点截面处在地基处理前的涵洞地基最终沉降量为82.3mm。

b. 地基处理后:

涵洞地基处理后地基土体的物理力学性质发生变化,地基土体各层的压缩模量增大,而地基土体以上部分的受力情况并未发生变化。因此,地基处理后涵洞的基底附加压应力、计算深度均不发生变化,就涵洞地基处理后的各层沉降量计算如下。

地基处理深度为4m,处理方式为挖除换填,其中基底面下设2m厚的三七灰土换填垫层,灰土垫层下设1m厚的砂砾换填垫层,砂砾垫层之下为抛石换填。素土垫层重度为17kN/m³,三七灰土垫层重度为16kN/m³。

(a)确定各层沉降量。

将涵洞基底附加应力近似为矩形面积上的均布荷载作用导致的,因此根据《规范》可得到各层土体中点的平均附加压应力系数,并计算得到各层土体的沉降量,如表6-15所示。

抛石换填涵洞中点截面处地基处理后各层沉降量计算 表6-15

(1)	(2)	(3)	(4)	(5)	(6)	(7)	(8)
深度 z_i (m)	平均附加压应力系数 $\overline{\alpha}_i$	$z_i\overline{\alpha}_i$ (m)	$z_{i-1}\overline{\alpha}_{i-1}$ (m)	$z_i\overline{\alpha}_i - z_{i-1}\overline{\alpha}_{i-1}$ (m)	E_{si} (MPa)	$\frac{p_0}{E_{si}}$ ($\times 10^{-3}$)	(5)×(7) (mm)
0.0	1.000	0.000	—	0	0	0	0
2.0	0.981	1.962	0	1.962	20.40	5.531	10.852
4.0	0.915	3.66	1.962	1.698	10.20	11.062	18.783
6.0	0.833	4.998	3.660	1.338	10.65	10.594	14.175
8.0	0.756	6.048	4.998	1.050	9.51	11.864	12.458
10.0	0.691	6.910	6.048	0.862	12.23	9.226	7.953
12.0	0.635	7.620	6.910	0.710	14.52	7.771	5.517

因此，累计沉降量为：10.852 + 18.783 + 14.175 + 12.458 + 7.953 + 5.517 = 69.738mm。

(b)确定沉降计算经验系数。

由表6-15和式(6-4)可得当量压缩模量的计算值：

$$\overline{E}_s = \frac{\sum A_i}{\sum \frac{A_i}{E_{si}}} = (0.981 + 0.915 + 0.833 + 0.756 + 0.691 + 0.635)/(0.981/20.4 + 0.915/10.2 + 0.833/10.65 + 0.756/9.51 + 0.691/12.23 + 0.635/14.52) = 12.16\text{MPa}$$

查《规范》可得，沉降计算经验系数 $\psi_s = 0.505$。

(c)确定地基最终沉降量。

由式(6-2)可得，抛石换填涵洞中点截面处地基最终沉降量为 $s = 0.505 \times 69.738 = 35.2$mm，即抛石换填涵洞中点截面处在地基处理后的涵洞地基最终沉降量为35.2mm。

对比发现，抛石换填涵洞中点截面处经地基处理后，其地基最终沉降量由处理前的82.3mm减小到35.2mm，沉降量减小47.1mm，减小幅度达57.3%。可见，采用抛石换填法对涵洞地基进行处理，对控制涵洞地基沉降变形是比较有利的。

②涵洞进口截面处。

涵洞进口截面处的地基变形与涵洞中点截面处的地基变形的差异主要在于涵洞地基上部的受荷情况不同，涵洞地基土体的物理力学性质在地基处理前后也会发生变化。

a. 地基处理前：

(a)涵洞外力计算。

抛石换填涵洞所在的工点为Ⅲ级(严重)自重湿陷性黄土场地，自重湿陷性黄土层厚度大于8m。涵洞进口处地基计算所考虑的部分为以进口处断面为准，向涵洞内部和进口外部各延伸0.5m，地基所承受的压力主要为涵洞结构自身荷载、涵洞基础荷载、涵洞上覆土重、涵洞进口翼墙自重及涵洞进口两侧土压力。基底以下土的重度为16kN/m^3，盖板上覆土层和进口两侧填土的重度为17kN/m^3，基础、墙身及盖板的重度取25kN/m^3。各部分的受力计算如下：

涵洞结构自身荷载：[(6.0×0.4) + (0.6×4.9×2)]×0.5×25 = 103.5kN。

涵洞基础荷载：6.0×0.6×1.0×25 = 90kN。

涵洞上覆土重：(0.5×0.8×0.5×6.0)×17 = 20.4kN。

涵洞进口翼墙自重：(5.28×0.57 + 5.28×1.67×0.5 + 5.28×0.41 + 5.28×1.31×0.5)×0.5×25×0.9 = 147.73kN。

式中，0.9为涵洞进口处翼墙自重按梯形变化的估算系数。

涵洞进口两侧土压力：[5.28×(0.25 + 0.28) + 5.28×1.67×0.5 + 5.28×(0.21 + 0.20) + 5.28×1.31×0.5]×0.5×17×0.9 = 98.2kN。

式中，0.9为涵洞进口处翼墙两侧土压力按梯形变化的估算系数。

因此，基底以上荷载总重为103.5 + 90 + 20.4 + 147.73 + 98.2 = 459.83kN。

(b)基底压应力计算。

基础底面积 $S = 6.0 \times 1.0 = 6.0\text{m}^2$，由基底压应力计算公式可得 $p = \sum G/S = 459.83/6.0 = 76.64$kPa。

(c)基底附加压应力计算。

由涵洞结构设计图可知，基底埋置深度 $h=1.5\mathrm{m}$，故由式(6-2)可得基底附加压应力 $p_0=76.64-16\times1.5=52.64\mathrm{kPa}$。

(d)地基沉降计算深度。

根据《规范》，基底中心的地基沉降量计算深度 $z_n=b(2.5-0.4\ln b)=6.0\times(2.5-0.4\times\ln6.0)=10.7\mathrm{m}$，取计算深度 $z_n=12\mathrm{m}$，分层厚度取 $2\mathrm{m}<0.4b$，满足要求。

(e)确定各层沉降量。

将涵洞基底附加压应力近似为矩形面积上的均布荷载作用导致的，根据《规范》可得到各层土体中点的平均附加压应力系数，并计算得到各层土体的沉降量，如表6-16所示。

抛石换填涵洞进口截面处地基处理前各层沉降量计算　　表6-16

(1)	(2)	(3)	(4)	(5)	(6)	(7)	(8)
深度 z_i (m)	平均附加压应力系数 $\overline{\alpha}_i$	$z_i\overline{\alpha}_i$ (m)	$z_{i-1}\overline{\alpha}_{i-1}$ (m)	$z_i\overline{\alpha}_i-z_{i-1}\overline{\alpha}_{i-1}$ (m)	E_{si} (MPa)	$\frac{p_0}{E_{si}}$ ($\times10^{-3}$)	(5)×(7) (mm)
0.0	1.000	0.000	0	0	0	0	0
2.0	0.981	1.962	0.000	1.962	5.71	9.219	18.088
4.0	0.915	3.660	1.962	1.698	5.69	9.251	15.709
6.0	0.833	4.998	3.660	1.338	6.65	7.916	10.591
8.0	0.756	6.048	4.998	1.050	9.51	5.535	5.812
10.0	0.691	6.910	6.048	0.862	12.23	4.304	3.710
12.0	0.635	7.620	6.910	0.710	14.52	3.625	2.574

因此，累计沉降量为：$18.088+15.709+10.591+5.812+3.710+2.574=56.484\mathrm{mm}$。

(f)确定沉降计算经验系数。

由表6-16和式(6-4)可知，由于划分的每一层土体的厚度都为2m，对每一层土体附加压应力系数按照厚度的积分值即为每一层土体的附加压应力系数与土层厚度的乘积，故等同可得当量压缩模量的计算值：

$$\overline{E}_s=\frac{\sum A_i}{\sum\frac{A_i}{E_{si}}}=(0.981+0.915+0.833+0.756+0.691+0.635)/(0.981/5.71+0.915/5.69+0.833/6.65+0.756/9.51+0.691/12.23+0.635/14.52)=7.55\mathrm{MPa}$$

查《规范》可得，沉降计算经验系数 $\psi_s=0.68$。

(g)确定地基最终沉降量。

由式(6-2)可得，抛石换填涵洞进口截面处地基最终沉降量为 $s=0.68\times56.484=38.4\mathrm{mm}$，即抛石换填涵洞进口截面处在地基处理前的涵洞地基最终沉降量为38.4mm。

b. 地基处理后：

涵洞地基处理后地基土体的物理力学性质发生变化，地基土体各层的压缩模量增大，而地基土体以上部分的受力情况并未发生变化。因此，地基处理后涵洞的基底附加压应力、计算深度均不发生变化,就涵洞地基处理后的各层沉降量计算如下。

地基处理深度为4m,处理方式为挖除换填,其中基底面下设2m厚的三七灰土换填垫层,灰土垫层下设1m厚的砂砾换填垫层,砂砾垫层之下为抛石换填。素土垫层重度为17kN/m³,三七灰土垫层重度为16kN/m³。

(a)确定各层沉降量。

将涵洞基底附加压应力近似为矩形面积上的均布荷载作用导致的,根据《规范》可得到各层土体中点的平均附加压应力系数,并计算得到各层土体的沉降量,如表6-17所示。

抛石换填涵洞进口截面处地基处理后各层沉降量计算 表6-17

(1)	(2)	(3)	(4)	(5)	(6)	(7)	(8)
深度 z_i (m)	平均附加压应力系数 $\overline{\alpha}_i$	$z_i\overline{\alpha}_i$ (m)	$z_{i-1}\overline{\alpha}_{i-1}$ (m)	$z_i\overline{\alpha}_i - z_{i-1}\overline{\alpha}_{i-1}$ (m)	E_{si} (MPa)	$\frac{p_0}{E_{si}}$ ($\times 10^{-3}$)	(5)×(7) (mm)
0.0	1.000	0.000	—	0	0	0	0
2.0	0.981	1.962	0.000	1.962	20.40	2.580	5.063
4.0	0.915	3.66	1.962	1.698	10.20	5.161	8.763
6.0	0.833	4.998	3.660	1.338	10.65	4.943	6.613
8.0	0.756	6.048	4.998	1.050	9.51	5.535	5.812
10.0	0.691	6.910	6.048	0.862	12.23	4.304	3.710
12.0	0.635	7.620	6.910	0.710	14.52	3.625	2.574

因此,累计沉降量为:5.063+8.763+6.613+5.812+3.710+2.574=32.535mm。

(b)确定沉降计算经验系数。

由表6-17和式(6-4)可得当量压缩模量的计算值:

$$\overline{E}_s = \frac{\sum A_i}{\sum \frac{A_i}{E_{si}}} = (0.981+0.915+0.833+0.756+0.691+0.635)/(0.981/20.4+0.915/10.2+0.833/10.65+0.756/9.51+0.691/12.23+0.635/14.52) = 12.16\text{MPa}$$

查《规范》可得,沉降计算经验系数 $\psi_s = 0.505$。

(c)确定地基最终沉降量。

由式(6-2)可得,抛石换填涵洞进口截面处地基最终沉降量为 $s = 0.505 \times 32.535 = 16.4\text{mm}$,即抛石换填涵洞进口截面处在地基处理后的涵洞地基最终沉降量为16.4mm。

对比发现,抛石换填涵洞进口截面处经地基处理后,其地基最终沉降量由处理前的38.4mm减小到16.4mm,沉降量减小22mm,减小幅度达57.3%。可见,采用抛石换填法对涵洞地基进行处理,对控制涵洞地基沉降变形是比较有利的。

③涵洞出口截面处。

涵洞出口截面处与涵洞进口截面处的地基状态、土体物理力学特征、地基处理方式、截面尺寸、受力状态等都基本一致,因此,涵洞出口截面处的地基变形与涵洞进口截面处的地基变形是相同的,故不做重复计算。

3)地基竖向固结沉降量

(1)计算公式。

涵洞地基在受载后会发生固结沉降变形,根据土力学中土体的固结度的定义,涵洞地基固结过程中任意时刻的沉降变形量可通过式(6-5)进行计算:

$$s_t = U_z s \tag{6-5}$$

式中:s_t——涵洞地基固结过程中任意时刻的沉降变形量(mm);

s——地基土体的最终固结变形量(mm),对于正常固结土,可简化为分层总和法计算的地基最终变形量(基础最终沉降量),可通过式(6-6)计算得到;

U_z——地基土层的固结度或固结比。

$$s = \frac{\sigma_z}{E_s}h \tag{6-6}$$

式中:σ_z——涵洞基底附加压应力(kPa);

E_s——涵洞地基土体的压缩模量(MPa);

h——计算土层厚度。

查地基土层的固结度时,需要计算竖向固结系数 c_v 和竖向固结时间因素 T_v,可通过式(6-7)和式(6-8)计算得到。

$$c_v = \frac{k(1+e_0)}{\gamma_w \alpha} \tag{6-7}$$

$$T_v = \frac{c_v t}{H^2} \tag{6-8}$$

式中:c_v——计算土层的竖向固结系数(cm^2/s);

k——竖向渗透系数(cm/s);

e_0——土的天然孔隙比,即渗透固结前土的孔隙比;

γ_w——水的重度,一般取 $10kN/m^3$;

α——压缩系数(MPa^{-1});

T_v——竖向固结时间因素,无量纲;

H——压缩土层最远的排水距离,土层为单面(上面或下面)排水时 H 取土层厚度,双面排水时则取土层厚度的一半。

t——固结沉降计算时间(s)。

从以上计算公式分析可知,地基土体的固结沉降量与其平均固结度 U_z 相关,U_z 越大,计算出的固结沉降量也越大,反之越小。而平均固结度与土体渗透系数、天然孔隙比、压缩系数等因素相关,其中任意因素变化,都会对平均固结度产生影响。故在对涵洞地基进行固结沉降计算时,可以先假定这些参数的基本值,当其他因素不变,按照一定比例或规律单一变化某一因素时,就可计算得到该变化因素对涵洞地基固结度的影响程度和影响趋势。以下就按这个思路进行涵洞地基固结沉降量计算。

(2)小间距挤密桩处理的涵洞地基。

涵洞地基上部荷载分布不均,涵洞不同位置处的沉降变形量略有差异。另一方面,涵洞地基处理后地基土体的物理力学性质发生较大变化,对涵洞固结沉降量也势必产生较大影响。因此,以下就涵洞不同位置分涵洞中点截面处和涵洞进出口截面处进行计算。

①涵洞中点截面处。

a. 地基处理前:

(a)初始参数计算。

涵洞的受力情况、基底附加压应力计算过程不再赘述,直接引用前文的计算结果。地基处理前,小间距挤密桩涵洞中点截面处基底附加压应力为:$p_0 = p - \gamma h = 111.53 - 16 \times 1.5 = 87.53$kPa。

涵洞地基计算深度取 $h = 7$m,涵洞地基为 0.6m 厚的钢筋混凝土板,地基为湿陷性黄土,为向下的单面排水情况,故排水距离取 $H = 7$m 即可。土体的天然孔隙比取$e_0 = 0.877$,渗透系数取 $k = 2.0 \times 10^{-4}$cm/s。涵洞地基土体的压缩模量取各层土体的平均值,即 $E_s = (8.02 + 5.71 + 7.75 + 3.69 + 3.47 + 6.65 + 8.57)/7 = 6.27$MPa。由压缩系数与压缩模量之间的换算关系,可得压缩系数 $\alpha = \dfrac{1 + e_0}{E_s} = \dfrac{1 + 0.877}{6.27} = 0.2994\text{MPa}^{-1}$,固结沉降计算时间取 $t = 1$ 年。

(b)固结度计算。

由式(6-6)可计算得到地基土体的固结最终沉降量,即 $s = 97.721$mm。

由式(6-7)可计算得到地基土的竖向固结系数,即 $c_v = 39.55$m/年。

由式(6-8)可计算得到地基土的竖向固结时间因素,即$T_v = 0.81$。

平均竖向固结度 $U_z = 0.88$。

(c)固结沉降量计算。

由上述计算结果和式(6-5)可得涵洞地基在固结时间为 $t = 1$ 年时的变形量为:$s_t = U_z s = 0.88 \times 97.721 = 86.0$mm。

同理,可计算小间距挤密桩涵洞中点截面处地基 0.5 年、1.5 年、2 年、2.5 年的固结沉降量,见表 6-18。

小间距挤密桩涵洞中点截面处地基处理前不同时间的固结沉降量 表 6-18

时间年限(年)	0.5	1.0	1.5	2.0	2.5
固结沉降量(mm)	76.2	86.0	93.8	95.8	97.7
沉降百分比(%)	78.0	88.0	96.0	98.0	100

(d)渗透系数变化。

为了区别黄土地基含水率增大条件下涵洞地基的固结沉降情况,在此假设含水率与土体渗透系数密切相关,以渗透系数的变化代表含水率的变化。

ⓐ黄土渗透系数取 $k = 4.0 \times 10^{-4}$cm/s,在其他参数不变的情况下,计算涵洞中点截面处的地基在 $t = 1$ 年时的固结沉降变形量。

由式(6-7)可计算得到地基土的竖向固结系数,即 $c_v = 79.1$m/年。

由式(6-8)可计算得到地基土的竖向固结时间因素,即$T_v = 1.61$。

平均竖向固结度 $U_z=0.98$，涵洞地基在固结时间为 $t=1$ 年时的变形量为：$s_t=U_z s=0.98\times 97.721=95.80\text{mm}$。

ⓑ黄土渗透系数取 $k=6.0\times 10^{-4}\text{cm/s}$，在其他参数不变的情况下，计算涵洞中点截面处的地基在 $t=1$ 年时的固结沉降变形量。

由式(6-7)可计算得到地基土的竖向固结系数，即 $c_v=118.65\text{m}/\text{年}$。

由式(6-8)可计算得到地基土的竖向固结时间因素，即 $T_v=2.475$。

由于时间因素的取值范围为[0.001,2.0]，故取 $T_v=2.0$。

平均竖向固结度 $U_z=1.0$，涵洞地基在固结时间为 $t=1$ 年时的变形量为：$s_t=U_z s=1.0\times 97.721=97.7\text{mm}$。

ⓒ黄土渗透系数取 $k=1.0\times 10^{-4}\text{cm/s}$，在其他参数不变的情况下，计算涵洞中点截面处的地基在 $t=1$ 年时的固结沉降变形量。

由式(6-7)可计算得到地基土的竖向固结系数，即 $c_v=19.775\text{m}/\text{年}$。

由式(6-8)可计算得到地基土的竖向固结时间因素，即 $T_v=0.404$。

平均竖向固结度 $U_z=0.72$，涵洞地基在固结时间为 $t=1$ 年时的变形量为：$s_t=U_z s=0.72\times 97.721=70.4\text{mm}$。

ⓓ黄土渗透系数取 $k=1.0\times 10^{-4}\text{cm/s}$，在其他参数不变的情况下，计算涵洞中点截面处的地基在 $t=0.5$ 年时的固结沉降变形量。

由式(6-7)可计算得到地基土的竖向固结系数，即 $c_v=19.775\text{m}/\text{年}$。

由式(6-8)可计算得到地基土的竖向固结时间因素，即 $T_v=0.202$。

平均竖向固结度 $U_z=0.65$，涵洞地基在固结时间为 $t=0.5$ 年时的变形量为：$s_t=U_z s=0.65\times 97.721=63.52\text{mm}$。

b. 地基处理后：

(a)初始参数计算。

小间距挤密桩涵洞，挤密桩桩径为40cm，桩间距为100cm，桩长 $L=6\text{m}$，加固范围为路堤坡脚及涵洞垂裙外2m。成桩后，桩顶表面铺设80cm厚的三七灰土垫层，三七灰土垫层重度为 16kN/m^3。涵洞地基处理后的最大变化表现为涵洞地基土体材料发生变化，地基土体的物理力学性质发生变化，地基土体各层压缩模量增大，而地基土体以上部分的受力情况并未发生变化。因此，地基处理后涵洞的基底附加压应力并不变化，小间距挤密桩涵洞中点截面处基底附加压应力仍为：$p_0=p-\gamma h=111.53-16\times 1.5=87.53\text{kPa}$。

涵洞地基计算深度取 $h=7\text{m}$，涵洞地基为0.6m厚的钢筋混凝土板，地基为湿陷性黄土，为向下的单面排水情况，故排水距离取 $H=7\text{m}$ 即可。土体的天然孔隙比取 $e_0=0.877$，渗透系数取 $k=1.0\times 10^{-4}\text{cm/s}$。涵洞地基土体的压缩模量取各层土体的平均值，即 $E_s=(10.4+13.2+19.2+18.4+15.9+15.5+22.5)/7=16.44\text{MPa}$。由压缩系数与压缩模量之间的换算关系，可得压缩系数 $\alpha=\dfrac{1+e_0}{E_s}=\dfrac{1+0.877}{6.27}=0.2994\text{MPa}^{-1}$，固结沉降计算时间取 $t=1$ 年。

(b)固结度计算。

由式(6-6)可计算得到地基土体的固结最终沉降量，即 $s=37.3\text{mm}$。

由式(6-7)可计算得到地基土的竖向固结系数，即 $c_v=51.85\text{m}/\text{年}$。

由式(6-8)可计算得到地基土的竖向固结时间因素,即 $T_v=1.06$。

平均竖向固结度 $U_z=0.93$。

(c)固结沉降量计算。

由上述计算结果和式(6-5)可得涵洞地基在固结时间为 $t=1$ 年时的变形量为:$s_t=U_zs=0.93\times37.3=34.7$mm。

同理,可计算小间距挤密桩涵洞中点截面处地基0.25年、0.5年、1.5年、2年的固结沉降量,见表6-19。

小间距挤密桩涵洞中点截面处地基处理后不同时间的固结沉降量 表6-19

时间年限(年)	0.25	0.5	1.0	1.5	2.0
固结沉降量(mm)	21.3	29.1	34.7	36.2	37.3
沉降百分比(%)	57.1	78.0	93.0	97.1	100

从上述计算结果可以看出,在渗透系数为 1.0×10^{-4}cm/s 的条件下,涵洞进行地基处理后固结沉降量减小。半年的沉降量为29.1mm,达到总沉降量的78%;1年的沉降量为34.7mm,达到总沉降量的93%;2年的沉降量达到100%,即处于稳定状态,不再出现固结沉降。

(d)渗透系数变化。

为了区别黄土地基含水率增大条件下涵洞地基的固结沉降情况,在此假设含水率与土体渗透系数密切相关,以渗透系数的变化代表含水率的变化。黄土渗透系数取 $k=2.0\times10^{-4}$cm/s,在其他参数不变的情况下,计算涵洞中点截面处的地基在 $t=1$ 年时的固结沉降变形量。

由式(6-7)可计算得到地基土的竖向固结系数,即 $c_v=103.7$m/年。

由式(6-8)可计算得到地基土的竖向固结时间因素,即 $T_v=2.1$。

由于时间因素的取值范围为[0.001,2.0],故取 $T_v=2.0$。

平均竖向固结度 $U_z=1.0$,涵洞地基在固结时间为 $t=1$ 年时的变形量为:$s_t=U_zs=1.0\times97.721=37.3$mm。

类似地,可以计算得到涵洞半年的固结沉降量为34.7mm,即在渗透系数为 $k=2.0\times10^{-4}$cm/s 的条件下,涵洞地基固结沉降量半年即可达到34.7mm,几乎达到总固结沉降量的93%。

②涵洞进口截面处。

a.地基处理前:

(a)初始参数计算。

涵洞进口截面处的地基变形与涵洞中点截面处的地基变形的差异主要在于涵洞地基上部的受荷情况不同,涵洞地基土体的物理力学性质在地基处理后也会发生变化。

涵洞的受力情况、基底附加压应力计算过程不再赘述,直接引用前文的计算结果。地基处理前,小间距挤密桩涵洞进口截面处基底附加压应力为:$p_0=p-\gamma h=112.81-16\times1.5=88.81$kPa。

涵洞地基计算深度取 $h=7$m,涵洞地基为0.6m的钢筋混凝土板,地基为湿陷性黄土,为向下的单面排水情况，故排水距离取 $H=7\text{m}$ 即可。土体的天然孔隙比取 $e_0=0.877$，渗透系数取 $k=1.0\times10^{-4}\text{cm/s}$。涵洞地基土体的压缩模量取各层土体的平均值，即 $E_s=(8.02+5.71+7.75+3.69+3.47+6.65+8.57)/7=6.27\text{MPa}$。由压缩系数与压缩模量之间的换算关系，可得压缩系数 $\alpha=\frac{1+e_0}{E_s}=\frac{1+0.877}{6.27}=0.2994\text{MPa}^{-1}$，固结沉降计算时间取 $t=1$ 年。

(b)固结度计算。

由式(6-6)可计算得到地基土体的固结最终沉降量，即 $s=97.15\text{mm}$。

由式(6-7)可计算得到地基土的竖向固结系数，即 $c_v=19.77\text{m/年}$。

由式(6-8)可计算得到地基土的竖向固结时间因素，即 $T_v=0.40$。

平均竖向固结度 $U_z=0.72$。

(c)固结沉降量计算。

由上述计算结果和式(6-5)可得涵洞地基在固结时间为 $t=1$ 年时的变形量为：$s_t=U_z s=0.72\times99.15\text{mm}=71.4\text{mm}$。

同理，可计算小间距挤密桩涵洞进口截面处地基 0.5 年、1.5 年、2 年、2.5 年、3 年的固结沉降量，见表 6-20。

小间距挤密桩涵洞进口截面处地基处理前不同时间的固结沉降量 表 6-20

时间年限(年)	0.5	1.0	1.5	2.0	2.5	3.0
固结沉降量(mm)	64.5	71.4	82.3	87.3	92.2	95.2
沉降百分比(%)	65.1	72.0	83.0	88.0	93.0	96.0

从以上计算结果可以看出，在渗透系数较小($k=1.0\times10^{-4}\text{cm/s}$)的情况下，涵洞进口截面处半年的固结沉降量为 64.5mm，占最终沉降量的 65.1%；1 年的固结沉降量为 71.4mm，占最终沉降量的 72%；2 年的固结沉降量达到总沉降量的 88%；3 年达到 96%，基本处于稳定状态。

(d)渗透系数变化。

为了区别黄土地基含水率增大条件下涵洞地基的固结沉降情况，在此假设含水率与土体渗透系数密切相关，以渗透系数的变化代表含水率的变化。

ⓐ黄土渗透系数取 $k=2.0\times10^{-4}\text{cm/s}$，在其他参数不变的情况下，计算涵洞进口截面处的地基在 $t=1$ 年时的固结沉降变形量。

由式(6-7)可计算得到地基土的竖向固结系数，即 $c_v=39.55\text{m/年}$。

由式(6-8)可计算得到地基土的竖向固结时间因素，即 $T_v=0.807$。

平均竖向固结度 $U_z=0.88$，涵洞地基在固结时间为 $t=1$ 年时的变形量为：$s_t=U_z s=0.88\times99.15=87.3\text{mm}$。

ⓑ黄土渗透系数取 $k=3.0\times10^{-4}\text{cm/s}$，在其他参数不变的情况下，计算涵洞进口截面处的地基在 $t=1$ 年时的固结沉降变形量。

由式(6-7)可计算得到地基土的竖向固结系数，即 $c_v=59.33\text{m/年}$。

由式(6-8)可计算得到地基土的竖向固结时间因素，即 $T_v=1.24$。

平均竖向固结度 $U_z=0.96$，涵洞地基在固结时间为 $t=1$ 年时的变形量为：$s_t=U_z s=0.96\times$

99.15 = 95.2mm。

ⓒ黄土渗透系数取 $k = 4.0 \times 10^{-4}$ cm/s，在其他参数不变的情况下，计算涵洞进口截面处的地基在 $t = 1$ 年时的固结沉降变形量。

由式(6-7)可计算得到地基土的竖向固结系数，即 $c_v = 79.1$m/年。

由式(6-8)可计算得到地基土的竖向固结时间因素，即$T_v = 1.616$。

平均竖向固结度 $U_z = 0.98$，涵洞地基在固结时间为 $t = 1$ 年时的变形量为：$s_t = U_z s = 0.98 \times 99.15 = 97.2$mm。

ⓓ黄土渗透系数取 $k = 5.0 \times 10^{-4}$ cm/s，在其他参数不变的情况下，计算涵洞进口截面处的地基在 $t = 1$ 年时的固结沉降变形量。

由式(6-7)可计算得到地基土的竖向固结系数，即 $c_v = 98.875$m/年。

由式(6-8)可计算得到地基土的竖向固结时间因素，即$T_v = 2.0$。

平均竖向固结度 $U_z = 1.0$，涵洞地基在固结时间为 $t = 1$ 年时的变形量为：$s_t = U_z s = 1 \times 99.15 = 99.2$mm。

b. 地基处理后：

(a)初始参数计算。

小间距挤密桩涵洞，挤密桩桩径为 40cm，桩间距为 100cm，桩长 $L = 6$m，加固范围为路堤坡脚及涵洞垂裙外 2m。成桩后，桩顶表面铺设 80cm 厚的三七灰土垫层，三七灰土垫层重度为 16kN/m^3。涵洞地基处理后的最大变化表现为涵洞地基土体材料发生变化，地基土体的物理力学性质发生变化，地基土体各层的压缩模量增大，而地基土体以上部分的受力情况并未发生变化。因此，地基处理后涵洞的基底附加压应力并不变化，小间距挤密桩涵洞进口截面处基底附加压应力仍为：$p_0 = p - \gamma h = 112.81 - 16 \times 1.5 = 88.81$kPa。

涵洞地基计算深度取 $h = 7$m，涵洞地基为 0.6m 厚的钢筋混凝土板，地基为湿陷性黄土，为向下的单面排水情况，故排水距离取 $H = 7$m 即可。土体的天然孔隙比取$e_0 = 0.877$，渗透系数取 $k = 1.0 \times 10^{-4}$ cm/s。涵洞地基土体的压缩模量取各层土体的平均值，即 $E_s = (10.4 + 13.2 + 19.2 + 18.4 + 15.9 + 15.5 + 22.5)/7 = 16.44$MPa。由压缩系数与压缩模量之间的换算关系，可得压缩系数 $\alpha = \dfrac{1 + e_0}{E_s} = \dfrac{1 + 0.877}{6.27} = 0.2994\text{MPa}^{-1}$，固结沉降计算时间取 $t = 1$ 年。

(b)固结度计算。

由式(6-6)可计算得到地基土体的固结最终沉降量，即 $s = 37.8$mm。

由式(6-7)可计算得到地基土的竖向固结系数，即 $c_v = 51.85$m/年。

由式(6-8)可计算得到地基土的竖向固结时间因素，即$T_v = 1.06$。

平均竖向固结度 $U_z = 0.93$。

(c)固结沉降量计算。

由上述计算结果和式(6-5)可得，涵洞地基在固结时间为 $t = 1$ 年时的变形量为：$s_t = U_z s = 0.93 \times 37.8 = 35.2$mm。

同理，可计算小间距挤密桩涵洞进口截面处地基 0.25 年、0.5 年、1.5 年、2 年的固结沉降量，见表 6-21。

小间距挤密桩涵洞进口截面处地基处理后不同时间的固结沉降量　　表 6-21

时间年限(年)	0.25	0.5	1.0	1.5	2.0
固结沉降量(mm)	20.8	29.5	35.2	37.1	37.8
沉降百分比(%)	55.0	78.0	93.1	98.2	100

从上述计算结果可以看出,在渗透系数为 1.0×10^{-4}cm/s 的条件下,其他参数不变时,涵洞进行地基处理后固结沉降量减小。半年的沉降量为29.5mm,达到总沉降量的 78%;1 年沉降量为 35.2mm,达到总沉降量的 93.1%;2 年的沉降量达到 100%,即处于稳定状态,不再出现固结沉降。

(d)渗透系数变化。

为了区别黄土地基含水率增大条件下涵洞地基的固结沉降情况,在此假设含水率与土体渗透系数密切相关,以渗透系数的变化代表含水率的变化。黄土渗透系数取 $k=2.0\times10^{-4}$ cm/s,在其他参数不变的情况下,计算涵洞进口截面处的地基在 $t=1$ 年时的固结沉降变形量。

由式(6-7)可计算得到地基土的竖向固结系数,即 $c_v=103.7$m/年。

由式(6-8)可计算得到地基土的竖向固结时间因素,即$T_v=2.1$。

由于时间因素的取值范围为[0.001,2.0],故取 $T_v=2.0$。

平均竖向固结度 $U_z=1.0$,涵洞地基在固结时间为 $t=1$ 年时的变形量为:$s_t=U_z s=1.0\times37.8=37.8$mm。

类似地,可以计算得到涵洞半年的固结沉降量为 34.8mm,即在渗透系数为 $k=2.0\times10^{-4}$cm/s 的条件下,涵洞地基固结沉降量半年即可达到 34.8mm,几乎达到总固结沉降量的 92%。

③涵洞出口截面处。

涵洞出口截面处与涵洞进口截面处的地基状态、土体物理力学特征、地基处理方式、截面尺寸、受力状态等都基本一致,因此,涵洞出口截面处的地基变形与涵洞进口截面处的地基变形是相同的,故不做重复计算。

(3)大间距挤密桩处理的涵洞地基。

①涵洞中点截面处。

a.地基处理前:

(a)初始参数计算。

涵洞的受力情况、基底附加压应力计算过程不再赘述,直接引用前文的计算结果。地基处理前,大间距挤密桩涵洞中点截面处基底附加压应力为:$p_0=p-\gamma h=111.53-16\times1.5=87.53$kPa。

涵洞地基计算深度取 $h=7$m,涵洞地基为 0.6m 厚的钢筋混凝土板,为向下的单面排水情况,故排水距离取 $H=7$m 即可。土体的天然孔隙比结合现场土工试验结果取 $e_0=(0.765+0.890+0.844+0.817+0.793+0.690)/6=0.800$,渗透系数取 $k=1.0\times10^{-4}$cm/s。涵洞地基土的压缩模量取各层土体的平均值,即 $E_s=(8.02+5.71+7.75+3.69+3.47+6.65+8.57)/7=6.27$MPa。由压缩系数与压缩模量之间的换算关系,可得到压缩系数 $\alpha=\dfrac{1+e_0}{E_s}=$

$\frac{1+0.800}{6.27}=0.287MPa^{-1}$，固结沉降计算时间取 $t=1$ 年。

(b)固结度计算。

由式(6-6)可计算得到地基土体的固结最终沉降量，即 $s=97.7mm$。

由式(6-7)可计算得到地基土的竖向固结系数，即 $c_v=19.78m/$年。

由式(6-8)可计算得到地基土的竖向固结时间因素，即$T_v=0.404$。

平均竖向固结度 $U_z=0.72$。

(c)固结沉降量计算。

由上述计算结果和式(6-5)可得涵洞地基在固结时间为 $t=1$ 年时的变形量为：$s_t=U_zs=0.72\times97.7=70.3mm$。

同理，可计算大间距挤密桩涵洞中点截面处地基 0.25 年、0.5 年、1.5 年、2 年、3 年的固结沉降量，见表 6-22。

大间距挤密桩涵洞中点截面处地基处理前不同时间的固结沉降量 表 6-22

时间年限(年)	0.25	0.5	1.0	1.5	2.0	3.0
固结沉降量(mm)	34.2	50.8	70.3	81.1	86.0	94.8
沉降百分比(%)	35.0	52.1	72.0	83.0	88.0	97.0

从以上计算结果可以看出，在渗透系数取 $k=1.0\times10^{-4}cm/s$，其他参数不变的条件下，涵洞地基 3 个月的固结沉降量为 34.2mm，占最终沉降量的 35%；半年固结沉降量达到 50.8mm，沉降百分比为 52.1%；1 年固结沉降量为 70.3mm，占最终沉降量的 72%；2 年的固结沉降量为 86mm，沉降百分比为 88%；3 年的固结沉降量为 94.8mm，沉降百分比为 97%，基本达到固结沉降最终值。

(d)渗透系数变化。

为了区别黄土地基含水率增大条件下涵洞地基的固结沉降情况，在此假设含水率与土体渗透系数密切相关，以渗透系数的变化代表含水率的变化。

ⓐ黄土渗透系数取 $k=2.0\times10^{-4}cm/s$，在其他参数不变的情况下，计算涵洞中点截面处的地基在 $t=1$ 年时的固结沉降变形量。

由式(6-7)可计算得到地基土的竖向固结系数，即 $c_v=39.55m/$年。

由式(6-8)可计算得到地基土的竖向固结时间因素，即$T_v=0.81$。

平均竖向固结度 $U_z=0.88$，涵洞地基在固结时间为 $t=1$ 年时的变形量为：$s_t=U_zs=0.88\times101.2=89.1mm$。

ⓑ黄土渗透系数取 $k=3.0\times10^{-4}cm/s$，在其他参数不变的情况下，计算涵洞中点截面处的地基在 $t=1$ 年时的固结沉降变形量。

由式(6-7)可计算得到地基土的竖向固结系数，即 $c_v=59.31m/$年。

由式(6-8)可计算得到地基土的竖向固结时间因素，即$T_v=1.21$。

平均竖向固结度 $U_z=0.98$，涵洞地基在固结时间为 $t=1$ 年时的变形量为：$s_t=U_zs=0.98\times101.2=99.2mm$。

ⓒ黄土渗透系数取 $k=4.0\times10^{-4}cm/s$，在其他参数不变的情况下，计算涵洞中点截面处

的地基在 $t=1$ 年时的固结沉降变形量。

由式(6-7)可计算得到地基土的竖向固结系数,即 $c_v=79.09$m/年。

由式(6-8)可计算得到地基土的竖向固结时间因素,即$T_v=1.6$。

平均竖向固结度 $U_z=1.00$,涵洞地基在固结时间为 $t=1$ 年时的变形量为:$s_t=U_z s=1.00\times101.2=101.2$mm。

即渗透系数取 $k=4.0\times10^{-4}$cm/s,在其他参数不变的情况下,涵洞地基1年的固结沉降量为101.2mm,已完全达到最终固结沉降量。

ⓓ黄土渗透系数取 $k=1.0\times10^{-4}$cm/s,在其他参数不变的情况下,计算涵洞中点截面处的地基在 $t=0.5$ 年时的固结沉降变形量。

由式(6-7)可计算得到地基土的竖向固结系数,即 $c_v=19.78$m/年。

由式(6-8)可计算得到地基土的竖向固结时间因素,即$T_v=0.20$。

平均竖向固结度 $U_z=0.52$,涵洞地基在固结时间为 $t=0.5$ 年时的变形量为:$s_t=U_z s=0.52\times101.2=52.6$mm。

ⓔ黄土渗透系数取 $k=1.0\times10^{-4}$cm/s,在其他参数不变的情况下,计算涵洞中点截面处的地基在 $t=0.25$ 年时的固结沉降变形量。

由式(6-7)可计算得到地基土的竖向固结系数,即 $c_v=19.78$m/年。

由式(6-8)可计算得到地基土的竖向固结时间因素,即$T_v=0.10$。

平均竖向固结度 $U_z=0.35$,涵洞地基在固结时间为 $t=0.25$ 年时的变形量为:$s_t=U_z s=0.35\times101.2=35.4$mm。

b.地基处理后:

(a)初始参数计算。

大间距挤密桩涵洞,挤密桩桩径为40cm,桩间距为120cm,桩长 $L=6$m,加固范围为路堤坡脚及涵洞垂裙外2m。成桩后,桩顶表面铺设80cm厚的灰土垫层,重度为16kN/m^3。涵洞地基计算深度取 $h=7$m,涵洞地基为0.6m厚的钢筋混凝土板,为向下的单面排水情况,故排水距离取 $H=7$m 即可。其他参数不变,渗透系数取 $k=1.0\times10^{-4}$cm/s。涵洞地基土的压缩模量取各层土体的平均值,即 $E_s=(8.4+11.2+17.2+16.4+13.9+13.5+20.5)/7=14.44$MPa。固结沉降计算时间取 $t=1$ 年。

(b)固结度计算。

由式(6-6)可计算得到地基土体的固结最终沉降量,即 $s=42.4$mm。

由式(6-7)可计算得到地基土的竖向固结系数,即 $c_v=45.54$m/年。

由式(6-8)可计算得到地基土的竖向固结时间因素,即$T_v=0.93$。

平均竖向固结度 $U_z=0.92$。

(c)固结沉降量计算。

由上述计算结果和式(6-5)可得涵洞地基在固结时间为 $t=1$ 年时的变形量为:$s_t=U_z s=0.92\times42.4=39.0$mm。

同理,可计算大间距挤密桩涵洞中点截面处地基0.25年、0.5年、2年的固结沉降量,见表6-23。

大间距挤密桩涵洞中点截面处地基处理后不同时间的固结沉降量　表 6-23

时间年限(年)	0.25	0.5	1.0	2.0
固结沉降量(mm)	22.5	32.2	39.0	42.4
沉降百分比(%)	53.1	76.0	92.0	100

从以上计算结果可以看出,在渗透系数取 $k=1.0\times10^{-4}$cm/s,其他参数不变的条件下,涵洞地基3个月的固结沉降量为22.5mm,占最终沉降量的53.1%;半年的固结沉降量达到32.2mm,沉降百分比为76%;1年的固结沉降量为39mm,占最终固结沉降量的92%;2年的固结沉降量为42.4mm,完全达到固结沉降最终值。

(d)渗透系数变化。

为了区别黄土地基含水率增大条件下涵洞地基的固结沉降情况,在此假设含水率与土体渗透系数密切相关,以渗透系数的变化代表含水率的变化。

ⓐ黄土渗透系数取 $k=2.0\times10^{-4}$cm/s,在其他参数不变的情况下,计算涵洞中点截面处的地基在 $t=1$ 年时的固结沉降变形量。

由式(6-7)可计算得到地基土的竖向固结系数,即 $c_v=91.06$m/年。

由式(6-8)可计算得到地基土的竖向固结时间因素,即 $T_v=1.86$。

平均竖向固结度 $U_z=1.00$,涵洞地基在固结时间为 $t=1$ 年时的变形量为:$s_t=U_zs=1.00\times42.4=42.4$mm。

即渗透系数取 $k=2.0\times10^{-4}$cm/s,在其他参数不变的情况下,$t=1$ 年时的涵洞固结沉降变形量已完全达到100%。

ⓑ黄土渗透系数取 $k=2.0\times10^{-4}$cm/s,在其他参数不变的情况下,计算涵洞中点截面处的地基在 $t=0.5$ 年时的固结沉降变形量。

由式(6-8)可计算得到地基土的竖向固结时间因素,即 $T_v=0.93$。

平均竖向固结度 $U_z=0.92$,涵洞地基在固结时间为 $t=0.5$ 年时的变形量为:$s_t=U_zs=0.92\times42.4=39.0$mm。

即渗透系数取 $k=2.0\times10^{-4}$cm/s,在其他参数不变的情况下,$t=0.5$ 年时的涵洞固结沉降变形量为39.0mm,达到总固结沉降量的92%。

②涵洞进口截面处。

a. 地基处理前:

(a)初始参数计算。

涵洞进口截面处的地基变形与涵洞中点截面处的地基变形的差异主要在于涵洞地基上部的受荷情况不同,涵洞地基土体的物理力学性质在地基处理后也会发生变化。

涵洞的受力情况、基底附加压应力计算过程不再赘述,直接引用前文的计算结果。地基处理前,大间距挤密桩涵洞进口截面处基底附加压应力为:$p_0=p-\gamma h=77.4-16\times1.5=53.4$kPa。

涵洞地基计算深度取 $h=7$m,涵洞地基为0.6m的钢筋混凝土板,为向下的单面排水情况,故排水距离取 $H=7$m 即可。土体的天然孔隙比结合现场土工试验结果取 $e_0=(0.765+0.890+0.844+0.817+0.793+0.690)/6=0.800$,渗透系数取 $k=1.0\times10^{-4}$cm/s。涵洞地基土的压缩模量取各层土体的平均值,即 $E_s=(8.02+5.71+7.75+3.69+3.47+6.65+8.57)/7=$

6.27MPa。由压缩系数与压缩模量之间的换算关系，可得到压缩系数 $\alpha = \frac{1+e_0}{E_s} = \frac{1+0.800}{6.27} = 0.287\text{MPa}^{-1}$，固结沉降计算时间取 $t=1$ 年。

(b)固结度计算。

由式(6-6)可计算得到地基土体的固结最终沉降量，即 $s=59.6\text{mm}$。

由式(6-7)可计算得到地基土的竖向固结系数，即 $c_v=19.78\text{m}$/年。

由式(6-8)可计算得到地基土的竖向固结时间因素，即$T_v=0.404$。

平均竖向固结度 $U_z=0.72$。

(c)固结沉降量计算。

由上述计算结果和式(6-5)可得涵洞地基在固结时间为 $t=1$ 年时的变形量为：$s_t=U_z s=0.72\times59.6=42.912\text{mm}=42.9\text{mm}$。

同理，可计算大间距挤密桩涵洞进口截面处地基0.25年、0.5年、1.5年、2年、3年的固结沉降量，见表6-24。

大间距挤密桩涵洞进口截面处地基处理前不同时间的固结沉降量 表6-24

时间年限(年)	0.25	0.5	1.0	1.5	2.0	3.0
固结沉降量(mm)	21.5	31.0	42.9	49.5	52.5	57.8
沉降百分比(%)	36.1	52.1	72.0	83.0	88.1	97.0

从以上计算结果可以看出，在渗透系数取 $k=1.0\times10^{-4}\text{cm/s}$，其他参数不变的条件下，涵洞地基3个月的固结沉降量为21.5mm，占最终沉降量的36.1%；半年的固结沉降量达到31.0mm，沉降百分比为52.1%；1年的固结沉降量为42.9mm，占最终固结沉降量的72%；2年的固结沉降量为52.5mm，沉降百分比为88.1%；3年的固结沉降量为57.8mm，沉降百分比为97%，基本达到固结沉降最终值。

(d)渗透系数变化。

为了区别黄土地基含水率增大条件下涵洞地基的固结沉降情况，在此假设含水率与土体渗透系数密切相关，以渗透系数的变化代表含水率的变化。

ⓐ黄土渗透系数取 $k=2.0\times10^{-4}\text{cm/s}$，在其他参数不变的情况下，计算涵洞进口截面处的地基在 $t=1$ 年时的固结沉降变形量。

由式(6-7)可计算得到地基土的竖向固结系数，即 $c_v=39.55\text{m}$/年。

由式(6-8)可计算得到地基土的竖向固结时间因素，即$T_v=0.81$。

平均竖向固结度 $U_z=0.88$，涵洞地基在固结时间为 $t=1$ 年时的变形量为：$s_t=U_z s=0.88\times59.6=52.5\text{mm}$。

ⓑ黄土渗透系数取 $k=3.0\times10^{-4}\text{cm/s}$，在其他参数不变的情况下，计算涵洞进口截面处的地基在 $t=1$ 年时的固结沉降变形量。

由式(6-7)可计算得到地基土的竖向固结系数，即 $c_v=59.31\text{m}$/年。

由式(6-8)可计算得到地基土的竖向固结时间因素，即$T_v=1.21$。

平均竖向固结度 $U_z=0.98$，涵洞地基在固结时间为 $t=1$ 年时的变形量为：$s_t=U_z s=0.98\times59.6=58.4\text{mm}$。

ⓒ黄土渗透系数取 $k=4.0\times10^{-4}$cm/s，在其他参数不变的情况下，计算涵洞进口截面处的地基在 $t=0.5$ 年时的固结沉降变形量。

由式(6-7)可计算得到地基土的竖向固结系数，即 $c_v=79.09$m/年。

由式(6-8)可计算得到地基土的竖向固结时间因素，即$T_v=0.8$。

平均竖向固结度 $U_z=0.88$，涵洞地基在固结时间为 $t=0.5$ 年时的变形量为：$s_t=U_z s=0.88\times59.6=52.5$mm。

即渗透系数取 $k=4.0\times10^{-4}$cm/s，在其他参数不变的情况下，涵洞地基 0.5 年的固结沉降量为 52.5mm，已完全达到最终固结沉降量。

ⓓ黄土渗透系数取 $k=2.0\times10^{-4}$cm/s，在其他参数不变的情况下，计算涵洞进口截面处的地基在 $t=0.5$ 年时的固结沉降变形量。

由式(6-7)可计算得到地基土的竖向固结系数，即 $c_v=39.56$m/年。

由式(6-8)可计算得到地基土的竖向固结时间因素，即$T_v=0.40$。

平均竖向固结度 $U_z=0.72$，涵洞地基在固结时间为 $t=0.5$ 年时的变形量为：$s_t=U_z s=0.72\times59.6=42.9$mm。

ⓔ黄土渗透系数取 $k=3.0\times10^{-4}$cm/s，在其他参数不变的情况下，计算涵洞进口截面处的地基在 $t=0.5$ 年时的固结沉降变形量。

由式(6-7)可计算得到地基土的竖向固结系数，即 $c_v=59.34$m/年。

由式(6-8)可计算得到地基土的竖向固结时间因素，即$T_v=0.61$。

平均竖向固结度 $U_z=0.83$，涵洞地基在固结时间为 $t=0.5$ 年时的变形量为：$s_t=U_z s=0.83\times59.6=49.5$mm。

b. 地基处理后：

(a)固结沉降量计算。

从表 6-25 可以看出，在渗透系数取 $k=1.0\times10^{-4}$cm/s，其他参数不变的条件下，涵洞地基 3 个月的固结沉降量为 14.2mm，占最终沉降量的 54.8%；半年的固结沉降量达到19.7mm，沉降百分比为 76.1%；1 年的固结沉降量为23.8mm，占最终固结沉降量的 92%；1.5 年的固结沉降量为 25.9mm，完全达到固结沉降最终值。

大间距挤密桩涵洞进口截面处地基处理后不同时间的固结沉降量 表 6-25

时间年限(年)	0.25	0.5	1.0	1.5
固结沉降量(mm)	14.2	19.7	23.8	25.9
沉降百分比(%)	54.8	76.1	92.0	100

(b)渗透系数变化。

为了区别黄土地基含水率增大条件下涵洞地基的固结沉降情况，在此假设含水率与土体渗透系数密切相关，以渗透系数的变化代表含水率的变化。

ⓐ黄土渗透系数取 $k=2.0\times10^{-4}$cm/s，在其他参数不变的情况下，计算涵洞进口截面处的地基在 $t=1$ 年时的固结沉降变形量。

由式(6-7)可计算得到地基土的竖向固结系数，即 $c_v=91.06$m/年。

由式(6-8)可计算得到地基土的竖向固结时间因素，即$T_v=1.86$。

平均竖向固结度 $U_z=1.00$，涵洞地基在固结时间为 $t=1$ 年时的变形量为：$s_t=U_zs=1.00\times25.9=25.9\text{mm}$。

即渗透系数取 $k=2.0\times10^{-4}\text{cm/s}$，在其他参数不变的情况下，$t=1$ 年时的涵洞固结沉降百分比已完全达到100%。

ⓑ黄土渗透系数取 $k=2.0\times10^{-4}\text{cm/s}$，在其他参数不变的情况下，计算涵洞进口截面处的地基在 $t=0.5$ 年时的固结沉降变形量。

由式(6-8)可计算得到地基土的竖向固结时间因素，即 $T_v=0.93$。

平均竖向固结度 $U_z=0.92$，涵洞地基在固结时间为 $t=0.5$ 年时的变形量为：$s_t=U_zs=0.92\times25.9=23.8\text{mm}$。

即渗透系数取 $k=2.0\times10^{-4}\text{cm/s}$，在其他参数不变的情况下，$t=0.5$ 年时的涵洞固结沉降变形量为23.8mm。这与渗透系数取 $k=1.0\times10^{-4}\text{cm/s}$、$t=1$ 年时的固结沉降量情况基本一致。即其他措施不变的情况下，土体渗透系数增大1倍，达到相同固结沉降量的固结时间缩短一半。

(4)灰土换填法处理的涵洞地基。

①涵洞中点截面处。

a.地基处理前：

(a)初始参数计算。

涵洞的受力情况、基底附加压应力计算过程不再赘述，直接引用前文的计算结果。地基处理前，灰土换填涵洞中点截面处基底附加压应力为：$p_0=p-\gamma h=172.78-16\times1.5=148.73\text{kPa}$。

考虑到地基下约有8m厚的湿陷性黄土地层，后期地基处理深度为3m，为便于计算和比较，涵洞地基计算深度取 $h=6\text{m}$，涵洞地基为0.6m厚的钢筋混凝土板，为向下的单面排水情况，故排水距离取 $H=6\text{m}$ 即可。土体的天然孔隙比结合现场土工试验结果取 $e_0=(0.855+0.912+0.941+0.882+0.823+0.78)/6=0.866$，渗透系数取 $k=2.0\times10^{-4}\text{cm/s}$。涵洞地基土的压缩模量取各层土体的平均值，即 $E_s=(5.71+5.69+6.65)/3=6.02\text{MPa}$。由压缩系数与压缩模量之间的换算关系，可得到压缩系数 $\alpha=\dfrac{1+e_0}{E_s}=\dfrac{1+0.866}{6.02}=0.31\text{MPa}^{-1}$，固结沉降计算时间取 $t=1$ 年。

(b)固结度计算。

由式(6-6)可计算得到地基土体的固结最终沉降量，即 $s=148.2\text{mm}$。

由式(6-7)可计算得到地基土的竖向固结系数，即 $c_v=37.97\text{m}/年$。

由式(6-8)可计算得到地基土的竖向固结时间因素，即 $T_v=1.06$。

平均竖向固结度 $U_z=0.93$。

(c)固结沉降量计算。

由上述计算结果和式(6-5)可得，涵洞地基在固结时间为 $t=1$ 年时的变形量为：$s_t=U_zs=0.93\times148.2=137.826\text{mm}\approx137.8\text{mm}$。

同理，可计算灰土换填涵洞中点截面处地基0.25年、0.5年、1.5年的固结沉降量，见表6-26。

灰土换填涵洞中点截面处地基处理前不同时间的固结沉降量 表6-26

时间年限(年)	0.25	0.5	1.0	1.5
固结沉降量(mm)	84.5	115.6	137.8	148.2
沉降百分比(%)	57	78	93	100

(d)渗透系数变化。

为了区别黄土地基含水率增大条件下涵洞地基的固结沉降情况,在此假设含水率与土体渗透系数密切相关,以渗透系数的变化代表含水率的变化。

ⓐ黄土渗透系数取 $k=4.0\times10^{-4}$cm/s,在其他参数不变的情况下,计算涵洞中点截面处的地基在 $t=1$ 年时的固结沉降变形量。

由式(6-7)可计算得到地基土的竖向固结系数,即 $c_v=75.92$m/年。

由式(6-8)可计算得到地基土的竖向固结时间因素,即$T_v=2.1$,取 $T_v=2.0$。

平均竖向固结度 $U_z=1.00$,涵洞地基在固结时间为 $t=1$ 年时的变形量为:$s_t=U_zs=1.00\times148.2=148.2$mm。

即渗透系数取 $k=4.0\times10^{-4}$cm/s,在其他参数不变的情况下,涵洞地基1年的固结沉降量为148.2mm,已完全达到最终固结沉降量。

ⓑ黄土渗透系数取 $k=3.0\times10^{-4}$cm/s,在其他参数不变的情况下,计算涵洞中点截面处的地基在 $t=1$ 年时的固结沉降变形量。

由式(6-7)可计算得到地基土的竖向固结系数,即 $c_v=56.94$m/年。

由式(6-8)可计算得到地基土的竖向固结时间因素,即 $T_v=1.58$。

平均竖向固结度 $U_z=0.98$,涵洞地基在固结时间为 $t=1$ 年时的变形量为:$s_t=U_zs=0.98\times148.2=145.2$mm。

ⓒ黄土渗透系数取 $k=1.0\times10^{-4}$cm/s,在其他参数不变的情况下,计算涵洞中点截面处的地基在 $t=1$ 年时的固结沉降变形量。

由式(6-7)可计算得到地基土的竖向固结系数,即 $c_v=18.99$m/年。

由式(6-8)可计算得到地基土的竖向固结时间因素,即 $T_v=0.53$。

平均竖向固结度 $U_z=0.78$,涵洞地基在固结时间为 $t=1$ 年时的变形量为:$s_t=U_zs=0.78\times148.2=115.6$mm。

ⓓ黄土渗透系数取 $k=1.0\times10^{-4}$cm/s,在其他参数不变的情况下,计算涵洞中点截面处的地基在 $t=0.5$ 年时的固结沉降变形量。

由式(6-7)可计算得到地基土的竖向固结系数,即 $c_v=18.99$m/年。

由式(6-8)可计算得到地基土的竖向固结时间因素,即 $T_v=0.26$。

平均竖向固结度 $U_z=0.58$,涵洞地基在固结时间为 $t=0.5$ 年时的变形量为:$s_t=U_zs=0.58\times148.2=86.0$mm。

b.地基处理后:

(a)初始参数计算。

地基处理深度为3m,采用挖除换填方式,其中基底面下设2m厚三七灰土换填垫层,重度为16kN/m^3,三七灰土垫层下设1m厚素土垫层,重度为17kN/m^3。涵洞地基计算深度取 $h=$

6m,涵洞地基为0.6m的钢筋混凝土板,地基为湿陷性黄土,为向下的单面排水情况,故排水距离取 $H=6\text{m}$ 即可。地基处理后各层土体的压缩模量取其平均值,即 $E_s=(20.4+8.20+6.65)/3=11.75\text{MPa}$。涵洞中点截面处基底附加压应力为:$p_0=p-\gamma h=172.73-16\times1.5=148.73\text{kPa}$。土体的天然孔隙比取 $e_0=0.877$,渗透系数取 $k=1.0\times10^{-4}\text{cm/s}$。固结沉降计算时间取 $t=1$ 年。

(b)固结度计算。

由式(6-6)可计算得到地基土体的固结最终沉降量,即 $s=76.0\text{mm}$。

由式(6-7)可计算得到地基土的竖向固结系数,即 $c_v=37.06\text{m/年}$。

由式(6-8)可计算得到地基土的竖向固结时间因素,即 $T_v=1.06$。

平均竖向固结度 $U_z=0.96$。

(c)固结沉降量计算。

由上述计算结果和式(6-5)可得,涵洞地基在固结时间为 $t=1$ 年时的变形量为:$s_t=U_z s=0.96\times76.0=72.9\text{mm}$。

同理,可计算灰土换填涵洞中点截面处地基0.25年、0.5年、1.5年的固结沉降量,见表6-27。

灰土换填涵洞中点截面处地基处理后不同时间的固结沉降量 表6-27

时间年限(年)	0.25	0.5	1.0	1.5
固结沉降量(mm)	47.1	59.2	72.9	72.9
沉降百分比(%)	62.0	78.1	96.0	100

从以上计算结果可以看出,在渗透系数取 $k=1.0\times10^{-4}\text{cm/s}$,其他参数不变的条件下,涵洞地基3个月的固结沉降量为47.1mm,占最终沉降量的62%;半年的固结沉降量达到59.2mm,沉降百分比为78.1%;1年的固结沉降量为72.9mm,占最终固结沉降量的96%;1.5年的固结沉降量为72.9mm,完全达到固结沉降最终值。

(d)渗透系数变化。

为了区别黄土地基含水率增大条件下涵洞地基的固结沉降情况,在此假设含水率与土体渗透系数密切相关,以渗透系数的变化代表含水率的变化。

ⓐ黄土渗透系数取 $k=2.0\times10^{-4}\text{cm/s}$,在其他参数不变的情况下,计算涵洞中点截面处的地基在 $t=1$ 年时的固结沉降变形量。

由式(6-7)可计算得到地基土的竖向固结系数,即 $c_v=74.1\text{m/年}$。

由式(6-8)可计算得到地基土的竖向固结时间因素,即 $T_v=2.06$,取 $T_v=2.0$。

平均竖向固结度 $U_z=1.00$,涵洞地基在固结时间为 $t=1$ 年时的变形量为:$s_t=U_z s=1.00\times76.0=76.0\text{mm}$。

即渗透系数取 $k=2.0\times10^{-4}\text{cm/s}$,在其他参数不变的情况下,$t=1$ 年时的涵洞固结沉降百分比已完全达到100%。

ⓑ黄土渗透系数取 $k=2.0\times10^{-4}\text{cm/s}$,在其他参数不变的情况下,计算涵洞中点截面处的地基在 $t=0.5$ 年时的固结沉降变形量。

由式(6-8)可计算得到地基土的竖向固结时间因素,即 $T_v=1.03$。

平均竖向固结度 $U_z=0.92$，涵洞地基在固结时间为 $t=0.5$ 年时的变形量为：$s_t=U_z s=0.92\times76.0=69.9$mm。

即渗透系数取 $k=2.0\times10^{-4}$cm/s，在其他参数不变的情况下，$t=0.5$ 年时的涵洞固结沉降变形量为69.9mm，达到总固结沉降量的92%。

②涵洞进口截面处。

a.地基处理前：

(a)初始参数计算。

涵洞进口截面处的地基变形与涵洞中点截面处的地基变形的差异主要在于涵洞地基上部的受荷情况不同，涵洞地基土体的物理力学性质在地基处理后也会发生变化。

涵洞的受力情况、基底附加压应力计算过程不再赘述，直接引用前文的计算结果。地基处理前，灰土换填涵洞进口截面处基底附加压应力为：$p_0=p-\gamma h=125.5-16\times1.5=101.5$kPa。

考虑到地基下约有8m厚的湿陷性黄土地层，地基处理深度为3m，为便于计算和比较，涵洞地基计算深度取 $h=6$m，涵洞地基为0.6m的钢筋混凝土板，为向下的单面排水情况，故排水距离取 $H=6$m 即可。土体的天然孔隙比结合现场土工试验结果取 $e_0=(0.855+0.912+0.941+0.882+0.823+0.78)/6=0.866$，渗透系数取 $k=2.0\times10^{-4}$cm/s。涵洞地基土压缩模量取各层土体的平均值，即 $E_s=(5.71+5.69+6.65)/3=6.02$MPa。由压缩系数与压缩模量之间的换算关系，可得到压缩系数 $\alpha=\dfrac{1+e_0}{E_s}=\dfrac{1+0.866}{6.02}=0.31\text{MPa}^{-1}$，固结沉降计算时间取 $t=1$ 年。

(b)固结度计算。

由式(6-6)可计算得到地基土体的固结最终沉降量，即 $s=101.2$mm。

由式(6-7)可计算得到地基土的竖向固结系数，即 $c_v=37.97$m/年。

由式(6-8)可计算得到地基土的竖向固结时间因素，即 $T_v=1.06$。

平均竖向固结度 $U_z=0.93$。

(c)固结沉降量计算。

由上述计算结果和式(6-5)可得涵洞地基在固结时间为 $t=1$ 年时的变形量为：$s_t=U_z s=0.93\times101.2=94.116\text{mm}\approx94.1$mm。

同理，可计算灰土换填涵洞进口截面处地基0.25年、0.5年、1.5年的固结沉降量，见表6-28。

灰土换填涵洞进口截面处地基处理前不同时间的固结沉降量　　表6-28

时间年限(年)	0.25	0.5	1.0	1.5
固结沉降量(mm)	56.7	80.2	94.1	99.2
沉降百分比(%)	56.2	79.3	93.0	98.0

从以上计算结果可以看出，在渗透系数取 $k=2.0\times10^{-4}$cm/s，其他参数不变的情况下，3个月的涵洞固结沉降变形量为56.7mm，达到总固结沉降量的56.2%；半年的涵洞固结沉降量为80.2mm，沉降百分比为79.3%；1年的固结沉降量为94.1mm，沉降百分比为93%；1.5年的涵洞固结沉降量为99.2mm，沉降百分比为98.0%，基本达到固结沉降最终值。

(d)渗透系数变化。

为了区别黄土地基含水率增大条件下涵洞地基的固结沉降情况,在此假设含水率与土体渗透系数密切相关,以渗透系数的变化代表含水率的变化。

ⓐ黄土渗透系数取 $k=1.0\times10^{-4}$ cm/s,在其他参数不变的情况下,计算涵洞进口截面处的地基在 $t=1$ 年时的固结沉降变形量。

由式(6-7)可计算得到地基土的竖向固结系数,即 $c_v=18.99$m/年。

由式(6-8)可计算得到地基土的竖向固结时间因素,即 $T_v=0.53$。

平均竖向固结度 $U_z=0.78$,涵洞地基在固结时间 $t=1$ 年时的变形量为:$s_t=U_z s=0.78\times101.2=78.94$mm。

ⓑ黄土渗透系数取 $k=3.0\times10^{-4}$ cm/s,在其他参数不变的情况下,计算涵洞进口截面处的地基在 $t=1$ 年时的固结沉降变形量。

由式(6-7)可计算得到地基土的竖向固结系数,即 $c_v=56.94$m/年。

由式(6-8)可计算得到地基土的竖向固结时间因素,即 $T_v=1.58$。

平均竖向固结度 $U_z=0.98$,涵洞地基在固结时间 $t=1$ 年时的变形量为:$s_t=U_z s=0.98\times101.2=99.2$mm。

ⓒ黄土渗透系数取 $k=4.0\times10^{-4}$ cm/s,在其他参数不变的情况下,计算涵洞进口截面处的地基在 $t=1$ 年时的固结沉降变形量。

由式(6-7)可计算得到地基土的竖向固结系数,即 $c_v=75.92$m/年。

由式(6-8)可计算得到地基土的竖向固结时间因素,即 $T_v=2.1$,取 $T_v=2.0$。

平均竖向固结度 $U_z=1.00$,涵洞地基在固结时间 $t=1$ 年时的变形量为:$s_t=U_z s=1.00\times101.2=101.2$mm。

即渗透系数取 $k=4.0\times10^{-4}$ cm/s,在其他参数不变的情况下,涵洞地基1年的固结沉降量为101.2mm,已完全达到最终固结沉降量。

ⓓ黄土渗透系数取 $k=1.0\times10^{-4}$ cm/s,在其他参数不变的情况下,计算涵洞进口截面处的地基在 $t=0.5$ 年时的固结沉降变形量。

由式(6-7)可计算得到地基土的竖向固结系数,即 $c_v=18.99$m/年。

由式(6-8)可计算得到地基土的竖向固结时间因素,即 $T_v=0.26$。

平均竖向固结度 $U_z=0.58$。涵洞地基在固结时间 $t=0.5$ 年时的变形量为:$s_t=U_z s=0.58\times101.2=58.7$mm。

b. 地基处理后:

(a)初始参数计算。

地基处理深度为3m,采用挖除换填方式,其中基底面下设2m厚的三七灰土换填垫层,重度为16kN/m^3;灰土垫层下设1m厚的素土垫层,重度为17kN/m^3。涵洞地基计算深度取 $h=6$m,涵洞地基为0.6m的钢筋混凝土板,地基为湿陷性黄土,为向下的单面排水情况,故排水距离取 $H=6$m 即可。地基处理后各层土体的压缩模量取其平均值,即 $E_s=(20.4+8.20+6.65)/3=11.75$MPa。涵洞进口截面处基底附加压应力为:$p_0=p-\gamma h=125.5-16\times1.5=101.5$kPa。土体的天然孔隙比取 $e_0=0.877$,渗透系数取 $k=1.0\times10^{-4}$cm/s。固结沉降计算时间

取 $t=1$ 年。

(b)固结度计算。

由式(6-6)可计算得到地基土体的固结最终沉降量，即 $s=51.8\text{mm}$。

由式(6-7)可计算得到地基土的竖向固结系数，即 $c_v=37.06\text{m/年}$。

由式(6-8)可计算得到地基土的竖向固结时间因素，即 $T_v=1.06$。

平均竖向固结度 $U_z=0.96$。

(c)固结沉降量计算。

由上述计算结果和式(6-5)可得涵洞地基在固结时间 $t=1$ 年时的变形量为：$s_t=U_z s=0.96\times51.8=49.7\text{mm}$。

同理，可计算灰土换填涵洞进口截面处地基 0.25 年、0.5 年、1.5 年的固结沉降量，见表 6-29。

灰土换填涵洞进口截面处地基处理后不同时间的固结沉降量 表 6-29

时间年限(年)	0.25	0.5	1.0	1.5
固结沉降量(mm)	30.0	40.4	49.7	51.8
沉降百分比(%)	58.0	78.1	96.0	100

从以上计算结果可以看出，在渗透系数取 $k=1.0\times10^{-4}\text{cm/s}$，其他参数不变的条件下，涵洞地基 3 个月的固结沉降量为 30mm，占最终沉降量的 58%；半年的固结沉降量达到40.4mm，沉降百分比为 78.1%；1 年的固结沉降量为 49.7mm，占最终固结沉降量的 96%；1.5 年的固结沉降量为 51.8mm，完全达到固结沉降最终值。

(d)渗透系数变化。

为了区别黄土地基含水率增大条件下涵洞地基的固结沉降情况，在此假设含水率与土体渗透系数密切相关，以渗透系数的变化代表含水率的变化。

ⓐ黄土渗透系数取 $k=2.0\times10^{-4}\text{cm/s}$，在其他参数不变的情况下，计算涵洞进口截面处的地基在 $t=1$ 年时的固结沉降变形量。

由式(6-7)可计算得到地基土的竖向固结系数，即 $c_v=74.1\text{m/年}$。

由式(6-8)可计算得到地基土的竖向固结时间因素，即 $T_v=2.06$，取 $T_v=2.0$。

平均竖向固结度 $U_z=1.00$，涵洞地基在固结时间 $t=1$ 年时的变形量为：$s_t=U_z s=1.00\times51.8=51.8\text{mm}$。

即渗透系数取 $k=2.0\times10^{-4}\text{cm/s}$，在其他参数不变的情况下，$t=1$ 年时的涵洞固结沉降百分比已完全达到 100%。

ⓑ黄土渗透系数取 $k=2.0\times10^{-4}\text{cm/s}$，在其他参数不变的情况下，计算涵洞进口截面处的地基在 $t=0.5$ 年时的固结沉降变形量。

由式(6-8)可计算得到地基土的竖向固结时间因素，即 $T_v=1.03$。

平均竖向固结度 $U_z=0.92$，涵洞地基在固结时间为 $t=0.5$ 年时的变形量为：$s_t=U_z s=0.92\times51.8=47.7\text{mm}$。

即渗透系数取 $k=2.0\times10^{-4}\text{cm/s}$，在其他参数不变的情况下，$t=0.5$ 年时的涵洞固结沉降变形量为47.7mm,达到总固结沉降量的92%。

(5)抛石换填法处理的涵洞地基。

①涵洞中点截面处。

a. 地基处理前:

(a)初始参数计算。

涵洞的受力情况、基底附加压应力计算过程不再赘述,直接引用前文的计算结果。地基处理前,抛石换填涵洞中点截面处基底附加压应力为:$p_0 = p - \gamma h = 136.83 - 16 \times 1.5 = 112.83$kPa。

涵洞地基计算深度取 $h = 6$m,涵洞地基为0.6m厚的钢筋混凝土板,为向下的单面排水情况,故排水距离取 $H = 6$m 即可。土体的天然孔隙比结合现场土工试验结果取 $e_0 = (0.855 + 0.912 + 0.941 + 0.882 + 0.823 + 0.78)/6 = 0.866$,渗透系数取 $k = 1.0 \times 10^{-4}$cm/s。涵洞地基土压缩模量取各层土体的平均值,即 $E_s = (5.71 + 5.69 + 6.65)/3 = 6.02$MPa。由压缩系数与压缩模量之间的换算关系,可得到压缩系数 $\alpha = \frac{1 + e_0}{E_s} = \frac{1 + 0.866}{6.02} = 0.31\text{MPa}^{-1}$,固结沉降计算时间取 $t = 1$年。

(b)固结度计算。

由式(6-6)可计算得到地基土体的固结最终沉降量,即 $s = 112.5$mm。

由式(6-7)可计算得到地基土的竖向固结系数,即 $c_v = 18.985$m/年。

由式(6-8)可计算得到地基土的竖向固结时间因素,即 $T_v = 0.53$。

平均竖向固结度 $U_z = 0.78$。

(c)固结沉降量计算。

由上述计算结果和式(6-5)可得涵洞地基在固结时间为 $t = 1$ 年时的变形量为:$s_t = U_z s = 0.78 \times 112.5 = 87.8$mm。

同理,可计算抛石换填涵洞中点截面处地基0.25年、0.5年、1.5年、2年、2.5年的固结沉降量,见表6-30。

抛石换填涵洞中点截面处地基处理前不同时间的固结沉降量 表6-30

时间年限(年)	0.25	0.5	1.0	1.5	2.0	2.5
固结沉降量(mm)	43.9	61.9	87.8	99.0	104.7	112.5
沉降百分比(%)	39.0	55.0	78.1	88.0	93.0	100

从以上计算结果可以看出,在渗透系数取 $k = 1.0 \times 10^{-4}$cm/s,其他参数不变的条件下,涵洞中点截面处地基3个月的固结沉降量为43.9mm,占最终沉降量的39%;半年的固结沉降量达到61.9mm,沉降百分比为55%;1年的固结沉降量为87.8mm,占最终固结沉降量的78.1%;2年的固结沉降量为104.7mm,沉降百分比为93%;2.5年的固结沉降量为112.5mm,完全达到固结沉降最终值。

(d)渗透系数变化。

为了区别黄土地基含水率增大条件下涵洞地基的固结沉降情况,在此假设含水率与土体渗透系数密切相关,以渗透系数的变化代表含水率的变化。

ⓐ黄土渗透系数取 $k=2.0\times10^{-4}$cm/s,在其他参数不变的情况下,计算涵洞中点截面处的地基在 $t=1$ 年时的固结沉降变形量。

由式(6-7)可计算得到地基土的竖向固结系数,即 $c_v=37.98$m/年。

由式(6-8)可计算得到地基土的竖向固结时间因素,即 $T_v=1.06$。

平均竖向固结度 $U_z=0.94$,涵洞地基在固结时间 $t=1$ 年时的变形量为:$s_t=U_zs=0.94\times112.5=105.8$mm。

ⓑ黄土渗透系数取 $k=3.0\times10^{-4}$cm/s,在其他参数不变的情况下,计算涵洞中点截面处的地基在 $t=1$ 年时的固结沉降变形量。

由式(6-7)可计算得到地基土的竖向固结系数,即 $c_v=56.94$m/年。

由式(6-8)可计算得到地基土的竖向固结时间因素,即 $T_v=1.58$。

平均竖向固结度 $U_z=0.98$,涵洞地基在固结时间 $t=1$ 年时的变形量为:$s_t=U_zs=0.98\times112.5=110.3$mm。

ⓒ黄土渗透系数取 $k=3.0\times10^{-4}$cm/s,在其他参数不变的情况下,计算涵洞中点截面处的地基在 $t=0.5$ 年时的固结沉降变形量。

由式(6-7)可计算得到地基土的竖向固结系数,即 $c_v=56.94$m/年。

由式(6-8)可计算得到地基土的竖向固结时间因素,即 $T_v=0.79$。

平均竖向固结度 $U_z=0.87$,涵洞地基在固结时间 $t=0.5$ 年时的变形量为:$s_t=U_zs=0.87\times112.5=97.9$mm。

即渗透系数取 $k=3.0\times10^{-4}$cm/s,在其他参数不变的情况下,涵洞地基 0.5 年的固结沉降量为 97.9mm,已达到最终固结沉降量的 87%。

b. 地基处理后:

(a)初始参数计算。

采用挖除换填方式,其中基底面下设 2m 厚的三七灰土换填垫层,重度为 16kN/m³;灰土垫层下设 1m 厚的素土垫层,重度为 17kN/m³。为便于计算和比较,涵洞地基计算深度取 $h=6$m,涵洞地基为 0.6m 的钢筋混凝土板,为向下的单面排水情况,故排水距离取 $H=6$m 即可。其他参数不变,渗透系数取 $k=1.0\times10^{-4}$cm/s。涵洞地基土体的压缩模量取各层土体的平均值,即 $E_s=(20.4+10.2+10.65)/3=13.75$MPa。固结沉降计算时间取 $t=1$ 年。

(b)固结度计算。

由式(6-6)可计算得到地基土体的固结最终沉降量,即 $s=49.2$mm。

由式(6-7)可计算得到地基土的竖向固结系数,即 $c_v=43.36$m/年。

由式(6-8)可计算得到地基土的竖向固结时间因素,即 $T_v=1.20$。

平均竖向固结度 $U_z=0.98$。

(c)固结沉降量计算。

由上述计算结果和式(6-5)可得涵洞地基在固结时间 $t=1$ 年时的变形量为:$s_t=U_zs=0.98\times49.2=48.2$mm。

同理,可计算抛石换填涵洞中点截面处地基 0.25 年、0.5 年、1.5 年的固结沉降量,见表 6-31。

抛石换填涵洞中点截面处地基处理后不同时间的固结沉降量　　表 6-31

时间年限(年)	0.25	0.5	1.0	1.5
固结沉降量(mm)	30.5	40.8	48.2	49.2
沉降百分比(%)	62.0	83.0	98.0	100

从以上计算结果可以看出,在渗透系数取 $k=1.0\times10^{-4}$cm/s,其他参数不变的条件下,涵洞中点截面处地基 3 个月的固结沉降量为 30.5mm,占最终沉降量的 62%;半年的固结沉降量达到 40.8mm,沉降百分比为 83%;1 年的固结沉降量为48.2mm,占最终固结沉降量的 98%;1.5 年的固结沉降量为 49.2mm,完全达到固结沉降最终值。

(d)渗透系数变化。

为了区别黄土地基含水率增大条件下涵洞地基的固结沉降情况,在此假设含水率与土体渗透系数密切相关,以渗透系数的变化代表含水率的变化。

ⓐ黄土渗透系数取 $k=2.0\times10^{-4}$cm/s,在其他参数不变的情况下,计算涵洞中点截面处的地基在 $t=1$ 年时的固结沉降变形量。

由式(6-7)可计算得到地基土的竖向固结系数,即 $c_v=37.98$m/年。

由式(6-8)可计算得到地基土的竖向固结时间因素,即 $T_v=1.06$。

平均竖向固结度 $U_z=0.94$,涵洞地基在固结时间 $t=1$ 年时的变形量为:$s_t=U_z s=0.94\times49.2=46.3$mm。

ⓑ黄土渗透系数取 $k=3.0\times10^{-4}$cm/s,在其他参数不变的情况下,计算涵洞中点截面处的地基在 $t=1$ 年时的固结沉降变形量。

由式(6-7)可计算得到地基土的竖向固结系数,即 $c_v=56.94$m/年。

由式(6-8)可计算得到地基土的竖向固结时间因素,即 $T_v=1.58$。

平均竖向固结度 $U_z=0.98$,涵洞地基在固结时间 $t=1$ 年时的变形量为:$s_t=U_z s=0.98\times49.2=48.2$mm。

ⓒ黄土渗透系数取 $k=3.0\times10^{-4}$cm/s,在其他参数不变的情况下,计算涵洞中点截面处的地基在 $t=0.5$ 年时的固结沉降变形量。

由式(6-7)可计算得到地基土的竖向固结系数,即 $c_v=56.94$m/年。

由式(6-8)可计算得到地基土的竖向固结时间因素,即 $T_v=0.79$。

平均竖向固结度 $U_z=0.87$,涵洞地基在固结时间 $t=0.5$ 年时的变形量为:$s_t=U_z s=0.87\times49.2=42.8$mm。

即渗透系数取 $k=3.0\times10^{-4}$cm/s,在其他参数不变的情况下,涵洞地基 0.5 年的固结沉降量为 42.8mm,已达到最终固结沉降量的 87%。

②涵洞进口截面处。

a. 地基处理前:

(a)初始参数计算。

涵洞进口截面处的地基变形与涵洞中点截面处的地基变形的差异主要在于涵洞地基上部的受荷情况不同,涵洞地基土体的物理力学性质在地基处理后也会发生变化。

涵洞的受力情况、基底附加压应力计算过程不再赘述,直接引用前文的计算结果。地基处理前,涵洞抛石换填地基进口截面处基底附加压应力为:$p_0 = p - \gamma h = 76.64 - 16 \times 1.5 = 52.64$kPa。

涵洞地基计算深度取 $h = 6$m,涵洞地基为0.6m的钢筋混凝土板,为向下的单面排水情况,故排水距离取 $H = 6$m 即可。土体的天然孔隙比结合现场土工试验结果取 $e_0 = (0.855 + 0.912 + 0.941 + 0.882 + 0.823 + 0.78)/6 = 0.866$,渗透系数取 $k = 1.0 \times 10^{-4}$cm/s。涵洞地基土压缩模量取各层土体的平均值,即 $E_s = (5.71 + 5.69 + 6.65)/3 = 6.02$MPa。由压缩系数与压缩模量之间的换算关系,可得到压缩系数 $\alpha = \frac{1 + e_0}{E_s} = \frac{1 + 0.866}{6.02} = 0.31\text{MPa}^{-1}$,固结沉降计算时间取 $t = 1$ 年。

(b)固结度计算。

由式(6-6)可计算得到地基土体的固结最终沉降量,即 $s = 52.5$mm。

由式(6-7)可计算得到地基土的竖向固结系数,即 $c_v = 18.985$m/年。

由式(6-8)可计算得到地基土的竖向固结时间因素,即 $T_v = 0.53$。

平均竖向固结度 $U_z = 0.78$。

(c)固结沉降量计算。

由上述计算结果和式(6-5)可得涵洞地基在固结时间为 $t = 1$ 年时的变形量为:$s_t = U_z s = 0.78 \times 52.5 = 41.0$mm。

同理,可计算抛石换填涵洞进口截面处地基0.25年、0.5年、1.5年、2年、2.5年的固结沉降量,见表6-32。

抛石换填涵洞进口截面处地基处理前不同时间的固结沉降量 表6-32

时间年限(年)	0.25	0.5	1.0	1.5	2.0	2.5
固结沉降量(mm)	21.0	30.5	41.0	46.2	48.8	51.5
沉降百分比(%)	40.0	58.2	78.0	88.0	93.0	98.0

从以上计算结果可以看出,在渗透系数取 $k = 1.0 \times 10^{-4}$cm/s,其他参数不变的条件下,涵洞进口截面处地基3个月的固结沉降量为21mm,占最终沉降量的40%;半年的固结沉降量达到30.5mm,沉降百分比为58.2%;1年的固结沉降量为41mm,占最终固结沉降量的78%;2年的固结沉降量为48.8mm,沉降百分比为93%;2.5年的固结沉降量为51.5mm,沉降百分比为98%,基本达到固结沉降最终值。

(d)渗透系数变化。

为了区别黄土地基含水率增大条件下涵洞地基的固结沉降情况,在此假设含水率与土体渗透系数密切相关,以渗透系数的变化代表含水率的变化。

ⓐ黄土渗透系数取 $k = 2.0 \times 10^{-4}$cm/s,在其他参数不变的情况下,计算涵洞进口截面处的地基在 $t = 1$ 年时的固结沉降变形量。

由式(6-7)可计算得到地基土的竖向固结系数,即 $c_v = 37.98$m/年。

由式(6-8)可计算得到地基土的竖向固结时间因素,即 $T_v = 1.06$。

平均竖向固结度 $U_z = 0.94$,涵洞地基在固结时间 $t = 1$ 年时的变形量为:$s_t = U_z s = 0.94 \times 52.5 = 49.4$mm。

ⓑ黄土渗透系数取 $k=3.0\times10^{-4}$cm/s，在其他参数不变的情况下，计算涵洞进口截面处的地基在 $t=1$ 年时的固结沉降变形量。

由式(6-7)可计算得到地基土的竖向固结系数，即 $c_v=56.94$m/年。

由式(6-8)可计算得到地基土的竖向固结时间因素，即 $T_v=1.58$。

平均竖向固结度 $U_z=0.98$，涵洞地基在固结时间 $t=1$ 年时的变形量为：$s_t=U_z s=0.98\times52.5=51.5$mm。

ⓒ黄土渗透系数取 $k=3.0\times10^{-4}$cm/s，在其他参数不变的情况下，计算涵洞进口截面处的地基在 $t=0.5$ 年时的固结沉降变形量。

由式(6-7)可计算得到地基土的竖向固结系数，即 $c_v=56.94$m/年。

由式(6-8)可计算得到地基土的竖向固结时间因素，即 $T_v=0.79$。

平均竖向固结度 $U_z=0.87$，涵洞地基在固结时间 $t=0.5$ 年时的变形量为：$s_t=U_z s=0.87\times52.5=45.7$mm。

即渗透系数取 $k=3.0\times10^{-4}$cm/s，在其他参数不变的情况下，涵洞地基 0.5 年的固结沉降量为 45.7mm，已达到最终固结沉降量的 87%。

b. 地基处理后：

(a)初始参数计算。

后期地基处理方式为挖除换填，其中基底以下设 2m 厚的三七灰土换填垫层，灰土垫层下设 1m 厚的砂砾换填垫层，砂砾垫层之下为抛石换填垫层。素土垫层重度为 17kN/m³，三七灰土垫层重度为 16kN/m³。为便于计算和比较，涵洞地基计算深度取 $h=6$m，涵洞地基为 0.6m 的钢筋混凝土板，为向下的单面排水情况，故排水距离取 $H=6$m 即可。其他参数不变，渗透系数取 $k=1.0\times10^{-4}$cm/s。涵洞地基土体的压缩模量取各层土体平均值，即 $E_s=(20.4+10.2+10.65)/3=13.75$MPa。固结沉降计算时间取 $t=1$ 年。

(b)固结度计算。

由式(6-6)可计算得到地基土体的固结最终沉降量，即 $s=23$mm。

由式(6-7)可计算得到地基土的竖向固结系数，即 $c_v=43.36$m/年。

由式(6-8)可计算得到地基土的竖向固结时间因素，即 $T_v=1.20$。

平均竖向固结度 $U_z=0.98$。

(c)固结沉降量计算。

由上述计算结果和式(6-5)可得涵洞地基在固结时间 $t=1$ 年时的变形量为：$s_t=U_z s=0.98\times23=22.5$mm。

同理，可计算抛石换填涵洞进口截面处地基 0.25 年、0.5 年、1.5 年的固结沉降量，见表 6-33。

抛石换填涵洞进口截面处地基处理后不同时间的固结沉降量 表 6-33

时间年限(年)	0.25	0.5	1.0	1.5
固结沉降量(mm)	14.3	19.1	22.5	23.0
沉降百分比(%)	62.1	83	98	100

从以上计算结果可以看出,在渗透系数取 $k=1.0\times10^{-4}$cm/s,其他参数不变的条件下,涵洞进口截面处地基 3 个月的固结沉降量为 14.3mm,占最终沉降量的 62.1%;半年的固结沉降量达到 19.1mm,沉降百分比为 83%;1 年的固结沉降量为 22.5mm,占最终固结沉降量的 98%;1.5 年的固结沉降量为 23mm,完全达到固结沉降最终值。

(d)渗透系数变化。

为了区别黄土地基含水率增大条件下涵洞地基的固结沉降情况,在此假设含水率与土体渗透系数密切相关,以渗透系数的变化代表含水率的变化。

ⓐ黄土渗透系数取 $k=2.0\times10^{-4}$cm/s,在其他参数不变的情况下,计算涵洞进口截面处的地基在 $t=1$ 年时的固结沉降变形量。

由式(6-7)可计算得到地基土的竖向固结系数,即 $c_v=37.98$m/年。

由式(6-8)可计算得到地基土的竖向固结时间因素,即 $T_v=1.06$。

平均竖向固结度 $U_z=0.94$,涵洞地基在固结时间 $t=1$ 年时的变形量为:$s_t=U_z s=0.94\times23=21.6$mm。

ⓑ黄土渗透系数取 $k=3.0\times10^{-4}$cm/s,在其他参数不变的情况下,计算涵洞进口截面处的地基在 $t=1$ 年时的固结沉降变形量。

由式(6-7)可计算得到地基土的竖向固结系数,即 $c_v=56.94$m/年。

由式(6-8)可计算得到地基土的竖向固结时间因素,即 $T_v=1.58$。

平均竖向固结度 $U_z=0.98$,涵洞地基在固结时间 $t=1$ 年时的变形量为:$s_t=U_z s=0.98\times23=22.5$mm。

ⓒ黄土渗透系数取 $k=3.0\times10^{-4}$cm/s,在其他参数不变的情况下,计算涵洞进口截面处的地基在 $t=0.5$ 年时的固结沉降变形量。

由式(6-7)可计算得到地基土的竖向固结系数,即 $c_v=56.94$m/年。

由式(6-8)可计算得到地基土的竖向固结时间因素,即 $T_v=0.79$。

平均竖向固结度 $U_z=0.87$,涵洞地基在固结时间 $t=0.5$ 年时的变形量为:$s_t=U_z s=0.87\times23=20.0$mm。

即渗透系数取 $k=3.0\times10^{-4}$cm/s,在其他参数不变的情况下,涵洞地基 0.5 年的固结沉降量为 20.0mm,已达到最终固结沉降量的 87%。

4)涵洞地基强化设计参数综合分析

(1)承载力综合分析。

通过对以上不同工点处的涵洞地基允许承载力计算可知,涵洞中点截面处的地基允许承载力比涵洞进口截面处的地基允许承载力要高一点,不同工点处的涵洞地基承载力差异较大,涵洞地基允许承载力对比如图 6-9 所示。从图中可以看出,采用小间距挤密桩处理的涵洞,其地基允许承载力大,为 395.2~428.9kPa;采用大间距挤密桩处理的涵洞,其地基允许承载力为 349.9~377.6kPa;采用抛石换填法处理的涵洞,其地基允许承载力为 244.3~275.3kPa;采用灰土换填法处理的涵洞,其地基允许承载力为 242.3~270.90kPa。

(2)地基沉降变形综合分析。

从以上对不同工点涵洞地基的沉降变形计算结果可知,不同工点处涵洞的地基沉降变形不同,采用不同处理方式对涵洞地基进行处理后,处理效果也有所差异。为了分析不同工点处不同地基处理方式的试验效果,将涵洞地基处理前后沉降量汇总于表6-34,并绘制了不同地基处理方式的涵洞地基沉降量变化图(图6-10)。从图中可以看出,灰土换填涵洞地基处理前的地基沉降变形量最大,达到108.5mm,而采用灰土换填法处理后沉降变形量减小到62.2mm。

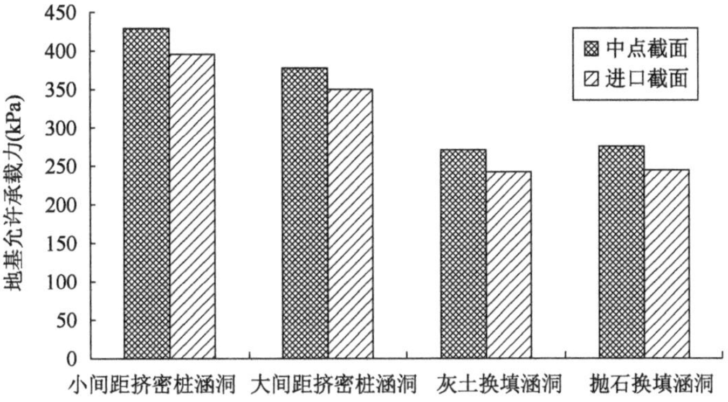

图6-9　不同工点处涵洞地基允许承载力对比图

涵洞地基处理前后沉降量汇总　　表6-34

处理时间段	中点截面		进口截面	
	变形量(mm)	处理后减小的变形量比例(%)	变形量(mm)	处理后减小的变形量比例(%)
处理前	52.4	80.2	53.1	80.0
处理后	10.4		10.6	
处理前	52.4	72.3	32.0	72.5
处理后	14.5		8.8	
处理前	82.3	57.2	38.4	57.3
处理后	35.2		16.4	
处理前	108.5	42.7	74.1	42.6
处理后	62.2		42.5	

分析图6-11可知,采用小间距挤密桩法处理后地基沉降变化量最大,采取措施后沉降减小的比例达到了80%,其次是大间距挤密桩技术措施,处理后减小的变形量达到了约75%,采取抛石换填技术措施处理后减小的变形量约为60%,而采取灰土换填技术措施后,减小的变形量约为45%。无论采用何种地基处理方式,对控制涵洞地基沉降变形都是比较有利的,对涵洞采用灰土换填法或挤密桩法处理后,涵洞的地基变形减小幅度达40%~80%。由表6-35可知,小间距挤密桩法最终沉降量为37.3mm,沉降年限为2年,大间距挤密桩法最终沉降量为42.4mm,沉降年限也为2年,而灰土换填法和抛石换填法沉降量分别为72.9mm和49.2mm,沉降年限为1.5年。由此可知,大、小间距挤密桩法有效减小了沉降量,而灰土换填法和抛石换填法虽沉降年限比大、小间距挤密桩法减少了0.5年,但沉降量是小间距挤密桩法的1.95倍和1.32倍。

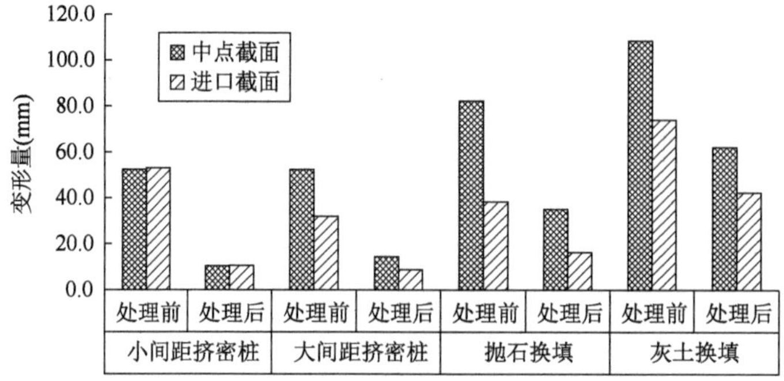

图 6-10　涵洞地基处理前后沉降量变化图

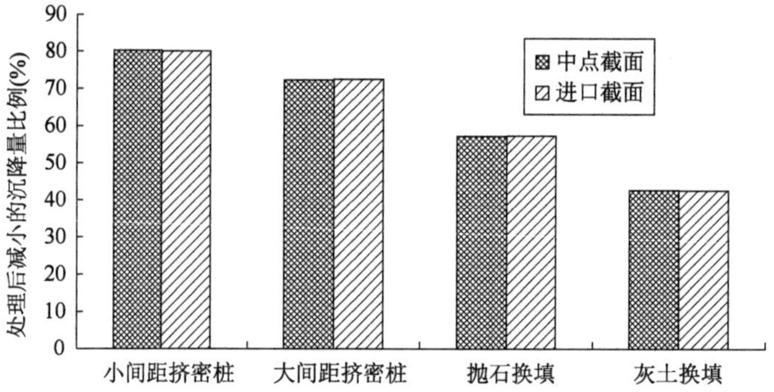

图 6-11　涵洞地基处理后减小的沉降量比例图

地基处理后涵洞中点截面固结沉降量计算结果汇总　　表 6-35

涵洞地基处理方法	固结沉降量及百分比	时间年限(年)				
		0.25	0.5	1.0	1.5	2.0
小间距挤密桩	沉降量(mm)	21.3	29.1	34.7	36.2	37.3
	百分比(%)	57.1	78.0	93.0	97.1	100
大间距挤密桩	沉降量(mm)	22.5	32.2	39.0	40.5	42.4
	百分比(%)	53.1	76.0	92.0	95.5	100
灰土换填	沉降量(mm)	47.1	59.2	72.9	72.9	—
	百分比(%)	62.0	78.1	96.0	100	—
抛石换填	沉降量(mm)	30.5	40.8	48.2	49.2	—
	百分比(%)	62.0	83.0	98.0	100	—

第7章

青海湿陷性黄土区公路涵洞地基处理试验工程

本章以青海省 S307 线川口至大河家公路与民和至小峡公路为依托,研究对象为分布于这两条线上湿陷性黄土场地上的涵洞,重点在汇水容量大,浸水概率高的Ⅲ、Ⅳ级湿陷性黄土场地上选取,选择 3 ~4 座有代表性的涵洞,分别作地基处理措施及其稳定性的实体试验研究。

7.1 试验工程场地选择与精细勘察

根据设计文件与实体工程施工进度,涵洞地基处理的实体试验工点拟选择在 K14 +130、K14 +335、K14 +571.5、K17 +748。

2014 年 12 月,课题组对各试验工点进行了人工挖探精细勘察。每试验工点人工开挖探井 1 个,开挖深度均穿透黄土层,若无法穿透则不小于 25m。每探井每米取原状样进行室内土工试验,试验内容分别为含水率、密度、干密度、湿陷系数、自重湿陷系数、孔隙比、饱和度、液塑限、压缩系数、压缩模量。

《公路桥涵地基与基础设计规范》(JTG 3363—2019)规定,湿陷性黄土地基的湿陷等级,应根据湿陷量 Δ_s 的计算值和自重湿陷量 Δ_{zs} 的计算值确定,如表 7-1 所示。试验场地精细勘察土工试验成果如表 7-2 ~ 表 7-5 所示。

湿陷性黄土地基的湿陷等级 表 7-1

湿陷性类型		非自重湿陷性地基	自重湿陷性地基	
自重湿陷量 Δ_{zs} (mm)		$\Delta_{zs} \leqslant 70$	$70 < \Delta_{zs} \leqslant 350$	$350 < \Delta_{zs}$
基底以下地基的湿陷量 Δ_s (mm)	$\Delta_s \leqslant 300$	Ⅰ(轻微)	Ⅱ(中等)	—
	$300 < \Delta_s \leqslant 700$	Ⅱ(中等)	Ⅱ(中等)或Ⅲ(严重)	Ⅲ(严重)
	$700 < \Delta_s$	Ⅱ(中等)	Ⅲ(严重)	Ⅳ(很严重)

表中:

$$\Delta_{zs} = \beta_0 \sum_{i=1}^{n} \delta_{zsi} h_i \tag{7-1}$$

$$\Delta_s = \beta \sum_{i=1}^{n} \delta_{si} h_i \tag{7-2}$$

K14 + 130 试验工点试验场地精细勘察土工试验成果表

表 7-2

取样深度(m)	含水率 w (%)	相对密度 G_s	密度 ρ (g/cm^3)	干密度 ρ_d (g/cm^3)	孔隙比 e	孔隙率 n (%)	饱和度 S_r (%)	液限 w_L (%)	塑限 w_p (%)	塑性指数 I_p	液性指数 I_L	湿陷系数 δ_s	自重湿陷系数 δ_{zs}	湿陷量 Δ_s (mm)	自重湿陷量 Δ_{zs} (mm)	湿陷等级判断
1.0~1.2	6.9	2.70	1.43	1.34	1.018	50.4	18	24.1	16.6	7.5	<0	0.064	0.036	96.0	54.0	$300<\Delta_s=669.5\leqslant700$, $70<\Delta_{zs}=340.5\leqslant350$, (单位:mm) Ⅲ级自重湿陷性场地
2.0~2.2	10.0	2.71	1.43	1.30	1.085	52.0	25	26.2	17.0	9.2	<0	0.095	0.045	142.5	67.5	
3.0~3.2	17.0	2.71	1.56	1.33	0.998	49.9	41	25.7	16.9	8.8	<0	0.058	0.025	87.0	37.5	
4.0~4.2	20.1	2.71	1.58	1.32	0.937	48.4	58	27.6	17.4	10.2	0.26	0.098	0.028	147.0	42.0	
5.0~5.2	20.7	2.71	1.64	1.36	0.994	49.8	56	25.2	16.8	8.4	0.46	0.028	0.020	42.0	30.0	
6.0~6.2	13.4	2.71	1.45	1.28	1.119	52.8	32	25.1	16.8	8.3	<0	0.075	0.032	75.0	48.0	
7.0~7.2	17.0	2.71	1.59	1.36	0.994	49.8	46	25.5	16.9	8.6	0.01	0.045	0.024	45.0	36.0	
8.0~8.2	17.3	2.70	1.58	1.35	0.885	46.9	53	24.2	16.6	7.6	0.09	0.035	0.017	35.0	25.5	

K14 + 335 试验工点试验场地精细勘察土工试验成果表

表 7-3

取样深度(m)	含水率 w (%)	相对密度 G_s	密度 ρ (g/cm^3)	干密度 ρ_d (g/cm^3)	孔隙比 e	孔隙率 n (%)	饱和度 S_r (%)	液限 w_L (%)	塑限 w_p (%)	塑性指数 I_p	液性指数 I_L	湿陷系数 δ_s	自重湿陷系数 δ_{zs}	湿陷量 Δ_s (mm)	自重湿陷量 Δ_{zs} (mm)	湿陷等级判断
1.0~1.2	15.0	2.70	1.58	1.37	0.965	49.1	42.0	23.8	16.5	7.3	<0	0.053	0.035	79.5	52.5	$300<\Delta_s=565\leqslant700$, $350<\Delta_{zs}=430$, (单位:mm) Ⅲ级自重湿陷性场地
2.0~2.2	17.8	2.71	1.55	1.32	1.060	51.5	46.0	25.7	16.9	8.8	0.10	0.044	0.031	66.0	46.5	
3.0~3.2	15.1	2.71	1.46	1.27	1.136	53.2	36.0	25.0	16.8	8.2	<0	0.064	0.071	96.0	106.5	
4.0~4.2	16.3	2.70	1.50	1.29	1.093	52.2	40.0	24.6	16.7	7.9	<0	0.052	0.015	78.0	22.5	
5.0~5.2	13.2	2.71	1.49	1.32	1.059	51.4	34.0	25.1	16.8	8.3	<0	0.053	0.049	79.5	73.5	
6.0~6.2	15.0	2.71	1.55	1.35	1.011	50.3	40.0	25.3	16.8	8.5	<0	0.042	0.042	42.0	63.0	
7.0~7.2	15.7	2.71	1.58	1.37	0.984	49.6	43.0	25.2	16.8	8.4	<0	0.031	0.022	31.0	33.0	
8.0~8.2	16.2	2.71	1.64	1.41	0.920	47.9	48.0	26.7	17.2	9.5	<0	0.007	0.005	—	—	
9.0~9.2	15.8	2.71	1.56	1.35	1.012	50.3	42.0	25.8	17.0	8.8	<0	0.032	0.022	32.0	33.0	
10.0~10.2	18.6	2.71	1.76	1.48	0.826	45.2	61.0	25.7	16.9	8.8	0.19	0.005	0.012	—	—	
11.0~11.2	26.2	2.71	1.76	1.39	0.943	48.5	75.0	26.6	17.1	9.5	0.96	0.061	0.008	61.0	—	
12.0~12.2	24.3	2.71	1.77	1.42	0.903	47.5	73.0	27.4	17.3	10.1	0.69	0.007	0.002	—	—	

K14 +571.5 试验工点试验场地精细勘察土工试验成果表

表 7-4

取样深度（m）	含水率 w（%）	相对密度 G_s	密度 ρ（g/cm^3）	干密度 ρ_d（g/cm^3）	孔隙比 e	孔隙率 n（%）	饱和度 S_r（%）	液限 w_L（%）	塑限 w_p（%）	塑性指数 I_p	液性指数 I_L	湿陷系数 δ_s	自重湿陷系数 δ_{zs}	湿陷量 Δ_s（mm）	自重湿陷量 Δ_{zs}（mm）	湿陷等级判断
1.0～1.2	12.0	2.70	1.53	1.37	0.855	46.1	38	24.7	16.7	8.0	<0	0.036	0.017	54.0	25.5	$300<\Delta_s=557.5\leqslant700$，$350<\Delta_{zs}=372$，（单位：mm）Ⅲ级自重湿陷性场地
2.0～2.2	13.6	2.71	1.51	1.33	0.912	47.7	40	25.0	16.8	8.2	<0	0.049	0.020	73.5	30.0	
3.0～3.2	14.6	2.71	1.60	1.40	0.941	48.5	42	25.4	16.9	8.5	<0	0.036	0.019	54.0	28.5	
4.0～4.2	16.0	2.71	1.57	1.35	0.882	46.9	49	25.9	17.0	8.9	<0	0.053	0.028	79.5	42.0	
5.0～5.2	15.9	2.69	1.61	1.39	0.823	45.1	52	22.8	16.3	6.5	<0	0.030	0.022	45.0	33.0	
6.0～6.2	17.1	2.69	1.67	1.43	0.780	43.8	59	23.1	16.3	6.8	0.12	0.038	0.017	38.0	25.5	
7.0～7.2	14.8	2.68	1.65	1.44	0.663	39.9	60	21.4	16.0	5.4	<0	0.028	0.016	28.0	24.0	
8.0～8.2	16.6	2.68	1.64	1.41	0.698	41.1	64	22.1	16.1	6.0	0.08	0.029	0.016	29.0	24.0	
9.0～9.2	16.0	2.70	1.65	1.42	0.790	44.1	55	23.8	16.5	7.3	<0	0.026	0.016	26.0	24.0	
10.0～10.2	18.2	2.70	1.70	1.44	0.773	43.6	64	24.4	16.6	7.8	0.21	0.021	0.018	21.0	27.0	
11.0～11.2	17.9	2.69	1.74	1.48	0.724	42.0	67	23.4	16.4	7.0	0.21	0.020	0.017	30.0	25.5	
12.0～12.2	20.0	2.71	1.70	1.42	0.807	44.7	67	24.8	16.7	8.1	0.41	0.018	0.012	27.0	18.0	
13.0～13.2	17.6	2.71	1.67	1.42	0.908	47.6	53	25.6	16.9	8.7	0.08	0.018	0.009	—	—	
14.0～14.2	16.5	2.71	1.68	1.44	0.879	46.8	51	25.5	16.9	8.6	<0	0.017	0.015	25.5	22.5	
15.0～15.2	17.0	2.71	1.64	1.40	0.723	42.0	64	24.9	16.8	8.1	0.02	0.018	0.015	27.0	22.5	
16.0～16.2	16.5	2.70	1.73	1.48	0.771	43.5	47	23.6	16.5	7.1	<0	0.010	0.008	—	—	
17.0～17.2	16.5	2.71	1.79	1.54	0.764	43.3	59	25.6	16.9	8.7	<0	0.010	0.008	—	—	

K17+748试验工点试验场地精细勘察土工试验成果表

表7-5

取样深度 (m)	含水率 w (%)	相对密度 G_s	密度 ρ (g/cm^3)	干密度 ρ_d (g/cm^3)	孔隙比 e	孔隙率 n (%)	饱和度 S_r (%)	液限 w_L (%)	塑限 w_p (%)	塑性指数 I_p	液性指数 I_L	湿陷系数 δ_s	自重湿陷系数 δ_{zs}	湿陷量 Δ_s (mm)	自重湿陷量 Δ_{zs} (mm)	湿陷等级判断
1.0~1.2	14.8	2.71	1.69	1.47	0.841	45.7	48.0	24.9	16.8	8.1	<0	0.083	0.032	124.5	48.0	$300<\Delta_s=635\leq700$，$70<\Delta_{zs}=318\leq350$，(单位:mm) Ⅲ级自重湿陷性场地
2.0~2.2	13.1	2.70	1.60	1.41	0.909	47.6	39.0	23.8	16.5	7.3	<0	0.045	0.025	67.5	37.5	
3.0~3.2	20.7	2.71	1.52	1.26	1.152	53.5	49.0	27.4	17.3	10.1	0.34	0.050	0.023	75.0	34.5	
4.0~4.2	14.9	2.70	1.71	1.49	0.814	44.9	49.0	23.6	16.5	7.1	<0	0.077	0.043	115.5	64.5	
5.0~5.2	20.9	2.71	1.61	1.33	1.035	50.9	55.0	26.1	17.0	9.1	0.43	0.067	0.039	100.5	58.5	
6.0~6.2	15.7	2.69	1.86	1.61	0.673	40.2	63.0	22.9	16.3	6.6	<0	0.016	0.005	16.0	—	
7.0~7.2	16.6	2.68	1.84	1.58	0.698	41.1	64.0	20.9	15.9	5.0	0.14	0.017	0.015	17.0	22.5	
8.0~8.2	22.1	2.71	1.70	1.39	0.946	48.6	63.0	27.4	17.3	10.1	0.48	0.023	0.011	23.0	—	
9.0~9.2	19.8	2.70	1.85	1.54	0.748	42.8	71.0	24.5	16.7	7.8	0.40	0.011	0.003	—	—	
10.0~10.2	18.2	2.71	1.60	1.35	1.002	50.0	49.0	28.4	17.5	10.9	0.06	0.030	0.020	30.0	30.0	
11.0~11.2	17.7	2.71	1.59	1.35	1.006	50.1	48.0	28.0	17.5	10.5	0.02	0.028	0.015	42.0	22.5	
12.0~12.2	16.4	2.69	1.94	1.67	0.614	38.0	72.0	23.1	16.3	6.8	0.01	0.010	0.004	—	—	
13.0~13.2	20.5	2.71	1.80	1.49	0.814	44.9	68.0	26.5	17.1	9.4	0.36	0.016	0.004	24.0	—	
14.0~14.2	22.0	2.71	1.78	1.46	0.857	46.1	70.0	26.2	17.0	9.2	0.54	0.004	0.005	—	—	
15.0~15.2	17.7	2.71	1.80	1.53	0.772	43.6	62.0	27.4	17.3	10.1	0.04	0.009	0.007	—	—	
16.0~16.2	18.8	2.69	1.83	1.54	0.746	42.7	68.0	23.1	16.3	6.8	0.37	0.004	0.006	—	—	

式中：δ_{zsi}——第 i 层土的自重湿陷系数；

δ_{si}——自基底算起第 i 层土的湿陷系数；

β_0——因地区土质而异的修正系数，陇西地区取 1.50，陇东—陕北—晋西地区取 1.20，关中地区取 0.90，其他地区取 0.50。

β——考虑地基土侧向挤出或浸水概率等因素的修正系数，在基底以下 5m 以内可取 1.5，5～10m 取 1.0，10m 以下至非湿陷性黄土层顶面及非自重湿陷性黄土层取 0，自重湿陷性黄土层可取工程所在地区的 β_0 值；

h_i——第 i 层土的厚度。

根据湿陷性黄土地基的湿陷等级，结合表 7-2～表 7-5 中各工点土工试验参数，并对照表 7-1可得各工点的湿陷等级及自重湿陷性黄土层厚度如下：

(1) K14 + 130 工点，$300\text{mm} < \Delta_s = 669.5\text{mm} \leqslant 700\text{mm}$，$70\text{mm} < \Delta_{zs} = 340.5\text{mm} \leqslant 350\text{mm}$，为Ⅲ级（严重）自重湿陷性黄土场地；自重湿陷性黄土层厚度大于 8m。

(2) K14 + 335 工点，$300\text{mm} < \Delta_s = 565\text{mm} \leqslant 700\text{mm}$，$350\text{mm} < \Delta_{zs} = 430\text{mm}$，为Ⅲ级（严重）自重湿陷性黄土场地；自重湿陷性黄土层厚度为 9m。

(3) K14 + 571.5 工点，$300\text{mm} < \Delta_s = 557.5\text{mm} \leqslant 700\text{mm}$，$350\text{mm} < \Delta_{zs} = 372\text{mm}$，为Ⅲ级（严重）自重湿陷性黄土场地；自重湿陷性黄土层厚度为 15m。

(4) K17 + 748 工点，$300\text{mm} < \Delta_s = 635\text{mm} \leqslant 700\text{mm}$，$70\text{mm} < \Delta_{zs} = 318\text{mm} \leqslant 350\text{mm}$，为Ⅲ级（严重）自重湿陷性黄土场地；自重湿陷性黄土层厚度为 11m。

7.2 涵洞地基处理措施

在Ⅲ、Ⅳ级湿陷性黄土场地上选择 4 座有代表性的试验涵洞，涵洞地基的处理方式分为 4 种，代表性工点及地基处理措施如下：

(1) 换填垫层处理。

地基处理以消除基底下部分黄土的湿陷性且提高承载力为主，处理深度为 3m，其中最底层为 1m 厚的素土垫层，其上部为 2m 厚的三七灰土垫层，如图 7-1 所示。

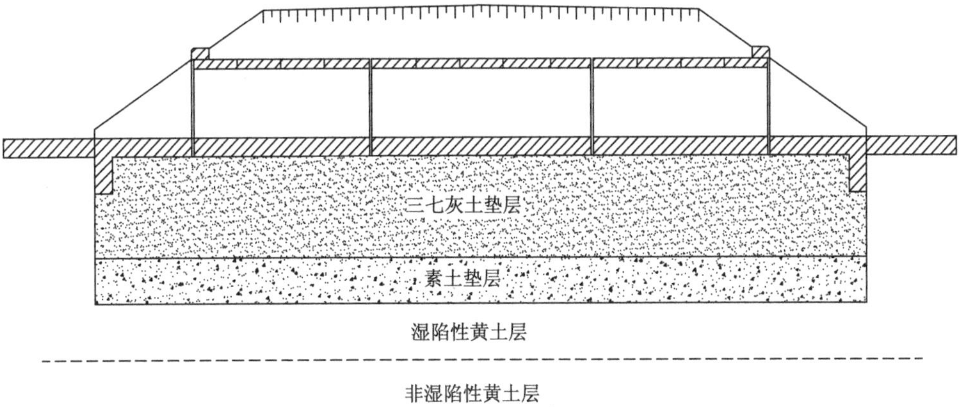

图 7-1 涵洞地基换填垫层处理试验横断面示意图

代表性工点1个,选择在民小公路Ⅲ级自重湿陷性黄土场地的K14+571.5。

(2)沟谷平缓地段抛石换填处理。

湿陷性黄土区沟谷平缓地段易于积水,在长期的污水淤积下极易形成淤泥,在施工中若将起封水作用的淤泥挖除,则其下的湿陷性黄土层极易受水浸湿而发生湿陷变形。

因此,该涵洞试验地基采用1.0m厚的块石进行挤淤,使地基持力层位于黄土地基上,然后其上采用1.0m厚的砂砾石垫层,在其上采用2.0m厚的三七灰土垫层,如图7-2所示。涵洞进出口段垂裙外侧地基与市政涵洞地基相连接,如图7-3所示。

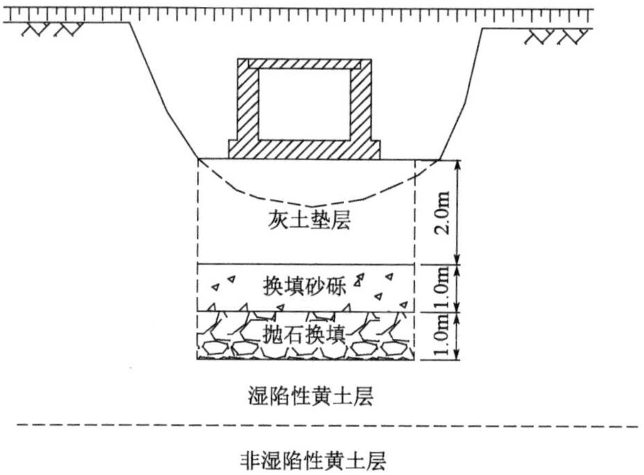

图7-2 涵洞地基纵向布置形式

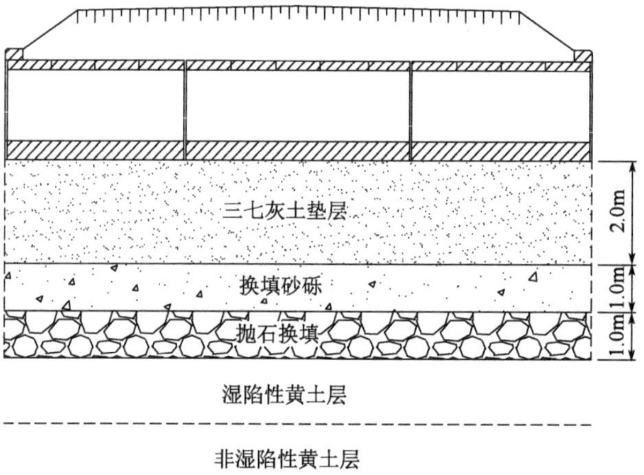

图7-3 涵洞地基横向布置形式

代表性工点1个,选择在民小公路Ⅲ级自重湿陷性黄土场地的K17+748,为全断面观测工点。

(3)大间距挤密桩处理。

地基处理方式与路基相同,即要求采用水泥土或灰土挤密桩处理,处理深度为6m,桩间距为2.5~3.0倍桩径,正三角形平面布置,以提高复合地基承载力为主,桩顶及涵洞地基底面之间设置0.5m厚的灰土垫层。涵洞两侧地基与路基挤密桩地基形成整体地基,如图7-4、图7-5所示。横向宽度超出垂裙外边缘,扩大2排桩以上,如图7-6所示。

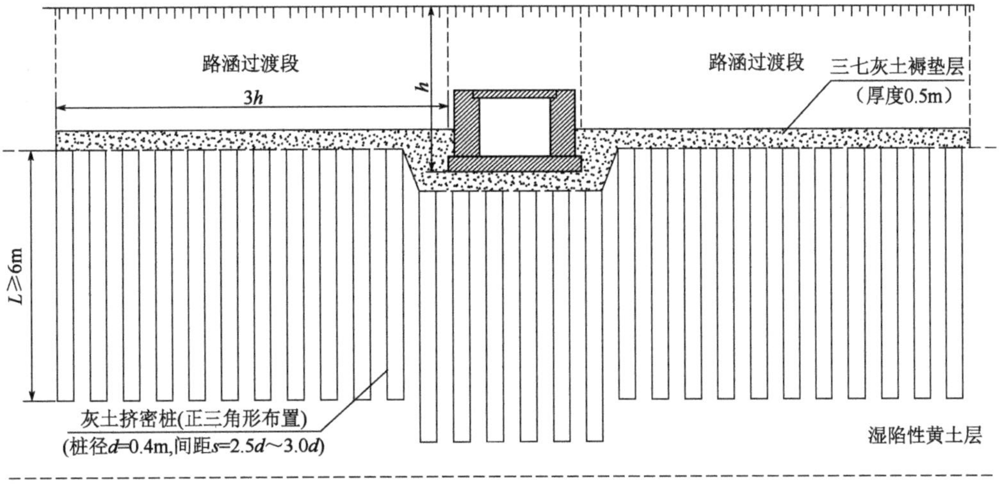

图 7-4　涵洞地基大间距挤密桩处理纵向布置形式示意图

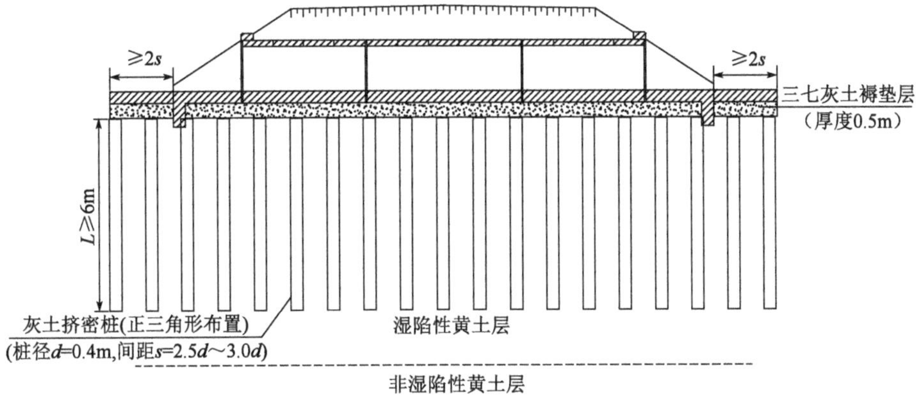

图 7-5　涵洞地基大间距挤密桩处理横向布置形式示意图

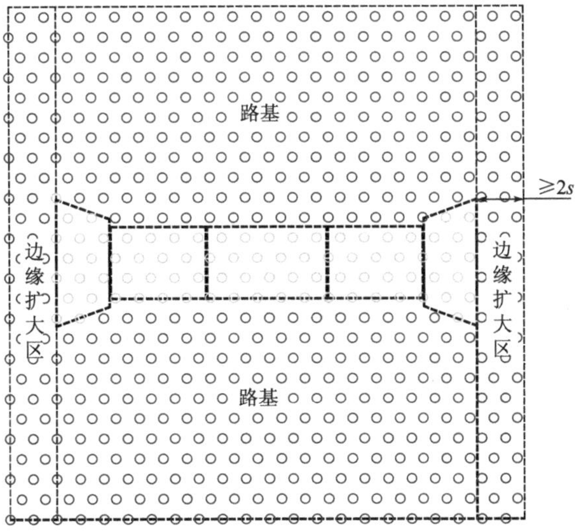

图 7-6　涵洞地基大间距挤密桩处理平面布置示意图

代表性工点 1 个,选择在民小公路Ⅲ级自重湿陷性黄土场地的 K14 +335,为全断面观测工点。

(4)小间距挤密桩处理。

该种地基处理方式要求采用水泥土或灰土挤密桩,消除部分土层中桩间土的湿陷性,并提高其承载力。处理深度不小于 6m,桩径为 0.4m,桩间距为 2.0~2.5 倍桩径,正三角形平面布置,桩顶及涵洞地基底面之间设置 0.5m 厚的灰土褥垫层。涵洞两侧地基与路基挤密桩地基形成整体地基,如图 7-7 所示。横向宽度超出垂裙外边缘,扩大 2 排桩以上,如图 7-8 所示。

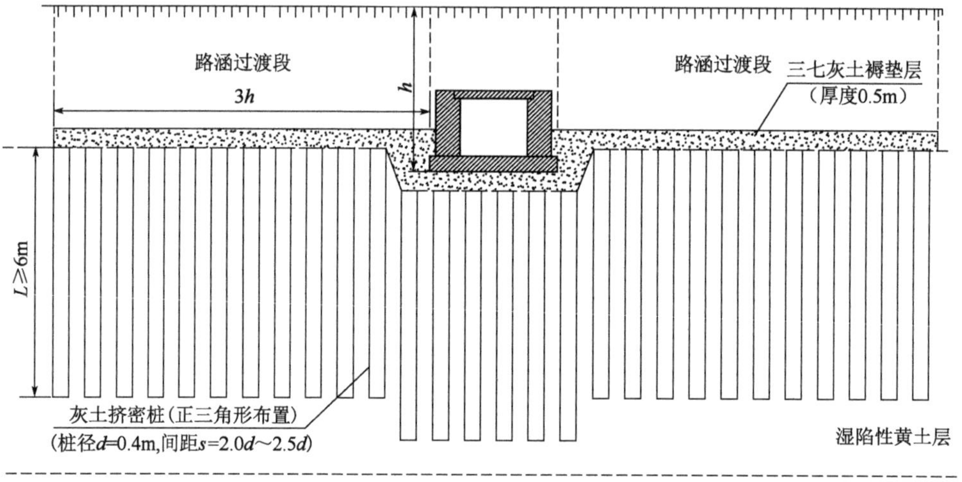

图 7-7 涵洞地基小间距挤密桩处理纵向布置形式示意图

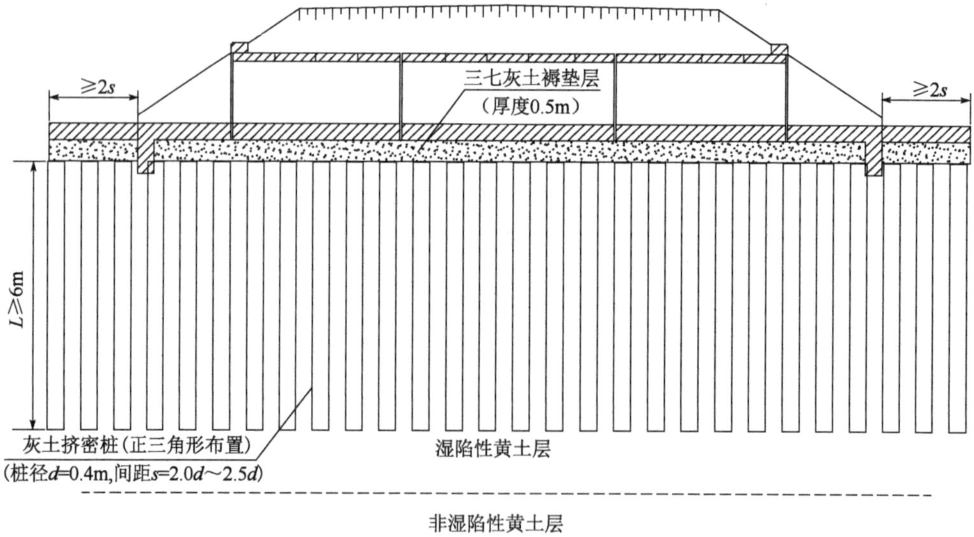

图 7-8 涵洞地基小间距挤密桩处理横向布置形式示意图

代表性工点 1 个,选择在民小公路Ⅲ级自重湿陷性黄土场地的 K14 +130,为全断面观测工点。

7.3 地基处理效果试验及测试断面布设

试验场地 K14 +130、K14 +335 地基经挤密处理后,对桩间土进行人工挖探取样,每米取2组试样,分别做含水率、密度、干密度、湿陷系数、自重湿陷系数、孔隙比、饱和度、液塑限、压缩系数、压缩模量等试验,对桩间土的挤密性、湿陷性进行评价。对桩体进行检测时,采用钻孔取芯或人工挖探破桩的方式,对其压实系数和压缩模量进行试验。对 K14 +571.5、K17 +748 试验工点,则按照原设计文件的内容重点对换填垫层的压实系数和压缩模量进行检测试验。

7.3.1 地基处理效果检测试验

K14 +130、K14 +335 工点涵洞地基土体处理试验参数见表7-6 和表7-7,K14 +571.5、K17 +748 工点涵洞地基土体处理试验参数见表7-8 和表7-9,其中原状土为地基处理前涵洞地基土体,桩身参数代表经过灰土挤密桩处理后的挤密土体的参数,桩间土参数为两挤密桩之间未经挤密处理的地基土体参数。对比表中数据可以看出,经过小间距和大间距灰土挤密桩处理的地基土体力学参数均得到明显改善,在处理深度范围内,地基土体的湿陷性从中等湿陷性(Ⅲ级)降至无湿陷性(Ⅰ级),即地基土体的湿陷性基本得到消除。在改善土体湿陷性的同时,土体的黏聚力和内摩擦角也明显增大,说明土体的强度也得到提高。整体来看,桩身土体的改善效果比桩间土更为明显。

K14 +130 工点涵洞地基土体处理试验参数　　表7-6

序号	土层	取样深度(m)	干密度(g/cm^3)	压实度	压缩模量(MPa)	内摩擦角 ϕ(°)	黏聚力(kPa)
1	原状土	1.0~2.0	6.7	0.057	10.8	23.3	24.7
2		2.0~3.0	11.4	0.044	10.2	20.7	24.6
3	桩间土	1.0~2.0	16.0	0.011	21.5	34.7	28.9
4		2.0~3.0	8.4	0.008	21.2	32.4	27.2
5		3.0~4.0	18.0	0.010	19.6	35.8	30.6
6		4.0~5.0	11.9	0.008	19.2	34.1	29.6
7		5.0~6.0	12.1	0.007	17.3	33.6	28.5
8		6.0~7.0	11.5	0.011	14.8	35.2	29.7
9	桩身土	1.0~2.0	7.4	—	30.7	28.8	30.4
10		2.0~3.0	9.0	—	28.6	27.2	33.1
11		3.0~4.0	16.7	—	30.5	26.7	21.2
12		4.0~5.0	11.2	—	29.4	27.4	12.8

K14 +335 工点涵洞地基土体处理试验参数 表 7-7

序号	土层	取样深度（m）	干密度（g/cm^3）	压实度	压缩模量（MPa）	内摩擦角 ϕ（°）	黏聚力（kPa）
1	原状土	1.0～2.0	16.7	0.053	9.8	21.3	22.7
2		2.0～3.0	17.4	0.041	9.2	21.7	23.6
3	桩间土	1.0～2.0	10.7	0.013	20.8	33.7	27.9
4		2.0～3.0	10.2	0.011	19.5	32.9	27.8
5		3.0～4.0	8.9	0.013	17.6	34.8	31.0
6		4.0～5.0	9.3	0.015	18.2	34.5	30.3
7		5.0～6.0	12.5	0.006	15.8	34.6	28.9
8		6.0～7.0	12.9	0.002	15.5	35.8	29.7
9	桩身土	1.0～2.0	10.4	—	28.7	36.8	30.8
10		2.0～3.0	10.0	—	27.6	37.2	31.1
11		3.0～4.0	10.7	—	30.5	36.7	31.6
12		4.0～5.0	11.2	—	28.4	37.1	30.8

K14 +571.5 工点涵洞地基土体处理试验参数 表 7-8

序号	土层	取样深度（m）	干密度（g/cm^3）	压实度	压缩模量（MPa）	内摩擦角 ϕ（°）	黏聚力（kPa）
1	灰土垫层	1.0～1.1	1.77	0.96	21.6	33.8	29.1
2		1.0～1.1	1.78	0.97	22.1	32.9	28.3
3	素土垫层	2.4～2.5	1.78	0.95	16.7	34.8	27.8
4		2.4～2.5	1.80	0.96	17.1	36.1	28.9

K17 +748 工点涵洞地基土体处理试验参数 表 7-9

序号	土层	取样深度（m）	干密度（g/cm^3）	压实度	压缩模量（MPa）	内摩擦角 ϕ（°）	黏聚力（kPa）
1	灰土垫层	1.0～1.1	1.76	0.95	22.4	32.8	28.7
2		1.0～1.1	1.77	0.96	21.9	33.1	29.2

采用不同间距灰土挤密桩处理涵洞地基的湿陷系数变化曲线如图 7-9 所示。从图中可以看出，地基处理前涵洞基底 8m 内的土体湿陷系数在 0.03～0.065 之间变化，土体为中等湿陷等级，而经灰土挤密桩处理后，地基处理影响深度内的土体湿陷系数基本在 0.015 内，即采用灰土挤密桩处理地基后复合地基土的湿陷性得以消除，这表明灰土挤密桩对改善黄土的湿陷性效果甚好。对比发现，地基处理前 K14 +130 工点的地基土湿陷系数较 K14 +335 工点大，而经灰土挤密桩处理后，K14 +130 工点的地基土湿陷系数较 K14 +335 工点小。采用小间距灰土挤密桩后，相较于采用大间距灰土挤密桩，土体湿陷系数的减小值略大，这充分说明小间距灰土挤密桩对消除或减弱地基土体湿陷性的效果比大间距灰土挤密桩更为明显。桩间距越

小,对桩间土体的挤密效应越大,桩间土挤密的叠加影响范围越大,对处理地基土整体的湿陷性效果更佳。

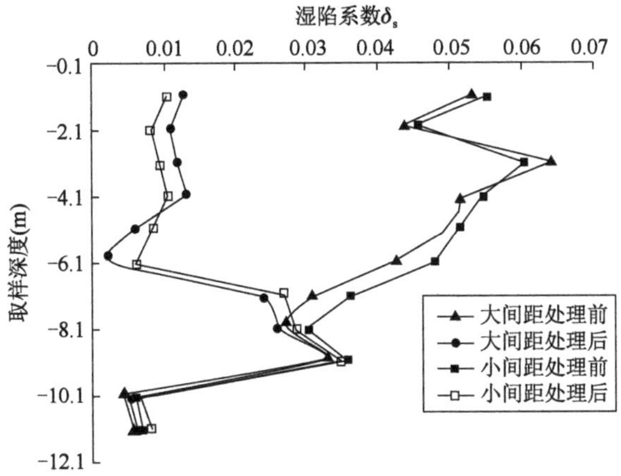

图 7-9 不同间距灰土挤密桩处理涵洞地基的湿陷系数变化曲线

采用不同间距灰土挤密桩处理涵洞地基的压缩模量变化曲线如图 7-10 所示。从图中可以看出,地基处理前 2 个工点的地基土压缩模量均较低,平均为 10MPa 左右,而经过灰土挤密桩处理后,涵洞基底 7m 深度范围内的土体压缩模量提高到 15 ~ 21.5MPa,且越靠近地面土体的压缩模量越大。在地基处理深度影响范围内,采用小间距灰土挤密桩后,相较于采用大间距灰土挤密桩,土体压缩模量的增加值略大,采用小间距灰土挤密桩处理后对土体压缩模量的改善更为明显和直接。这说明小间距灰土挤密桩对提高土体的压缩模量、控制土体变形更有效。桩间距越小,对挤密影响范围内的土体叠加影响更大,使其压实度更高,土体压缩模量增加的幅度越大。

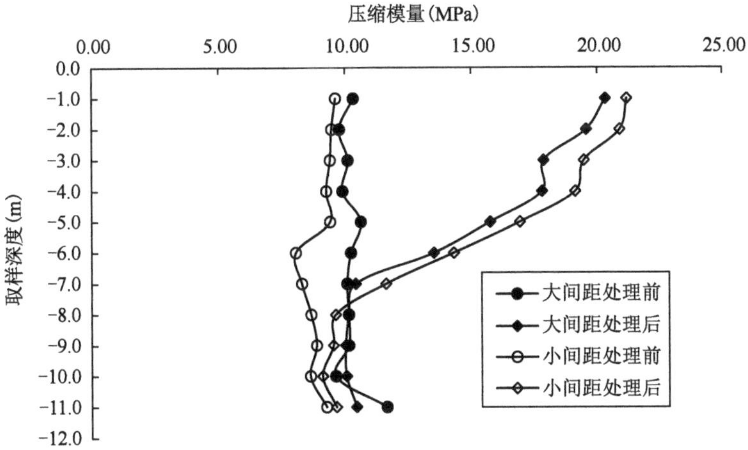

图 7-10 不同间距灰土挤密桩处理涵洞地基的压缩模量变化曲线

采用不同地基处理方法时涵洞地基土湿陷系数、压缩模量的变化曲线如图 7-11、图 7-12 所示。从图中可以看出,采用换填法和灰土挤密桩法对涵洞进行地基处理后,涵洞地基土的湿陷系数均呈现明显减小的趋势,对消除或减弱黄土涵洞地基土体的湿陷性起到了良好效果。

不同方法对减弱黄土地基湿陷性的深度有所不一。采用换填法时对5m深度以下土体的湿陷性基本没有效果，但对5m深度以上的地基土效果甚好，湿陷系数从处理前的0.035～0.054递减至处理后的0.008～0.012，即采用换填法处理涵洞地基后，在涵洞地基3m深度范围内的黄土的湿陷性基本得到消除，在地基深度3～5m范围内的黄土的湿陷性得到有效减弱。而采用灰土挤密桩法处理涵洞地基时，对8.1m深度以上的地基土处理效果良好，湿陷系数从处理前的0.026～0.065递减至处理后的0.004～0.015，6m深度范围内的黄土的湿陷性基本得到消除或明显减弱。相较于换填法，采用灰土挤密桩法处理的涵洞地基土的湿陷性减弱效果更为明显。

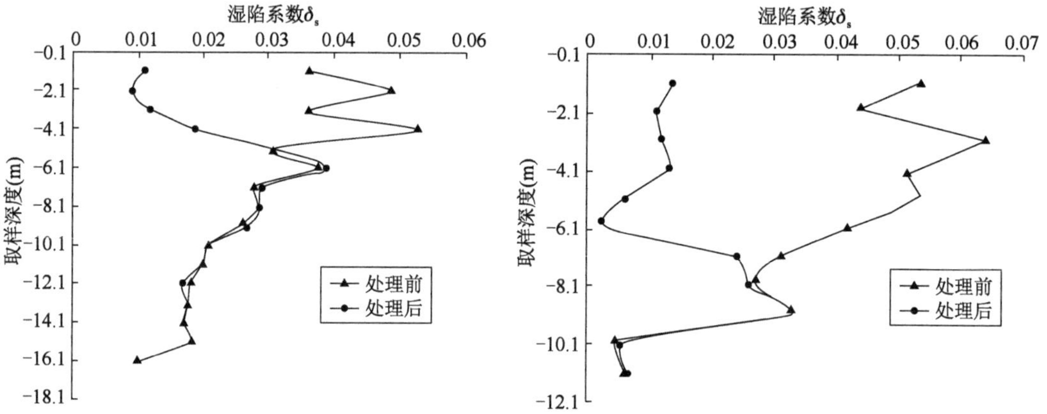

a)换填法

b)灰土挤密桩法(桩间土)

图7-11　不同地基处理方法涵洞地基土湿陷系数变化曲线

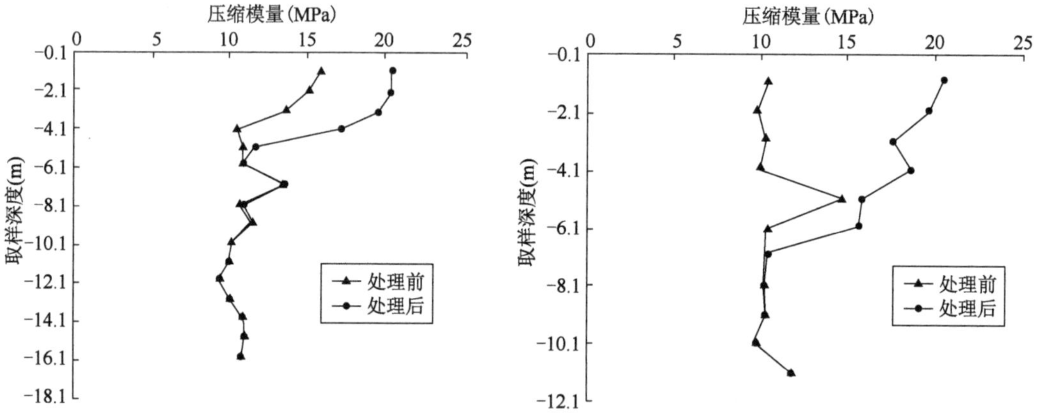

a)换填法

b)灰土挤密桩法(桩间土)

图7-12　不同地基处理方法涵洞地基土压缩模量变化曲线

对比以上不同地基处理方式对涵洞地基土体力学强度及工程性能改善的效果分析可以看出，采用合适的地基处理方式，对改善涵洞地基土体湿陷性、提高涵洞地基承载力和整体稳定性具有重要的意义，同时，不同地基处理措施对涵洞工程的改善效果存在一定的差异。综合分析可以得出以下结论:①换填法和灰土挤密桩法作为湿陷性黄土地基处理常采用的方法,都能有效减弱或消除涵洞地基因浸水而引起的湿陷变形,较大幅度地提高涵洞地基承载力。②结合后期涵洞沉降变形观测资料,经换填法和灰土挤密桩法处理过的涵洞地基累计沉降量都在稳定可控的范围内,能够有效提高涵洞结构的安全性。相较于换填法,灰土挤密桩法对降低湿陷性黄土压缩变形、提高地基承载力更为有效。③不同间距的灰土挤密桩都能有效消除或减弱湿陷性黄土地区涵洞地基湿陷变形,小间距灰土挤密桩对消除或减弱地基土体湿陷性的效果比大间距灰土挤密桩更为明显。④相较于大间距灰土挤密桩,小间距灰土挤密桩对提高地基土体的压缩模量、控制地基土体变形更有效。

7.3.2　测试断面布设

本项测试主要是结合涵洞地基的沉降变形特性、水分场与应力场变化规律的理论研究而开展,测试元器件主要为相应的沉降观测标、TDR(时域反射)水分探头、土压力计。

(1)地基变形、水分迁移、应力特征相互关系测试断面及元器件布置。

针对4种不同的湿陷性黄土地基加强处理形式,选择K14+571.5(普通灰土换填垫层处理)、K17+748(沟谷平缓地段抛石换填处理)、K14+335(大间距挤密桩处理)、K14+130(小间距挤密桩处理)为代表性工点做全断面测试。

各涵洞代表性工点的测试内容为地基变形、水分迁移、应力特征等,用于监测涵洞进出口段及涵洞中部地基水分场与应力场的变化规律,并监测因水分场与应力场不均匀变化而引起的地基不均匀沉降变形。各工点测试断面根据实际情况具体设置为4~7个,如图7-13所示。

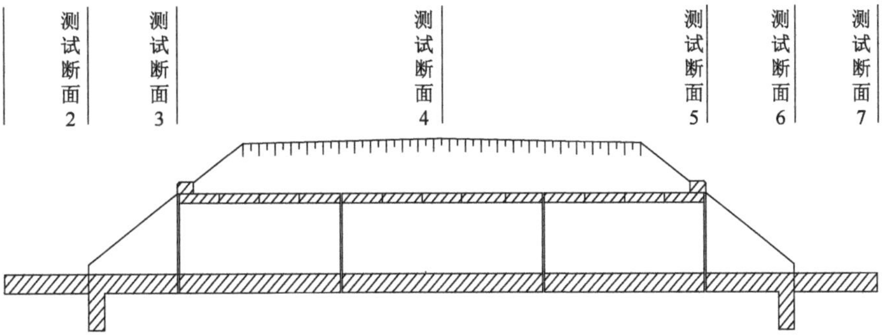

图7-13　涵洞代表性工点测试断面布置示意图

各测试断面的元器件布置形式如图7-14、图7-15所示,其中变形观测标2个,设置于涵洞基础与边墙交接处,用于监测涵洞整体变形与不均匀变形情况;TDR水分探头2个,布置于灰土垫层下部,用于监测地基土水分横向迁移与竖向下渗情况;在测试断面2、3、4、5、6处,分别在基础底部两侧布置土压力计,用于测试涵洞本体下部竖向土体压力的变化情况。

(2)其他涵洞工点测试断面及元器件布置。

变形对比试验工点顺其纵向划分为3个测试断面,如图7-16所示,只用于监测涵洞进出口段及涵洞中部地基不均匀沉降变形。第1测试断面为涵洞进口端墙处,第2测试断面为涵洞中心,第3测试断面为涵洞出口端墙处。

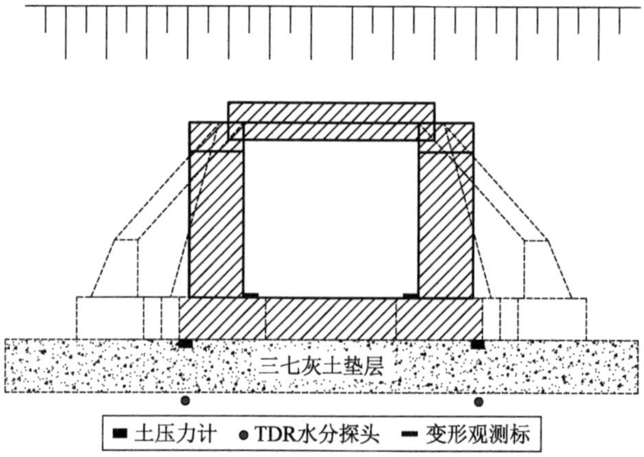

图 7-14　涵洞代表性工点进出口稳定状态元器件布置示意图

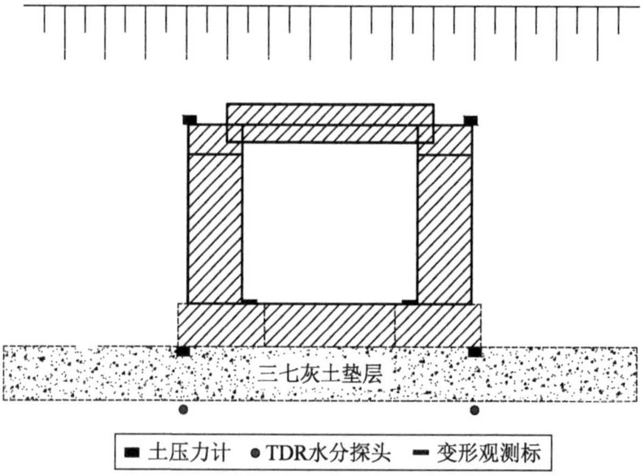

图 7-15　涵洞代表性工点测试断面稳定状态元器件布置示意图

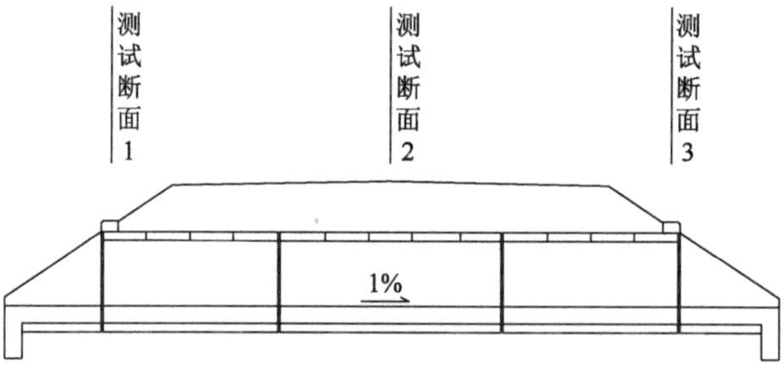

图 7-16　涵洞稳定状态观测断面布置示意图

各测试断面的位移观测标为 2 个，用于测试涵洞位移变化情况，如图 7-17、图 7-18 所示。涵洞内部空间大时，位移观测标设置在涵洞内部边墙的底部。

(3)测试元器件的观测。

土压力计、TDR 水分探头、变形观测标的观测应在施工埋设完成后及时进行，观测周期及观测方法见表7-10。观测工作贯穿涵洞地基及路堤填筑施工的始末，并对地基处理、涵洞本体施工、路堤填筑等过程进行全程跟踪与详细记录。

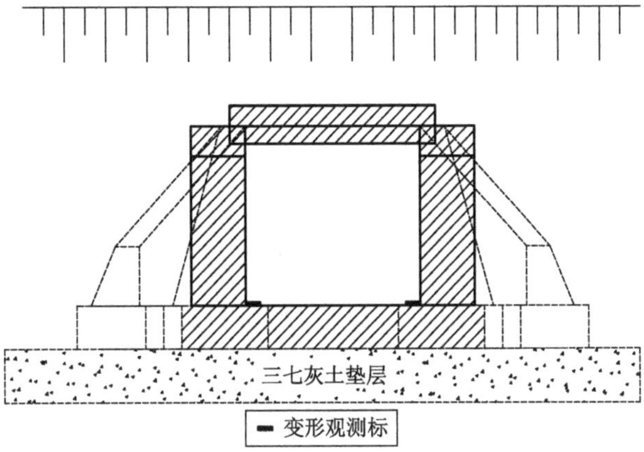

图7-17　涵洞进出口观测断面变形观测标布置示意图

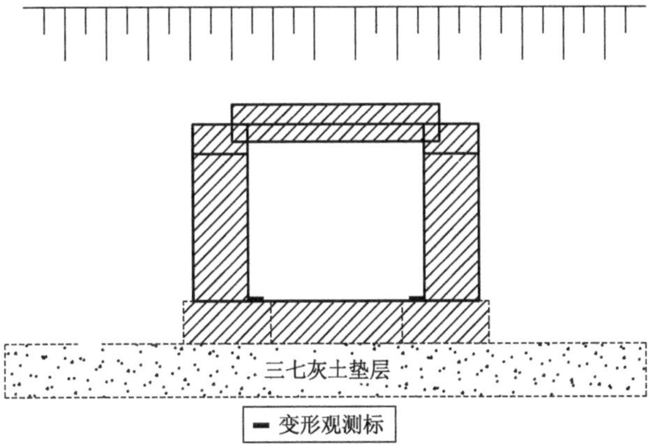

图7-18　涵洞中心观测断面变形观测标布置示意图

涵洞稳定状态观测周期与观测方法　　表7-10

序号	观测项目	施工衔接情况	观测周期	观测方法
1	TDR水分探头	埋设后30d内	1次/10d	人工观测
		稳定后	1次/30d	
2	土压力计	埋设后30d内	1次/10d	
		稳定后	1次/30d	
3	涵洞地基变形观测标	施工后30d内	1次/10d	
		稳定后	1次/30d	
4	路基变形观测标	施工后30d内	1次/10d	
		稳定后	1次/30d	

7.4 灰土挤密桩处理涵洞地基施工工艺

根据涵洞地基处理现场的施工经验，采用灰土挤密桩或水泥土挤密桩处理黄土地区高等级公路涵洞地基的施工工艺比较简单。

施工工法原理：首先根据场地湿陷性等级、汇水排水条件、地基承载力、地势特征等情况综合判断是否需要强化处理地基。在确定需要进一步强化处理的基础上，通过打桩设备对拟建涵洞洞身部分、纵向路涵过渡段及横向进出口扩大部分的黄土地基夯扩成孔，在孔内回填灰土并夯实形成灰土挤密桩，形成整片复合地基。接着对涵洞洞身部分进行开挖，铺设灰土褥垫层，其上修建涵洞基础，直至上部结构施工为止。相较于原始地基土体，处理后的挤密桩身、桩间土的压实度、压缩模量大大提高，从根本上消除或减弱了涵洞地基的湿陷性，提高了地基的承载能力，保证了涵洞工后沉降，从整体上提高了涵洞的稳定性。

施工工艺流程如图 7-19 所示。

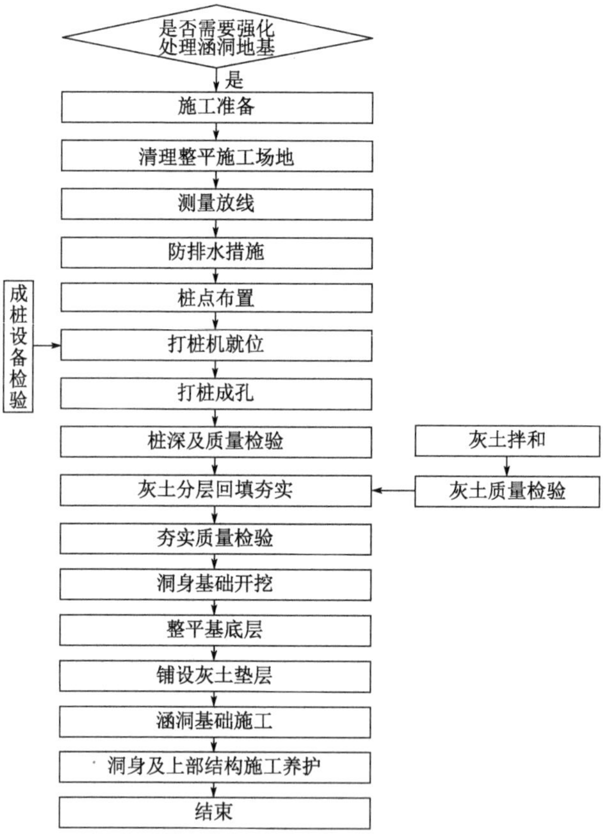

图 7-19　高等级公路涵洞地基强化处理工艺流程

施工所需主要材料如下：

(1)石灰：灰土挤密桩所用石灰为消石灰。石灰储存时间不宜超过 3 个月。使用前加水粉化的消石灰,应过筛处理;可直接购买厂家三天内刚粉化后的面灰,应视粉化程度确定是否需要过筛处理,要求粒径不大于5mm。

(2)土料:用于灰土挤密桩的土料,应尽量就地取材,选用纯净黄土、粉质黏土、砾石土或碎石土等,粒径均不大于20mm,腐殖质含量均应小于3%。

(3)灰土料:使用符合质量要求的消石灰和黄土、粉土或碎石土等材料,按2:8或3:7(体积比)配合比进行配料。接近最优含水率12%~16%情况下拌和而成的灰土材料,是挤密灰土桩常用的桩身填料,现场以手握成团、两指轻捏即散为宜。当含水率超过最优含水率±2个百分点时,可采取晾晒或洒水增湿措施。拌和时,搅拌要均匀,使其含水率接近最优含水率。

施工所需主要机械设备如下:

(1)成孔设备:柴油打桩机或自制锤击式打桩机。

(2)夯实设备:卷扬机、提升式夯机或偏心轮夹杆式夯实机及梨形锤。

(3)拌和设备:灰土拌和机等。

(4)主要工具:水准仪、全站仪、测距仪、皮尺、钢卷尺、铁锹、量斗、水桶、胶管、喷壶、铁筛、手推胶轮车等。

7.5 涵洞地基稳定特征分析研究

7.5.1 K14+130涵洞试验数据分析

K14+130涵洞于2015年6月开始施工,涵洞地基采用小间距灰土挤密桩进行处理,灰土挤密桩直径40cm,桩长6m,桩间距1.0m,桩顶设置50cm厚灰土垫层,垫层上部为涵洞基础,试验埋设仪器位于涵洞基础下部1.0m处。

1)地基土体积含水率变化

2015年7月完成断面4、断面5和断面6土壤水分计埋设,8月完成断面2、断面3土壤水分计埋设,10月完成断面1、断面7土壤水分计埋设。数据采集工作于仪器埋设完成当月开始,涵洞各断面地基土体积含水率随时间变化曲线如图7-20所示。

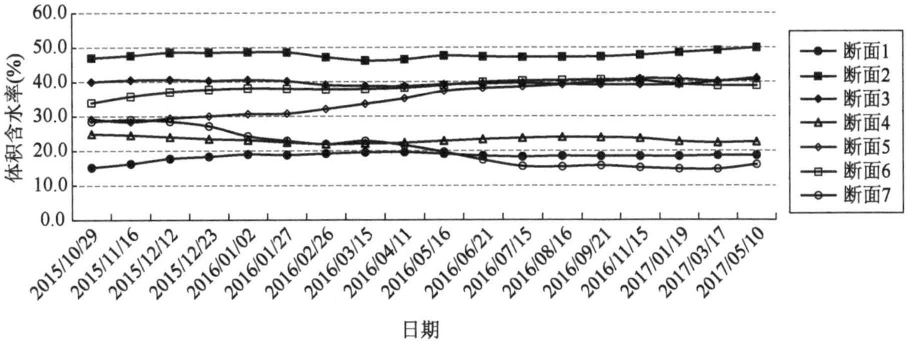

图7-20　K14+130涵洞各断面地基土体积含水率随时间变化曲线

总体来看,土壤水分计埋设完成后测得的各断面地基土体积含水率曲线均不相同,具体各断面地基土体积含水率随时间变化情况如图 7-21 所示。

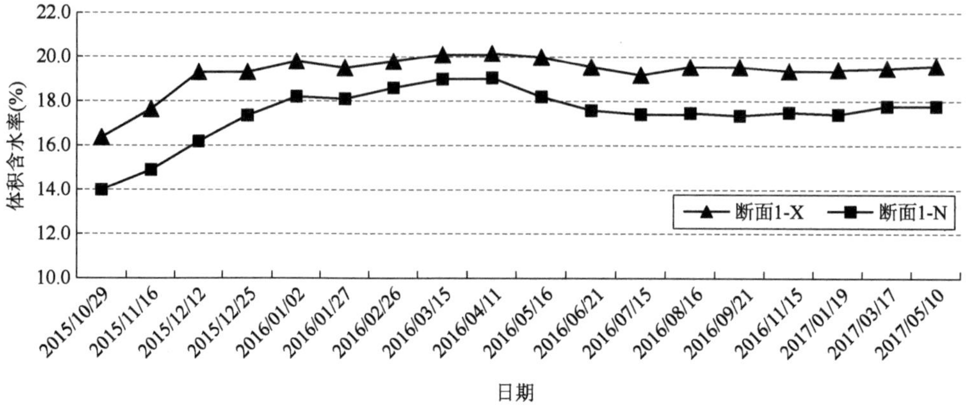

a)断面1

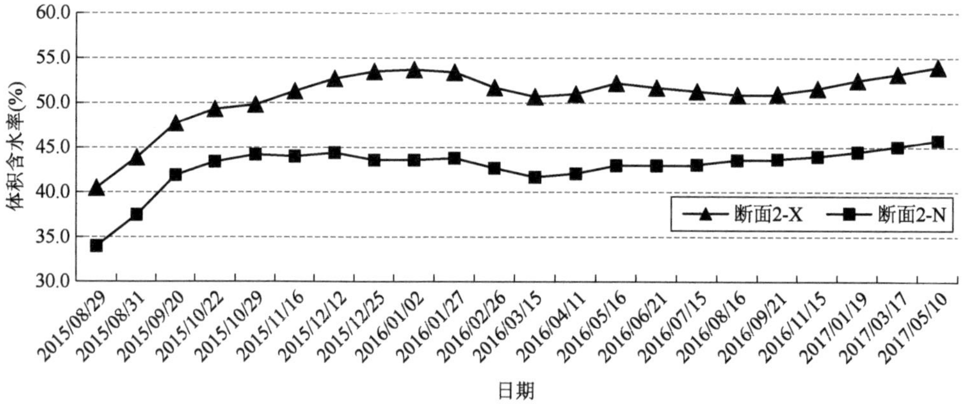

b)断面2

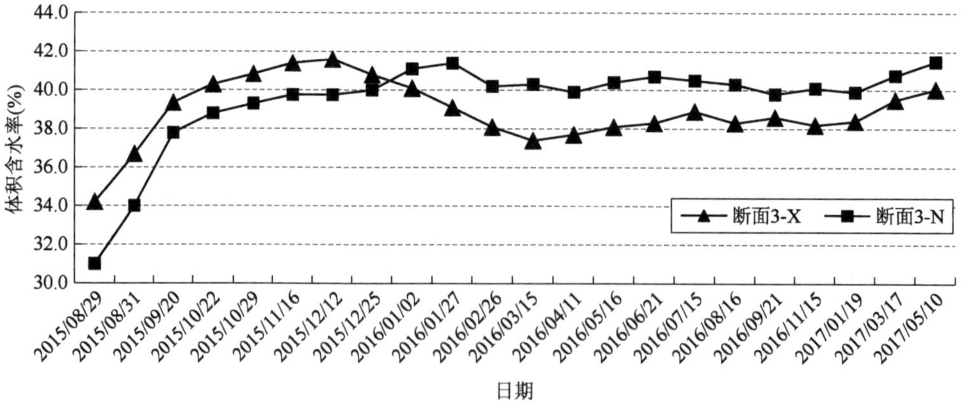

c)断面3

图 7-21

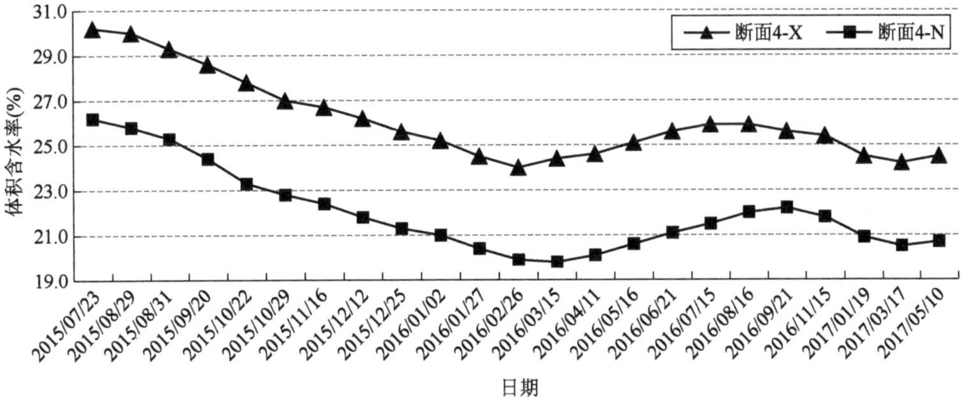

d)断面4

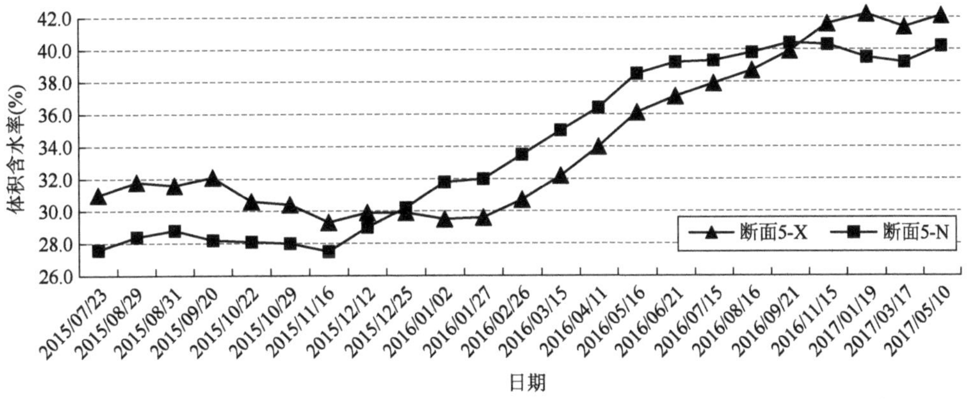

e)断面5

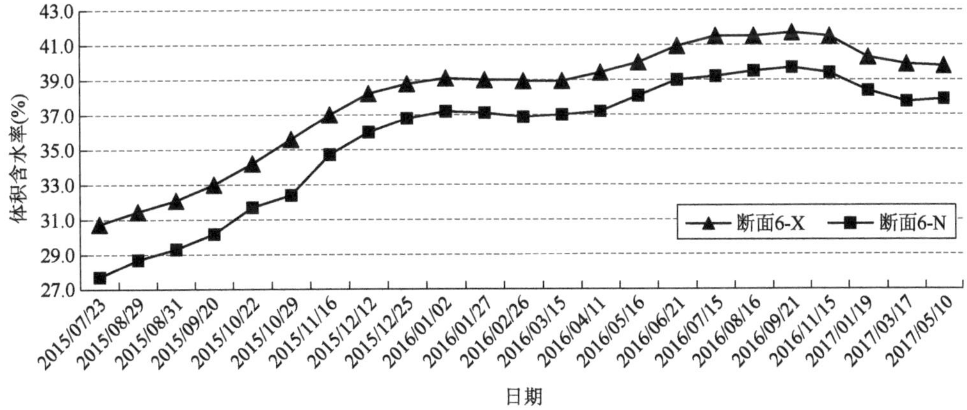

f)断面6

图　7-21

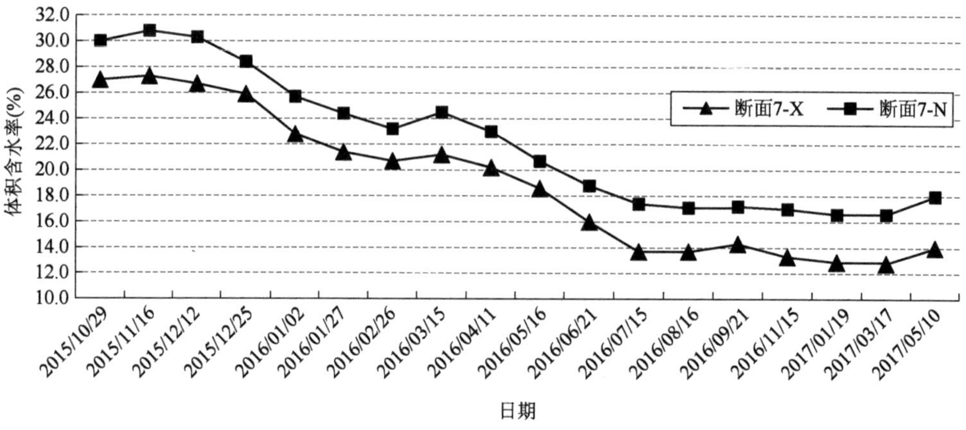

g)断面7

图7-21　K14 + 130 涵洞各断面地基土体积含水率变化曲线

断面1(涵洞出口铺砌外侧)土壤水分计于2015年10月埋设完成,10月29日采集初始数据。2015年10月29日—2017年5月10日共观测18次,断面1地基土体积含水率随时间变化曲线如图7-21a)所示(断面1-X和断面1-N为断面1的两个水分测点,其中X为下川口方向,即涵洞小里程一侧;N为西宁方向,即涵洞大里程一侧,下同)。从图中可以看出,断面1布设的两个水分测点体积含水率变化趋势基本相同。

断面2(出口八字墙垂裙处)土壤水分计于2015年8月完成埋设,8月29日开始观测,截至2017年5月10日,共观测22次,体积含水率曲线如图7-21b)所示。从图中可以看出,断面2-X体积含水率大于断面2-N,整体变化较为稳定。

断面3(出口端墙处)体积含水率变化曲线如图7-21c)所示。从图中可以看出,断面3除观测前期变化幅度较大之外,整体变化较为稳定。

断面4(涵洞中心处)土壤水分计于2015年7月埋设,7月23日采集初始数据。2015年7月23日—2017年5月10日共观测23次,断面4地基土体积含水率随时间变化曲线如图7-21d)所示。从图中可以看出,断面4布设的两个水分测点体积含水率变化趋势相同,总体呈下降趋势,断面4-X体积含水率大于断面4-N。

断面5(进口端墙处)、断面6(进口八字墙垂裙处)和断面7(涵洞进口铺砌外侧)体积含水率变化曲线如图7-21e)、f)、g)所示。断面5、断面6体积含水率曲线变化波动较大,总体而言,两断面体积含水率均有所增大。断面7-N体积含水率大于断面7-X。

2)地基土压力变化

2015年7月完成断面4、断面5土压力计埋设,8月完成断面2、断面3土压力计埋设。数据采集工作于2015年8月31日开始,涵洞各断面地基土压力随时间变化曲线如图7-22所示。

从图中可以看出,各断面土压力计读数均增大。断面2(出口八字墙垂裙处)增幅最大,地基土压力由0.0112MPa增加到0.0583MPa;断面3(出口端墙处)、断面4(涵洞中心处)和断面

5(进口端墙处)地基土压力增幅较小,地基土压力分别由0.0148MPa、0.0205MPa、0.0252MPa增加到0.0326MPa、0.0529MPa、0.0631MPa。

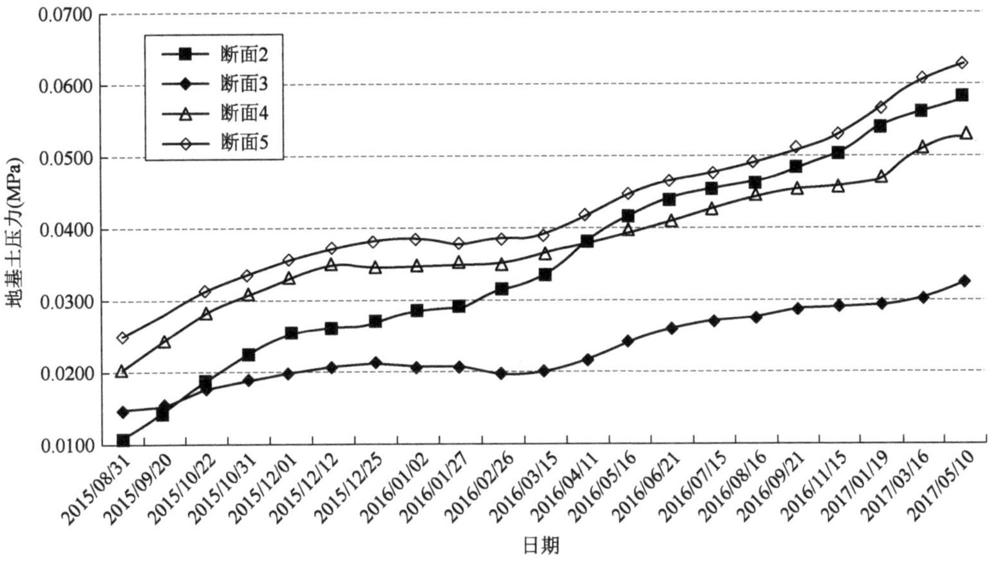

图7-22 K14+130涵洞各断面地基土压力随时间变化曲线

3)沉降量变化

2015年10月涵洞修筑完成后,在涵洞内部断面3、断面4、断面5分别安装沉降观测标,涵洞各断面沉降量随时间变化曲线如图7-23所示。从图中可以看出,各断面沉降量由大到小依次为:断面3>断面4>断面5。断面5平均沉降量为17.10mm,而断面3为32.40mm,两断面位置分别为涵洞进口、出口端墙处。断面4位于涵洞中心,平均沉降量为25mm。各断面平均沉降量见表7-11,涵洞沉降由进口向出口方向逐渐增大。

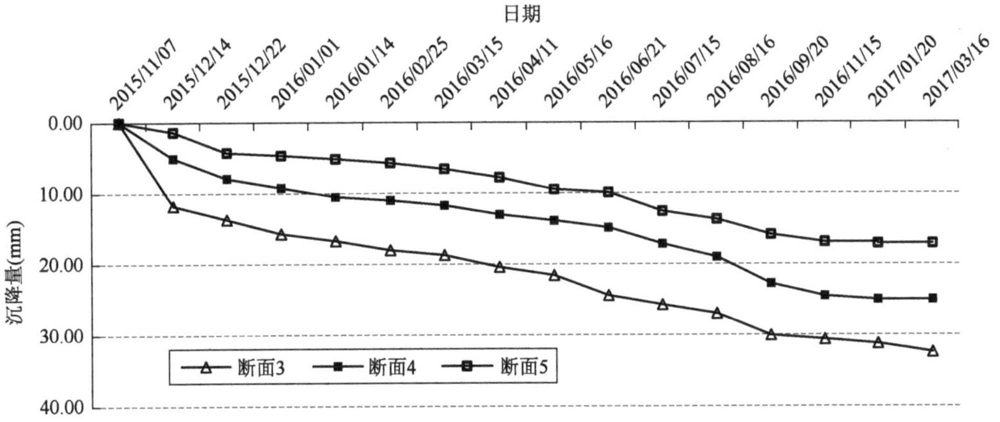

图7-23 K14+130涵洞各断面沉降量随时间变化曲线

K14 +130 涵洞各断面平均沉降量　　表 7-11

断面	断面 3	断面 4	断面 5
位置	出口端墙	涵洞中心	进口端墙
平均沉降量(mm)	32.40	25.00	17.10

7.5.2 K14 +335 涵洞试验数据分析

K14 +335 涵洞于 2015 年 6 月开始施工,涵洞地基采用大间距灰土挤密桩进行处理,灰土挤密桩直径 40cm,桩长 6m,桩间距 1.2m,桩顶设置 80cm 厚灰土垫层,垫层上部为涵洞基础,试验埋设仪器位于涵洞基础下部 1.0m 处。

1)地基土体积含水率变化

2015 年 6 月完成断面 4、断面 5 和断面 6 土壤水分计埋设,10 月完成断面 2、断面 3 和断面 7 土壤水分计埋设,11 月完成断面 1 土壤水分计埋设。数据采集工作于仪器埋设完成当月开始,涵洞各断面地基土体积含水率随时间变化曲线如图 7-24 所示。

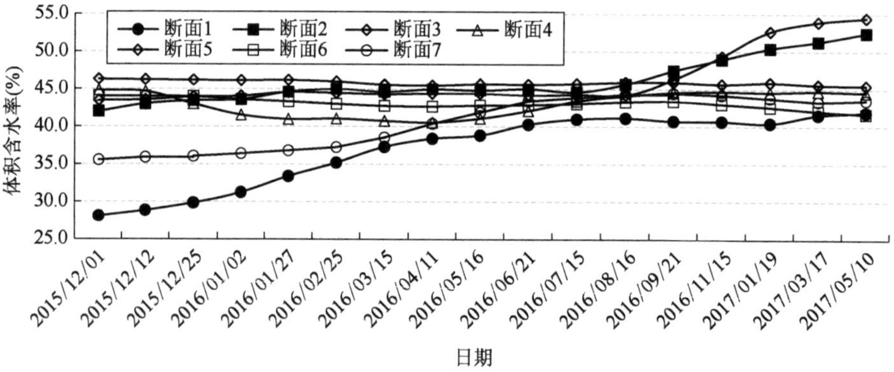

图 7-24　K14 +335 涵洞各断面地基土体积含水率随时间变化曲线

总体来看,土壤水分计埋设完成后测得的各断面地基土体积含水率曲线均不相同,各断面地基土体积含水率随时间变化情况如图 7-25 所示。

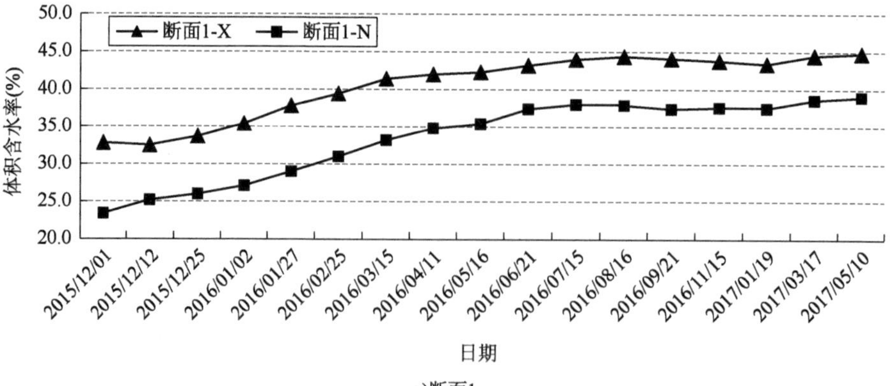

a)断面1

图　7-25

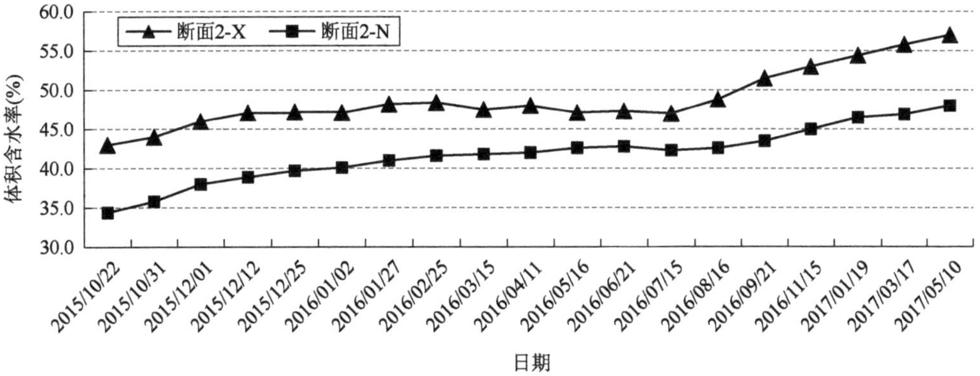

b)断面2

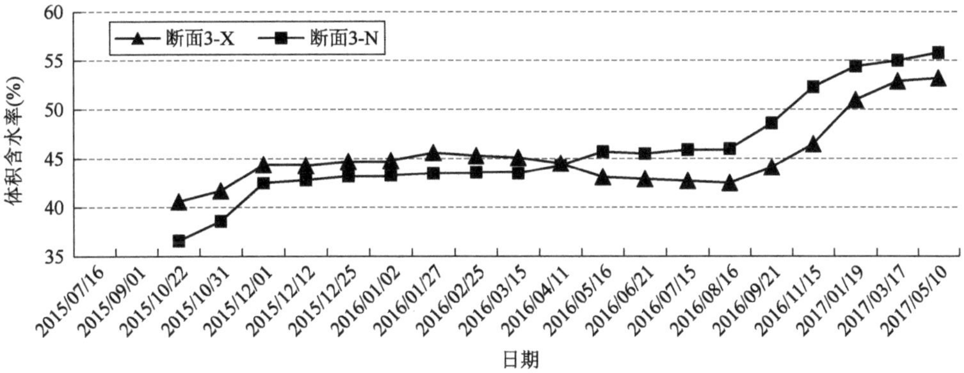

c)断面3

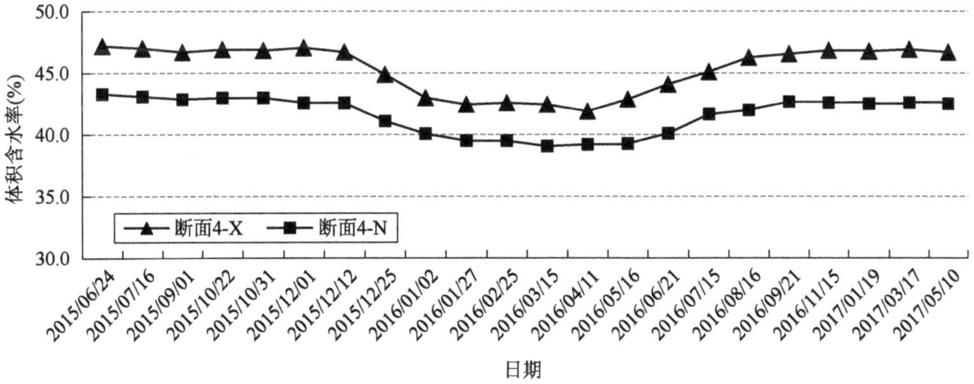

d)断面4

图 7-25

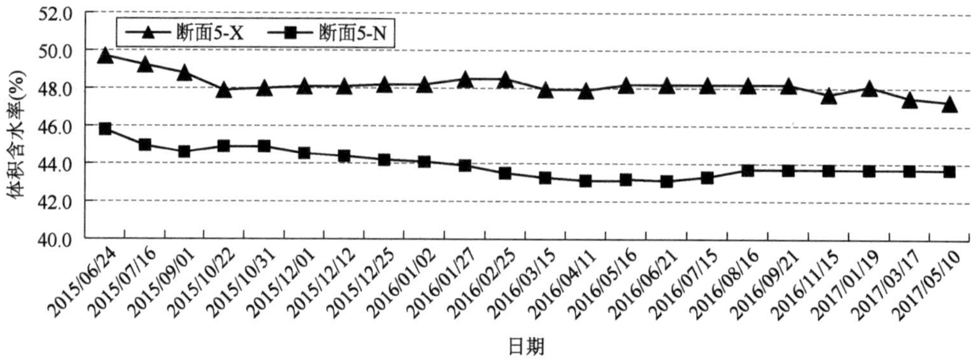

e)断面5

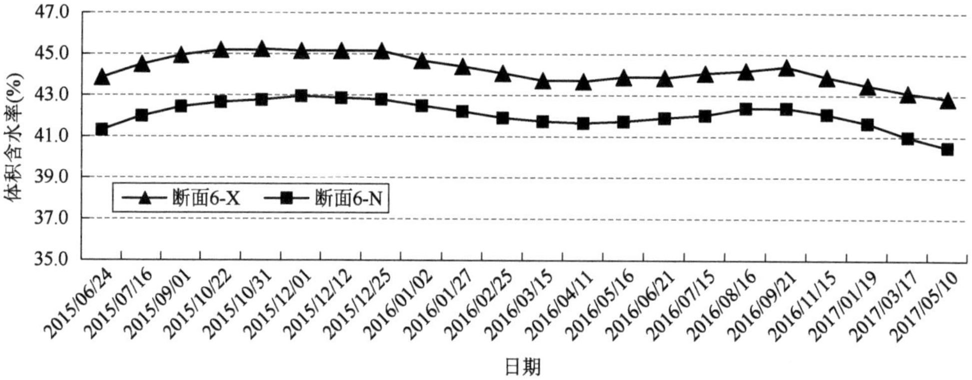

f)断面6

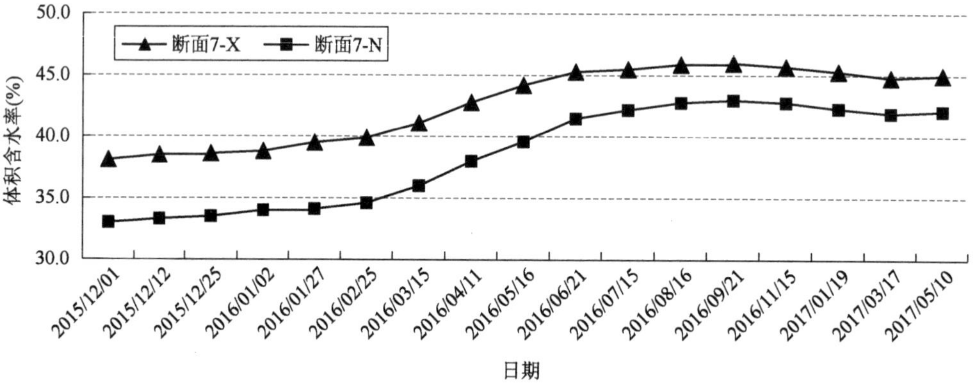

g)断面7

图 7-25　K14 +335 涵洞各断面地基土体积含水率变化曲线

2)地基土压力变化

2015 年 7 月完成断面 4、断面 5 和断面 6 土压力计埋设,10 月完成断面 2、断面 3 土压力计埋设。数据采集工作于仪器埋设完成当月开始,涵洞各断面地基土压力随时间变化曲线如图 7-26所示。从图中可以看出,各断面土压力均有所增大,其中断面 2 的增幅较小。最后一次测得的地基土压力由大到小依次为：断面4(0.2035MPa)>断面3(0.1384MPa)>断面5(0.096MPa)>断面2(0.0856MPa)。

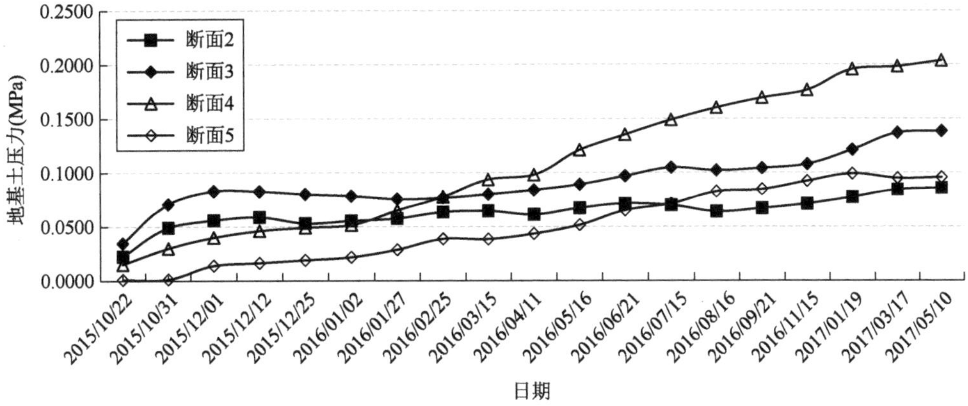

图7-26　K14+335涵洞各断面地基土压力随时间变化曲线

3)沉降量变化

2015年10月涵洞修筑完成后，在涵洞内部断面3、断面4、断面5分别安装沉降观测标，涵洞各断面沉降量随时间变化曲线如图7-27所示。

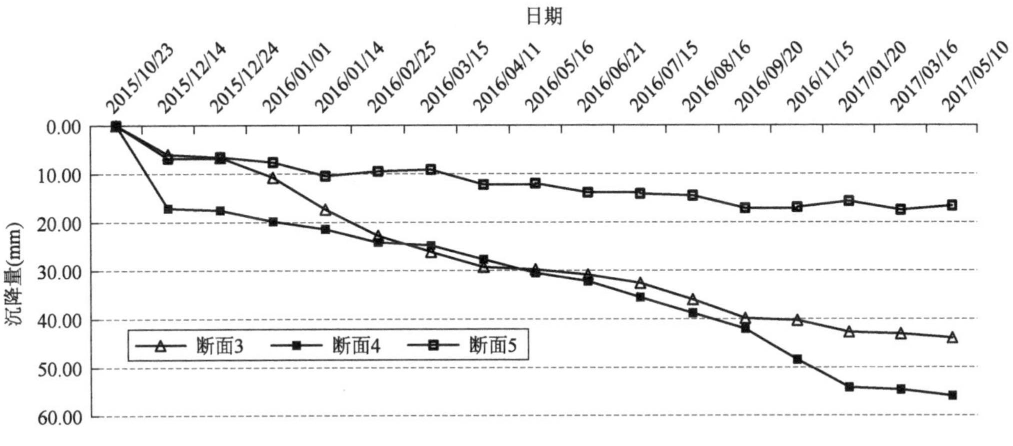

图7-27　K14+335涵洞各断面沉降量随时间变化曲线

从图中可以看出，各断面沉降量由大到小依次为：断面4>断面3>断面5。断面4位于涵洞中心处，沉降量最大，平均沉降量为55.96mm。断面5为出口端墙处，沉降量最小，为16.61mm。各断面平均沉降量见表7-12。

K14+335涵洞各断面平均沉降量　　表7-12

断面	断面3	断面4	断面5
位置	进口端墙	涵洞中心	出口端墙
平均沉降量(mm)	43.92	55.96	16.61

7.5.3 K14 +571.5 涵洞试验数据分析

K14 +571.5 涵洞于 2015 年 7 月开始施工,涵洞地基采用换填法进行处理,地基下部为 1m 厚素土换填,上部为 2m 厚灰土换填,灰土层上部为涵洞基础,试验埋设仪器位于涵洞基础下部 1.0m 处。

1)地基土体积含水率变化

2015 年 7 月完成断面 4 和断面 5 土壤水分计埋设,9 月完成断面 3 土壤水分计埋设,10 月完成断面 6 和断面 7 土壤水分计埋设,12 月完成断面 1 和断面 2 土壤水分计埋设。数据采集工作于仪器埋设完成当月开始,涵洞各断面地基土体积含水率随时间变化曲线如图 7-28 所示。

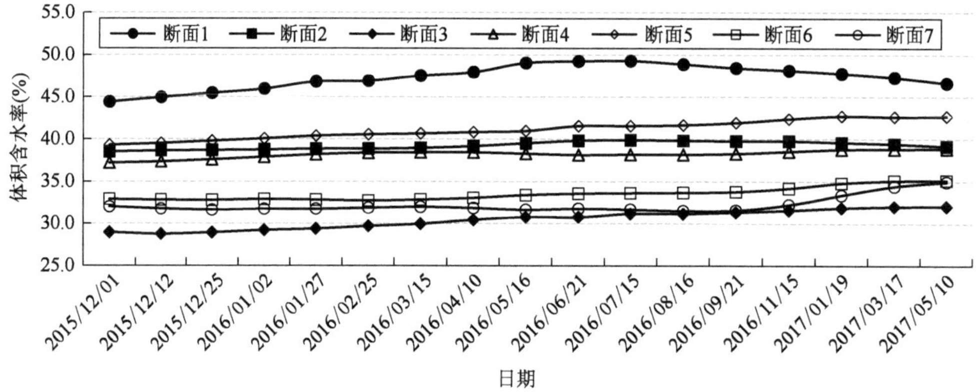

图 7-28 K14 +571.5 涵洞各断面地基土体积含水率随时间变化曲线

从图中可以看出,各断面地基土体积含水率变化曲线较为平缓,具体各断面地基土体积含水率随时间变化情况如图 7-29 所示。

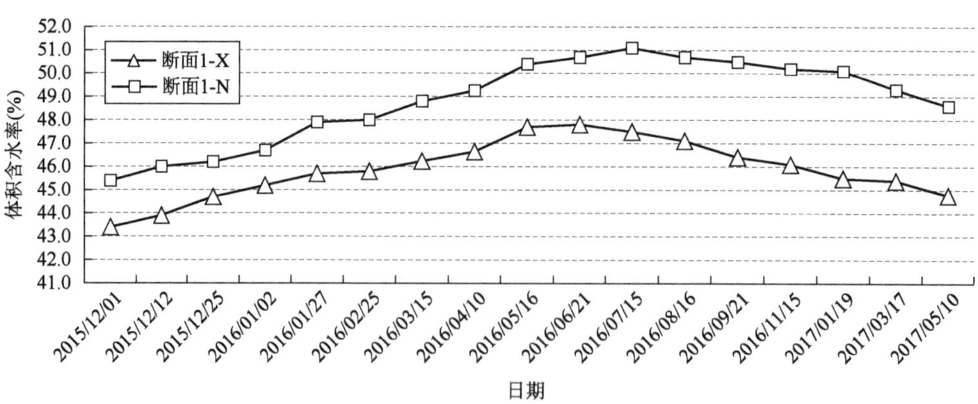

a)断面1

图 7-29

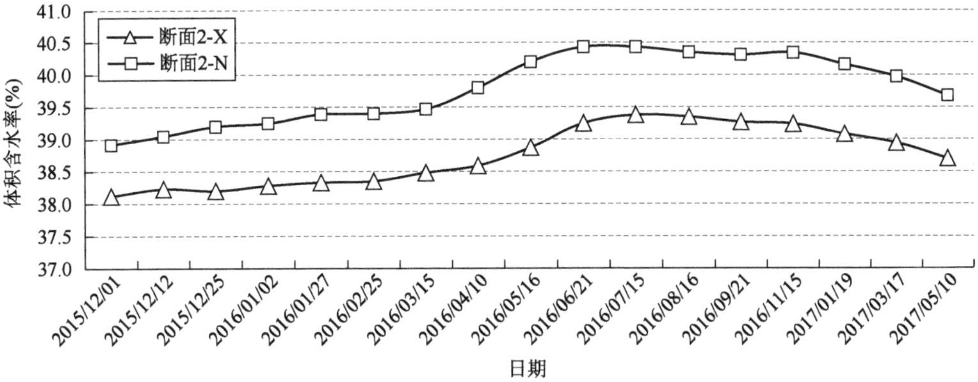

b)断面2

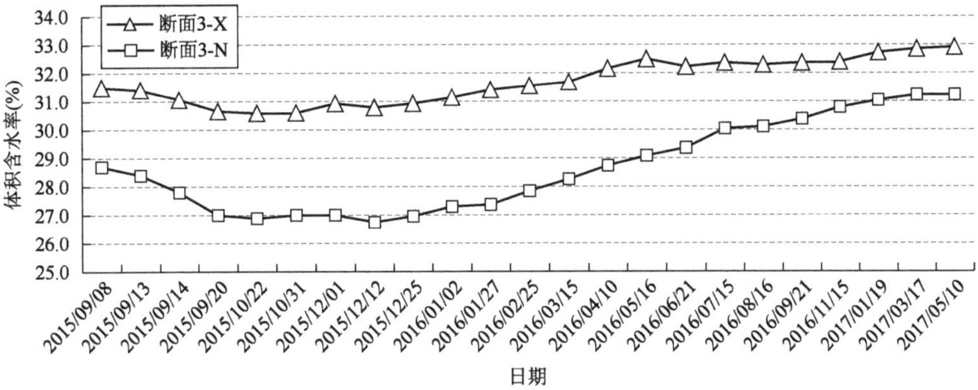

c)断面3

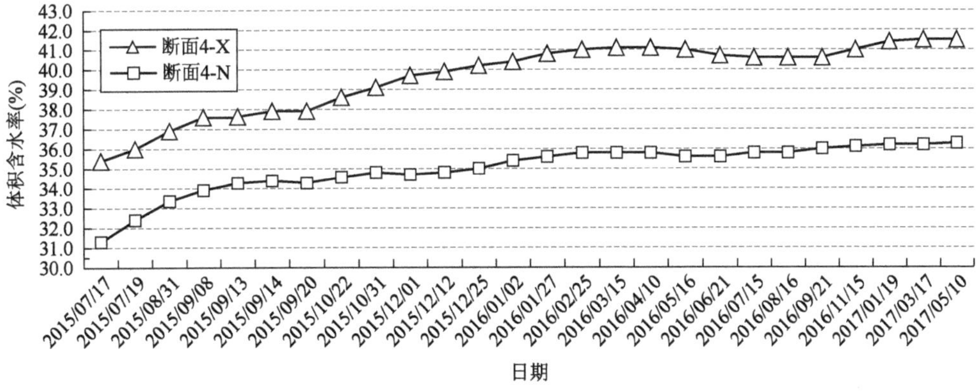

d)断面4

图　7-29

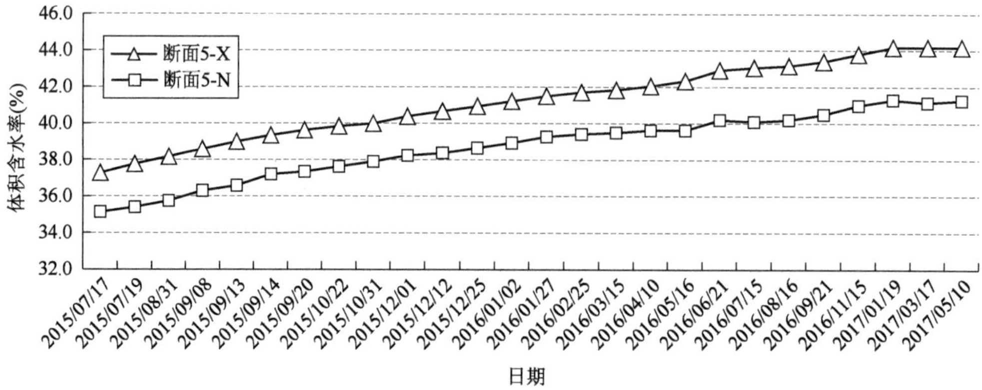

e)断面5

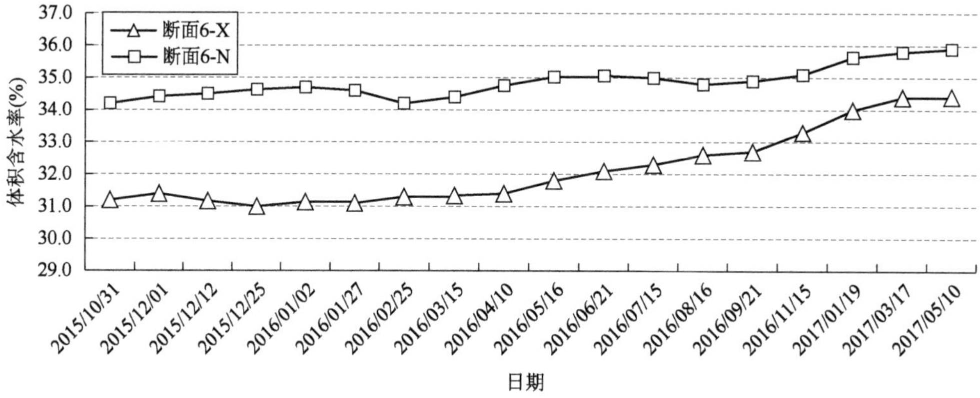

f)断面6

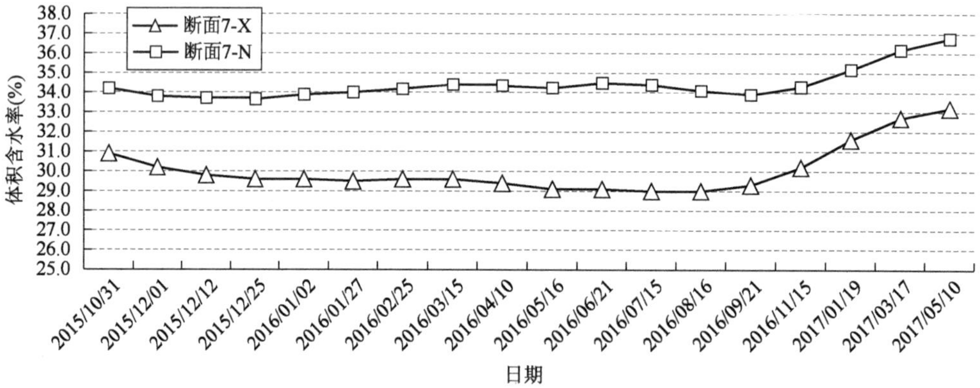

g)断面7

图 7-29　K14 + 571.5 各断面体积含水率变化曲线

2)地基土压力变化

2015 年 7 月完成断面 4、断面 5 和断面 6 土压力计埋设,9 月完成断面 3 土压力计埋设,12 月完成断面 2 土压力计埋设,数据采集工作于仪器埋设完成当月开始,涵洞各断面地基土压力随时间变化曲线如图 7-30 所示。从图中可以看出,各断面土压力计读数均有所增大,最后一次测得的地基土压力由大到小依次为:断面 5(0.1912MPa) > 断面 4(0.1510MPa) > 断面 3(0.1447MPa) > 断面 2(0.0767MPa)。

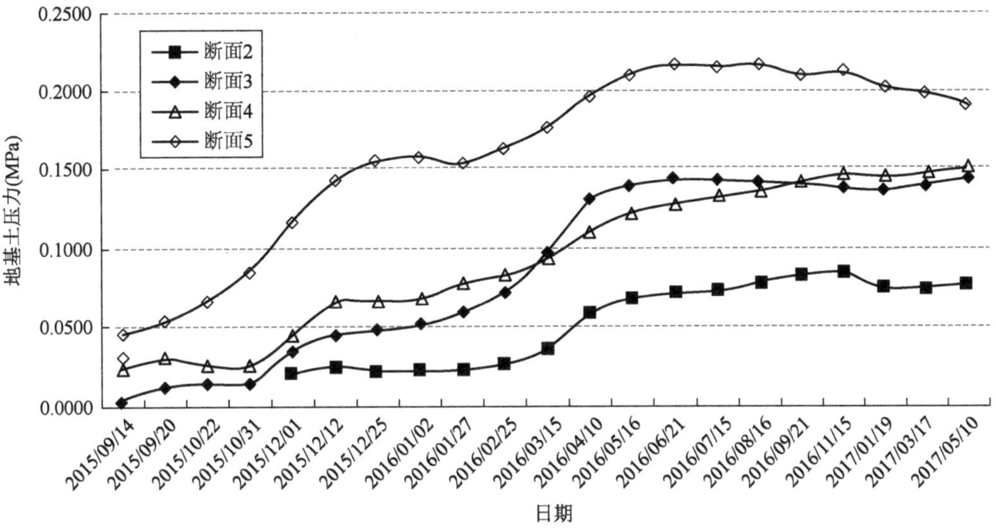

图 7-30　K14 + 571.5 涵洞各断面地基土压力随时间变化曲线

3)沉降量变化

2015 年 12 月涵洞修筑完成后,在涵洞内部断面 3、断面 4、断面 5 分别安装沉降观测标,沉降观测工作于 2015 年 12 月 3 日开始,截至 2017 年 5 月 10 日,累计观测 16 次,涵洞各断面沉降量随时间变化曲线如图 7-31 所示。

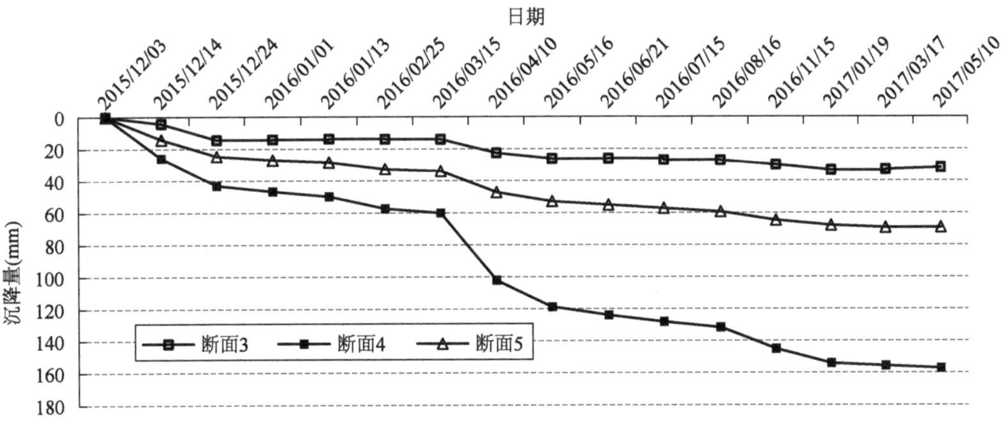

图 7-31　K14 + 571.5 涵洞各断面沉降量随时间变化曲线

从图 7-31 中可以看出,各断面沉降量由大到小依次为:断面 4 > 断面 5 > 断面 3。断面 4 位于涵洞中心处,沉降量最大,为 157.12mm。断面 5 位于出口端墙处,平均沉降量为 69.06mm。断面 3 位于涵洞进口端墙处,平均沉降量为 31.93mm。各断面平均沉降量见表 7-13。

K14 +571.5 涵洞各断面平均沉降量 表 7-13

断面	断面 3	断面 4	断面 5
位置	进口端墙	涵洞中心	出口端墙
平均沉降量(mm)	31.93	157.12	69.06

7.5.4 K17 +748 涵洞试验数据分析

K17 +748 涵洞于 2015 年 9 月开始施工，涵洞地基采用抛石挤淤进行处理，地基下部为 1m 厚抛石挤淤，中部为 1m 厚砂砾换填，上部为 2m 厚灰土换填，灰土层上部为涵洞基础，试验埋设仪器位于涵洞基础下部 1.0m 处。

1) 地基土体积含水率变化

2015 年 9 月完成断面 2、断面 3、断面 5 和断面 6 土壤水分计埋设，并于当月开始数据采集，涵洞各断面地基土体积含水率随时间变化曲线如图 7-32 所示。从图中可以看出，除断面 3 外，其余断面地基土体积含水率在仪器埋设之初有一段增长区，之后保持稳定。

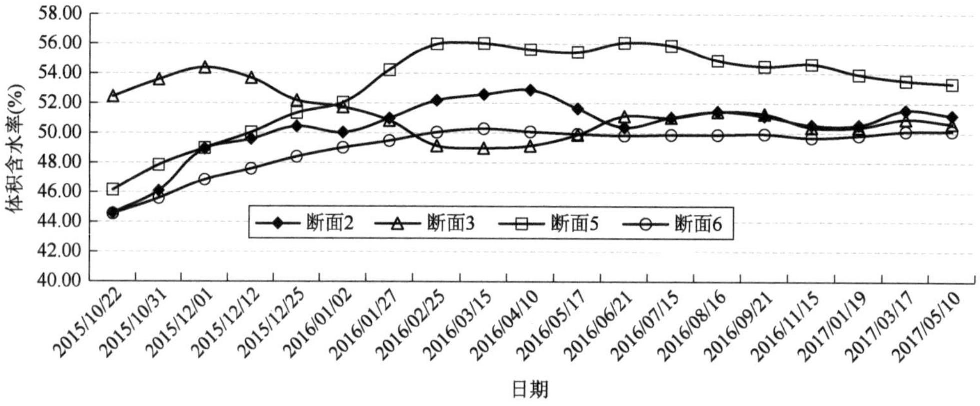

图 7-32 K17 +748 涵洞各断面地基土体积含水率随时间变化曲线

2) 地基土压力变化

2015 年 9 月完成断面 2、断面 3、断面 4 和断面 5 土压力计埋设，数据采集工作于仪器埋设完成当月开始，涵洞各断面地基土压力随时间变化曲线如图 7-33 所示。

从图中可以看出，各断面土压力计读数均有所增大，各断面地基土压力由大到小依次为：断面 5 > 断面 4 > 断面 2 > 断面 3。

3) 沉降量变化

2015 年 12 月涵洞修筑完成后，在涵洞内部断面 3、断面 4 和断面 5 分别安装沉降观测标，涵洞各断面沉降量随时间变化曲线如图 7-34 所示。

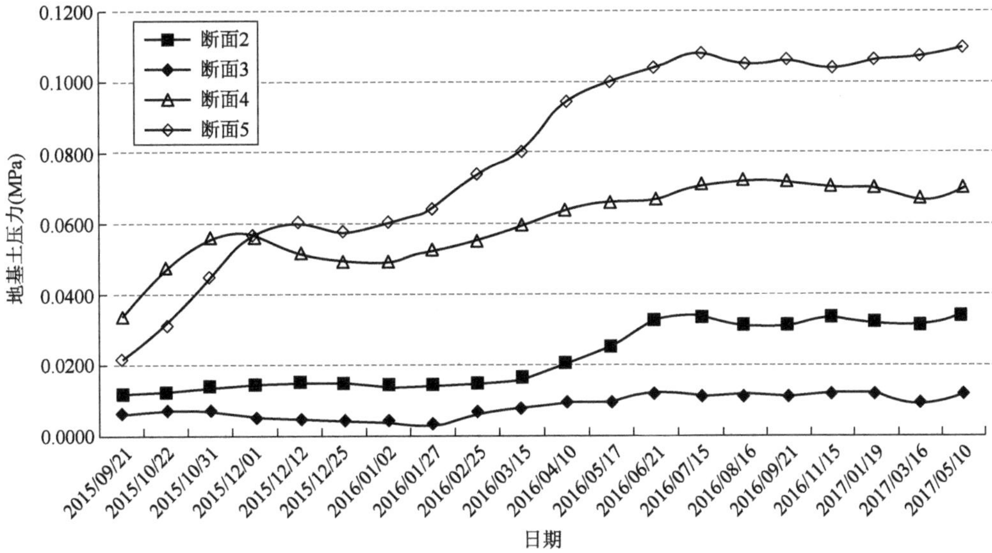

图 7-33　K17 +748 涵洞各断面地基土压力随时间变化曲线

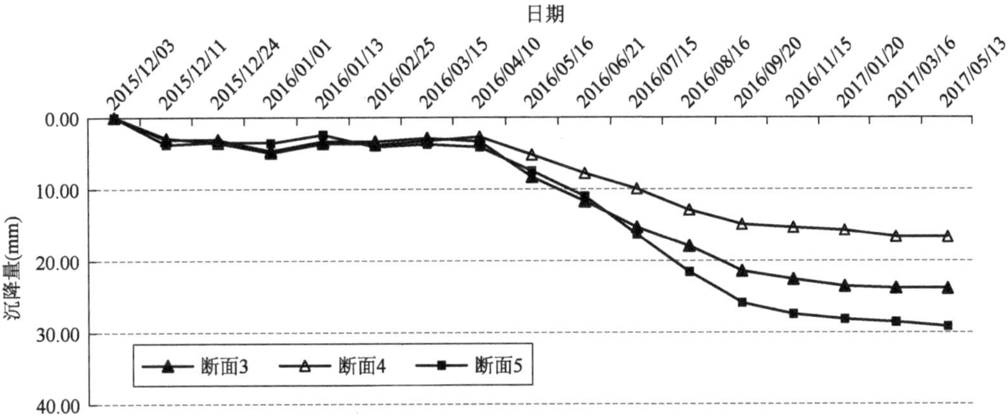

图 7-34　K17 +748 涵洞各断面沉降量随时间变化曲线

从图中可以看出,该涵洞 2015 年 12 月 3 日至 2016 年 9 月 20 日时间段内,整体沉降随涵顶路基填筑高度的增加而稳步增大,至 2017 年 5 月 13 日,沉降量的增幅较小,涵洞整体基本稳定。截至 2017 年 5 月 13 日,涵洞进口端墙处断面 3 的平均沉降量为 23.89mm;涵洞出口端墙处断面 5 的平均沉降量为 29.17mm;涵洞中心处断面 4 的平均沉降量为 16.70mm。各断面平均沉降量见表 7-14。

K17 +748 各断面平均沉降量　　表 7-14

断面	断面 3	断面 4	断面 5
位置	进口端墙	涵洞中心	出口端墙
平均累计沉降量（mm）	23.89	16.70	29.17

从以上不同涵洞实体试验段的现场监测数据分析可以看出,采用不同间距灰土挤密桩、换填法、抛石挤淤法等方法处理涵洞地基后,地基的沉降变形量、基底土压力变化趋势等方面均

存在较大的差异性,这是路堤填土-涵洞-地基三者综合作用的结果。涵洞受力状态不同于一般建筑物,一般建筑物的基底受力状态仅仅与建筑物形式和地基岩土体特征密切相关,在建筑物构造形式确定的条件下,地基岩土体承载力越高、地基土密实度越大,建筑物的基底受力越均匀。

而公路涵洞的基底受力状态与填土及地基性状等因素有关,并且涵洞的基底受力状态是填土、涵洞结构、地基岩土体三者综合作用的结果。一般来说,土-涵洞-地基的综合变化受到地形条件、地质条件、填料性质、涵洞几何尺寸、偏载效应、埋设形式、基础的埋深效应和宽度效应以及软土固结等因素的综合影响,因此,在涵洞结构和地基设计中应综合考虑上述因素的影响。公路涵洞地基主要承受涵洞结构本身荷载、上覆填土荷载及其他附加荷载,上覆填土厚度越大、结构本身越复杂,涵洞地基受力越大,尤其是位于湿陷性黄土地区的高等级公路涵洞,当涵洞处于地形复杂、经常性流水地段、涵洞上覆填土厚度较大时,在设计阶段更应该考虑土-涵洞-地基的综合效应,采用对计算荷载进行修正等方法,使其计算和设计结果更符合或接近涵洞地基实际受力状态。作用于涵顶上的土压力除了上覆土柱体重量外,还受到内外土柱体之间的剪应力,因此作用在涵顶的实际土压力明显大于其上覆土柱体重量,而根据目前规范或实际设计经验来看,在设计阶段作用于涵顶上的土压力仅仅考虑了上覆土柱体重量,按照目前规范,一般建构筑物的设计原理针对黄土地区公路涵洞地基进行设计时,显然从原理来讲存在一定的安全隐患,设计时的计算荷载偏小。故对湿陷性黄土地区的高等级公路涵洞进行结构设计时,需要综合考虑土-涵洞-地基的综合效应,采用修正系数法对不同类型和不同受力特征的涵洞进行结构设计。

结合黄土地区高等级公路病害现场调研结果来看,涵洞在运营期内出现基底横向开裂、涵节错位或沉降开裂等病害的大部分原因在于设计阶段对黄土地区填土-涵洞-地基三者的机理认识不深入、结构荷载过大、地基处理不当、结构设计不合理。在运营阶段,涵洞地基实际受力比设计结果偏大,从而导致涵洞地基受力不均匀,涵洞结构本身与上覆填土刚度、地基土变形特征不一致时涵顶易产生应力集中现象,进而引起涵顶纵向开裂,涵洞地基受力状态更为复杂。故黄土区公路涵洞地基处理原则之一就是要强化平缓地段地基处理,控制不均匀沉降,涵洞地基处理强度应不低于路基处理强度,以充分发挥填土-涵洞-地基三者的变形协调性和共同作用,从而减轻或避免涵洞在运营期内出现病害。

第8章

青海湿陷性黄土区公路涵洞地基处理试验工程长期效果分析及评价

本章选取青海省湿陷性黄土区公路 K14 + 130、K14 + 335、K14 + 571.5 以及 K17 + 748 四处涵洞实体工程,采用数值模拟分别对小间距挤密桩地基处理、大间距挤密桩地基处理、灰土换填地基处理及抛石换填地基处理的效果进行数值计算与分析,并对其进行综合评价。

8.1 小间距挤密桩地基处理(K14 + 130)长期效果数值模拟

8.1.1 计算模型及参数

1)简化模型

通过数值模拟来研究黄土区涵洞地基处理后的沉降变形、土体应力变化趋势等,对涵洞现场地基处理方案的有效性和合理性进行验证。数值模拟采用的计算模型与现场实际情况相结合,对不影响计算结果的部分进行了简化,主要有:①涵洞纵向截面尺寸除洞口外基本一致,沿涵洞纵向各横截面的受力条件基本相同,且涵洞沿长度方向的尺寸远大于其断面尺寸(接近10倍),因此根据结构受力特点简化为平面应变问题,故在数值计算时采用二维平面模型进行计算。②涵洞基础上部为10cm厚的素混凝土抹面层,但在计算中为建模方便,忽略了该层在整个模型中所起的作用。③对路面上的车辆荷载等其他荷载,按《公路桥涵设计通用规范》(JTG D60—2015)中的规定取值,计算中将车辆荷载视为可变荷载,并按长期效应(准永久)组合设计,汽车荷载效应的分项系数取1.4,公路-Ⅰ级车道荷载的均布荷载标准值为10.5kN/m,故最终将车辆荷载的设计值取为14.7kN/m,以涵洞中心为车辆均布荷载中心向左右对称延伸7.5m。基于以上简化条件,采用岩土工程通用有限元软件,根据K14 + 130涵洞的施工情况,经过小间距灰土挤密桩处理后的涵洞中间截面、进出口截面数值计算模型如图8-1a)所示,主要分为填土层、洞身、原状土上层、原状土下层、灰土垫层、灰土挤密桩身、桩间土等。

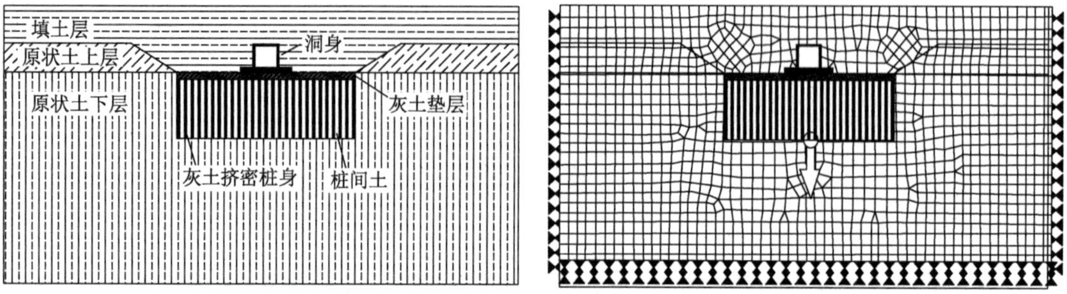

a)中间截面计算模型　　b)中间截面网格划分及边界约束

图 8-1　K14 + 130 工点涵洞数值模拟计算模型及网格划分

涵洞结构尺寸按设计文件确定，洞身左右两侧厚度为 0.6m；盖板厚度为 0.4m，长度为 3.2m；底部基础层厚度为 0.6m，总长度为 3.6m，长度方向沿洞身两侧各延伸 0.2m。涵洞基底下部为 0.8m 厚的灰土垫层，其下为 6m 长的灰土挤密桩，桩径为 0.4m，桩心间距为 1.0m，净间距为 0.6m。涵洞左侧和右侧挖土边坡与灰土垫层之间的夹角均为 45°，左侧和右侧挖土边坡坡顶上部的填土高度为 3.38m。按设计要求，涵洞中间截面、进口截面、出口截面顶部至路面之间的垂直距离分别为 3.38m、2.17m、3.12m。

涵洞灰土垫层以下灰土挤密桩的桩间距为 1.0m，左右两侧各按照设计要求设置过渡段，其桩间距为 1.2m。为避免边界对洞身计算结果的影响，取挤密桩底面以下 13.2m 的地基土作为计算范围下边界，约束下边界的水平位移和竖向位移；取挤密桩两侧 20m 的地基土为左右边界，并且约束左右边界的水平位移；上边界为自由面。整个模型长度为 55.4m，高度为 26.9m。

网格按照三角形和四边形的混合单元类型划分，填土层、原状土层的网格划分单元尺寸控制为 1m，洞身、灰土垫层、灰土挤密桩身、桩间土的网格划分单元尺寸控制为 0.2m，网格划分结果如图 8-1b) 所示。

2) 材料参数

填土层、原状土层、灰土垫层、桩间土的岩土材料采用各向同性的莫尔-库仑屈服准则模型，洞身和挤密桩身采用各向同性的线弹性模型。除灰土挤密桩身采用梁单元进行模拟外，其余均采用平面应变单元。计算参数见表 8-1。

数值模拟所采用的计算参数　　表 8-1

序号	材料	弹性模量 E (MPa)	泊松比 ν	重度 γ (kN/m^3)	黏聚力 c (kPa)	内摩擦角 φ (°)	本构模型
1	填土层	21	0.30	16.8	22.5	17	莫尔-库仑
2	原状土上层	15	0.25	15.4	18.5	15	莫尔-库仑
3	原状土下层	15	0.25	15.4	18.5	15	莫尔-库仑
4	灰土垫层	28	0.25	19.0	23.0	15	莫尔-库仑
5	桩间土	87	0.23	19.6	24.0	18	莫尔-库仑
6	洞身	30000	0.20	25.0	—	—	弹性
7	灰土挤密桩身	105	0.22	20.3	—	—	弹性

8.1.2 计算结果分析

1)天然工况

(1)沉降变形分析。

结合现场实际监测元件的布置位置,自2015年12月3日至2017年3月17日,涵洞中间截面地基天然沉降量为35.4mm,采用数值计算跟踪监测后该沉降观测点的位移量为42.8mm;最大沉降量为44.6mm,位于涵洞洞身左右两侧及正上方填土中,而地基处理前的最大沉降量为122.3mm,出现的位置与地基处理后的位置完全一致。涵洞进口与出口截面地基的天然沉降量现场监测结果分别为37.6mm和21.7mm,采用数值计算跟踪监测后沉降观测点的位移量分别为46.7mm和26.4mm;进口与出口的最大沉降量为分别为51.8mm和28.8mm,最大沉降量出现在涵洞洞身左右两侧及正上方填土中。这说明数值计算结果与现场监测结果非常接近。

从进口、出口和中间截面的沉降变形量和变形趋势而言,对于K14+130工点涵洞,采取灰土挤密桩措施进行地基处理后对控制沉降变形的效果比较明显。

(2)受力分析。

地基处理前后地基应力分布的趋势有较大差异。地基处理前,除在涵洞洞身两侧及底部出现明显的应力集中现象外,涵洞地基中的应力分布很均匀,自上而下逐渐增大。采用灰土挤密桩形成复合地基后,在洞身两侧、灰土垫层内的挤密桩顶部附近位置出现应力集中,挤密桩复合地基的应力较地基其他区域更大。

结合现场实际土压力计监测元件的布置位置,自2015年7月19日至2016年9月21日,现场布设的涵洞土压力观测点在中间截面的土压力计读数为0.051MPa,采用数值模拟跟踪监测后该点的压应力为0.885MPa;地基处理后中间截面的最大压力为1.76MPa,出现在涵洞洞身两侧顶部,即出现应力集中现象。涵洞进口与出口截面地基的土压力现场监测结果分别为0.160MPa和0.181MPa,采用数值计算跟踪监测后土压力观测点的数值分别为0.277MPa和0.314MPa;进口与出口的最大土压力分别为1.737MPa和1.928MPa,最大土压力出现在涵洞基底素土层的正中央。结合实际监测结果可以看出,土压力数值计算结果与现场实测结果在数值方面存在一定的差异,但随着时间的推移,涵洞基底土压力呈现先增长后趋于稳定的趋势,数值模拟结果与现场实际监测的效果基本吻合。

2)地基含水率变化工况

涵洞基底层在正常情况下会表现出固结沉降,地基沉降变形的不均匀性会导致涵洞基底的三七灰土层、素土层等在纵向出现连续或间断的微裂缝,地基沉降变形的不均匀性越强,这些微裂缝发展得越快,最终可能会形成面状分布的裂缝带。裂缝带自身的特点使其成为地表水入渗的良好通道,当涵洞基础层出现横向或纵向裂缝时,涵洞内的流水或积水会沿基础层裂缝下渗至素土层或三七灰土层,导致素土或三七灰土的强度降低,进一步加剧基底土层的沉降变形,而基底土层沉降变形越严重,基础和地基中的微裂缝发展越迅速,流水渗入地基土体中的深度越大、范围越广,最终使涵洞地基产生严重沉降,对涵洞整体稳定性造成巨大影响,这种情形可以称为地基含水率变化工况下涵洞地基土体的沉降变形。

从含水率变化导致涵洞地基土体沉降变形的机理和结果来看,素土或三七灰土的强度降低本质上就是土体力学参数的降低,具体就是黏聚力、内摩擦角和压缩模量等强度参数的降低,导致土体变形增加,沉降量也增大。为了合理反映涵洞地基含水率变化工况下力学强度参数的变化,参照"强度折减法"的部分原理,对原参数按照10%的标准等额递减,将涵洞基底垫层以下土体按1m厚度进行分层,当参数下调10%时仅仅将垫层下第一层土体的压缩模量、黏聚力、内摩擦角降低10%,当参数下调20%时将垫层下第一层土体强度参数下调20%而将第二层土体强度参数下调10%。以此类推,直至分析到第六层土体参数下调10%即可,以此来模拟地基含水率变化工况下的涵洞基底变形,并与正常工况下的沉降变形进行对比。

由于地基含水率变化时涵洞整体的边界条件、受力状态等均未发生改变,仅仅在素土层(或灰土垫层)以下6m深度范围内的土体参数随渗入条件而变化,因此,涵洞整体受力状态不会发生较大变化,涵洞整体沉降变形和稳定性可能会出现量的递增。因此,在地基含水率变化工况下仅分析涵洞不同截面的沉降变形趋势,对其受力状态不做重复分析。

K14+130涵洞工点在地基含水率变化工况下的数值计算模型与天然工况下的数值计算模型基本一致,仅将灰土垫层以下的6m深度土体每隔1m分别分层,并按照前述规则对每一层土体赋予相应参数,各截面分层土体水平宽度均为6.4m,对分层土体边界不做特殊处理,其余边界条件和计算参数与天然工况保持一致,以此作为地基含水率变化工况下的涵洞沉降变形数值计算模型。

地基含水率变化工况下涵洞不同截面的沉降变形量及变化趋势见表8-2和图8-2。从中可以看出,不同截面涵洞的地基沉降量随含水率变化趋势基本一致,但不同截面的沉降量有一定差异。随着含水率逐步增大,进口截面的地基沉降量逐步增大,从最初始的51.8m逐步增加到67.8mm,增加量达到16mm,而中间截面和出口截面的增加量分别为17mm和20mm。整体来看,进口截面的沉降量最大,其次为中间截面,最后为出口截面,这从侧面反映了该涵洞地基整体的沉降变形规律,与现场实际监测结果也基本吻合。

含水率变化工况下涵洞沉降变形量　　表8-2

参数下调比例(%)		0	10	20	30	40	50	60
沉降变形量(mm)	中间	44.6	46.2	48.7	51.8	54.3	58.1	61.4
	进口	51.8	53.4	55.1	58.2	60.3	64.6	67.8
	出口	28.8	30.2	32.9	36.6	39.7	43.1	48.8

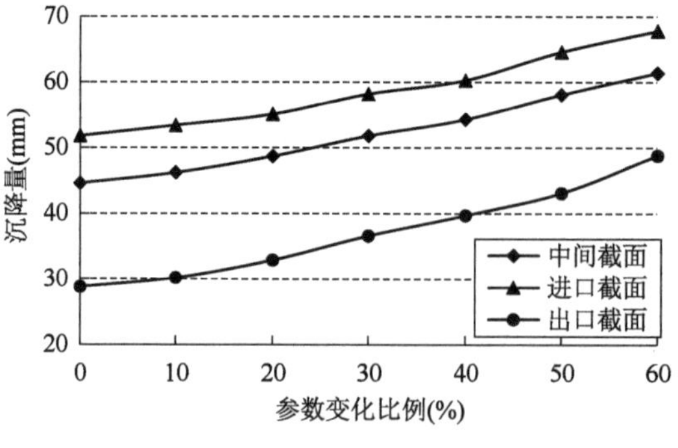

图8-2　含水率变化工况下涵洞沉降变形趋势

各截面的最大沉降变形集中在上部填土中，经过浸水范围内的地基土体的沉降变形也较为明显，即渗流层内土体的沉降变形比未浸水地基土体和桩间土等的变形明显大很多，这说明采用灰土挤密桩处理后，即使地基出现渗流而引起地基土体含水率增大，对涵洞地基土体沉降变形的影响也仅限于渗流层内的土体，对涵洞整体稳定性的影响较小。不考虑涵洞地基土体差异性、地形地貌、涵洞结构差异性等因素的影响下，仅从涵洞地基浸水后地基沉降量变化差异的这一方面分析，相对于灰土换填法，采用灰土挤密桩法对控制涵洞渗流变形更有利，对涵洞整体稳定性的保护效果更佳。

8.2 大间距挤密桩地基处理(K14 + 335)长期效果数值模拟

8.2.1 计算模型及参数

1)简化模型

计算模型简化条件同前，根据 K14 + 335 工点现场涵洞的实际施工结果，经过大间距灰土挤密桩处理后的涵洞不同截面数值计算模型如图 8-3a)所示，主要分为填土层、洞身、原状土上层、原状土下层、灰土垫层、灰土挤密桩身、桩间土等。

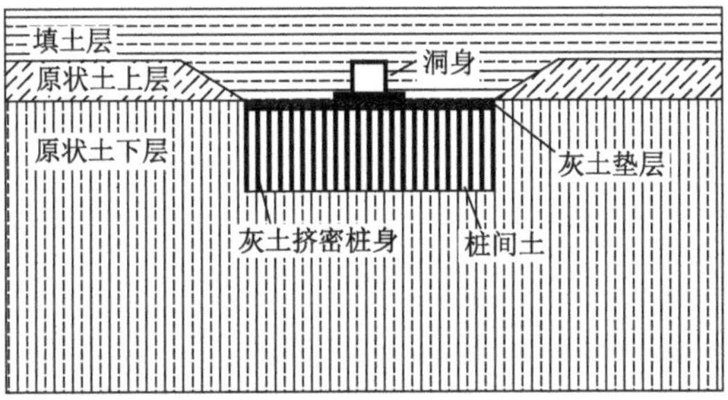

a)中间截面计算模型

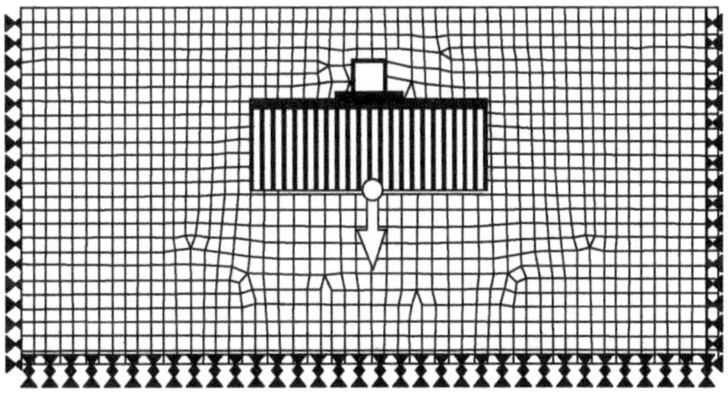

b)中间截面网格划分及边界约束

图 8-3 K14 + 335 工点涵洞数值模拟计算模型及网格划分

涵洞结构尺寸按设计文件确定，洞身左右两侧厚度为 0.6m；顶部盖板厚度为 0.4m，长度为 3.2m；底部基础层厚度为 0.6m，总长度为3.6m，长度方向沿洞身两侧各延伸 0.2m。涵洞基底下部为 0.8m 厚的灰土垫层，其下为 6m 长的灰土挤密桩，横截面为圆形，桩径为0.4m，桩心间距为 1.2m，净间距为 0.8m。涵洞左侧和右侧挖土边坡与灰土垫层之间的夹角均为45°，中间截面、进口截面、出口截面的洞身结构顶面距上部的填土高度分别为 3.05m、2.21m、3.43m。

涵洞灰土垫层以下 4 根灰土挤密桩的桩心间距为 1.2m，左右两侧各按照设计要求设置过渡段，其桩间距为 1.2m。为避免边界对洞身计算结果的影响，取挤密桩底面以下 13.2m 的地基土作为计算范围下边界，约束下边界的水平与竖向位移；取挤密桩两侧 20m 的地基土为左右边界，并且约束左右边界的水平位移；上边界为自由面。整个模型长度为 55.4m，高度为 26.9m。

网格按照三角形和四边形的混合单元类型划分，填土、原状土的网格划分单元尺寸控制为

1m,洞身、灰土垫层、灰土挤密桩身、桩间土的网格划分单元尺寸控制为0.3m,网格划分结果如图8-3b)所示。

2)材料参数

填土层、原状土层、灰土垫层、桩间土的岩土材料采用各向同性的莫尔-库仑屈服准则模型,洞身和挤密桩身采用各向同性的线弹性模型。除灰土挤密桩身采用梁单元进行模拟外,其余均采用平面应变单元。计算参数见表8-3。

数值模拟所采用的计算参数 表8-3

序号	材料	弹性模量 E (MPa)	泊松比 ν	重度 γ (kN/m^3)	黏聚力 c (kPa)	内摩擦角 φ (°)	本构模型
1	填土层	21	0.30	16.8	22.5	17	莫尔-库仑
2	原状土上层	15	0.25	15.4	18.5	15	莫尔-库仑
3	原状土下层	15	0.25	15.4	18.5	15	莫尔-库仑
4	灰土垫层	28	0.25	19.0	23.0	15	莫尔-库仑
5	桩间土	87	0.23	19.6	24.0	18	莫尔-库仑
6	洞身	30000	0.20	25.0	—	—	弹性
7	灰土挤密桩身	105	0.22	20.3	—	—	弹性

8.2.2 计算结果分析

1)天然工况

(1)沉降变形分析。

结合现场实际监测元件的布置位置,自2015年12月3日至2017年3月17日,涵洞中间截面地基天然沉降量为58.0mm,采用数值计算跟踪监测后该沉降观测点的位移量为60.2mm;最大沉降量为62.7mm,位于涵洞洞身左右两侧及正上方填土中,而地基处理前的最大沉降量为92.0mm,出现的位置与地基处理后的位置基本一致,但是范围有所减小。涵洞进口与出口截面地基的天然沉降量现场监测结果分别为19.3mm和19.5mm,采用数值计算跟踪监测后沉降观测点的位移量分别为21.4mm和20.3mm;进口与出口的最大沉降量分别为23.9mm和23.5mm,最大沉降量出现在涵洞灰土挤密桩复合地基和洞身左右两侧及正上方填土中。显然,数值计算结果与现场监测结果非常接近。

从进口、出口和中间截面的沉降变形量和变形趋势而言,对于K14+335工点涵洞,采取灰土挤密桩措施进行地基处理后对控制沉降变形的效果比较明显。

(2)受力分析。

地基处理后不同截面的竖向应力分布趋势和范围基本相同,在灰土垫层和挤密桩底部出现半圆形的应力集中现象,并且桩顶和桩底的应力分布趋势基本一致。此外,在涵洞洞身两侧顶部也出现对称的应力集中,呈不规则的四边形,这就是所谓的“桩土效应”。原状土体中的应力分布范围基本相同,数值也相差较小。

结合现场实际土压力计监测元件的布置位置，自2015年7月19日至2016年9月21日，现场布设的涵洞土压力观测点在中间截面的土压力计读数为0.204MPa，采用数值模拟跟踪监测后该点的压应力为0.396MPa；地基处理后中间截面的最大土压力为1.163MPa，出现在挤密桩和桩间土与原状土之间的交界面处，即出现应力集中现象。涵洞进口与出口截面地基的土压力现场监测结果分别为0.126MPa和0.153MPa，采用数值计算跟踪监测后土压力观测点的数值分别为0.287MPa和0.305MPa；进口与出口的最大土压力分别为2.214MPa和2.318MPa，最大土压力出现在涵洞基底素土层的正中央。结合实际监测结果可以看出，随着时间的推移，涵洞基底土压力呈现先增长后趋于稳定的趋势，数值模拟结果与现场实际监测的效果基本吻合。

2）地基含水率变化工况

对于K14+335工点涵洞，其在地基含水率变化工况下的数值计算模型与天然工况下的数值计算模型基本一致，仅将灰土垫层以下的6m深度土体每隔1m分别分层，并按照前述规则对每一层土体赋予相应参数，各截面分层土体水平宽度均为6.4m，对分层土体边界不做特殊处理，其余边界条件和计算参数与天然工况保持一致，以此作为地基含水率变化工况下的涵洞沉降变形数值计算模型。

地基含水率变化工况下涵洞不同截面的沉降变形量及变化趋势见表8-4和图8-4。从中可以看出，中间截面的沉降变形量随地基含水率变化最明显，从最初始的62.7mm逐步增大至77.3mm，增加量约为15mm。进口和出口截面的沉降量变化非常接近，进口截面沉降量略大于出口截面沉降量，从最初的23.5mm逐步增大至35.4mm，增加量为11.5mm。即随着涵洞地基浸水量的增加，涵洞地基沉降变形也逐渐增大，不同截面的增加量略有差异，基本呈线性增加。

含水率变化工况下涵洞沉降变形量　　表8-4

参数下调比例（%）		0	10	20	30	40	50	60
沉降变形量（mm）	中间	62.7	64.4	66.8	68.3	71.8	74.2	77.3
	进口	23.9	25.4	27.6	29.2	31.1	33.5	35.4
	出口	23.5	24.9	26.1	27.8	29.3	32.1	34.9

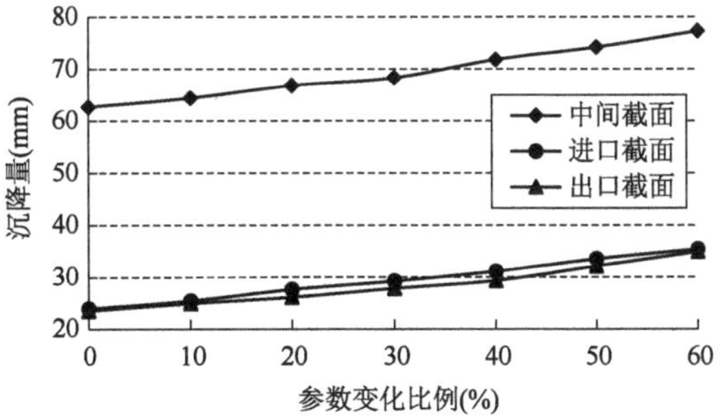

图8-4　含水率变化工况下涵洞沉降变形趋势

沉降变形在上部填土、涵洞基础以下6m深度土体范围内比较集中。在基础以下地基土体中的沉降变形主要集中在浸水渗流土体范围内，其范围随涵洞地基浸水深度的增加而逐步加深。最大沉降量的位置出现在填土中和下部浸水渗流的地基土体中，进口截面处的沉降变形表现较为明显。从地基浸水渗流后地基土体的沉降变形趋势来看,涵洞的沉降变形较天然工况明显加剧,说明地基出现浸水渗流对涵洞整体稳定性有较大影响。在地基含水率变化工况下,不考虑其他因素条件,仅从灰土换填法和灰土挤密桩法处理涵洞地基后地基土体的沉降变形趋势来看,灰土挤密桩在含水率变化工况下对控制地基土体的沉降变形相较于灰土换填法更加有利,在保持涵洞地基整体稳定性方面效果更佳。

8.3 灰土换填地基处理(K14+571.5)长期效果数值模拟

8.3.1 计算模型及参数

1)简化模型

对计算模型的简化条件如前所述,数值模拟计算模型如图8-5a)所示,主要分为填土层、洞身、三七灰土层、素土垫层和原状土层。

涵洞结构尺寸按设计文件确定,洞身左右两侧厚度为0.9m;顶部盖板厚度为0.4m,长度为5.8m;底部基础层厚度为0.6m,总长度为6.6m,长度方向沿洞身两侧各延伸0.4m。涵洞基底下部分别为三七灰土层、素土垫层,其厚度分别为2m和1m。涵洞左侧和右侧挖土边坡与素土垫层之间的夹角均为10°,左侧和右侧挖土边坡与涵洞顶部之间的垂直距离分别为2.61m和3.42m。涵洞中间截面、进口截面、出口截面顶部至路面之间的垂直距离分别为5.68m、4.70m、6.22m。为避免边界对洞身计算结果的影响,取素土垫层底面以下20m的地基土作为计算范围下边界,约束下边界的水平位移和竖向位移;取素土垫层两侧28m的地基土为左右边界,约束左右边界的水平位移;上边界为自由面。整个模型长度为67.2m,高度为34.6m。

网格按三角形和四边形的混合单元类型划分,填土层、原状土层的网格划分单元尺寸控制为1m,洞身、三七灰土层和素土垫层的网格划分单元尺寸控制为0.3m,网格划分结果如图8-5b)所示。

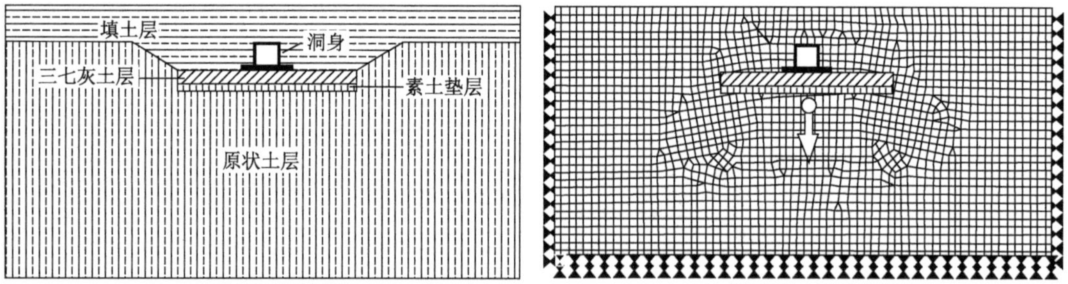

a)中间截面计算模型　　b)中间截面网格划分及边界约束

图8-5　K14+571.5工点涵洞数值模拟计算模型及网格划分

2)材料参数

填土层、原状土层、三七灰土层和素土垫层的岩土材料采用各向同性的莫尔-库仑屈服准则模型,洞身采用各向同性的线弹性模型。数值模拟所采用的计算参数见表8-5。

数值模拟所采用的计算参数　　表8-5

序号	材料	弹性模量 E (MPa)	泊松比 ν	重度 γ (kN/m^3)	黏聚力 c (kPa)	内摩擦角 φ (°)	本构模型
1	填土层	21	0.30	16.8	22.5	17	莫尔-库仑
2	三七灰土层	28	0.25	19.0	26.5	15	莫尔-库仑
3	素土垫层	25	0.23	17.2	20.0	13	莫尔-库仑
4	原状土层	15	0.25	15.4	18.5	15	莫尔-库仑
5	洞身	30000	0.20	25.0	—	—	弹性

8.3.2 计算结果分析

1)天然工况

(1)沉降变形分析。

涵洞在地基处理前后的最大沉降变形量和变形趋势存在很大差异,地基处理前的中间截面最大变形量为298.4mm,地基处理后的中间截面最大变形量为173.3mm,沉降量减少约125mm,即经过地基处理后,涵洞中间截面的地基变形量减小到原来的58%。从变形趋势来看,最大变形量的位置均位于基础底面,基本出现在涵洞中间并呈"U"形对称变化。该工点处涵洞进口与出口截面的涵洞地基沉降变形量基本相当,涵洞进口与出口截面的沉降变形趋势也基本一致,这与现场实际监测数据所反映的规律基本相近。

结合现场实际监测元件的布置位置,自2015年12月3日至2017年3月17日,涵洞中间截面地基天然沉降量为160.3mm,采用数值计算跟踪监测后该沉降观测点的位移量为162.3mm,最大沉降量为173.3mm,位于洞身正上方。涵洞进口与出口截面地基的天然沉降量现场监测结果分别为44.1mm和72.5mm,采用数值计算跟踪监测后沉降观测点的位移量分别为45.5mm和75.1mm;进口与出口的最大沉降量分别为53.9mm和84.6mm,最大沉降量出现在洞身顶部。这说明数值计算结果与现场监测结果非常接近。从进口、出口和中间截面的沉降变形量和变形趋势而言,对于K14+571.5工点涵洞,采取灰土换填措施进行涵洞地基处理对控制沉降变形的效果比较明显。

(2)受力分析。

对比地基处理前后的涵洞地基应力分布得知,地基处理前后地基应力分布的趋势基本一致,涵洞基础底部的应力呈"U"形分布,出现中间大两边小的规律。地基处理后洞身两侧的应力分布范围比地基处理前更大。地基处理前在基础和洞身顶部两侧的边缘位置出现局部的拉应力集中现象,地基处理后的应力集中现象出现在素土垫层和地基层之间的土体位置。

结合现场实际土压力计监测元件的布置位置,自2015年7月19日至2016年9月21日,现场布设的涵洞土压力观测点在中间截面的压应力为0.151MPa,采用数值模拟跟踪监测后该点的压应力为0.296MPa;地基处理后中间截面的最大土压力为3.97MPa,出现在涵洞洞身两侧顶部,即出现应力集中现象。涵洞进口与出口截面地基的土压力现场监测结果分别为

0.255MPa和0.319MPa,采用数值计算跟踪监测后土压力观测点的数值分别为0.517MPa和0.919MPa;进口与出口的最大土压力分别为1.28MPa和1.61MPa,最大土压力出现在涵洞基底素土层的正中央。结合实际监测结果可以看出,随着时间的推移,涵洞基底土压力呈现先增长后趋于稳定的趋势,数值模拟结果与现场实际监测的效果基本吻合。

2)地基含水率变化工况

对于K14+571.5工点涵洞,其在地基含水率变化工况下的数值计算模型与天然工况下的数值计算模型基本一致,仅将素土层下的6m深度土体每隔1m分别分层,并按上述规则对每一层赋予相应参数,第一层土体上表面水平宽度为13.6m,各层向两侧以30°向外延伸边界,对分层土体边界不做特殊处理,其余边界条件和计算参数与天然工况保持一致,以此作为地基含水率变化工况下的涵洞沉降变形数值计算模型。

地基含水率变化工况下涵洞不同截面的沉降变形量及变化趋势见表8-6和图8-6。从中可以看出,地基含水率逐渐增大过程中,土体沉降变形量呈线性增长趋势,说明含水率越大,对涵洞地基沉降变形越不利。对涵洞地基采用换填法处理后,因地基不均匀沉降导致土体出现渗水的工况下涵洞地基的沉降变形量是相对较大的,很有可能会超出规范规定的工后沉降量限值。

含水率变化工况下涵洞沉降变形量　　表8-6

参数下调比例(%)		0	10	20	30	40	50	60
沉降变形量(mm)	中间	188.3	194.7	196.4	200.1	208.7	216.6	223.1
	进口	53.9	56.3	59.6	62.0	66.4	69.7	74.5
	出口	84.6	87.2	91.8	96.2	101.5	106.8	110.4

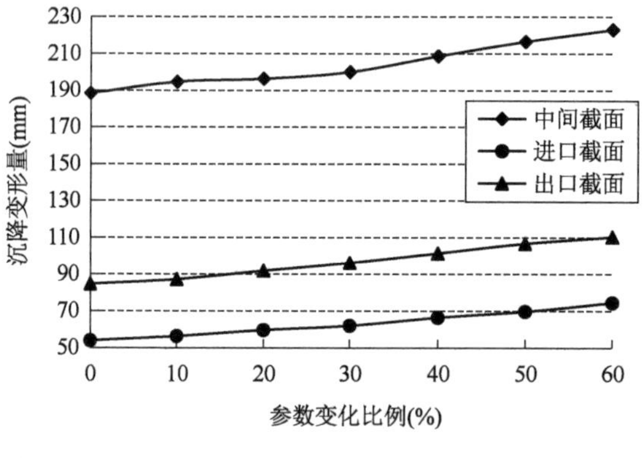

图8-6　含水率变化工况下涵洞沉降变形趋势

最大变形量发生在涵洞出现渗流的地基土体中,显然,这与理论分析和实际情况都比较吻合。不同截面的差异相对不太明显,中间截面的沉降变形较为集中,在涵洞周围土体中变形量较大,而进口截面和出口截面的变形范围较大,基本出现在涵洞两侧附近和上部填土中。地基土体中渗流的深度越深,地基土体整体出现的沉降量越大。这充分说明,随着地基含水率的增大,涵洞整体的沉降变形也增大,涵洞的整体稳定性状态也越来越差。

8.4 抛石换填地基处理(K17+748)长期效果数值模拟

8.4.1 计算模型及参数

1)简化模型

对计算模型的简化条件如前所述,根据K17+748工点现场涵洞的实际施工结果,经过灰土换填+抛石换填处理后的涵洞数值模拟计算模型如图8-7a)所示,主要分为填土层、洞身、三七灰土层、素土垫层、抛石换填层和原状土层。

涵洞结构尺寸按设计文件确定,洞身左右两侧厚度为0.6m;顶部盖板厚度为0.4m,长度为5.2m;底部基础层厚度为0.6m,总长度为6.0m,长度方向沿洞身两侧各延伸0.4m。涵洞基底下部分别为三七灰土层、素土垫层和抛石换填层,其厚度分别为2m、1m和1m。按照设计要求,涵洞中间截面、进口截面、出口截面的涵洞顶部至路面之间的垂直距离分别为3.95m、3.37m、4.06m。为避免边界对洞身计算结果的影响,取抛石换填层底面以下20m的地基土为计算范围下边界,约束下边界的水平位移和竖向位移;取素土垫层两侧30m的地基土为左右边界,约束左右边界的水平位移;上边界为自由面。整个模型长度为69m,高度为33.8m。

网格按三角形和四边形的混合单元类型划分,填土层、原状土层的网格划分单元尺寸控制为1m,洞身、三七灰土层、素土垫层和抛石换填层的网格划分单元尺寸控制为0.3m,网格划分结果如图8-7b)所示。

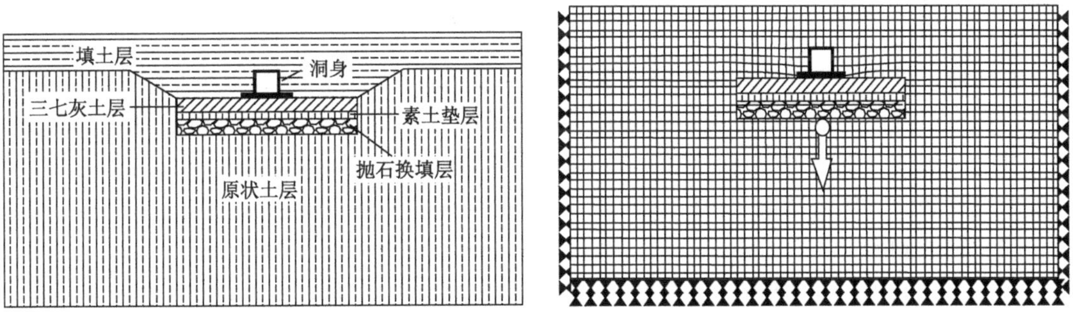

a)中间截面计算模型　　b)中间截面网格划分及边界约束

图8-7 K17+748工点涵洞数值模拟计算模型及网格划分

2)材料参数

填土层、原状土层、三七灰土层、素土垫层和抛石换填层的岩土材料采用各向同性的莫尔-库仑屈服准则模型,洞身采用各向同性的线弹性模型。数值模拟所采用的计算参数见表8-7。

数值模拟所采用的计算参数　　表 8-7

序号	材料	弹性模量 E（MPa）	泊松比 ν	重度 γ（kN/m^3）	黏聚力 c（kPa）	内摩擦角 φ（°）	本构模型
1	填土层	21	0.30	16.8	22.5	17	莫尔-库仑
2	三七灰土层	28	0.25	19.0	26.5	15	莫尔-库仑
3	素土垫层	25	0.23	17.2	20.0	13	莫尔-库仑
4	抛石换填层	22	0.25	22.0	16.0	15	莫尔-库仑
5	原状土层	15	0.25	15.4	18.5	15	莫尔-库仑
6	洞身	30000	0.20	25.0	—	—	弹性

8.4.2 计算结果分析

1)天然工况

(1)沉降变形分析。

对比 K17 +748 工点涵洞中间截面地基处理前后的沉降位移趋势和数值可以发现,地基处理前后涵洞地基沉降的变化趋势和范围存在较小差异,地基处理前的沉降位移主要集中在涵洞周边的土体中,而在洞身基础以下的地基土体发生的沉降位移量很小,且在涵洞两边沉降量呈对称分布,而经过抛石换填地基处理后,涵洞基础以下的灰土垫层、素土垫层和抛石换填层均与上部土体一起发生均匀沉降,而且沉降量明显减小。地基处理前涵洞中间截面的基底沉降量为 70.5mm,最大沉降量为 76.6mm。经过地基处理后,涵洞基底的沉降量为 21.3mm,减小到原来的 30.2%;最大沉降量为 22.5mm,为地基处理前的 29.4%。因此,从涵洞地基沉降量变化来看,采用抛石换填法对涵洞地基进行处理后,对控制涵洞地基沉降变形是非常有效的。

对比地基处理后不同截面的沉降变形发现,采用抛石换填法对涵洞地基进行处理后,对涵洞进口和出口截面的地基沉降变形也起到了很好的控制作用,即进口截面和出口截面在涵洞基底处的沉降量分别为 35.8mm 和 37.0mm,而最大沉降量分别为 37.3mm 和 38.7mm,最大沉降量出现在涵洞上部路基填土中。

(2)受力分析。

对比 K17 +748 工点涵洞中间截面在地基处理前和地基处理后的应力分布范围和数值可以发现,地基处理后对涵洞洞身复合基础附近土体的应力分布有很大影响。地基处理前涵洞基础内部和洞身两侧顶部出现一定的应力集中,且涵洞基础内出现拉应力,其他区域土体应力分布很均匀。因此,地基处理前涵洞基础因地基沉降很有可能发生拉裂破坏。地基处理后涵洞附近土体的应力发生重分布,应力集中主要出现在抛石换填层与其底部土体中,在涵洞洞身两侧顶部也出现较小范围的应力集中,且抛石换填层土体应力为压应力。从地基处理后涵洞不同截面的应力分布来看,地基处理后涵洞中间截面、进口截面和出口截面的应力分布趋势和范围基本一致,应力集中主要呈四边形分布,主要在抛石换填层的两侧和中间位置呈对称分布。显然,采用抛石换填法对改善涵洞周围土体应力分布起到了良好作用。

2)地基含水率变化工况

对于 K17 +748 工点涵洞,其在地基含水率变化工况下的数值计算模型与天然工况下的数值计算模型基本一致,仅将抛石换填层以下的 6m 深度土体每隔 1m 分别分层,并按照前述规则对每一层土体赋予相应参数,第一层土体上表面水平宽度为 9.0m,各层向两侧以 30°向外延伸边界,对分层土体边界不做特殊处理,其余边界条件和计算参数与天然工况保持一致,以此作为地基含水率变化工况下的涵洞沉降变形数值计算模型。

地基含水率变化工况下涵洞不同截面的沉降变形量及变化趋势见表 8-8 和图 8-8。从中可以看出,不同截面在含水率变化工况下的地基沉降变形趋势基本一致。涵洞中间截面的地基沉降量最小,从最初始的 22.5mm 逐渐增大至 40.5mm,增加量为 18mm。进出口截面的地基沉降量基本接近,从最初始的 37 ~38mm 逐渐增大至 55 ~57mm,出口截面的沉降量相对较大。可以看出,随着地基含水率逐渐增加,涵洞地基沉降量逐步增大。

含水率变化工况下涵洞沉降变形量 表 8-8

参数下调比例(%)		0	10	20	30	40	50	60
沉降变形量(mm)	中间	22.5	24.3	26.8	29.1	33.2	37.1	40.5
	进口	37.3	38.9	40.1	44.9	46.4	50.2	55.0
	出口	38.7	39.4	41.2	46.0	47.9	52.1	57.4

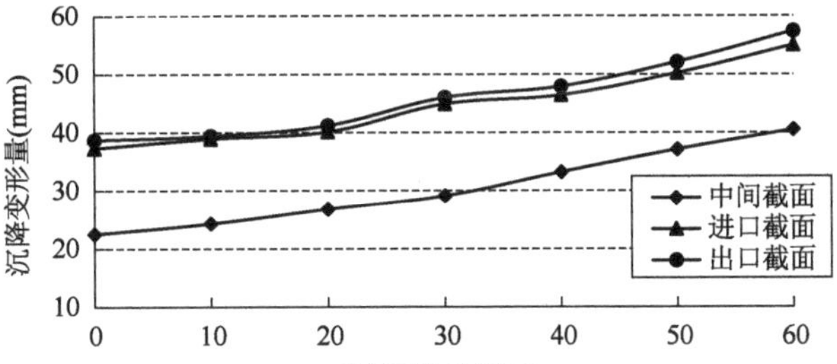

图 8-8 含水率变化工况下涵洞沉降变形趋势

不同截面处的地基沉降变形趋势和范围有一定差异,中间截面的沉降变形范围最大,在涵洞附近两侧填土中均出现较大沉降,而进出口截面的沉降在涵洞上部填土和基础、地基土体中比较集中,沉降趋势呈"U"形。数值计算表明,随着涵洞地基土体含水率的增大,涵洞地基沉降变形也逐步增大,涵洞地基的整体稳定性也越来越差。当地基局部土体的含水率长期达到饱和状态时,对涵洞整体或局部稳定性造成重大影响,可能会导致涵洞出现局部或整体下沉等病害。

综合以上 4 种地基处理方式在不同试验段的处理效果分析,对数值模拟计算结果可以总结出以下几点认识:①各个工点不同截面的数值计算结果与现场实际监测结果基本接近,表明数值计算结果可靠,可为涵洞地基稳定性分析提供理论参考;②无论在天然工况还是在地基含水率变化工况,数值计算均表明,相对于换填法和抛石换填法处理涵洞地基,采用不同间距的灰土挤密桩处理涵洞地基,对控制涵洞地基沉降变形的效果更加明显,对保持涵洞地基整体稳定性更加有利;③因涵洞地基不均匀沉降导致涵洞基础开裂,流水从裂缝渗入涵洞地基后,对涵洞整体沉降变形和稳定性造成较大影响,渗入情况越严重,对涵洞整体沉降变形和稳定性的影响越大,有可能会导致涵洞出现局部或整体下沉等病害,或导致沉降量超过规范规定工后沉降允许值;④建议在湿陷性等级较高黄土地区,应加强对涵洞地基沉降的控制,采取合理排水措施,以保证涵洞整体稳定性。

8.5 涵洞实体工程地基处理措施效果评价

针对青海黄土地区高等级公路涵洞地基处理的实体试验分析,从涵洞地基沉降变形、土压力变化和土体体积含水率的变化趋势,对涵洞在建设期间和建成后一定时期内的地基处理效果进行了分析和评价,为灰土挤密桩和灰土换填法等措施在黄土地区公路涵洞地基处理中的应用提供了重要参考。基于此,进一步通过室内数值仿真,对涵洞地基处理的长期效果和稳定性进行了理论分析。综合以上分析结果,对大间距灰土挤密桩、小间距灰土挤密桩、灰土换填法和抛石换填法 4 种地基处理措施在高等级公路涵洞地基处理中的综合应用效果进行评价。

(1)《公路桥涵地基与基础设计规范》(JTG 3363—2019)中关于湿陷性黄土地区公路涵洞地基处理的建议措施相对比较弱化,适用于没有湿陷性(Ⅰ级)或弱湿陷性(Ⅱ级)等级的黄土地区,但对于中等湿陷性(Ⅲ级)、强湿陷性(Ⅳ级)等级或湿陷性黄土层厚度较大(超过 6m)的黄土地区公路涵洞,规范中的建议措施对控制涵洞工后沉降变形和保证涵洞整体稳定性效果较差,往往会导致涵洞在运营期间出现各类病害,严重影响行车安全。因此,在黄土地区修建高等级公路涵洞时,对其地基处理应考虑地基湿陷性等级、黄土层厚度等综合因素区别对待。

(2)对于中等湿陷性(Ⅲ级)和强湿陷性(Ⅳ级)等级的黄土地区公路涵洞,大间距灰土挤密桩、小间距灰土挤密桩、灰土换填法和抛石换填法 4 种地基处理措施在高等级公路涵洞地基处理实体试验中得到了很好的现场应用,尤其是在用不同间距的灰土挤密桩处理涵洞地基后,对控制涵洞沉降变形和保证涵洞整体稳定性非常有利,显著提高了地基土体的承载力和地基强度。

(3)现场实体试验和数值仿真结果均表明,相较于灰土换填法和抛石换填法处理涵洞地基,采用不同间距的灰土挤密桩处理涵洞地基,对控制涵洞地基沉降变形的效果更加明显,对保证涵洞整体稳定性更加有利。灰土挤密桩的桩径宜为 400mm 左右,桩心距以 2 倍或 2.5 倍桩径为宜,桩长或处理深度以消除地基湿陷性、合理控制涵洞沉降量为宜。

参考文献

[1] 中华人民共和国住房和城乡建设部,国家市场监督管理总局.湿陷性黄土地区建筑标准:GB 50025—2018[S].北京:中国建筑工业出版社,2019.

[2] 张雪亭.中华人民共和国青海省地质图[M].北京:地质出版社,2007.

[3] 李珍,曾永年,单纬东,等.青海东北部黄土分布规律与特征[J].青海师范大学学报(自然科学版),1991(4):51-56.

[4] 曲淑艳.青海湿陷性黄土工程地质特征研究[J].青海科技,2011,18(3):72-74.

[5] 郭耀文.青海省东部黄土及其地貌特征[J].青海师范大学学报(自然科学版),1989(1):72-78.

[6] 任忠.西宁地区第四纪黄土成因及特征分析[J].商品与质量·建筑与发展,2012(3):149-149.

[7] 贾君.海东部黄土分布区山洪灾害成因、特点及防治措施[J].青海科技,2011(5):55-57.

[8] 宋积有,宋积明.论对高原地区湿陷性黄土基础的处理[J].科技信息,2013(8):446-447.

[9] 田淑艳.青海湿陷性黄土工程地质特征研究[J].青海科技,2011,18,(3):72-74.

[10] 中华人民共和国交通运输部.公路土工试验规程:JTG 3430—2020[S].北京:人民交通出版社股份有限公司,2020.

[11] 张宇田,陈发虎,曹继秀,等.黄土磁化率各向异性特征初探——以青海西宁大墩岭黄土部面为例[J].兰州大学学报,1993(2):158-160.

[12] 中华人民共和国建设部.岩土工程勘察规范:GB 50021—2001[S].北京:中国建筑工业出版社,2002.

[13] 钱鸿缙,涂光祉.关中地区黄土的湿陷变形[J].工业建筑,1996(7):41-45.

[14] 中华人民共和国交通运输部.公路路基设计规范:JTG D30—2015[S].北京:人民交通出版社股份有限公司,2015.

[15] 李刚.灰土挤密桩在湿陷性黄土地基中的应用[J].路基工程,2010,(1):178-180.

[16] 王小军.黄土地区高速铁路建设中的重大工程地质问题研究[D].兰州:兰州大学,2008.

[17] 韩毅,李隽蓬.铁路工程地质[M].北京:中国铁道出版社,1988.

[18] 楚华栋,裴章勤,马周全,等.黄土的工程特性、筑路技术和病害处理[J].铁道工程学报,2005(z1):340-347.

[19] 谢定义.半个世纪来对黄土、黄土力学与黄土工程问题研究的基本认识[R].中国岩石力学与工程学会,2007.

[20] 钱鸿绪.湿陷性黄土地基[M].北京:中国建筑工业出版社,1985.

[21] 王永焱,林在贯.中国黄土的结构特征及物理力学性质[M].北京:科学出版社,1990.

[22] 雷祥义.中国黄土的孔隙类型与湿陷性[J].中国科学(B辑),1987(12):1309-1318.

[23] 高国瑞.黄土显微结构分类与湿陷性[J].中国科学,1980,10(12):1203-1208.

[24] 刘祖典,李靖,郭增玉,等.陕西关中黄土变形特性和变形参数的探讨[J].岩土工程学

报,1984(3):26-36.
[25] 郝增志.高湿度黄土地基变形及承载力的研究[J].工程勘察,1990(2):4-8.
[26] 傅世法.论饱和黄土[J].工程勘察,1982(1):15-19.
[27] 巫志辉,谢定义.洛川黄土的动变形和强度特紧性[J].水利学报,1994(12):5.
[28] 巫志辉,刘保健.黄土地基抗震承载力调整系数的试验论证[J].工业建筑,1993(4):27-31.
[29] 王兰民.黄土动力学[M].北京:地震出版社,2003.
[30] 杨代泉.非饱和土二维广义固结非线性数值模型[J].岩土工程学报,1992(14):2-12.
[31] 陈正汉.非饱和土固结的混合物理论(Ⅱ)[J].应用数学和力学,1993(8):687-698.
[32] 国家铁路局.铁路特殊路基设计规范:TB 10035—2018[S].北京:中国铁道出版社,2018.
[33] 佚名.黄土资料(第三辑)[M].北京:中国铁道出版社,1959.
[34] 黄强.湿陷性黄土地基评价的商榷[J].土木工程学报,1963(2):39-44.
[35] 涂光祉.试论黄土地基的自重湿陷敏感性[J].工程勘察,1980(2):38-41,58.
[36] 郑建国,张苏民.湿陷性黄土的结构强度特性[J].水文地质工程地质,1989(2):5.
[37] 张苏民,郑建国.湿陷性黄土(Q3)的增湿变形特性[J].岩土工程学报,1990,12(4):21-31.
[38] 张苏民,张炜.减湿和增湿时黄土的湿陷性[J].岩土工程学报,1992,14(1):5.
[39] 张炜,张苏民.非饱和黄土的结构强度特性[J].水文地质工程地质,1990:22-25.
[40] 李大展,隋国秀.Q2 黄土大面积浸水试验研究[J].岩土工程学报,1993,15(2):1-11.
[41] 王家鼎.中国黄土山城“依山造居”的几个灾害问题讨论(Ⅳ):黄土泥流分析[J].西北大学学报(自然科学版),1997,27(5):5.
[42] 刘佳,薛塞光.预浸水法消除大厚度自重湿陷性黄土地基研究[J].宁夏工程技术,2004,3(2):115-118.
[43] 吕玉芳,孙伟.自重湿陷性黄土层预浸水处理的现场试验与设计[J].水利水电技术,1989(5):7.
[44] ROSTAMIAN R,KOUPAI J A. Assessment of SEEP/W model to estimate seepage from earth canals (case study:irrigation network of downstream Zayandehrud)[J]. Journal of Science & Technology of Agriculture & Natural Resources,2012,15(58):13-22.
[45] 加拿大 GEO-SLOPE 国际有限公司.非饱和土体渗流分析软件 SEEP/W 用户指南[M].北京:冶金工业出版社,2011.
[46] 杨艺,严斌.用 GeoStudio 模拟“5612”号台风正面袭击海盐对标准塘渗透稳定性分析[J].科技资讯,2009(14):50-51.
[47] 胡磊.降雨入渗对京九线粉土路基边坡稳定性的影响分析[D].北京:北京交通大学,2008.
[48] 李萍,李同录,付昱凯,等.非饱和黄土中降雨入渗规律的现场监测研究[J].中南大学学报(自然科学版),2014(10):3551-3560.
[49] SUN M. Saturated unsaturated seepage influence factors and research a great influence on

slope stability[D]. Nanjing: Hohai University,2005:123-129.

[50] WU L Z,HUANG R Q. A numerical analysis of the infiltration and parameter effectsin unsaturated soil[J]. Hydrogeology & Engineering Geology,2011,38(1):94-98.

[51] FREDLUND D G,RAHARDJO H. Soil mechanics for unsaturated soils [M]. New York:Wiley,1993.

[52] 孙永斌,武小鹏,于雪飞. 原状黄土土-水特征曲线研究[J]. 兰州工业学院学报,2015,22(6):31-35.

[53] 李萍,李同录,王红,等. 非饱和黄土土-水特征曲线与渗透系数 Childs & Collis-Geroge 模型预测[J]. 岩土力学,2013(S2):184-189.

[54] GENUCHTEN M T V. A closed-form equation for predicting the hydraulic conductivity of unsaturated soils [J]. Soil Science Society of America Journal,1980,44(44):892-898.

[55] 孙大松,刘鹏,夏小和,等. 非饱和土的渗透系数[J]. 水利学报,2004(3):71-75.

[56] LU N,WILLIAM J L. Unsaturated soil mechanics[M]. New York:Wiley,2004.

[57] FREDLUND D G, XING A. Equations for the soil-water characteristic curve[J]. Canadian Geotechnical Journal,1994,31(4):521-532.

[58] 朱伟,程南军,陈学东,等. 浅谈非饱和渗流的几个基本问题[J]. 岩土工程学报,2006,28(2):235-240.

[59] 王家鼎,张倬元,李保雄. 黄土自重湿陷变形的脉动液化机理[J]. 地理科学,1999,19(3):271-276.

[60] 黄雪峰,陈正汉. 大厚度自重湿陷性黄土场地湿陷变形特征的大型现场浸水试验研究[J]. 岩土工程学报,2006,28(3):382-389.

[61] 方祥位,申春妮,李春海,等. 陕西蒲城 Q2 黄土湿陷变形特性研究[J]. 岩土力学,2013(S2):115-120.

[62] 张虎元,赵天宇,吴军荣,等. 膨润土改性黄土衬里防渗性能室内测试与预测[J]. 岩土力学,2011,32(7):1963-1969.

[63] 黄雪峰,刘长玲,姚志华,等. 采用 TDR 水分计研究非饱和黄土入渗及自重湿陷变形规律[J]. 岩石力学与工程学报,2012,31(S1):3231-3238.

[64] 中华人民共和国交通运输部. 公路工程地质勘察规范:JTG C20—2011[S]. 北京:人民交通出版社,2011.

[65] 中华人民共和国交通运输部. 公路排水设计规范:JTG/T D33—2012[S]. 北京:人民交通出版社,2012.

[66] 中华人民共和国交通运输部. 公路桥涵地基与基础设计规范:JTG 3363—2019[S]. 北京:人民交通出版社股份有限公司,2019.

[67] 中华人民共和国交通运输部. 公路涵洞设计规范:JTG/T 3365-02—2020[S]. 北京:人民交通出版社股份有限公司,2020.

[68] 中华人民共和国交通运输部. 公路路基路面现场测试规程:JTG 3450—2019[S]. 北京:人民交通出版社股份有限公司,2019.

[69] 顾安全. 上埋式管道及洞室垂直土压力的研究[J]. 岩土工程学报,1981,3(1):3-15.

[70] 赵立岩. 混凝土圆涵洞的病害分析及预防[J]. 公路,2001,46(11):60-62.

[71] 李彦武. 黄土地区公路路基病害分析与防治对策研究[D]. 西安:长安大学,2001.

[72] 张卫兵,刘保健. 西部山区高填路堤涵洞病害及其防治对策[J]. 中外公路,2007,27(1):35-39.

[73] 戴铁丁. 公路涵洞病害处治技术研究[D]. 西安:长安大学,2005.

[74] 赵建斌,李万乐,申俊敏,等. 黄土地区高速公路涵洞病害调查及分析[J]. 土木工程与管理学报,2014,31(1):24-28.

[75] 张晔芝,赵博. 某沿海高速公路涵洞病害成因及处理措施浅析[J]. 西部探矿工程,2008,20(12):181-185.

[76] 徐安花. 平阿高速公路地质灾害分析及防治[J]. 青海交通科技,2003(5):28-29.

[77] 武小鹏. 基于试坑浸水试验的大厚度黄土湿陷及渗透特性研究[D]. 兰州:兰州大学,2016.

[78] 武小鹏,王兰民,房建宏,等. 原状黄土地基渗水特性及其与自重湿陷的关系研究[J]. 岩土工程学报,2018,40(6):1002-1010.

[79] 武小鹏,赵永虎,徐安花,等. 黄土湿陷性与其物理力学指标的关系及评价方法[J]. 长江科学院院报,2018,35(6):75-80.